本成果受到中国人民大学"中央高校建设世界一流大学(学科)和特色发展引导专项资金"支持,项目批准号:15XNLG09

大国学研究文库

匈奴经营西域研究

A Study of the Huns' Management of the Western Regions

王子今 ◎ 著

中国社会科学出版社

图书在版编目（CIP）数据

匈奴经营西域研究／王子今著．—北京：中国社会科学出版社，2016.12（2019.3 重印）

（大国学研究文库）

ISBN 978-7-5161-9537-6

Ⅰ.①匈⋯　Ⅱ.①王⋯　Ⅲ.①匈奴—民族历史—研究　Ⅳ.①K289

中国版本图书馆 CIP 数据核字（2016）第 320483 号

出 版 人	赵剑英
责任编辑	史慕鸿
责任校对	朱妍洁
责任印制	戴　宽

出　　版	中国社会科学出版社
社　　址	北京鼓楼西大街甲 158 号
邮　　编	100720
网　　址	http://www.csspw.cn
发 行 部	010-84083685
门 市 部	010-84029450
经　　销	新华书店及其他书店
印刷装订	北京君升印刷有限公司
版　　次	2016 年 12 月第 1 版
印　　次	2019 年 3 月第 2 次印刷
开　　本	710×1000　1/16
印　　张	23.25
插　　页	2
字　　数	383 千字
定　　价	99.00 元

凡购买中国社会科学出版社图书，如有质量问题请与本社营销中心联系调换

电话：010-84083683

版权所有　侵权必究

目　　录

序文 ································· 厉　声（1）

绪论 ··································· （1）
  一　"西域"名义 ························ （1）
    （一）"西域"名号的出现 ················· （1）
    （二）关于"匈奴西域" ·················· （4）
    （三）"陇以玉门、阳关"：汉帝国的"西域" ········ （6）
    （四）西域·西国 ····················· （7）
    （五）西域·东域·北域·南域 ·············· （10）
  二　汉代西域史料的发现和理解 ············· （13）
    （一）汉代"西域"史料的早期积累 ············ （13）
    （二）碑刻文字："西域"史料的新发现之一 ······· （15）
    （三）简牍文字："西域"史料的新发现之二 ······· （18）
    （四）没有文字的考古收获："西域"史料的新发现之三 ·· （21）
    （五）"西域"名义的合理理解 ·············· （23）
  三　研究匈奴经营西域史的立场和视角 ·········· （24）
    （一）民族的立场？历史的立场？ ············ （25）
    （二）考定辨疑的精神 ·················· （26）
    （三）二重证据法 ···················· （27）
    （四）世界文化史的视角 ················· （30）

第一章　关于匈奴定楼兰诸国 ············· （31）
  一　冒顿时代的匈奴 ···················· （31）
    （一）冒顿自强 ····················· （31）

（二）汉初匈奴与中原王朝的战与和 …………………………（34）
二　兼并"楼兰、乌孙、呼揭及其旁二十六国" ……………………（35）
　　（一）关于"定楼兰、乌孙、呼揭及其旁二十六国，
　　　　皆以为匈奴" ……………………………………………（36）
　　（二）关于"诸引弓之民，并为一家" ……………………（39）
　　（三）匈奴强势与西域文化发展进程 ……………………（41）
　　（四）匈奴控制西域通路 …………………………………（42）

第二章　匈奴"赋税"西域 ……………………………………（45）
一　"僮仆都尉"职任 ……………………………………………（45）
　　（一）汉文意译匈奴官职特例之一 ………………………（45）
　　（二）"僮仆"涵义 ………………………………………（46）
　　（三）"僮仆都尉"居地 …………………………………（52）
　　（四）"僮仆都尉"设置的时段特征 ………………………（53）
二　僮仆都尉"赋税诸国" ………………………………………（54）
　　（一）"赋税"应体现制度化经济关系 ……………………（54）
　　（二）"赋税诸国"的征收内容 ……………………………（56）
　　（三）"取富给"经济意义的地域限定 ……………………（64）

第三章　匈奴"兼从西国" ……………………………………（67）
一　西域人口掠夺 ………………………………………………（67）
　　（一）蒲类史例 ……………………………………………（67）
　　（二）关于"大胡"、"赀虏" ………………………………（69）
二　西域兵员调用 ………………………………………………（70）
　　（一）孝武"患其兼从西国"的警觉 ………………………（70）
　　（二）匈奴"与之进退" ……………………………………（72）
三　西域诸国：服属匈奴，役属匈奴 ……………………………（74）
　　（一）羁事匈奴 ……………………………………………（74）
　　（二）降匈奴 ………………………………………………（80）
　　（三）为匈奴耳目 …………………………………………（83）

第四章　匈奴对西域开发的参与 (85)
一　考古资料所见匈奴部族在西域的生产与生活 (85)
（一）察吾乎沟口三号墓地的发现及其意义 (86)
（二）庙尔沟墓地的发现及其意义 (87)
（三）南湾墓地的发现及其意义 (88)
（四）东黑沟遗址的发现及其意义 (88)
（五）新疆石人石棺墓文化的时代和族属 (90)
二　匈奴屯田 (91)
（一）匈奴发骑田车师 (92)
（二）匈奴"争屯田车师" (93)
（三）伊吾、柳中"膏腴之地"而"匈奴资之" (96)
（四）西域屯田水利事业中"胡人"的作用 (98)
三　匈奴控制背景下的西域商贸 (99)
（一）匈奴"乐关市"传统 (100)
（二）匈奴在西域商路的经济表现 (104)
（三）匈奴获得西域商业利润 (105)
（四）"贾胡"活跃于西域与北边 (109)
（五）内地的西域"贾胡" (110)

第五章　匈奴控制西域的方式 (116)
一　"匈奴使"的活动 (116)
（一）"汉使"和"匈奴使"的西域竞争 (116)
（二）"匈奴使"的军事使命 (119)
（三）傅介子事迹 (121)
二　匈奴西域"和亲"史事 (124)
（一）"和亲"史源 (125)
（二）"西戎"涉外政治婚姻 (126)
（三）乌孙王昆莫"左夫人" (127)
（四）匈奴郅支单于与康居王"和亲" (128)
（五）匈奴狐鹿姑单于以日逐王姊妻乌禅幕 (131)
（六）匈奴对汉王朝西域"和亲"政策的破坏 (132)

第六章　匈奴在西域的文化接受史 …………………………………（136）
一　匈奴直接接受西域文化的影响 ………………………………（136）
　　（一）农耕方式 ………………………………………………（136）
　　（二）毛织技术 ………………………………………………（140）
　　（三）冶铸生产 ………………………………………………（143）
　　（四）贸易行为 ………………………………………………（145）
二　匈奴经过西域间接接受西亚和中亚文化的影响 ……………（146）
　　（一）消费生活：诺彦乌拉发现之一 ………………………（146）
　　（二）信仰世界：诺彦乌拉发现之二 ………………………（147）
　　（三）艺术风格：诺彦乌拉发现之三 ………………………（148）

第七章　匈奴与汉王朝对西域的争夺 ……………………………（150）
一　贾谊的战略设计："备月氏、浑窳之变" …………………（150）
　　（一）《新书·匈奴》的北边形势分析 ………………………（152）
　　（二）关于"月氏、灌窳之变"之一 …………………………（154）
　　（三）关于"月氏、灌窳之变"之二 …………………………（156）
　　（四）贾谊思想影响下的张骞"凿空"和西域经营 ………（158）
　　（五）和平战略："三表"和"五饵" …………………………（159）
二　"匈奴西边日逐王"事迹 ……………………………………（162）
　　（一）"匈奴西边日逐王"与"僮仆都尉""领西域" ………（162）
　　（二）"日逐王"部的生存方式 ………………………………（163）
　　（三）"日逐王数万骑归汉"事 ………………………………（164）
　　（四）悬泉置汉简遗存有关"日逐王"的信息 ……………（165）
　　（五）"日逐王"名义考 ………………………………………（166）
三　汉军的远征 …………………………………………………（167）
　　（一）赵破奴击楼兰 …………………………………………（168）
　　（二）李广利征大宛 …………………………………………（169）
　　（三）汉与乌孙合击匈奴 ……………………………………（175）
四　汉军"远田"西域 …………………………………………（176）
　　（一）李广利屠轮台事 ………………………………………（177）
　　（二）轮台屯田基地的建设 …………………………………（181）
　　（三）《轮台诏》对"远田轮台"的否定 ……………………（185）

（四）汉昭帝"田轮台" ………………………………………（188）
　　（五）关于渠犁屯田 ………………………………………（190）
　　（六）关于楼兰屯田 ………………………………………（191）
　　（七）匈奴"兼从西国"与汉王朝"通西国"、"安西国" ………（193）
　五　汉匈西域战争中的"诅军"巫术 ………………………………（198）
　　（一）匈奴使巫"诅军事" ……………………………………（198）
　　（二）汉军"以方祠诅匈奴、大宛" …………………………（201）
　　（三）关于"缚马""诅军"方式 ……………………………（203）

第八章　汉匈争夺背景下西域诸国的文化走向 ………………（207）
　一　"重译"现象与西域"译人" …………………………………（207）
　　（一）汉儒对武丁时代和周公时代"重译"传说的追忆 ……（208）
　　（二）关于"九译" …………………………………………（211）
　　（三）汉史"重译"记录 ……………………………………（213）
　　（四）西域"重译"现象 ……………………………………（217）
　　（五）汉朝的"译官" ………………………………………（219）
　　（六）西域"导译"、"译道" …………………………………（221）
　　（七）西域列国的"译长" …………………………………（222）
　　（八）傅介子故事中的楼兰"译" …………………………（225）
　　（九）西域国家"给使者"、"导译"的接待压力 ……………（226）
　二　河西汉简所见西域史信息 …………………………………（227）
　　（一）河西汉简西域史料 …………………………………（228）
　　（二）"降归义乌孙女子"及其他称谓 ……………………（229）
　　（三）汉简所见西域使团 …………………………………（230）
　三　汉匈西域争夺背景下龟兹的交往取向 ……………………（232）
　　（一）西汉时期：汉匈西域争夺与龟兹交往史 ……………（233）
　　（二）从"龟兹攻没都护"到都护班超"居龟兹" ……………（235）
　　（三）说"龟兹数反复" ……………………………………（237）
　　（四）关于"驴非驴，马非马" ………………………………（239）
　　（五）上郡"龟兹"考议 ……………………………………（241）

附论一　前张骞的丝绸之路与西域史的匈奴时代 ………… (243)
　　（一）早期中西交通的西域路段 ………………………… (243)
　　（二）冒顿自强与匈奴兼并"楼兰、乌孙、呼揭
　　　　　及其旁二十六国" ……………………………………… (246)
　　（三）"诸引弓之民，并为一家" ………………………… (251)
　　（四）匈奴强势与西域文化发展进程 ……………………… (254)
　　（五）匈奴控制西域通路 …………………………………… (255)
　　（六）活跃的西域"贾胡" …………………………………… (259)

附论二　说索劢楼兰屯田射水事 …………………………… (261)
　　（一）《水经注》索劢功绩 ………………………………… (261)
　　（二）索劢事迹真实性探考 ………………………………… (263)
　　（三）王尊王霸故事：人文与水文 ………………………… (264)
　　（四）《论衡》"射水不能却水"说 ………………………… (266)
　　（五）钱塘江"射涛" ………………………………………… (267)
　　（六）"伏波射潮" …………………………………………… (269)
　　（七）铁镞的神异力量 ……………………………………… (269)
　　（八）关于"胡人称神" ……………………………………… (271)

附论三　龟兹孔雀考 ………………………………………… (273)
　　（一）《魏书》：龟兹国"土多孔雀" ……………………… (273)
　　（二）汉代西域"罽宾""孔爵"与"条支""孔雀" ………… (274)
　　（三）魏晋西域"孔雀"之献 ………………………………… (276)
　　（四）关于龟兹"孔雀"的历史记忆 ………………………… (277)
　　（五）中国历史时期孔雀的地理分布及其变迁 …………… (278)
　　（六）讨论龟兹"孔雀"是否曾经存在的旁证 …………… (279)
　　（七）"人取养而食之，孳乳如鸡鹜"：养禽史的重要一页 … (282)
　　（八）乾隆《孔雀开屏》诗：18世纪西域"孔雀"信息 …… (283)

代结语　新疆汉烽燧——西域英雄时代的纪念碑 ………… (285)
　　（一）烽台屹屹百丈起 ……………………………………… (285)
　　（二）白日登山望烽火 ……………………………………… (287)

（三）羌女轻烽燧，胡儿掣骆驼 …………………………（288）

主要参考资料 ……………………………………………（292）

作者相关研究论著目录 …………………………………（295）

秦汉西域史大事年表（吕方编制） ……………………（300）

西域族名国名地名索引 …………………………………（340）

人名索引 …………………………………………………（345）

后记 ………………………………………………………（349）

序　文

厉　声

  古代中国的东部与东南部面临浩瀚的大海，北方相延至寒冷、荒无人烟的北极亚极地区域，西北和西南有天山、帕米尔高原、喀喇昆仑山、喜马拉雅山等崇山峻岭的阻碍，在地理上形成了一个大致封闭的自我发展空间，正如费孝通先生曾指出的："这片大陆四周有自然屏障，内部有结构完整的体系，形成了一个地理单元。"[①]相对闭塞、自成一体，融合发展、孕育中华，是历史上中国地理环境的重要特点。17世纪之前，古代中国周边的政治格局没有可与之抗衡的政治力量[②]，不受周边政治环境的左右或威胁，历代王朝（国家）政治社会发展的变化的动因是内在的。在区位分散、割据交替，民族多样、文化各异中保持着政治内聚，发展向心；多元一体、合而不分，成为古代中国社会政治的重要特点；在相对闭塞的地理环境和内聚型的政治环境中，形成了古代中国内向型的政治发展趋势，构成了古代中国与中华民族整体的内聚力与向心力。

  在相对闭塞的地理环境中，古代中国历史的发展形成了中原区域与周边东、西、南、北区域的对应方位。早期人类历史的活动是以中原地域为重心的，中原与周边构成了内与外、内地与边疆之分。中华土著居民在这片古老的大地上生息繁衍，自我发展。由于所处的地域不同，各区域的自然环境和气候条件不同，形成了各具特点的区域社会经济形态。古代中国

[①]　费孝通：《中华民族多元一体格局》（修订本），中央民族大学出版社1999年版，第4页。

[②]　这种状况一直持续到明末清初。16世纪末，俄国越过乌拉尔山进入亚洲后，与中国发生接触，此后，中国的周边政治环境渐渐发生了变化。

社会经济的主体形态有两个：一是以黄河、长江流域及岭南地区为主的中原农耕经济形态；定居，"辟土殖谷曰农"。① 二是大兴安岭以西，经蒙古草原，至阿勒泰山的北方草原游牧经济形态；居无常处，随带牲畜，逐水草迁徙。同时，还形成了一些次一级的经济形态，主要有四类：东北渔猎经济形态，位于今天的大兴安岭以东、辽河以北，地处丘陵地带，河流众多，地广人稀，古代多以渔猎为生，兼有种植。西南高原农牧经济形态，位于青藏高原，地理环境和气候限制了当地只能以种植与饲养适合高原的农作物和牲畜为主。东南近海经济形态，主要以捕鱼、海上短途运输等作为经济手段。西域（西北）绿洲经济形态，依托荒漠绿洲的农牧作业。子今教授的《匈奴经营西域研究》即是专题研究西域②的大作。

西域是两个概念的组合：西，是表示方向，"日归于西"③；域，是指区域。西域地区的自然地貌是"三山夹两盆"，北有阿尔泰山，中有天山，南有昆仑山；北部的准噶尔盆地与南部的塔里木盆地属干旱荒漠区，多为沙漠戈壁。在两个盆地的边缘，依托大小不等的水系河流，形成了面积不等的成片绿洲，聚集了人类群体在此生活，在广袤的荒漠上，构成了分散的绿洲经济社会。绿洲经济的政治社会特点是"小国寡民"，《汉书》中记载的"西域三十六国"、"西域五十四国"即当时西域政治社会的写真。其中的"国"是指依托绿洲建立的城邦之国。

中国大一统历史发展的基本规律是逐步由分散走向整合，其中大致可以分为前后两个过程：第一个过程是中原及不同周边区域的局部整合与统一；各方都在"式辟四方，彻我疆土"④，治疆于天下。正如费孝通先生在《中华民族多元一体格局》中所言："先是各地区分别有它的凝聚中心，而各自形成了初级的统一体。"匈奴经营西域的前半期便是发生在这第一个过程中。第二个过程是围绕中原，从不同区域的局部统一到历史上中国境域的整体统一，即中原与边疆地区整体的大一统。

由于中原区域与北部草原区域在局部整合与统一中具有较好的经济基础与社会条件，率先实现了地方区域的统一；秦统一中原在先，"郡县而

---

① 《汉书》卷二四上《食货志上》，中华书局1962年版，第1118页。
② 西域有广义和狭义之分，本书所研究的是秦汉时期的狭义西域。
③ 《史记》卷二六《历书》，中华书局1963年版，第1255页。
④ 《诗·大雅·江汉》。

置之，云彻席卷"；匈奴统一草原继后，"唯北狄为不然，真中国之坚敌也"①；南北"逐鹿中原"的博弈随即拉开序幕。而匈奴经营西域的后半期实际上是在第二个过程中与秦汉角力中原。从中国历史发展的层面讲，匈奴经营西域虽是南北"逐鹿中原"的一个侧翼，但确是两者博弈的重要前沿。正是匈奴与秦汉在"逐鹿中原"中反复、长时间的争雄交往与博弈整合，启动了中国历史上中原与周边不同区域大一统的进程②；故在研究匈奴经营西域的历史中，需要明确几个相互关联的基本问题：

一是对于历史上的中国而言，匈奴是"内"还是"外"，即匈奴是不是秦汉时期中国的组成部分。

匈奴在公元前3世纪兴起于中国北方草原地带。公元前221年（秦始皇二十六年），秦率先完成中原农耕区域的整合，统一中国（中原）。时匈奴已成事北方草原。公元前209年，冒顿单于即汗位，迅速统一了北方草原，拥有控弦之士三十余万，号称与南方汉帝并立的"天所立匈奴大单于"③，历史上"南有大汉，北有强胡"④的对峙格局初具规模。⑤公元前215年（秦始皇三十二年），秦使蒙恬统兵30万北伐匈奴，单于"头曼不胜秦，北徙"。⑥

西汉初年，匈奴开启了与汉朝"逐鹿中原"的"天下国家"之争。公元前201年（汉高帝六年），冒顿单于引兵至晋阳，引发著名的"平城之役"，汉高帝刘邦被围于白登山七日。两强对峙的结局是高帝认同匈奴冒顿单于为天下共主，提出："两主不相厄。"⑦议定以长城为南北之分界，双方均以华夏大一统之天子自称，中原汉帝为君天下之天子，统治长城以内冠带之室；草原单于为天所立匈奴大单于，总领长城以北引弓之国。汉帝、单于约为兄弟，并为天下共主。"两国之民若一家子"，"独朕（汉帝）与单于为之父母"⑧，共同认可了"一家人"的身份。

---

① 《汉书》卷九四下《匈奴传下》，第3815页。
② 其余相对处于次一级的地方区域则在内部的整合中占用了过多的时间和精力，失去了入主中原争雄博弈的历史机遇。
③ 《汉书》卷九四上《匈奴传上》，第3756页。
④ 同上书，第3780页。
⑤ 参见厉声《中国古代农耕与游牧社会交往的历史脉络》，《中国史研究》2014年第3期。
⑥ 《史记》卷一一〇《匈奴列传》，第3748页。
⑦ 《汉书》卷三三《韩信传》，第1854页。
⑧ 《汉书》卷九四上《匈奴传上》，第3763页。

所以，如同今天多元一体的中华民族一样，匈奴是秦汉时期中国的重要成员，两强之一；汉、匈南北"逐鹿中原"则是"兄弟阋于墙"的"天下国家"之争，匈奴经营西域是中国"内部"北方游牧区域政权经营西域的开端。

我国也有学者将匈奴视为"外"，将上述南北"逐鹿中原"之争看成中外之争，是历史上中国的"对外关系"，提出："边疆在几千年中国的次地区政治中占据重要地位，而北方游牧民族贴着边疆甚至深入边疆直至内地的侵扰行为，是中国古代对外关系和国家安全的最核心议题。"[①] 作为我国国民教育的教科书，初中《中国历史》第一册"西汉同匈奴、西域的关系"一课[②]，以"两汉经营西域和对外关系"为题，将西汉与匈奴、西汉与西域的关系均视为"对外关系"；在教学大纲中列出的"思想教育"要点之一是："启发学生继承发扬张骞为沟通民族友好、促进中外交流而忠诚不渝、坚毅顽强的开拓精神。"美国学者拉铁摩尔则以为南北"逐鹿中原"是历史上中国的"边境"之争：游牧社会的威胁迫使"整个中国以全力来维护这个边境"。[③] 这些观点都值得商榷。

二是西域"原始属性"的界定，即匈奴或汉朝"经营西域"是不是历史上中国的"扩张"。

由于古代境外周边没有可抗衡的政治势力，秦汉至清初中国历代王朝政治格局的发展和疆域的伸缩变化主要是内部因素决定的。自秦汉统一中国（中原）至18世纪中期，在中国相延2000年漫长的历史进程中，中国历代大一统的疆域范围及治理方式，都随着国势的消长在一个大致的范围内不断变化。历代王朝疆域范围的确立主要取决于不同时期中国内部的因素，即所谓"文命敷于四海，祗承于帝"。[④] 总的来讲，中国内部统一、国势强盛时（如汉、唐、元、清），国家统治规范，疆域的范围就大一些，治理的力度也强一些；反之，周边疆域的治理则相对松弛。

---

① 苏长河：《战争、财政危机与中国历史上的王朝失败》，北京大学中国与世界研究中心《研究报告》总第31期，2013年1月15日。

② 曾于北京市中青年教师课堂教学评优中获优秀课奖，后又拍成录像，传播较广。

③ ［美］拉铁摩尔：《中国的亚洲内陆边疆》，唐晓峰译，江苏人民出版社2008年版，第333页。

④ 《书·大禹谟》。

秦汉时期的中国已有"邦畿千里，维民所止，肇域彼四海"①，"四海之内有九州"和"中国（中原）于四海内则在东南"②的概念，西域位于历史上中国的西部，西域之西又有"西海"之说："于寘之西，则水皆西流，注西海"③，即"西域"在"西海"之内；所以，汉代武帝时期出现的"西域"一词是指汉代认定的中国西部地区，似已有"西部疆域"的概念。西域先为中国北方匈奴政权领有，是匈奴羁属之地；随后出现的"张骞凿空"④、"西域以孝武时始通"⑤的表述，则记载了自武帝以来中国中原王朝在西域的活动；历史上中国的匈奴和汉朝先后经营了秦汉时期中国的"西部疆域"，而非"扩张"。

三是对历史上中国"正统"的理解与"非中原"的匈奴政权经营西域是不是中国经营西域。

史学研究的目的，在于探求历史的真实，找寻历史现象背后的动因。中国历史上"非中原政权"匈奴经营西域的历史，涉及对古代匈奴民族、西域诸民族以及汉帝国所属中原民族的历史认知和历史表述；古代西域种族与民族、政权与施政的多样性和复杂性，引发了今天学者在西域历史研究中的不同角度和立场，使我们在研究匈奴经营西域历史时，或偏重于历史的"正统"，或着眼于"强势者"，或局限于区域民族（例如中原汉民族），使研究的成果或结论偏离了历史的真实。正如子今教授在书中所强调的：研究匈奴经营西域的历史，会出现站在匈奴帝国和北方草原民族的立场，站在西域诸民族政权的立场，以及站在秦汉王朝和中原农耕民族的立场等多种可能。偏执于某一民族的立场会导致对多民族参与历史过程理解的差误；即使这一民族在历史的发展中具有强势地位，因历史文献的丰富而据有和享有高分贝的话语权，研究者都不应忽略因此产生历史误读的可能而丧失学术警觉。

"正统"是先秦以来中原的重要政治理念，"正统"之说，源自春秋时期的"正名"思想，主要表现为王朝兴替间的"正统"之争，要旨在于政权的"合法性"和"大一统"的"传承性"，即所谓"正者所以正

---

① 《诗·商颂·玄鸟》。
② 《史记》卷二七《天官书》，第1347页。
③ 《史记》卷一二三《大宛列传》，第3160页。
④ 同上书，第3169页。
⑤ 《汉书》卷九六上《西域传》，第3871页。

天下之不正也；统者，所以合天下之不一也"。① 先秦之时已有中原、四夷之分和中原正统论：中原"居天下之正，合天下于一，斯正统矣"②，而周边"其在东夷、北狄、西戎、南蛮，虽大曰子"。③ 秦汉居中原、承夏商周"正统"，中原"膺当天之正统，受克让之归运"④。匈奴居于草原，继北狄之后，属九服之列，然而"北地之狄，五帝所不能臣，三王所不能制"⑤，长期与中原"正统"呈对峙之势。

公元前221年秦统一中原后即欲乘胜一举统一北方草原。公元前215年（秦始皇三十二年）使蒙恬统兵30万北伐匈奴，其目标是"必以匈奴之众，为汉臣民，制之令千家而为一国……皆属之置郡"。⑥ 这正是先秦以来"正统"治国理念的实践。公元前209年，匈奴冒顿单于统一北方草原后，"数至边境，愿游中国"⑦，大有问鼎中国之势。匈奴率先向西推进，"定楼兰、乌孙、呼揭及其旁二十六国，皆以为匈奴。诸引弓之民，并为一家"。⑧ 领有和经营西域使匈奴在南北争雄中抢占了战略先机，以致"天下匈匈，劳苦数岁，成败未可知"。⑨

尊重和注重历史进程中所有的重要参与者，是风范方正之历史研究大家的品格。匈奴开国单于冒顿曾直言："地者，国之本也。"⑩ 占有和经营西域，使匈奴帝国获取了几乎和本部草原等同的资源；遂"尽服从北夷，而南与诸夏为敌国"⑪；在与秦帝国"逐鹿中原"的争雄博弈中处于战略优势。及至汉朝肇端，"存抚天下，辑安中国。然后兴师出兵，北征匈

---

① （宋）欧阳修：《正统论上》，《欧阳修诗文集校笺》卷一六，上海古籍出版社2009年版，第496—497页。
② （宋）欧阳修：《正统论下》，《欧阳修诗文集校笺》卷一六，第500页。
③ 《礼记·曲礼》。
④ （汉）班固：《典引》，《全上古三代秦汉三国六朝文》之《全后汉文》卷二六，中华书局1958年版，第614页。
⑤ 《汉书》卷九四下《匈奴传下》，第3812页。
⑥ （汉）贾谊撰，阎振益、锺夏校注：《新书校注》卷四《匈奴》，中华书局2000年版，第134页。
⑦ 《汉书》卷九四上《匈奴传上》，第3755页。
⑧ 《史记》卷一一〇《匈奴列传》，第2896页。
⑨ 《汉书》卷一下《高帝纪》，第64页。
⑩ 《汉书》卷九四上《匈奴传上》，第3750页。
⑪ 同上书，第3751页。

奴"①，重启北方与中原"逐鹿中原"的争雄博弈。被动的对峙格局迫使汉代的政治家开始"关注草原民族关系，积极寻求和争取反匈奴的外族同盟力量"②，"以分匈奴西方之援国"。③汉武帝正是从"制匈"的战略"图西域，制车师，置城郭都护三十六国"。④也正是在南北"逐鹿中原"的大背景下，历史上中国北方匈奴与中原汉朝对西域实施着双向的角力经营。匈奴先于中原领有西域地区，《史记》中"匈奴西域"⑤之记载便是中原汉朝对北方匈奴先期经营西域的"认可"；而史载"自宣、元后，单于称藩臣，西域服从，其土地山川王侯户数道里远近翔实矣"⑥，则是对汉代中原王朝接手匈奴之后经营西域的描述，其中并无匈奴非"正统"的痕迹。

历代正史多站在中原正统的立场以尽可能丰富的史料撰述汉代经营西域，今天的学者或自觉或不自觉地以"正统"的角度书写中国经营西域，子今教授的《匈奴经营西域研究》则突破成说，站在草原匈奴帝国的视角探索战国、秦汉时期中国西域的政治社会与历史文化，诚为一部开拓性的学术力作。学者的研究应当取历史上中国和中华民族历史的立场而非某一区域民族的立场。正如《匈奴经营西域研究》提出"就西域地方的矛盾、争端、战争而言，应当从当时西域的历史是西域诸族英雄、汉民族英雄和匈奴族英雄共同的创造这一认识基点上予以理解和说明"⑦，使读者可以通过冷静的、客观的、历史主义的阐述，认识和感受历史的真实。

四是对西域实施"羁縻"治理是草原匈奴和中原汉朝共有的治边方式。

历史上中原的"羁縻"治理始于先秦。在从家族社会到宗族社会"聚族而居"的发展中，主从地缘政治是宗法制度的基本法则，也是古代习惯法的核心。在早期国家中，国家是王族的私产，家与国合称，谓之

---

① 《史记》卷一一七《司马相如列传》，第3044页。
② 王子今：《匈奴经营西域研究》，第154页。
③ 《汉书》卷九四上《匈奴传上》，第3773页。
④ 《汉书》卷九四下《匈奴传下》，第3816页。
⑤ 《史记》卷一一一《卫将军骠骑列传》，第2933页。
⑥ 《汉书》卷九六上《西域传上》，第3874页。
⑦ 王子今：《匈奴经营西域研究》，第25页。

"家邦"①；国家呈现王畿与邦国分层政治的形态，其主从地缘政治格局则是以王畿为中心，自内向外，分封九畿；受封诸侯"乃以九畿之籍（隶属），施邦国之政职"②，"王略所宣，九服率从"。③ 不同政治势力之间的主从地缘政治关系是以"服事"的政治行为体现的。先秦时的"汤事葛"、"文王事昆夷"、"太王事獯鬻"、"句践事吴"之说，孟子将其归纳为"以大事小者，乐天者也；以小事大者，畏天者也。乐天者保天下，畏天者保其国"。④ 其中的"小事大者"即有"羁縻"关系的含义。在古代国家统一的进程中，限于古代社会生产力和早期国家发展的历史条件，中央（中原）王朝（或对应的周边强势政权）在边远地区往往是"抚绥"形式下的统一，所谓"天监厥德，用集大命，抚绥万方"。⑤ 边远弱方归附领受册封，"以小事大"，"慕义而贡献"；中原强者"约之以命，约定俗成"⑥，"接之以礼让，羁靡不绝"⑦。所谓："蛮者（指古代中国南方或四方边远的部族、民族）听从其俗，羁縻其人耳，故云蛮。"⑧ "羁縻"的要旨在"因其俗，简其礼"⑨；"敦至道以厉藩俗，修文德以怀远人；然后一轨九州，同风天下"。⑩ "莅中国而抚四夷也。"⑪

"羁縻"又曾是北方草原游牧政权统治的重要方式，拥有草原游牧文明的匈奴也有着"羁属"治国的传统，史载："西域诸国大率土著，有城郭田畜，与匈奴、乌孙异俗，故皆役属匈奴。"⑫ 匈奴虚弱之时，西域"诸国羁属者皆瓦解"，或"攻盗不能理"⑬；或"远徙，中立，不肯朝会匈奴"。西域各政权内部也有"羁属"治理，乌孙"国众分为三，而其大

---

① 《诗·大雅·思齐》。
② 《周礼·夏官·大司马》。
③ 《宋书》卷二《武帝纪中》，中华书局1974年版，第40页。
④ 《孟子·梁惠王下》。
⑤ 《书·太甲上》。
⑥ 《荀子·正名》。
⑦ 《汉书》卷九四下《匈奴传下》，第3834页。
⑧ 《尚书正义·禹贡》。
⑨ 《史记》卷三二《齐太公世家》，第1480页。
⑩ 《晋书》卷一一三《符坚载记上》，中华书局1974年版，第2904页。
⑪ 《孟子·梁惠王上》。
⑫ 《汉书》卷九六上《西域传上》，第3872页。
⑬ 《汉书》卷九四上《匈奴传上》，第3787页。

总取羁属昆莫"。①

西域位于北方草原和中原的边远西部，匈奴、汉朝在经营西域中都在实施"羁縻治理"。继承草原游牧文明的匈奴帝国多采取在军事征服之下羁縻治理，"羁属之，不大攻"②，包括定期"朝会"，"羁属"、"服属"，"羁事"③，"役属"④等多种形式。汉帝国接统西域后，面对地域的遥远和当地种族与民族的多样性、复杂性，沿用了先秦以来中原农耕文明"威德"之下的羁縻治理，注重以中原"帝之威德，内行外信，四荒悦服"的模式，"与单于争其民"⑤；如子今教授指出的：或汉朝"有关成功政策的设计，是有可能吸取了匈奴管理西域的经验的"。⑥ 中国传统的羁縻方略得到了北方草原与中原共同的推崇和发扬，羁縻治理理顺了强势与弱势之间的关系，缓和了不同政治势力之间的矛盾，营造了不同区域之间协调发展的氛围，维系了当时历史条件下的"一统"格局；是一种"以非军事手段争取人心的征服方式，是一和平战略"。⑦

《匈奴经营西域研究》是中国社会科学院边疆史地研究中心承担的国家社科基金特别项目"新疆历史与现状综合研究项目"的年度子课题的优秀成果。子今教授近年对"秦汉边疆与民族问题"的潜心钻研、集中思考和诸多的专题研究成果，使《匈奴经营西域研究》尚在规划中即已有了丰厚的资料积累与坚实的学术基础。全书充分利用了汉代西域文献学和秦汉考古与简牍资料，梳理仔细，分析深入，使本书较以往一些民族史和区域史研究成果有显著的提升与进步。通过一系列的专题论述，包括"关于匈奴定楼兰诸国"、"匈奴'赋税'西域"、"匈奴'兼从西国'"、"匈奴对西域开发的参与"、"匈奴控制西域的方式"、"匈奴在西域的文化接受史"、"匈奴与汉王朝对西域的争夺"、"汉匈争夺背景下西域诸国的文化走向"等，对秦汉时期匈奴经营西域的重要问题进行了全面的考论。而列入附论的"说索劢楼兰屯田射水事"、"龟兹孔雀考"等文字，也颇

---

① 《史记》卷一二三《大宛列传》，第3169页。
② 同上书，第3168页。
③ 均见《史记·大宛列传》。
④ 《汉书》卷九六上《西域传上》，第3888页。
⑤ 《新书校注》卷四《匈奴》，第134、135页。
⑥ 王子今：《匈奴经营西域研究》，第80页。
⑦ 同上书，第159页。

有新意。其中附论一"前张骞的丝绸之路与西域史的匈奴时代"涉及当今学术热点问题，探讨了学界共同关注的丝绸之路史中一个特殊阶段的历史进程与民族文化的面貌，从一个侧面对西域丝路交通的重要作用给予了特殊的说明。

　　中国历代文献所见"西域"，记载着当地区域政权与不同种族、民族文化相互间的交往、融汇与兴衰更替；历代西域对于不同时期的中国史、中亚史、东方史，乃至世界史都发挥着重要的影响和作用。本书的出版会将我国西域历史研究推向又一高峰；"功成名遂"[①]，喜事也，谨此向子今教授的本项重要学术成就表示衷心的祝贺。古代史研究非我所长，应邀作序，抓耳挠腮；东拼西凑，聊以成文；班门弄斧，终成"貂不足，狗尾续"之势[②]，然附和于先生大家，乐事也，谨此向子今教授的盛邀表示衷心的感谢。

乙未年八月　寒露　于京城远见名苑

[①] 《墨子·修身》。
[②] 《晋书》卷五九《赵王伦传》，第1602页。

绪　　论

一　"西域"名义

"西域"自西汉以来成为边疆史、民族史和地方文化史研究共同关注的区域代号。"西域"也因丝绸之路的开通，处于渊源不同的文化相互接触和融汇的交点，进入了世界史研究者的视野。

汉王朝对"西域"的民族交往和军事征服的成功，对于汉文化的向西扩张以及中原人接受西来文化的影响，都有非常重要的意义。

季羡林曾经说："世界上唯独一个汇聚了古代四大文明的地区就是西域。"[①] 讨论"西域"名义的发生背景、地理指向和文化内涵，显然是必要的。说明"西域"成为汉地学者熟习语的过程，应当注意汉武帝时代的历史条件。其原始语义的澄清，也将使汉代西北区域史、西北民族史和西北民族关系史的发展脉络更为明朗。

（一）"西域"名号的出现

秦帝国营建的长城防线的西北终点在临洮（今甘肃岷县）。[②] 国家版图的西端也在临洮。[③] 西汉初期北边军事处于守势，最高执政集团的政治

[①] 季羡林还说："这是西域研究之所以如此吸引人的地方，也是西域研究之所以如此困扰人的缘由。"（荣新江：《季羡林先生主持的"西域研究读书班"侧记》，《人格的魅力——名人学者谈季羡林》，延边大学出版社1996年版，第241—245页）

[②] 《史记》卷八八《蒙恬列传》："秦已并天下，乃使蒙恬将三十万众北逐戎狄，收河南。筑长城，因地形，用制险塞，起临洮，至辽东，延袤万余里。"（第2565—2566页）

[③] 《史记》卷六《秦始皇本纪》："分天下以为三十六郡……地东至海暨朝鲜，西至临洮、羌中，南至北向户，北据河为塞，并阴山至辽东。"（第239页）

视线更多地集中于东方，着意处理与诸侯王国的关系。对"西域"的集中关注，可以说自汉武帝时代方才起始。我们也看到，也正是自汉武帝时代起，"西域"这一政治地理语汇或民族地理语汇，最初出现在历史文献中。

《史记》卷六〇《三王世家》载录丞相庄青翟、御史大夫张汤奏言颂扬汉武帝功德的文辞，出现"西域"字样："陛下躬亲仁义，体行圣德，表里文武。显慈孝之行，广贤能之路。内褒有德，外讨强暴。极临北海，西溱月氏，匈奴、西域，举国奉师。舆械之费，不赋于民。"①其中"西域"与"匈奴"并说。又《史记》卷一一七《司马相如列传》记载司马相如告巴蜀民檄："告巴蜀太守：蛮夷自擅不讨之日久矣，时侵犯边境，劳士大夫。陛下即位，存抚天下，辑安中国。然后兴师出兵，北征匈奴，单于怖骇，交臂受事，诎膝请和。康居西域，重译请朝，稽首来享。移师东指，闽越相诛。右吊番禺，太子入朝。南夷之君，西僰之长，常效贡职，不敢怠堕，延颈举踵，喁喁然皆争归义，欲为臣妾……"②也说道"康居西域，重译请朝，稽首来享"。这些都是司马迁实录汉武帝时代的正式文书，可信度应当是比较高的。

《汉语大词典》"西域"条是这样定义的："汉以来对玉门关、阳关以西地区的总称。狭义专指葱岭以东而言，广义则凡通过狭义西域所能到达的地区，包括亚洲中、西部，印度半岛，欧洲东部和非洲北部都在内。后亦泛指我国西部地区。"所引书证："《汉书·西域传序》：'西域以孝武时始通，本三十六国，其后稍分至五十余，皆在匈奴之西，乌孙之南。南北有大山，中央有河，东西六千余里，南北千余里。东则接汉，阨以玉门、阳关，西则限以葱岭。'"③应当说，这样的解释大略可以说明"狭义西域"的地理概念，惜失之于引用文献年代过晚。

《辞源》"西域"条对于"西域"概念的出现也有大致类同的说明："西域之称始于汉，指玉门关以西，巴尔喀什湖以东及以南的广大地区。

---

① 《史记》，第2109页。
② 同上书，第3044页。
③ 汉语大词典编辑委员会、汉语大词典编纂处：《汉语大词典》第8卷，汉语大词典出版社1991年版，第747页。

汉武帝遣张骞出使西域。宣帝时，置都护，治乌垒城，去阳关二千七百余里，于西域为中。后世泛指葱岭以西诸国。见《汉书》九六上《西域传》。"① 其中"后世泛指葱岭以西诸国"的说法其实需要进一步的说明。② 不过，所谓"西域之称始于汉"，大致是正确的。

《中文大辞典》"西域"条的解说就时代判断而言也比较合理："自汉以降，称西方诸国之地曰西域，其范围无严密之限定，大别有广狭二义，广义包括今印度、伊朗、小亚细亚。狭义则仅指今新疆省南部塔里木盆地而言。"然而也以《汉书·西域传》为书证。③

可是，出版较晚，专业性本来也应当更强的《中国历史地名大辞典》却写道："西域，西汉以后对玉门关以西地区的总称。始见于《汉书·西域传》。有二义，狭义专指葱岭以东而言；广义则指凡通过狭义西域所能到达的地区，包括今亚洲中西部、印度半岛、欧洲东部及非洲北部等地。西汉宣帝时设西域都护府。……"④ 词条撰写者沿袭已出版现成辞书的痕迹比较明显，承用旧说时，甚至没有觉察到同一段文字表述中"始见于《汉书·西域传》"和"西汉宣帝时设西域都护府"两说的明显矛盾。

甚至有的历史地理学的专门论著也说："'西域'是一个享誉国内外的历史区域性地名，得名于西汉宣帝时期，原指西域都护府辖地……"⑤ 对于《史记》相关记述的忽略，显然是不妥当的。

《盐铁论》中以《西域》名篇，也早在《汉书》成书之前。西汉中期，"西域"已经成为朝廷政论的主题。

有学者指出，早期"'西域'的定义"，"很可能形成于西汉开展西域经营之前"，也就是这一地区"被匈奴统治的时期"。论者写道："据《汉书·匈奴传上》，前176年（文帝前元四年）冒顿单于遗汉书中提到匈奴

---

① 广东、广西、湖南、河南辞源修订组，商务印书馆编辑部编：《辞源》（修订本）第4册，商务印书馆1983年版，第2843页。

② "《汉书》九六上《西域传》"，按照惯例，应为"《汉书》九六上《西域传上》"。

③ 中文大辞典编纂委员会（张其昀监修，林尹高明主编）：《中文大辞典》第30册，中国文化学院出版部1968年版，第306页。

④ 史为乐主编：《中国历史地名大辞典》上册，中国社会科学出版社2005年版，第939—940页。

⑤ 侯丕勋、刘再聪主编：《西北边疆历史地理概论》，甘肃人民出版社2008年版，第11页。

征服了'楼兰、乌孙、呼揭及其旁二十六国'。这'二十六国'显然是'三十六国'之误。也就是说，由于冒顿发动的战争，'三十六国'成了匈奴的势力范围。正是这一范围，被匈奴称为'西域'。"① 对于"匈奴统治"的"西域"，显然有必要进行分析。至于"西域"是"被匈奴称为'西域'"，即起初是匈奴地理称谓，还是中原抑或更广大的文化系统的地理称谓，也应当予以澄清。

（二）关于"匈奴西域"

史籍中确有关于"匈奴统治"的"西域"的信息。

《史记》卷一一一《卫将军骠骑列传》记载："单于怒浑邪王居西方数为汉所破，亡数万人，以骠骑之兵也。单于怒，欲召诛浑邪王。浑邪王与休屠王等谋欲降汉，使人先要边。""天子闻之，于是恐其以诈降而袭边，乃令骠骑将军将兵往迎之。骠骑既渡河，与浑邪王众相望。浑邪王裨将见汉军而多欲不降者，颇遁去。骠骑乃驰入与浑邪王相见，斩其欲亡者八千人，遂独遣浑邪王乘传先诣行在所，尽将其众渡河，降者数万，号称十万。"② 青年将军霍去病以异常的镇定，果断处理了匈奴浑邪王部众犹疑于降与不降的复杂情境，稳妥受降。其功绩得到汉武帝的肯定，"既至长安，天子所以赏赐者数十巨万。封浑邪王万户，为漯阴侯。封其裨王呼毒尼为下摩侯，鹰庇为煇渠侯，禽梨为河綦侯，大当户铜离为常乐侯。于是天子嘉骠骑之功曰：'骠骑将军去病率师攻匈奴西域王浑邪，王及厥众萌咸相奔，率以军粮接食，并将控弦万有余人，诛獟駻，获首虏八千余级，降异国之王三十二人，战士不离伤，十万之众咸怀集服，仍与之劳，爰及河塞，庶几无患，幸既永绥矣。以千七百户益封骠骑将军。'"③

司马迁文字前说"浑邪王居西方"，后引录汉武帝嘉奖令言"匈奴西域王浑邪"。可知"西域"语义曾经有变化。起初语近"西方"。

"匈奴西域王浑邪"所居，在河西地方。《史记》卷一二三《大宛列传》写道："是岁汉遣骠骑破匈奴西域数万人，至祁连山。其明年，浑邪

---

① 余太山：《两汉魏晋南北朝正史西域传要注》，中华书局2005年版，第60页。
② 《史记》，第2933页。
③ 同上。《汉书》卷五五《霍去病传》载"上嘉去病之功"诏令，称"西域王浑邪王"，无"匈奴"二字。第2482页。

王率其民降汉，而金城、河西西并南山至盐泽空无匈奴。匈奴时有候者到，而希矣。其后二年，汉击走单于于幕北。"① 也说到"祁连山"地方的"匈奴西域"。"是岁"，也就是元狩元年（前122）。

《史记》卷一二三《大宛列传》记录张骞言乌孙所居"西域"，并提出了关于建立远国战略联盟关系的新建议："是后天子数问骞大夏之属。骞既失侯，因言曰：'臣居匈奴中，闻乌孙王号昆莫，昆莫之父，匈奴西边小国也。匈奴攻杀其父，而昆莫生弃于野。乌嗛肉蜚其上，狼往乳之。单于怪以为神，而收长之。及壮，使将兵，数有功，单于复以其父之民予昆莫，令长守于西域。昆莫收养其民，攻旁小邑，控弦数万，习攻战。单于死，昆莫乃率其众远徙，中立，不肯朝会匈奴。匈奴遣奇兵击，不胜，以为神而远之，因羁属之，不大攻。'"张骞明确提出了具体的策略，"今单于新困于汉，而故浑邪地空无人。蛮夷俗贪汉财物，今诚以此时而厚币赂乌孙，招以益东，居故浑邪之地，与汉结昆弟，其势宜听，听则是断匈奴右臂也。既连乌孙，自其西大夏之属皆可招来而为外臣"。

张骞的建议得到汉武帝认可，"天子以为然，拜骞为中郎将，将三百人，马各二匹，牛羊以万数，赍金币帛直数千巨万，多持节副使，道可使，使遗之他旁国"。② 乌孙原为"匈奴西边小国"，为"匈奴攻杀"，乌孙王子为匈奴将兵，"数有功"，于是得以复国，"单于复以其父之民予昆莫，令长守于西域"，后又"远徙，中立"，与匈奴解除了臣属关系。匈奴击不能胜，"因羁属之，不大攻"。

从所谓"匈奴西边小国"，"令长守于西域"，"因羁属之"，"匈奴右臂"，可知乌孙与匈奴的关系。这里所说的"西域"，依然是"匈奴西域"。

《汉书》卷九六上《西域传上》："西域以孝武时始通，本三十六国，其后稍分至五十余，皆在匈奴之西……"③ 所谓"皆在匈奴之西"，也反映了"匈奴西域"语源的政治地理和民族地理背景。

然而通过"浑邪王居西方"与"匈奴西域王浑邪"并说的情形，可以推知"西域"指意，起初可能只是笼统地说"西方"。

---

① 《史记》，第3167页。
② 同上书，第3168页。
③ 《汉书》，第3871页。

（三）"隔以玉门、阳关"：汉帝国的"西域"

张骞"既连乌孙，自其西大夏之属皆可招来而为外臣"的设计，得到汉武帝的赞许，反映了汉王朝已经决意与匈奴争夺西边的"羁属"之国。汉武帝的目光，已经凝注于汉帝国以更辽阔世界观为背景的"西域"了。

《汉书》卷二八下《地理志下》写道："自武威以西，本匈奴昆邪王、休屠王地，武帝时攘之，初置四郡，以通西域，鬲绝南羌、匈奴。"①《汉书》卷六九《赵充国传》："臣恐匈奴与羌有谋，且欲大入，幸能要杜张掖、酒泉以绝西域……"② 汉王朝要控制河西"以通西域"，匈奴则欲控制河西"以绝西域"，战略意图不同，然而都显示"西域"在河西以西地方。③

"匈奴西域王浑邪"、"西域王浑邪王"所居，在河西四郡设置之后，已经不是"西域"了。"西域"所指，随着汉帝国版图的扩张，发生了变化。

汉帝国执政集团西北视界中比较明确的"西域"概念这时也已经基本形成，这就是《汉书》卷九六上《西域传上》所说："西域以孝武时始通，本三十六国，其后稍分至五十余，皆在匈奴之西，乌孙之南。南北有大山，中央有河，东西六千余里，南北千余里。东则接汉，隔以玉门、阳关，西则限以葱岭。"④ 又所谓"自玉门、阳关出西域有两道"以及《汉书》卷九六下《西域传下》"开玉门，通西域"，《后汉书》卷一八《吴盖陈臧列传》论曰："（光武）闭玉门以谢西域之质"⑤ 等，也体现西域方位与汉边防"隔以玉门、阳关"的关系。

又如《后汉书》卷二三《窦固传》："复出玉门击西域。"⑥ 卷四七《班勇传》："先是公卿多以为宜闭玉门关，遂弃西域。"⑦ 卷八八《西域

---

① 《汉书》，第1645页。
② 同上书，第2978页。
③ 《汉书》卷七〇《陈汤传》也说，敦煌"正当西域通道"（第3027页）。
④ 《汉书》，第3871页。《三国志》卷七《魏书·臧洪传》裴松之注引谢承《后汉书》："西域本三十六国，后分为五十五，稍散至百余国。"（第234页）所谓"后分为"、"稍散至"，不排除汉人深入西域后新发现和新接触更多部族、部族联盟或国家的可能。
⑤ 《后汉书》，第697页。李贤注："《西域传》曰，建武二十一年，西域十八国俱遣子弟入侍，天子以中国初定，皆还其侍子。"（第698页）
⑥ 《后汉书》，第810页。
⑦ 同上书，第1581页。

传》:"北虏连与车师入寇河西,朝廷不能禁,议者因欲闭玉门、阳关,以绝其患。""西域内属诸国,东西六千余里,南北千余里,东极玉门、阳关。"① 也都明确反映在汉人的政治地理观念中,"西域"即"玉门、阳关"以西诸国。

班超的军事控制和民族交往诸活动,确定了汉帝国在西域牢固的控制权。他在晚年言"如自以寿终屯部,诚无所恨,然恐后世或名臣为没西域",上书恳请准许回归"中土",有"臣不敢望到酒泉郡,但愿生入玉门关"语②,也说到"西域"与"玉门关"的空间关系。

"玉门、阳关"以东地方,有的学者称为"中原王朝经营或控制的核心地区"。③ 当然,这应当是指汉武帝时代置河西四郡以后的政治地理状况。

(四) 西域·西国

《史记》、《汉书》中可见称"西国"者。

如《史记》卷一二三《大宛列传》说自张骞奉使封侯之后,仿效者甚多:"自博望侯开外国道以尊贵,其后从吏卒皆争上书言外国奇怪利害,求使。"汉武帝肯定这种勇敢精神,授予其"节"。"天子为其绝远,非人所乐往,听其言,予节,募吏民毋问所从来,为具备人众遣之,以广其道。"并利用其失误,以促进使"外国"的事业。"来还不能毋侵盗币物,及使失指,天子为其习之,辄覆案致重罪,以激怒令赎,复求使。"于是导致了使者频繁违法的情形。"使端无穷,而轻犯法。"他们的随从也炫耀"外国"见闻,往往也承担了朝廷使命。"其吏卒亦辄复盛推外国所有,言大者予节,言小者为副,故妄言无行之徒皆争效之。"使者以经济行为获取私利,已经成为常态。"其使皆贫人子,私县官赍物,欲贱市以私其利外国。"西域国家于是抵制这种"汉使"。"外国亦厌汉使人人有言轻重,度汉兵远不能至,而禁其食物以苦汉使。"因此导致的摩擦升级

---

① 《后汉书》,第2911、2914页。
② 《后汉书》卷四七《班超传》:"超自以久在绝域,年老思土。十二年,上疏曰:'臣闻太公封齐,五世葬周,狐死首丘,代马依风。夫周齐同在中土千里之间,况于远处绝域,小臣能无依风首丘之思哉?蛮夷之俗,畏壮侮老。臣超犬马齿歼,常恐年衰,奄忽僵仆,孤魂弃捐。昔苏武留匈奴中尚十九年,今臣幸得奉节带金银护西域,如自以寿终屯部,诚无所恨,然恐后世或名臣为没西域。臣不敢望到酒泉郡,但愿生入玉门关。……'"(第1583页)
③ 余太山:《两汉魏晋南北朝正史西域传要注》,第60页。

为武装冲突,以致出现"汉使"被杀害的事件。"汉使乏绝积怨,至相攻击。而楼兰、姑师小国耳,当空道,攻劫汉使王恢等尤甚。而匈奴奇兵时时遮击使西国者。"① 原先就活跃于西域的匈奴势力以"奇兵"截击汉王朝前往"西国"的使团。

《史记》卷一三〇《太史公自序》也写道:"直曲塞,广河南,破祁连,通西国,靡北胡。作《卫将军骠骑列传》第五十一。"② 使用了"西国"称谓。

又《汉书》卷七〇《傅介子传》:"至楼兰,楼兰王意不亲介子,介子阳引去,至其西界,使译谓曰:'汉使者持黄金锦绣行赐诸国,王不来受,我去之西国矣。'"③ 又《汉书》卷七〇《常惠传》:"惠与吏士五百人俱至乌孙,还过,发西国兵二万人,令副使发龟兹东国二万人,乌孙兵七千人,从三面攻龟兹。"④《汉书》卷九四上《匈奴传上》:"乃更谋归汉使不降者苏武、马宏等。马宏者,前副光禄大夫王忠使西国,为匈奴所遮,忠战死,马宏生得,亦不肯降。故匈奴归此二人,欲以通善意。"⑤ 都以"西国"言事。

所谓"西国"的空间位置,是大致可以确定的。《汉书》卷九六下《西域传下》载桑弘羊等奏言建议:"募民壮健有累重敢徙者诣田所,就畜积为本业,益垦溉田,稍筑列亭,连城而西,以威西国,辅乌孙,为便。臣谨遣征事臣昌分部行边,严敕太守都尉明燧火,选士马,谨斥候,蓄茭草。愿陛下遣使使西国,以安其意。臣昧死请。"又说郑吉事:"东奏事,至酒泉,有诏还田渠犁及车师,益积谷以安西国,侵匈奴。吉还,传送车师王妻子诣长安,赏赐甚厚,每朝会四夷,常尊显以示之。于是吉始使吏卒三百人别田车师。得降者言,单于大臣皆曰'车师地肥美,近匈奴,使汉得之,多田积谷,必害人国,不可不争也。'"《西域传》"赞曰"同样说到"西国":"孝武之世,图制匈奴,患其兼从西国,结党南羌,乃表河西,列四郡,开玉门,通西域,以断匈奴右臂,隔绝南羌、月

---

① 《史记》,第 3171 页。
② 同上书,第 3317 页。
③ 《汉书》,第 3002 页。
④ 同上书,第 3004 页。
⑤ 同上书,第 3782 页。

氏。单于失援，由是远遁，而幕南无王庭。"①

文献中出现的这些"西国"，其实与后来通行的区域方位指示语所谓"西域"意义相近。陈桥驿曾经写道："西域之名由来已久，《史记·大宛列传》：'匈奴奇兵，时时遮击使西国者。'清徐松认为：'古音国读如域'（《汉书西域传补注》卷上）。②因此，《史记》'西国'即是'西域'。"③有的历史地理学论著，似乎是支持这样的认识的。④

不过，"'西国'即是'西域'"的说法，还需要进一步的论证和充实。

其实，高亨在关于"古字通假"的论著中，已经提示过我们"域"和"国"原本是可以通假的，这一认识可以得到出土文献的证实。高亨主持完成的《古字通假会典》指出："【掝与国】《老子》二十五章：'域中有四大。'汉帛书甲本、乙本域作国。"⑤"掝与国"应作"域与国"。⑥

《汉语大词典》"西国"条凡五解，其中有一义即"指西域"。遗憾的是，其书证取"《晋书·苻丕载记》"，失之于年代过晚："是时安西吕光自西域还师，至于宜禾，坚凉州刺史梁熙谋闭境距之。高昌太守杨翰言于熙曰：'吕光新定西国，兵强气锐，其锋不可当也。'"⑦

《焦氏易林》卷二《复·未济》："东邻西国，福喜同乐。出得隋珠，留获和玉。俱利有息。"由"西国"与"和玉"的对应关系，也可以推知"西国"方位与"西域"的一致。⑧

"域，国也。"这一理解见《文选》卷九扬雄《长杨赋》"殊邻绝党之域"吕延济注；卷一六江淹《恨赋》"终芜绝兮异域"吕向注；卷四一

---

① 《汉书》，第3912、3923、3928页。
② 王先谦《汉书补注》引徐松曰："《史记·大宛传》：'匈奴奇兵时时遮击使西国者。'古音'国'读如'域'。《广雅·释诂》：'域，国也。'"（中华书局1983年版，下册第1604页）
③ 陈桥驿：《〈西域历史地理〉序》，苏北海《西域历史地理》，新疆大学出版社1988年版，第1页。
④ 侯丕勋、刘再聪主编：《西北边疆历史地理概论》，甘肃人民出版社2008年版，第11页。
⑤ 高亨纂著，董治安整理：《古字通假会典》，齐鲁书社1989年版，第373页。
⑥ 可能正是因为"域"、"掝"的错排，我们在《古字通假会典》的"笔画检字"中找不到此条。
⑦ 汉语大词典编辑委员会、汉语大词典编纂处：《汉语大词典》第8卷，第748页。
⑧ 《焦氏易林》卷三《蹇·节》："西国强梁，为虎作狼。东吞齐楚，并有其王。"此"西国"就"齐楚"而言，则似是指秦国。（汉）焦赣：《焦氏易林》，中国书店出版社2014年影印本。

李陵《答苏武书》"长为蛮夷之域"刘良注；卷四三孙楚《为石仲容与孙皓书》"奄有魏域"吕延济注。看来，"西域"即"西国"的说法，是大体可以成立的。

《说文·囗部》："国，邦也。"《说文·戈部》："或，邦也。"段玉裁注："古或、国同用。""或、国，在周时为古今字。"也有学者已经指出，"或"是"域"的正字。① 朱骏声《说文通训定声》："或，叚借为国。""经传凡泛言国家者，实皆'域'字。专言国中者，'国'之正字。"《广雅·释诂四》："域，国也。"王念孙《广雅疏证》："或、域、国三字，古声义并同。"

从这一角度理解，"西域"也就是"西国"，或者说"西戎远国"，西方"险远"之国。②

"西域"所指代的内容比较复杂，应当说是若干政治实体相集合的代号，而并非单纯的地理称谓。"西域"的方位定义是明确的，所指代的区域文化存在，也曾经明确是在本土之外。

"西域"之所以称作"西域"，"西域"作为政治地理代号得到承认并成为社会通行用语，大致是在西汉时期。历史文献中有先称"匈奴西域"而后成为汉王朝"西域"的情形，亦反映着当时边疆史、民族史和军事史的实况。

了解这些事实，对于西域史以及匈奴经营西域史、汉经营西域史的讨论，是有积极意义的。

（五）西域·东域·北域·南域

敦煌汉简中，有关于"西域"这一区域代号使用的文物资料，重视和理解相关信息，或许亦有助于有关"西域"名号发生和应用的历史背

---

① 《墨子·经上》："动，或从也。"孙诒让《墨子间诂》："或，当为域之正字。"《墨子·经下》："或过名也，说在实。"孙诒让《墨子间诂》："或，域正字。"（中华书局 2001 年版，第 318、330 页）俞樾《诸子平议》卷二七《贾子一》"或时赐此而为家耳"，按："或读为域。"（中华书局 1954 年版，第 557 页）

② 《后汉书》卷六〇上《马融传上》李贤注："孔安国注《尚书》曰：'西旅，西戎远国也。'"（第 1967 页）《后汉书》卷八八《西域传》："班超复击破焉耆，于是五十余国悉纳质内属。其条支、安息诸国至于海濒四万里外，皆重译贡献。""于是远国蒙奇、兜勒皆来归服，遣使贡献。及孝和晏驾，西域背畔。安帝永初元年，频攻围都护任尚、段禧等，朝廷以其险远，难相应赴，诏罢都护。自此遂弃西域。北匈奴即复收属诸国，共为边寇十余岁。"（第 2910—2911 页）

景及其真正文化内涵的讨论：

> 德侯西域东域北域将尉雍州冀州牧西部北部监文德酒泉张掖武威天水陇西＝海北地（2062）①

注意到"西域"可以与"东域"、"北域"并列，对于我们真切理解"西域"意义，或许亦有所启示。

李均明对于这则简文有如下分析："西域、东域、北域，新莽所设方域名，为派遣五威将帅的出巡而划，《汉书·王莽传》：五威将帅策命：'其东出者，至玄菟、乐浪、高句骊、夫馀；南出者，逾徼外，历益州，贬句町王为侯；西出者，至西域，尽改其王为侯；北出者，至匈奴庭，授单于印，改汉印文，去（玺）曰（章）。'② 东域之称，又见《王莽传》严尤诱高句骊侯驺至而斩焉。莽下书曰：'今年刑在东方，诛貉之部先纵焉。捕斩虏驺，平定东域，虏知殄灭，在于漏刻。'③ 虏知指匈奴单于囊知牙斯，莽为改名曰'降奴服于知'者。五威将之'衣冠车服焉，各如其方色数。'此'方'即指方位、方域。"④

据王先谦《汉书补注》引徐松曰："《后书·乌桓传》有'东域'。"《后汉书》卷九〇《乌桓传》写道："及王莽篡位，欲击匈奴，兴十二部军，使东域将严尤领乌桓、丁令兵屯代郡，皆质其妻子于郡县。乌桓不便水土，惧久屯不休，数求谒去。莽不肯遣，遂自亡畔，还为抄盗，而诸郡

---

① 甘肃省文物考古研究所编：《敦煌汉简》，中华书局1999年版，图版第164页，释文第300页。原释文作"冀州物"，今据图版改。

② 今按：原文为："去'玺'曰'章'。"

③ 《汉书》卷九九中《王莽传中》："先是，莽发高句骊兵，当伐胡，不欲行，郡强迫之，皆亡出塞，因犯法为寇。辽西大尹田谭追击之，为所杀。州郡归咎于高句骊侯驺。严尤奏言：'貉人犯法，不从驺起，正有它心，宜令州郡且尉安之。今猥被以大罪，恐其遂畔，夫馀之属必有和者。匈奴未克，夫馀、秽貉复起，此大忧也。'莽不尉安，秽貉遂反，诏尤击之。尤诱高句骊侯驺至而斩焉，传首长安。莽大说，下书曰：'乃者，命遣猛将，共行天罚，诛灭虏知，分为十二部，或断其右臂，或斩其左腋，或溃其胸腹，或紬其两胁。今年刑在东方，诛貉之部先纵焉。捕斩虏驺，平定东域，虏知殄灭，在于漏刻。此乃天地群神社稷宗庙佑助之福，公卿大夫士民同心将率虓虎之力也。予甚嘉之。其更名高句骊为下句骊，布告天下，令咸知焉。'于是貉人愈犯边，东北与西南夷皆乱云。"（第4130页）

④ 饶宗颐、李均明：《新莽简辑证》，新文丰出版公司1995年版，第172—173页。

尽杀其质，由是结怨于莽。"① 其实，《汉书》已见"东域"，即李均明所引王莽下书所谓"平定东域"。《三国志》卷一一《魏书·王烈传》裴松之注引《先贤行状》也可见"东域"之称："会董卓作乱，避地辽东，躬秉农器，编于四民，布衣蔬食，不改其乐。东域之人，奉之若君。时衰世弊，识真者少，朋党之人，互相谗谤。自避世在东国者，多为人所害，烈居之历年，未尝有患。使辽东强不凌弱，众不暴寡，商贾之人，市不二价。太祖累征召，辽东为解而不遣。"② 文中可见"东域"、"东国"互称。

"辽东"之地亦称作"东国"，是因为当时亦少数民族聚居，而中原战乱，中央政权控制能力被削弱的缘故。

徐松还指出："（《后书》）《西南夷传》有'南域'。"正是《王莽传中》"贬句町王为侯"事发生的地方。按《后汉书》卷八六《西南夷传·夜郎》："牂柯地多雨潦，俗好巫鬼禁忌，寡畜生，又无蚕桑，故其郡最贫。句町县有桄榔木，可以为面，百姓资之。公孙述时，大姓龙、傅、尹、董氏，与郡功曹谢暹保境为汉，乃遣使从番禺江奉贡。光武嘉之，并加褒赏。桓帝时，郡人尹珍自以生于荒裔，不知礼义，乃从汝南许慎、应奉受经书图纬，学成，还乡里教授，于是南域始有学焉。"③ "牂柯""句町"称"南域"，而所谓"从番禺江奉贡"的沿途，大概也可以称"南域"。《晋书》可见晋安帝诏，亦使用"南域"的说法。④

关于称作"南域"的"牂柯"所谓"地多雨潦，俗好巫鬼禁忌，寡畜生，又无蚕桑"形容的环境条件之恶劣与经济水准之低下，或许反映了"西域"、"东域"、"北域"、"南域"地方所具有的共同特征。《后汉书》卷八六《西南夷传·夜郎》之所谓"荒裔"，可以看作比较确实的区域文化等级定位。

在论"西域"即"西国"，又指出汉代文献史料中有"东域"、"南

---

① 《后汉书》，第2981页。
② 《三国志》，第356页。
③ 《后汉书》，第2845页。
④ 《晋书》卷九〇《良吏传·吴隐之》："朝廷欲革岭南之弊，隆安中，以隐之为龙骧将军、广州刺史、假节，领平越中郎将。""元兴初，诏曰：'夫孝行笃于闺门，清节厉乎风霜，实立人之所难，而君子之美致也。龙骧将军、广州刺史吴隐之孝友过人，禄均九族，菲己洁素，俭愈鱼飧。夫处可欲之地，而能不改其操，飨惟错之富，而家人不易其服，革奢务啬，南域改观，朕有嘉焉。可进号前将军，赐钱五十万、谷千斛。'"（第2341、2342页）

域"之后，徐松又回到"西域"这一讨论主题。他说："（西域）此城郭国，界中国之西，故曰'西域'。"① 以所谓"界中国之西"理解"西域"的定义，是比较合理的。由此对于汉王朝与"西域"的行政关系和军事关系，对于汉王朝西北方向的边疆问题和民族问题，可以获得接近历史真实的认识。

二　汉代西域史料的发现和理解

汉代"西域"经营，涉及军事史、民族关系史、区域文化史、边疆开发史。"西域"史料对于完整认识汉代历史文化有非常重要的意义。"西域"史料的发现和理解于是成为汉史研究的重要主题之一。相关的探索和总结，对于史料学的进步，也有积极的作用。

《史记》卷一二三《大宛列传》和《汉书》卷九六《西域传》提供了比较集中的汉代人对于"西域"的知识。汉代的西域史因此构筑了文献史料的最初的基石。《史》《汉》其他部分的内容可以充实相关认识，而碑刻文字和简牍文字中的"西域"史料的发现，对于西域史研究尤其有重要的意义。至于新疆等地汉代遗址考古工作的新收获对于西域史研究的史料学意义，更是学界热诚期待的。作为文献史料理解的一个个案，有关"西域"名义的讨论，告知我们对于以往自以为十分熟悉的知识，也可能存在应予澄清的学术疑点。而探讨的深入，也不妨以文献史料和文物史料的结合作为思考的路径。

（一）汉代"西域"史料的早期积累

《史记》卷一二三《大宛列传》和《汉书》卷九六《西域传》提供了比较集中的汉代人对于"西域"的知识。汉代的西域史因此具备了文献史料的早期基础。《史》《汉》其他部分的内容作为辅助信息，可以充实我们的相关知识。

对于"西域"的认识，应当说，开拓了汉代政治文化的新局，也扩

---

① （清）王先谦：《汉书补注》下册，第1604页。

展了汉代人的世界眼光。

先秦时期的中西文化交流，从早期陶器、青铜器的器型和纹饰已经可以发现有关迹象。在阿尔泰地区发现的公元前5世纪的贵族墓中曾经出土中国丝织品。巴泽雷克5号墓出土了有凤凰图案的刺绣和当地独一无二的四轮马车。车辆的形制和刺绣的风格，都表明来自中国。在这一地区公元前4世纪至前3世纪的墓葬中，还出土了有典型关中文化风格的秦式铜镜。许多古希腊雕塑和陶器彩绘人像表现出所著衣服细薄透明，因而有人推测公元前5世纪中国丝绸已经为希腊上层社会所喜好。不过，这些现象当时似乎并没有进入中国古代史学家的视野，没有在文字史料中保留遗存。《左传·昭公十二年》说到周穆王"周行天下"。与《穆天子传》同出于汲冢的《竹书纪年》也有周穆王西征的明确记载。司马迁在《史记》卷五《秦本纪》和卷四三《赵世家》中，也记述了造父为周穆王驾车西行巡狩，见西王母的故事。不少学者推定成书年代为文化空前活跃的战国时期的记录周穆王西行的《穆天子传》一书，有人曾经把它归入"起居注类"，有人则将其列入"别史类"或者"传记类"之中。然而清人编纂的《四库全书》却又将其改隶"小说家类"。于是，在中国正史的记录中，汉代因"奉使"而"有功迹见述于世"的博望侯张骞①正式开通丝

---

① 《汉书》卷五八《公孙弘卜式儿宽传》赞肯定汉武帝时代人才的集中，这样写道："公孙弘、卜式、儿宽皆以鸿渐之翼困于燕爵，远迹羊豕之间，非遇其时，焉能致此位乎？是时，汉兴六十余载，海内艾安，府库充实，而四夷未宾，制度多阙。上方欲用文武，求之如弗及，始以蒲轮迎枚生，见主父而叹息。群士慕向，异人并出。卜式拔于刍牧，弘羊擢于贾竖，卫青奋于奴仆，日䃅出于降虏，斯亦曩时版筑饭牛之朋已。汉之得人，于兹为盛，儒雅则公孙弘、董仲舒、儿宽，笃行则石建、石庆，质直则汲黯、卜式，推贤则韩安国、郑当时，定令则赵禹、张汤，文章则司马迁、相如，滑稽则东方朔、枚皋，应对则严助、朱买臣，历数则唐都、洛下闳，协律则李延年，运筹则桑弘羊，奉使则张骞、苏武，将率则卫青、霍去病，受遗则霍光、金日䃅，其余不可胜纪。是以兴造功业，制度遗文，后世莫及。孝宣承统，纂修洪业，亦讲论六艺，招选茂异，而萧望之、梁丘贺、夏侯胜、韦玄成、严彭祖、尹更始以儒术进，刘向、王褒以文章显，将相则张安世、赵充国、魏相、丙吉、于定国、杜延年，治民则黄霸、王成、龚遂、郑弘、召信臣、韩延寿、尹翁归、赵广汉、严延年、张敞之属，皆有功迹见述于世。"（第2633—2634页）张骞因"奉使"著名史册。在当时西域，张骞有相当大的影响。《史记》卷一二三《大宛列传》："骞为人强力，宽大信人，蛮夷爱之。""其后使往者皆称博望侯，以为质于外国，外国由此信之。"（第3159、3169页）《汉书》卷六一《张骞传》："诸后使往者皆称博望侯，以为质于外国，外国由是信之。"（第2693页）

绸之路的事迹，被誉为"凿空"。①

"西域"，当时对汉代人来说，可以说是一个极陌生的地方。有关"西域"的地理人文信息，是汉代人在短时期内集中获得的对于西北方向中原以外地方的全新的知识。

汉代画象多见标记"西王母"的画面，汉镜铭文多见"西王母"字样，都体现出民间信仰构成中来自西方的因素。② 1963年8月湖北鄂城出土的一件东汉"半圆方枚神兽镜"，铭文内容也提到"东王父西王母"，而其他文句，值得引起特别注意。内圈文字："吾作明竟（镜），幽湅三商，立（位）至三公。"外圈文字："正月丙日，王作明竟自有方，除去不漾（祥）宜古市。大吉利，幽湅三商，天王日月，上有东王父西王母，主如山石，宜西北万里，富昌长乐。"③ 其中所谓"宜西北万里"，或许可以理解为当时社会普遍对西北方向有一种特殊的关注。

司马迁作为杰出的史学家，敏锐地注意到了这一文化倾向。可以说，司马迁对于"西域"进入中原人视界这一历史性变化的记录，为"西域"史料的最初积累和"西域"史料学的奠基作出了重大的贡献。

这一贡献不仅对于西域史和中国史具有重要意义，对于世界史也具有重要的意义。

（二）碑刻文字："西域"史料的新发现之一

作为文物遗存，碑刻文字和简牍文字中的"西域"史料的发现，对于西域史研究尤其有宝贵的价值。

清人发现于新疆巴里坤的《裴岑纪功碑》，记录了汉顺帝时代敦煌太守裴岑诛灭匈奴呼衍王的战功。据高文释文：

---

① 《史记》卷一二三《大宛列传》："张骞凿空。"裴骃《集解》："苏林曰：'凿，开；空，通也。骞开通西域道。'"司马贞《索隐》："案：谓西域险阸，本无道路，今凿空而通之也。"（第3169—3170页）《汉书》卷六一《张骞传》："骞凿空。"颜师古注引苏林曰："凿，开也。空，通也。骞始开通西域道也。"颜师古曰："空，孔也。犹言始凿其孔穴也。故此下言'当空道'，而《西域传》谓'孔道'也。"（第2693页）

② 参看王子今、周苏平《汉代民间的西王母崇拜》，《世界宗教研究》1999年第2期。

③ 湖北省博物馆、鄂州市博物馆：《鄂城汉三国六朝铜镜》，文物出版社1986年版，第9页。

惟汉永和二年八月，敦煌┘太守云中裴岑将郡兵三┘千人，诛呼衍王等，斩馘部┘众，克敌全师。除西域之灰①，┘蠲四郡之害，边竟艾安。振┘威到此，立海祠以表万世。┘②

王昶《金石萃编》："史传不著其事，盖当时敦煌郡人为裴岑建祠而立。"③ 关于汉顺帝时代及后来汉桓帝时代汉军与呼衍王争夺西域控制权的战争，《后汉书》卷八八《西域传·车师》有所记述："顺帝永建元年，（班）勇率后王农奇子加特奴及八滑等，发精兵击北虏呼衍王，破之。④ 勇于是上立加特奴为后王，八滑为后部亲汉侯。阳嘉三年夏，车师后部司马率加特奴等千五百人，掩击北匈奴于阊吾陆谷，坏其庐落，斩数百级，获单于母、季母及妇女数百人，牛羊十余万头，车千余两，兵器什物甚众。"三年之后，战争局面又有转折，"四年春，北匈奴呼衍王率兵侵后部，帝以车师六国接近北虏，为西域蔽扞，乃令敦煌太守发诸国兵，及玉门关候、伊吾司马，合六千三百骑救之，掩击北虏于勒山，汉军不利。秋，呼衍王复将二千人攻后部，破之"。此后又有匈奴军力强盛，使得汉军受挫的情形，"桓帝元嘉元年，呼衍王将三千余骑寇伊吾，伊吾司马毛恺遣吏兵五百人于蒲类海东与呼衍王战，悉为所没，呼衍王遂攻伊吾屯城。夏，遣敦煌太守司马达将敦煌、酒泉、张掖属国吏士四千余人救之，出塞至蒲类海，呼衍王闻而引去，汉军无功而还"。⑤《裴岑纪功碑》所载汉顺帝永和二年（137）敦煌太守裴岑指挥的"诛呼衍王等，斩馘部众，克敌全师"的战役，却未见记录。

在《裴岑纪功碑》所说汉顺帝永和二年敦煌太守裴岑"诛呼衍王"十四年之后，又有汉桓帝元嘉元年（151）"呼衍王将三千余骑寇伊吾"

---

① 原注：翁方纲《两汉金石记》："'灰'即'灾'字，碑变'宀'为'广'，犹'寓'作'庽'也。重刻本或讹作'疢'。而牛氏《金石图》误因之。"《汉代石刻集成·本文篇》作"疢"。

② 高文：《汉碑集释》，河南大学出版社1997年版，第59页。

③ （清）王昶：《金石萃编》卷七《敦煌太守裴岑纪功碑》，扫叶山房石印，1926年。

④ 《后汉书》卷四七《班勇传》记载："其冬，勇发诸国兵击匈奴呼衍王，呼衍王亡走，其众二万余人皆降。捕得单于从兄，勇使加特奴手斩之，以结车师匈奴之隙。北单于自将万余骑入后部，至金且谷，勇使假司马曹俊驰救之。单于引去，俊追斩其贵人骨都侯，于是呼衍王遂徙居枯梧河上。是后车师无复虏迹，城郭皆安。"（第1590页）

⑤ 《后汉书》，第2930页。

的历史记载。汉军"吏兵五百人""悉为所没",另一位敦煌太守司马达率"吏士四千余人"援救,呼衍王竟遁去。战事的发生,即在发现《裴岑纪功碑》,亦碑文所谓"立海祠以表万世"的"蒲类海"附近。可知"呼衍王"所部,是常年活动于"蒲类海"地方的匈奴部族。①

立于汉灵帝中平二年(185)十月的《曹全碑》,说到建宁二年(169)西域征讨疏勒国战事:

> ……建宁」二年,举孝廉,除郎中,拜西域戊部司马。② 时疏勒国王和德,弑父篡位,不供职贡,君兴师征讨,有兖脓之仁③,分醪之惠④。攻」城野战,谋若涌泉,威牟诸贲,和德面缚归死,还师振旅,诸国礼遗,具二百万,悉以薄官。……⑤

---

① 《后汉书》卷八八《西域传》:"延光二年,敦煌太守张珰上书陈三策,以为'北虏呼衍王常展转蒲类、秦海之间,专制西域,共为寇钞……'"(第2911页)

② 《后汉书》卷二《明帝纪》:永平十七年(74)冬十一月,"初置西域都护、戊己校尉"。李贤注:"宣帝初置,郑吉为都护,护三十六国,秩比二千石。元帝置戊己校尉,有丞、司马各一人,秩比六百石。戊己,中央也,镇覆四方,见《汉官仪》。亦处西域,镇抚诸国。"(第122页)高文《汉碑集释》:"《后汉书·西域传》:元帝又置戊己二校尉,屯田于车师前王庭。明帝(永平十七年)始置都护戊己校尉。章帝不欲疲敝中国,以事夷狄,乃迎还戊己校尉。和帝永元三年,复置戊己校尉,又置戊部候。顺帝永建六年,置伊吾司马一人。又云:自高昌壁北通后部金满城五百里,此其西域之门户也,故戊己校尉更互屯焉。灵帝熹平四年,于阗王安国攻拘弥,大破之,杀其王,死者甚众,戊己校尉、西域长史各发兵,辅立拘弥侍子定兴为王。"又引刘攽曰:"案,戊己本两校。今此下文云:'又置戊部候',则此时当但置戊校也。《车师传》注中云:'戊校尉所统。'又《传》云:'戊校尉阎祥。'足明置戊校而已。后人不知,妄增己字。"刘攽又曰:"案,文多己字。但是和帝以后事,并多此一字也。"高文写道:"文按:刘说是也。戊部校尉、己部校尉本二官,和帝以后,止置戊部校尉一官,正与碑'西域戊部'之文和。"(第481页)

③ "兖",《汉代石刻集成·本文篇》作"率"。应即"吮"字。《史记》卷六五《孙子吴起列传》:"起之为将,与士卒最下者同衣食。卧不设席,行不骑乘,亲裹嬴粮,与士卒分劳苦。卒有病疽者,起为吮之。卒母闻而哭之。人曰:'子卒也,而将军自吮其疽,何哭为?'母曰:'非然也。往年吴公吮其父,其父战不旋踵,遂死于敌。吴公今又吮其子,妾不知其死所矣。是以哭之。'"(第2166页)

④ 《艺文类聚》卷七二引《黄石公记》曰:"昔者良将用兵,人有馈一单醪者,使投之于河,令将士迎流而饮之。夫单醪不能味一河水,三军思为之死,非滋味及之也。"(上海古籍出版社1999年版,第1246页)高文《汉碑集释》据《太平御览》卷八四五引《忘记》,末句作"(非)〔以〕滋味及之也",改"非"为"以"(第482页)。其实"非滋味及之也"之"非"字原本无误。

⑤ 高文:《汉碑集释》,第473页。

也说到汉王朝军队"征讨"疏勒,"攻城野战"史事。《后汉书》卷八八《西域传·疏勒》记述汉灵帝时代汉与疏勒关系,有如下文字:"至灵帝建宁元年,疏勒王汉大都尉于猎中为其季父和得所射杀,和得自立为王。三年,凉州刺史孟佗遣从事任涉将敦煌兵五百人,与戊司马曹宽、西域长史张晏,将焉耆、龟兹、车师前后部,合三万余人,讨疏勒,攻桢中城,四十余日不能下,引去。其后疏勒王连相杀害,朝廷亦不能禁。"① 可知《曹全碑》提供的信息,也补充了正史的记载。

(三) 简牍文字:"西域"史料的新发现之二

敦煌汉简中有关"西域"的史料,有反映汉王朝西域军事行政机构设置的内容。如涉及"西域都护"者:

西域都护领居卢訾仓守司马　　□□□言□☑（57）
西域都护领居卢訾仓守司马鸿叩头死罪死罪（95）
　　　其一大煎都　　　天田二里见□
出西书封二
　　　一西域都护　　　二里已获　　（1079）②

又有"都护"（488,662,789）,"大都护"（91,119,662B）,"西域都护庭"（513）。都护属吏则可见"都护诸部吏"（144）,"都护令史"（198）,"大都护丞"（662A）,"都护虏译"（112）等。《疏勒河流域出土汉简》又有"都护军候"（罗布淖尔汉简1）。③ 敦煌汉简所见王莽时代"西域"经营在官职设置方面的记录,有:

始建国天凤三年正月丁巳朔庚辰使西域大使五威左率（70）
始建国天凤三年正月戊辰使西域大使五威左率都尉（142）
使西域大使五威左率都尉□□□（76）
使西域大使五威左率都尉粪土臣厶稽首再拜上书（117）

---

① 《后汉书》,第2927页。
② 《敦煌汉简》,释文第223、224、260页。
③ 林梅村、李均明编:《疏勒河流域出土汉简》,文物出版社1984年版,第98页。

使西域大使五威左率都尉粪土臣厶稽首再拜上书（118）
使西域大使五威左率都尉粪土臣厶稽首再拜上书（146）①

关于"西域"地方战乱形势，有如下简文有所体现：

车师略诸侯欲以威西域贪狼桀黠狂狡左为诸国城乱戍部众（72）②

说到"戍部"军事行动的相关简文又有十数枚，如以下一组可能原文编列邻近：

共奴与焉耆通谋欲攻车师戍部孤军大都护☒（119）
去戍部失将兵之义罪当死臣厶叩头死罪（120）
不以时伏诛臣愚窃不胜悆＝与戍部尉钦计议（121）
戍部乱孚矬食请尉遣兵器败伤荐且众（122）③

简119反映了对车师的进攻，是匈奴的策动。关于"戍部"吏卒的艰苦情状，或许可以从以下简文得知：

促信第一辈兵天灭往令戍部吏士饥馁复处千里艰水草食死畜因（148）④

面对这种形势的河西防务，亦有警惕：

行将军徵其勢勇以坏龟兹车师诸国□□□大煎都候鄣近于西域（108）⑤

---

① 《敦煌汉简》，释文第223、225、223、224、224、225页。
② 同上书，第223页。
③ 同上书，第224、225、225、225页。
④ 同上书，第225页。
⑤ 同上书，释文第224页。

敦煌以地理位置"近于西域",承担着情报传递、指令下达、军需供应、兵力增援等多方面的任务。出土简文于是包含比较集中的"西域"史料。"二六日上急责发河西三郡精兵　□度以十一月"(51)①,很有可能是皇帝亲自发布的以河西军队进军"西域"的命令。"臣厶罪在西域期于珍逆虏平定诸国然后谓"(147)②,也体现了敦煌对于西域战争的特殊的空间关系。

除了军事史信息之外,关于民族关系史和文化交流史,乃至经济开发史的丰富资料亦可见于敦煌汉简和居延汉简。

例如,敦煌悬泉置出土简牍可见接待渠犁屯田官员的文字记录:

五凤四年九月己巳朔己卯,县泉置丞可置敢言之:廷移府书曰,效谷移传马病死爰书:县泉传马一匹,骊,乘,齿十八岁,高五尺九寸,送渠犁军司〔马〕令史……(Ⅱ90DXT0115③:98)

……骊,乘齿十八岁,送渠犁军司马令史勋,承明到遮要,病柳张,立死,卖骨肉临乐里孙安所……(Ⅱ90DXT0114③:468 A)

□□渠犁□□丞王常、□忠③更终罢,给北军,诏□为驾一封轺传,一人共载,有请。甘露□年……请……(Ⅱ90DXT0214③:67)

渠犁校尉□□……(Ⅱ90DXT1309④:44)

将田渠犁校尉史移安汉□□□送武,军司令史田承□□□□。谨长至罢,诣北军以传。诏为驾一封轺传,传乘为载。(91DXC:59)

……送使渠犁校尉府莫府掾迁会大风,折伤盖□十五枚,御赵定伤……(Ⅱ90DXT0215④:36)

有学者指出,这些记录反映了渠犁屯田职官设置的一些状况。④ 应当视作珍贵的经济史料。

---

① 《敦煌汉简》,释文第222页。
② 同上书,第225页。
③ 张德芳认为应当读作"将田渠犁校尉丞王常、□忠"。《从悬泉简看两汉西域屯田及其意义》,《敦煌研究》2001年第3期。
④ 张德芳:《从悬泉简看两汉西域屯田及其意义》,《敦煌研究》2001年第3期;李炳泉:《西汉西域渠犁屯田考论》,《西域研究》2002年第1期。

(四) 没有文字的考古收获:"西域"史料的新发现之三

文字数据自然是最富含历史文化信息的史料。但是田野考古收获,可以在文字数据缺乏的条件下为说明历史发挥作用。

1925年,王国维在清华国学研究院设《古史新证》演讲课。在《古史新证》第一章《总论》中,王国维提出了著名的古史研究应据"地下之新材料""补正纸上之材料"的"二重证据法"。1934年,陈寅恪曾经概括王国维等人所倡起的新的学术风格的特征:"一曰取地下之实物与纸上之遗文互相释证";"二曰取异族之故书与吾国之旧籍互相补正";"三曰取外来之观念,以固有之材料互相参证"。他认为,这一进步,"足以转移一时之风气"。[①]

在"二重证据法"得到普遍应用的基础上,又有学者提出"三重证据法"。李学勤写道:"王静安先生是讲'二重证据法',最近听说香港饶宗颐先生写了文章,提出'三重证据法',把考古材料又分为两部分。这第三重证据就是考古发现的古文字资料。如果说一般的考古数据和古文字数据可以分开,那么后者就是第三重证据。像楚简就是第三类。考古学的发现基本上可以分为两种,一种是有字的,一种是没字的。有字的这一类,它所负载的信息当然就更丰富。有字的东西和挖出来的一般东西不大相同,当然也可以作为另外的一类。""当然,今天更重要的东西还是带文字的东西。带文字的发现,即第三重证据,是更重要的,它的影响当然特别大。王静安先生讲近代以来有几次大的发现,都是带文字的材料。"李学勤又指出:"没有字的东西,在我看来,对于精神文化的某一方面,甚至于对古书的研究也很有用。""考古发现的东西,或者遗址,或者墓葬,或者建筑,或者服饰,或者各种器物的形制,都可以印证古书。而印证古书的一个很重要的目的是可以了解古书的真伪。"[②]"考古学能印证历史文献,更重要的是提供文献所没有的材料,使人们直接接触古代文明的遗存。例如东周时代周和各主要诸侯国的都城,古书有不少描写记述,现在这些城市遗址的发掘,不仅证实了文献记载,又告诉我们很多新的知

[①] 陈寅恪:《王静安先生遗书序》,《金明馆丛稿二编》,上海古籍出版社1980年版,第219页。

[②] 李学勤:《走出疑古时代》,辽宁大学出版社1994年版,第3—5页。

识，如城市的具体布局、建筑的技术等等。墓葬的制度和随葬的物品，加深了对古代礼制的认识。出土的大批文物，是文化史、艺术史上的瑰宝，也是科学技术史研究的珍贵依据。"① 考古发现的相关遗存，虽然被看作"挖出来的一般东西"，"一般的考古数据"，其价值却有可能超过"带文字的材料"。我们把这些"材料"看作有特殊意义的"史料"，是合理的。

正如李学勤所指出的，"有的论著认为，考古学的收获仅仅代表历史上的物质文化，这个观点恐怕是失之片面的。被称作锄头考古学的田野工作所得（除出土的古代书籍外），固然都是物质的东西，可是这些物质的东西又是和古代的精神文化分不开的。无论是建筑遗址，还是墓葬发现的各种器物，都寄托着古人的思想和观念，通过这些物质的东西，可以看到当时的时代精神"。② 这样的意见，我们是赞同的。处理好考古收获中文字资料和非文字资料保留的历史文化信息的关系，是今天的历史学者特别是上古史学者必须面对的工作。

汉代"西域"的文化遗存，各有十分复杂的种族渊源，体现相当特殊的部族构成，显示不同风格的民族文化，所谓"三十六国"③ 在文明进程中的发展阶段也并不平衡，有的文化脉络在后来的历史长河中也曾经断流，因此细心地考察所有的历史文化信息，是非常必要的。"西域"汉代考古新收获的史料学意义，因此特别值得研究者重视。

例如上文说到的《裴岑纪功碑》的发现地点，也是匈奴呼衍王活动的主要区域，汉军纪念"诛呼衍王"胜利"立海祠"之处——新疆巴里坤，近年就有重要的考古发现。④ 其他相关考古发现也同样如此，城址、营地、墓区、岩画、祭祀遗迹等构成的古代文化遗存的密集揭示，为说明公元前2世纪至公元2世纪前后这一地方古文明在民族交往、冲突、竞争之间的历史面貌，提供了条件。而汉代"西域"史的一个重要侧面，也

---

① 李学勤：《东周与秦代文明》，文物出版社1984年版，第10页。
② 同上书，第379页。
③ 《汉书》卷九六上《西域传上》，第3871页。
④ 西北大学考古专业、哈密地区文管会：《新疆巴里坤岳公台—西黑沟遗址群调查》，《考古与文物》2005年第2期；王建新：《新疆巴里坤东黑沟（石人子沟）遗址考古工作的主要收获》，《西北大学学报》2008年第5期；刘瑞俊：《新疆巴里坤岳公台—西黑沟遗址群初步认识》，《西北大学学报》2009年第2期。

因考古工作者的努力得以昭明。①

（五）"西域"名义的合理理解

"西域"是兼有方位意义、民族意义、区域行政意义以及宏大的历史文化意义的概念。对于"西域"名义的合理理解，在关注新发现文物史料的同时，研究者亦应重视传世文献史料的深入发掘和准确解说。对汉代"西域"研究多有贡献的前辈学者，如王国维、陈梦家、陈直等，都为文物史料和文献史料的合理结合作出了典范。

有学者曾经指出，早期"'西域'的定义"，"很可能形成于西汉开展西域经营之前"，也就是这一地区"被匈奴统治的时期"。② 这一见解值得研究者重视。

《史记》卷一一一《卫将军骠骑列传》说到"匈奴西域王浑邪"的故事。《史记》卷一二三《大宛列传》写道："是岁汉遣骠骑破匈奴西域数万人，至祁连山。"《史记》卷一二三《大宛列传》记录张骞言乌孙所居"西域"，并提出了关于与远国建立战略联盟关系的新建议。所引录的史料是我们熟悉的："是后天子数问骞大夏之属"，张骞回答道："臣居匈奴中，闻乌孙王号昆莫，昆莫之父，匈奴西边小国也。匈奴攻杀其父，而昆莫生弃于野。乌嗛肉蜚其上，狼往乳之。单于怪以为神，而收长之。及壮，使将兵，数有功，单于复以其父之民予昆莫，令长守于西域。昆莫收养其民，攻旁小邑，控弦数万，习攻战。单于死，昆莫乃率其众远徙，中立，不肯朝会匈奴。匈奴遣奇兵击，不胜，以为神而远之，因羁属之，不大攻。今单于新困于汉，而故浑邪地空无人。"于是提出："蛮夷俗贪汉财物，今诚以此时而厚币赂乌孙，招以益东，居故浑邪之地，与汉结昆弟，其势宜听，听则是断匈奴右臂也。既连乌孙，自其西大夏之属皆可招来而为外臣。""天子以为然，拜骞为中郎将，将三百人，马各二匹，牛羊以万数，赍金币帛直数千巨万，多持节副使，道可使，使遗之他旁国。"③ 乌孙原为"匈奴西边小国"，为"匈奴攻杀"，乌孙王子为匈奴将

---

① 参看王子今《汉代"西域"史料的发现和理解》，《第一届中日学者中国古代史论坛文集》，中国社会科学出版社2010年版，第175—189页。
② 余太山：《两汉魏晋南北朝正史西域传要注》，第60页。
③ 《史记》，第3167—3168页。

兵,"数有功",于是得以复国,"单于复以其父之民予昆莫,令长守于西域",后又"远徙,中立",与匈奴解除了臣属关系。匈奴击不能胜,"因羁属之,不大攻"。从所谓"匈奴西边小国","令长守于西域","因羁属之","匈奴右臂",可知乌孙与匈奴的关系。这里所说的"西域",依然是"匈奴西域"。

"西域"就是"西国"的意见①,也注意到这一历史地名发生和演化的复杂情形。就这一观点,其实还可以进行更充分的进一步的论证。②

通过对"西域"名义的分析可以得知,对于我们以往自以为十分熟悉的知识,也可能存在应予澄清的学术疑点。而探讨的深入,也不妨以文献史料和文物史料的结合作为思考的路径。

我们在以上的讨论中注意到汉代"西域"史料中的汉文史料和没有字的史料的发现和理解问题。其实,其他民族文字的史料也有通过考古工作得到发现和解读的可能。尤其是汉文化影响借助军事力量大规模进入"西域"之前的时代,这样的史料具有更重要的意义。

汉代以及汉代以前的"西域"史料,不仅对于解说政治史、军事史、民族关系史价值特殊,亦有助于文明史中若干重大课题的解决,例如生产史和技术史视角中矿冶,以及车辆制作、小麦栽培、谷物加工等技术的发明和传播③,以及敦煌汉简1906简文"降归义乌孙女子""献驴一匹"中涉及的"驴"的引入路径④,等等,都可以有乐观的预期。

对汉代"西域"史料的关注,曾经成为20世纪以来中国史学进步的起点。目前有待于探索的问题尚多,可以发展的空间相当大,相信随着考古学和历史文献学的进步,汉代"西域"史料的发现和理解将会获得突破性的进展,为汉代"西域"文化研究、汉代历史研究提供新的条件。

三 研究匈奴经营西域史的立场和视角

两汉时期是西域与中原实现了正式文化联系的重要的历史阶段。也正

---

① 陈桥驿:《〈西域历史地理〉序》,苏北海《西域历史地理》,第1页。
② 参看王子今《"西域"名义考》,《清华大学学报》2010年第3期。
③ 比如"磨"的制作、使用和传衍就是值得探讨的专题。
④ 《史记》卷一一〇《匈奴列传》称"驴"为"匈奴""奇畜"(第2879页)。《盐铁论·力耕》:"骡驴馲驼,衔尾入塞。"(王利器:《盐铁论校注》卷一,中华书局1992年版,第28页)

是在这一时期，北方草原游牧族匈奴势力进入西域地区。匈奴以强大的军事实力试图控制西域，其机动性和进取性甚强的文化特征也对西域地区形成了强烈的影响。汉与匈奴对西域控制权的争夺，是两汉时期西域史的主线。匈奴对西域的经营，既包括武功，也包括文治；既有军事威慑，也有民族合作；既体现于经济掠夺，也体现于产业开发。匈奴对西域的经营，实际上也成为西域文化融汇于中国主流文化的条件之一。研究两汉时期匈奴对西域的经营，对于全面认识和理解西域文化作为中国边疆文化的特点及其形成的历史背景，对于全面认识和理解西北地区民族史的历史进程，对于全面认识和理解匈奴文化的历史面貌，都是有积极意义的。

考察匈奴经营西域的历史，应当坚持科学的、客观的、历史主义的学术立场和关注多方位、多层次的全面的研究视角。

(一) 民族的立场？历史的立场？

面对民族关系呈复杂态势的历史过程和历史现象，观察者的立场对于认识的形成当然有重要的作用。

我们在研究匈奴经营西域的历史的时候，也许会因民族立场，有偏离历史真实的可能。

当然，民族立场，也有汉代的民族立场和现代的民族立场的不同。

匈奴经营西域的历史，涉及匈奴民族、西域诸民族以及汉帝国管理的中原民族的历史表现和历史感觉。西域及相关地区不同民族抑或部族或部族联盟所创立的处于不同历史进程的国家形态，也在研究者的视野之中。研究匈奴经营西域的历史，会出现站在匈奴民族的立场，或者站在西域诸民族的立场，以及站在汉民族的立场的可能。偏执于某一民族的立场，也许会导致对多民族参与的历史过程的理解的差误。即使这一民族因此后历史过程中的光荣表现形成强势地位，或者因历史文献的丰富据有而享有高分贝的话语权，研究者都不应忽略因此产生的历史误读的可能而丧失学术警觉。

研究者应当在内心保持对历史真实的绝对尊重，对历史进程中所有参与者的尊重。为了避免认识和理解的偏见，应当坚持站在历史的立场观察和说明相关问题。就西域地方的矛盾、争端、战争而言，应当从当时西域的历史是西域诸族英雄、汉民族英雄和匈奴族英雄共同的创造这一认识基点上予以理解和说明。

（二）考定辨疑的精神

历史真实是历史学者的终极追求。攀登这一极点，应当超越其他一切因素的干扰。从这样的认识出发，我们自然应当对目前最方便看到的汉文史料中的相关信息持辨疑的态度，以尽力剔除其中对于敌族及异族历史文化表现可能存在民族偏见的记录。

傅斯年曾经总结中国学术传统中"考定辨疑的精神"。[①] 王国维是对中国近代史学进步贡献最多的学者之一。他的学术眼光，有对真理执着追求而永无定界、永无止境的基线。我们读他的词：

> 人间事事不堪凭，但除却无凭两字。（《鹊桥仙·沈沈戍鼓》）
> 人间总是堪疑处，唯有兹疑不可疑。（《鹧鸪天·阁道风飘》）[②]

王国维曾号"人间"，但是正如有的学者指出的，"他不是为自己之'号'而填其《人间词》，乃是由于'人生之问题，日往复于吾前'，怀着对'人间'之特有的感叹与思索来填其词的"。"当然，诗词并不等于某种哲学的图解，但诗文作品又勿庸置疑地渗透着、反映着一定的哲学思考。"[③] 所谓"人间事事不堪凭，但除却无凭两字"，所谓"人间总是堪疑处，唯有兹疑不可疑"，体现了一种学术精神，这是一种对于所有学术文化均认真审视研究的态度。傅斯年曾经就通过"疑"以追求历史真实的学术倾向，以所谓"与其过而信之，毋庸过而疑之"表示了推崇的态度。[④] 鲁迅著《中国小说史略》第二十四篇"清之人情小说"中，关于"谓《红楼梦》乃作者自叙"其说，征引了王国维的意见：

---

① 傅斯年：《历史语言研究所工作之旨趣》，《中央研究院历史语言研究所集刊》第 1 本第 1 分，1928 年 10 月。
② 王国维：《人间词甲稿》，《人间词话》，江苏文艺出版社 2007 年版，第 120、122 页。
③ 陈鸿祥：《王国维与近代东西方学人》，天津古籍出版社 1990 年版，第 421 页。
④ 傅斯年主编《新潮》有《故书新评》5 种，首列清梁玉绳撰《史记志疑》三十六卷。傅斯年开篇就写道："世之非难此书者，恒以为疑所不当疑。自我观之，与其过而信之，毋庸过而疑之。"在"与其过而信之，毋庸过而疑之"句下，特别标有着重号，用意是明显的。傅斯年又指出："中国人之通病，在乎信所不当信，此书独能疑所不当疑。无论所诸端，条理毕张，即此敢于疑古之精神，已可以作范后昆矣。"（《新潮》1 卷 1 号，上海书店 1986 年影印本，第 1 册，第 139—141 页）

而世间信者特少，王国维（《静庵文集》）且诘难此类，以为"所谓'亲见亲闻'者，亦可自旁观者之口言之，未必躬为剧中之人物"也……①

这也是就"信"与"疑"进行比较时，对"堪疑"、"不堪凭"的追求历史真实的学术态度的肯定。

当然，因为学力的限定和历史资料内涵辨识方面的不足，我们也许只能"取法于上，仅得其中"。②

（三）二重证据法

其实，前辈学者已经开辟了新的路径，使我们能够在一定程度上避开历史文献撰写者民族立场的先天影响。这就是充分重视考古资料的"二重证据法"。

王国维力倡二重证据法，使历史文献研究在方法上得以实现历史性的跃进。他在《古史新证·总论》中这样写道：

　　吾辈生于今日，幸于纸上之材料外，更得地下之新材料，由此种材料，我辈固得据以补正纸上之材料，亦得证明古书之某部分全为实录，即百家不雅驯之言亦不无表现一面之事实，此二重证据法惟在今日始得为之。虽古书之未得证明者不能加以否定，而其已得证明者不能不加以肯定，可断言也。③

我们注意到，王国维运用"二重证据法"的最初实践，就是有关西域史

---

① 《鲁迅全集》第9卷，人民文学出版社1981年版，第236页。
② 《资治通鉴》卷一九八"唐太宗贞观二十二年"："春正月己丑，上作《帝范》十二篇以赐太子……夫取法于上，仅得其中。取法于中，不免为下。"（中华书局1956年版，第6251页）（宋）袁说友《东塘集》卷一一《讲义》"进讲故事"条："取法于上，仅得其中。取法于中，斯为下矣。"（景印文渊阁《四库全书》本，台湾商务印书馆1983年版）（宋）严羽《沧浪诗话》卷一《诗辩》："学其上，仅得其中。学其中，斯为下矣。"（景印文渊阁《四库全书》本，台湾商务印书馆1983年版）
③ 王国维：《古史新证》，清华大学出版社1994年版，第2—3页。

地的成功的研究。

《斯坦因在东土耳其斯坦沙漠中所获汉文文书》中所发表的敦煌汉简，为研究汉代敦煌地区的军事生活和社会状况提供了直接的资料。而敦煌，正是汉帝国沟通西域，联系西域，影响西域和征服西域的具有重要战略意义的地方。罗振玉和王国维于1914年完成的震惊国内外学术界的名著《流沙坠简》以及此后发表的一系列论文，都是在对敦煌汉简进行研究的基础上完成的。①

王国维的研究，是考古学与历史学结合的开创性的研究。他提出的"二重证据法"，就是以地下实物资料和历史文献资料互相印证的方法，对近代史学的进步有重要的影响。《流沙坠简》这部书，就是运用这种研究方法的成果之一。《流沙坠简》一书在国内外学术界都引起了极大的反响。国外学者称赞这是清代考据学在新的时代条件下实现的重要进步。鲁迅对这一成果曾经给予相当高的评价。他写道："中国有一部《流沙坠简》，印了将有十年了。要谈国学，那才可以算一种研究国学的书，开首有一篇长序，是王国维先生做的，要谈国学，他才可以算一个研究国学的人物。"②

为鲁迅所称美的《流沙坠简》王国维序，自谓主旨为"略考简牍出土之地，弁诸篇首，以谂读是书者案"。序文全篇近五千字，以简牍出土地点遗址、遗迹、遗物及简牍文书内容与古籍文献相互释证，考证古地理甚为详实，本身即可看作使用"二重证据法"进行研究的实例。所涉及的古代文献有：

　　《史记·大宛列传》四见
　　《汉书·地理志》四见
　　《汉书·西域传》三见
　　《魏略·西戎传》三见（《魏志·乌丸传》注引）
　　《后汉书·班勇传》一见
　　《后汉书·杨终传》一见

---

① 《流沙坠简》和王国维此后写出的一批研究汉代文化和西北史地的论文，运用全新的方法，开拓了历史学研究的全新的领域。对于中国传统文化的考察，因此有了更为广阔的前景。

② 鲁迅：《不懂的音译》，《热风》，《鲁迅全集》第1卷，第398页。

《后汉书·西域传》二见

《续汉书·郡国志》一见

法显《佛国记》二见

《晋书·凉武昭王传》一见

《释氏西域记》一见（《水经注》引）

《水经注·河水》五见

阚骃《十三州志》一见（《汉书·地理志》颜师古注引）

《魏书·张骏传》二见

《括地志》三见

《元和郡县志》三见

唐《沙州图经》五见

《旧唐书·地理志》二见

《新唐书·地理志》一见

后晋高居诲《使于阗记》一见

《太平寰宇记》二见

《舆地广记》二见

秀水陶氏《辛卯侍行记》三见

王国维在《流沙坠简》序文的最后写道："考释既竟，爰序其出土之地并其关于史事之荦荦大者如其右。其成役情状与言制度名物者，并具考释中，兹不赘云。"① 我们看到，《流沙坠简》所涉及的古代文献，多有以西域历史文化为主题者。

王国维的研究，为我们树立了认识历史真实的典范。② 笔者的学术目标，就是要通过这样的学术路径，探求匈奴经营西域的历史真实。

---

① 罗振玉、王国维：《流沙坠简》，中华书局1993年版，第3—12页。
② 有学者又提出表述不同的利用"三重证据"和"四重证据"的学术路径。如"调查资料或材料中的'口述史料'"（黄现璠），"边裔的少数民族，包括民族史、民族学、民俗学、人类学史料"（彭裕商总结徐中舒的研究方法），与一般考古资料有别的"考古发现的古文字资料"（饶宗颐），"文化人类学的资料与方法"（叶舒宪）等。有学者又提出，比较图像学或图像人类学的跨文化资料，可以成为继王国维"二重证据"说及"三重证据"说之后的"第四重证据"（叶舒宪：《第四重证据：比较图像学的视觉说服力——以猫头鹰象征的跨文化解读为例》，《文学评论》2006年第5期）。然而这些认识，都可以看作王国维"二重证据法"的发展。

当然，因为学力的限定和考古资料的积累未能充备，也许我们只能"取法于上，仅得其中"。

（四）世界文化史的视角

匈奴经营西域的历史，对于西域文化的构成和进步乃至对周边地方的影响，有值得重视的意义。

在这一时期以及此后的数个世纪，西域表现出沟通东方和西方的世界性的影响。

认识和理解匈奴经营西域的历史，也许应当以世界史的视角进行观察。1934年，陈寅恪曾经概括王国维等人所倡起的新的学术风格的特征："一曰取地下之实物与纸上之遗文互相释证"；"二曰取异族之故书与吾国之旧籍互相补正"；"三曰取外来之观念，以固有之材料互相参证"。他认为，这一进步，"足以转移一时之风气"。[①] 除"地下之实物"受到重视而外，"异族之故书"以及"外来之观念"均加以利用，与中国古代文献提供的资料"互相补正"，"互相参证"，无疑树立了先进的学术典范。特别是对于涉及西域历史文化的课题而言，前导性的意义尤为重要。

当然，因为学力的限定和世界史研究相关信息集中的困难，也许我们只能"取法于上，仅得其中"。

[①] 陈寅恪：《王静安先生遗书序》，《金明馆丛稿二编》，第219页。

第 一 章

关于匈奴定楼兰诸国

一 冒顿时代的匈奴

匈奴作为北方草原强势军事实体，在冒顿时代进入空前强盛的时期。在这一历史阶段中，匈奴的作为影响着中国史和东方史的进程。正如有的学者所指出的，"匈奴人创造了最初的游牧国家政治、经济、文化和生活模式，他们影响和决定了中亚地区许多民族的命运，与中原王朝、西域各族及北方诸古老部族发生过频繁密切的接触，在他们的历史和文化中留下了深刻的烙印"。[1]

据《史记》卷一一〇《匈奴列传》记载"单于遗汉书曰"，匈奴在"夷灭月氏"之后，曾经控制了西域地方："定楼兰、乌孙、呼揭及其旁二十六国，皆以为匈奴。诸引弓之民，并为一家。"[2] 如果将"皆以为匈奴"理解为西域地方在这一时期曾经服从匈奴的军事强权，并对相关历史文化现象有所说明，则无论对于匈奴史还是西域史，乃至整个东方史，都有非常重要的意义。

(一) 冒顿自强

正当中原政治史进入战国秦汉重要转折时期，冒顿作为在北方草原地方崛起的匈奴英雄，不仅在匈奴史上有重要地位，在中国史、东方史乃至世界史上也有重要的地位。

---

[1] 马利清：《原匈奴、匈奴历史与文化的考古学探索》，内蒙古大学出版社2005年版，第39页。

[2] 《史记》，第2896页。

司马迁在《史记》卷一一〇《匈奴列传》中以如下文字生动地记述了冒顿身世:"单于有太子名冒顿。后有所爱阏氏,生少子,而单于欲废冒顿而立少子,乃使冒顿质于月氏。冒顿既质于月氏,而头曼急击月氏。月氏欲杀冒顿,冒顿盗其善马,骑之亡归。头曼以为壮,令将万骑。冒顿乃作为鸣镝,习勒其骑射,令曰:'鸣镝所射而不悉射者,斩之。'行猎鸟兽,有不射鸣镝所射者,辄斩之。已而冒顿以鸣镝自射其善马,左右或不敢射者,冒顿立斩不射善马者。居顷之,复以鸣镝自射其爱妻,左右或颇恐,不敢射,冒顿又复斩之。居顷之,冒顿出猎,以鸣镝射单于善马,左右皆射之。于是冒顿知其左右皆可用。从其父单于头曼猎,以鸣镝射头曼,其左右亦皆随鸣镝而射杀单于头曼,遂尽诛其后母与弟及大臣不听从者。冒顿自立为单于。"① 通过以"鸣镝"为令"习勒其骑射","射其爱妻","射单于善马",又"射头曼",全数诛杀亲族大臣"不听从者",遂"自立为单于",以铁血强势树立政治权威的故事,冒顿的残厉和果决得到鲜明的体现。②

冒顿随即控制了匈奴各部族,并且施行对外扩张。"遂东袭击东胡。东胡初轻冒顿,不为备。及冒顿以兵至,击,大破灭东胡王,而虏其民人及畜产。既归,西击走月氏,南并楼烦、白羊河南王。悉复收秦所使蒙恬所夺匈奴地者,与汉关故河南塞,至朝郍、肤施,遂侵燕、代。是时汉兵与项羽相距,中国罢于兵革,以故冒顿得自强,控弦之士三十余万。""后北服浑庾、屈射、丁零、鬲昆、薪犁之国。于是匈奴贵人大臣皆服,以冒顿单于为贤。"③ 马长寿说:"匈奴在冒顿领导下征服了北方的浑窳、屈射、丁零、鬲昆、新犁等部落和部落联盟。这些部落和部落联盟大部分是以游牧和射猎为生的。他们拥有广大而肥沃的牧场和森林,具有各式各样的生产工具和生产技术,对于匈奴奴隶主的经济发展有很大的利益,所以草原的贵族大人们都对冒顿单于竭诚拥护,拥护他建立一个以奴隶所有制为主要制度的国家。"④ 余英时记述,"冒顿是一个杰出的有能力而且有

---

① 《史记》,第 2888 页。

② [日]白鸟库吉《蒙古民族起源考》曾说"冒顿"的意义是"圣",又指出有"猛勇"涵义。陈序经指出:"冒顿是一个勇敢的人,所以'冒顿'象征猛勇的意义,是很可能的。"(陈序经:《匈奴史稿》,中国人民大学出版社 2007 年版,第 187 页)

③ 《史记》卷一一〇《匈奴列传》,第 2889—2890、2893 页。

④ 马长寿:《北狄与匈奴》,生活·读书·新知三联书店 1962 年版,第 24 页。

活力的领袖,在短短数年之内,他不但成功地在各个匈奴部落之间实现了前所未有的统一,而且几乎向所有方面扩展他的帝国"。"冒顿不但基本完成了他的新草原联合体的领土扩张,而且已经巩固了他对所有匈奴部落以及被征服民族的个人统治。"①

在"汉兵与项羽相距,中国罢于兵革"的时代,"冒顿得自强"的历史事实,可以理解为与项羽、刘邦等大致同时,另一位草原游牧族英雄在特殊时代条件下的崛起。有的学者以为,"冒顿单于的发迹是首可歌可泣史诗",体现出"不同寻常的领导天才","伟大的游牧领袖——冒顿继位为匈奴第二代单于,从此揭开了统一北亚细亚游牧世界,以及创造草原上空前惊天动地事业的幕帷"。论者称冒顿的事业,是"中国历史上最出色的草原英雄之一",实现了"北亚细亚最早的统一"。②

正是因为匈奴的强盛,汉帝国承受的外来军事压力主要来自北边,即《盐铁论·击之》所谓"边城四面受敌,北边尤被其苦"③,而汉帝国对外交往的主要方向也经由北边。汉帝国军事与行政的主要注意力亦长期凝聚于北边。社会上下对北边皆多关切。④ 另一方面,通过对北边的经营,通过抗击匈奴又"乘奔逐北"⑤,"北挫强胡"⑥,"北略河外,开路匈奴之乡"⑦,"长驱六举,电击雷震;饮马翰海,封狼居山;西规大河,列郡祁连"⑧,汉帝国显示了军事威势,扩大了文化影响。

此前冒顿曾经有"质于月氏"的经历。据说"冒顿既质于月氏,而头曼急击月氏",于是"月氏欲杀冒顿"。冒顿对月氏国情应当有一定的了解。据陈序经说,"冒顿曾为质于月氏,对于月氏的虚实情况,想必

---

① 余英时:《汉朝的对外关系》,[英]崔瑞德、[英]鲁惟一主编《剑桥中国秦汉史:公元前221年至公元220年》,杨品泉等译,中国社会科学出版社2006年版,第363、364页。
② 姚大中:《古代北西中国》,三民书局1981年版,第66—68页。
③ 《盐铁论校注》卷七,第471页。
④ 正如余英时所说,"汉代政治家在他们的外交政策形成过程中面对的第一个强敌,是北方草原帝国匈奴。那个时代的大部分岁月中匈奴问题是汉代中国世界秩序的中心问题"(《汉朝的对外关系》,《剑桥中国秦汉史:公元前221年至公元220年》,第362页)。
⑤ 《盐铁论校注》卷八《诛秦》,第488页。
⑥ 《盐铁论校注》卷八《结和》,第481页。
⑦ 《盐铁论校注》卷一《复古》,第79页。
⑧ 《汉书》卷一〇〇《叙传下》,第4254页。

有所了解，他估计自己力量能胜月氏，所以才决定用兵"。① 我们还应当注意到，此所谓"西击走月氏"，体现了冒顿向西方扩展势力范围的欲求。

（二）汉初匈奴与中原王朝的战与和

汉初，刘邦和冒顿各自统率的军队曾经发生直接的战争较量。结局是匈奴占据上风。这就是历史上著名的所谓"平城之围"②、"白登七日"③，汉武帝以为"高皇帝遗朕平城之忧"④，深心"愤怒"⑤ 者。《史记》卷一一〇《匈奴列传》记载："是时汉初定中国，徙韩王信于代，都马邑。匈奴大攻围马邑，韩王信降匈奴。匈奴得信，因引兵南逾句注，攻太原，至晋阳下。高帝自将兵往击之。会冬大寒雨雪，卒之堕指者十二三，于是冒顿详败走，诱汉兵。汉兵逐击冒顿，冒顿匿其精兵，见其羸弱，于是汉悉兵，多步兵，三十二万，北逐之。高帝先至平城，步兵未尽到，冒顿纵精兵四十万骑围高帝于白登，七日，汉兵中外不得相救饷。匈奴骑，其西方尽白马，东方尽青駹马，北方尽乌骊马，南方尽骍马。高帝乃使使间厚遗阏氏，阏氏乃谓冒顿曰：'两主不相困。今得汉地，而单于终非能居之也。且汉王亦有神，单于察之。'冒顿与韩王信之将王黄、赵利期，而黄、利兵又不来，疑其与汉有谋，亦取阏氏之言，乃解围之一角。于是高帝令士皆持满傅矢外乡，从解角直出，竟与大军合，而冒顿遂引兵而去。

---

① 陈序经：《匈奴史稿》，第 193 页。
② 《史记》卷二七《天官书》，第 1348 页；《汉书》卷六四上《主父偃传》，第 2801 页。
③ 《史记》卷九九《刘敬叔孙通列传》，第 2718 页；《汉书》卷九四上《匈奴传上》，第 3753 页。
④ 《汉书》卷九四上《匈奴传上》："汉既诛大宛，威震外国，天子意欲遂困胡，乃下诏曰：'高皇帝遗朕平城之忧，高后时单于书绝悖逆。昔齐襄公复九世之仇，《春秋》大之。'是岁，太初四年也。"（第 3776 页）就此，朱熹有所批评："复仇须复得亲杀吾父祖之仇方好，若复其子孙，有甚意思？汉武帝引《春秋》九世复仇之说，遂征胡狄，欲为高祖报仇。《春秋》何处如此说？诸公读此，还信否？他自好大喜功，欲攘伐夷狄，姑托此以自诡耳。"《朱子语类》卷一三三。今按：汉武帝诏"昔齐襄公复九世之仇，《春秋》大之"，颜师古注："《公羊传·庄四年》：'春，齐襄公灭纪，复仇也。襄公之九世祖昔为纪侯所谮，而亨杀于周，故襄公灭纪也。九世犹可以复仇乎？曰：虽百世可也。'"
⑤ 《后汉书》卷八八《西域传》："尚书陈忠上疏曰：'臣闻八蛮之寇，莫甚北虏。汉兴，高祖窘平城之围，太宗屈供奉之耻。故孝武愤怒，深惟久长之计，命遣虎臣，浮河绝漠，穷破虏庭。……'"（第 2911 页）

汉亦引兵而罢，使刘敬结和亲之约。"①

吕后执政时，匈奴致汉朝廷的文书中，又出现"单于书绝悖逆"②的情形。司马迁记述："高祖崩，孝惠、吕太后时，汉初定，故匈奴以骄。冒顿乃为书遗高后，妄言。高后欲击之，诸将曰：'以高帝贤武，然尚困于平城。'于是高后乃止，复与匈奴和亲。"③

汉文帝时，与匈奴战与和的政策，变换交错。"至孝文帝初立，复修和亲之事。其三年五月，匈奴右贤王入居河南地，侵盗上郡葆塞蛮夷，杀略人民。于是孝文帝诏丞相灌婴发车骑八万五千，诣高奴，击右贤王。右贤王走出塞。文帝幸太原。是时济北王反，文帝归，罢丞相击胡之兵。"④

二　兼并"楼兰、乌孙、呼揭及其旁二十六国"

所谓"定楼兰、乌孙、呼揭及其旁二十六国，皆以为匈奴"事，见

---

① 《史记》，第2894页。
② 《汉书》卷九四上《匈奴传上》，第3776页。
③ 《史记》卷一一〇《匈奴列传》，第2895页。
④ 同上。司马迁《史记》卷一〇《孝文本纪》写道："济北王兴居闻帝之代，欲往击胡，乃反，发兵欲袭荥阳。于是诏罢丞相兵，遣棘蒲侯陈武为大将军，将十万往击之。"（第425页）根据这一历史记录，似乎汉文帝"之代"，有以此为基地出击匈奴的计划。这是确实存在的军事方略，还是济北王刘兴居的错误判断呢？《史记》"济北王兴居闻帝之代，欲往击胡"，《汉书》卷四《文帝纪》的说法是"济北王兴居闻帝之代，欲自击匈奴"（第120页）。荀悦《汉纪·孝文皇帝纪上》则写作"济北王兴居闻上自击胡"。林幹《匈奴史》（修订本，内蒙古人民出版社1979年版）、《匈奴通史》（人民出版社1986年版）、《匈奴历史年表》（中华书局1984年版）都没有记录此事，《匈奴史料汇编》（中华书局1988年版）也未采录相关记载。研究者或许以为汉文帝"之代，欲往击胡"并非史实，或许以为汉文帝的计划并未形成战争事实而不足重视。汉文帝时代涉及对匈奴战争的又一条史料，也许有必要在这里引录。《史记》卷一〇《孝文本纪》："十四年冬，匈奴谋入边为寇，攻朝郡塞，杀北地都尉卬。上乃遣三将军军陇西、北地、上郡，中尉周舍为卫将军，郎中令张武为车骑将军，军渭北，车千乘，骑卒十万。帝亲自劳军，勒兵申教令，赐军吏卒。帝欲自将击匈奴，群臣谏，皆不听。皇太后固要帝，帝乃止。于是以东阳侯张相如为大将军，成侯赤为内史，栾布为将军，击匈奴。匈奴遁走。"对于所谓"皇太后固要帝"，裴骃《集解》："徐广曰：'必不得自征也。'"（第428—429页）《汉书》卷四《文帝纪》"皇太后固要上"，颜师古注："文颖曰：'要，劫也，哀痛祝誓之言。'"（第126页）此次"帝欲自将击匈奴"，甚至"群臣谏，皆不听"，直待皇太后亲自施加压力方才劝止的情形，反映了汉文帝抗击匈奴的决心，也反映了汉文帝的性格特征，或许可以作为我们理解汉文帝三年（前177）"帝之代，欲往击胡"事的史实参照。参看王子今《论汉帝三年太原之行》，《晋阳学刊》2005年第4期。

于《史记》卷一一〇《匈奴列传》载"单于遗汉书"。所谓"皆以为匈奴"语义,似接近匈奴对这一地区的全面征服。然而由于这只是冒顿自我夸耀的言辞,其历史真实度,可能还需要认真分析。但当时西域形势,就汉与匈奴的影响力而言,大体可以说是"汉朝与西域之间的交通为匈奴阻隔,西域尽为匈奴掌治"。①

(一) 关于"定楼兰、乌孙、呼揭及其旁二十六国,皆以为匈奴"

据《史记》卷一一〇《匈奴列传》,"单于遗汉书"言及汉文帝时匈奴控制西域情形,是这样表述的:

> 单于遗汉书曰:"天所立匈奴大单于敬问皇帝无恙。前时皇帝言和亲事,称书意,合欢。汉边吏侵侮右贤王,右贤王不请,听后义卢侯难氏等计,与汉吏相距,绝二主之约,离兄弟之亲。皇帝让书再至,发使以书报,不来,汉使不至,汉以其故不和,邻国不附。今以小吏之败约故,罚右贤王,使之西求月氏击之。以天之福,吏卒良,马强力,以夷灭月氏,尽斩杀降下之。定楼兰、乌孙、呼揭及其旁二十六国,皆以为匈奴。诸引弓之民,并为一家。北州已定,愿寝兵休士卒养马,除前事,复故约,以安边民,以应始古,使少者得成其长,老者安其处,世世平乐。未得皇帝之志也,故使郎中系雩浅奉书请,献橐他一匹,骑马二匹,驾二驷。皇帝即不欲匈奴近塞,则且诏吏民远舍。使者至,即遣之。"以六月中来至薪望之地。书至,汉议击与和亲孰便。公卿皆曰:"单于新破月氏,乘胜,不可击。且得匈奴地,泽卤,非可居也。和亲甚便。"汉许之。②

---

① 邵台新:《汉代对西域的经营》,辅仁大学出版社1995年版,第44页。今按:说"秦朝武功虽盛,势力尚未抵及西域","至汉文帝时,西域之地仍在匈奴控制之下",是合理的。然而绝对否定中原与西域的早期联系,以为"在汉武帝之前,中国与西域并无往来"(《汉代对西域的经营》,第43页),似有不妥。《穆天子传》记载了周穆王西行至西王母之邦,与西王母互致友好之辞,宴饮唱和,又继续向西北行进的事迹。许多研究者认为,周穆王行经西域地方。《左传·昭公十二年》言周穆王"周行天下"。与《穆天子传》同出于汲冢的《竹书纪年》也有周穆王西征的记录。《史记》卷五《秦本纪》和卷四三《赵世家》可见造父为周穆王驾车西行巡狩,见西王母的故事。至于考古文物资料反映的先秦时期中原与西域民间的文化往来,则有更多例证。参看王子今《穆天子神话和早期中西交通》,《学习时报》2001年6月11日。

② 《史记》,第2896页。

关于"楼兰",裴骃《集解》引徐广曰:"一云'楼湟'。"张守节《正义》:"《汉书》云鄯善国名楼兰,去长安一千六百里也。"关于"乌孙、呼揭",张守节《正义》:"二国皆在瓜州西北。乌孙,战国时居瓜州。"①《汉书》卷九四上《匈奴传上》:"楼兰、乌孙、呼揭及其旁二十六国皆已为匈奴。"颜师古注:"皆入匈奴国也。"②

对于冒顿"定楼兰、乌孙、呼揭及其旁二十六国,皆以为匈奴"的自我炫耀,匈奴史学者或信以为实。陈序经认为:"乌孙在冒顿时,也在敦煌祁连间与月氏为邻。楼兰即后来的鄯善,在月氏之西。呼揭应在匈奴之西,丁令之西北,坚昆之东南,月氏乌孙之西北。匈奴除了征服这类国家之外,还征服了其旁二十六国,这等于说西域大部分的国家,都役属于匈奴了。《汉书》卷九十六上《西域传》上说,西域本三十六国。若把月氏、乌孙、楼兰、呼揭加上其旁二十六国已经有三十国。《汉书》卷七十《傅常郑甘陈段传》说:'西域诸国本属匈奴也',就是这个意思。"③ 林幹《匈奴历史年表》在"公元前一七四年,汉文帝六年,匈奴冒顿单于三十六年,老上单于元年"条下也写道:"匈奴灭月氏,定楼兰(在今甘肃若羌县)、乌孙(当时在今甘肃祁连、敦煌间)及其旁二十六'国'。"④

今按,据《汉书》卷九四上《匈奴传上》,"至孝文即位,复修和亲。其三年夏,匈奴右贤王入居河南地为寇,于是文帝下诏曰:'汉与匈奴约为昆弟,无侵害边境,所以输遗匈奴甚厚。今右贤王离其国,将众居河南地,非常故。往来入塞,捕杀吏卒,驱侵上郡保塞蛮夷,令不得居其故。陵轹边吏,入盗,甚骜无道,非约也。其发边吏车骑八万诣高奴,遣丞相灌婴将击右贤王。'右贤王走出塞,文帝幸太原。是时,济北王反,文帝归,罢丞相击胡之兵。其明年,单于遗汉书曰⋯⋯"⑤ 是冒顿致书汉文帝,时在汉文帝四年(前176)。余英时说:"公元前177年,匈奴已成功地迫使张掖地区(甘肃)的月氏完全归附于它,制服了从楼兰(公元前77年易名鄯善,罗布泊之西;车尔成)到乌孙(位于塔里木盆地的伊犁

---

① 《史记》,第2896页。
② 《汉书》,第3757页。
③ 陈序经:《匈奴史稿》,第193页。
④ 林幹:《匈奴历史年表》,中华书局1984年版,第10—11页。
⑤ 《汉书》,第3756页。

河谷）的西域大多数小国，从那时起，匈奴能够利用西域的广大的自然和人力资源。这个地区对草原帝国来说是如此重要，以致被称为匈奴的'右臂'。"① 余英时"公元前177年"说，应据汉文帝四年推定。今按："车尔成"，韩复智主译本作"车臣"。"乌孙（位于塔里木盆地的伊犁河谷）"，韩复智主译本作"乌孙（在塔里木盆地北部的伊犁河谷内）"。② 关于伊犁河谷和塔里木盆地的位置关系表述有误。"车尔成"，应与经且末北流的车尔臣河有关。冯承钧原编、陆峻岭增订《西域地名》（增订本）："Charchan 车尔成，今新疆且末县，《前汉书》且末国……"③

对于这一时期匈奴对西域的控制，有学者分析说，"冒顿在逐走月氏、兼定乌孙的同时，也征服了位于阿尔太山南麓的呼揭国。对于呼揭，后来匈奴置有'呼揭王'镇守该处。而自呼揭居地往西，经由巴尔喀什湖北岸，可以抵达康居国的领土。早在大月氏被乌孙逐出伊犁河、楚河流域时，康居国已经'东羁事匈奴'，可见匈奴和康居的联系主要是通过前文所述《穆天子传》描述的道路实现的。由于离匈奴本土毕竟很远，康居'羁事匈奴'也许是比较松弛的"。西域其他国度的情形其实也大体类似。"至于楼兰，匈奴采取派驻督察的方式加以控制。由于楼兰离匈奴较远，匈奴对楼兰及其以西诸国的控制也是比较宽松的。"④

应当指出，陈序经所谓"《汉书》卷七十《陈汤传》说：'西域诸国本属匈奴也'"，原文作"西域本属匈奴"，见《汉书》卷七〇《陈汤传》："建昭三年，汤与延寿出西域。汤为人沉勇有大虑，多策谋，喜奇功，每过城邑山川，常登望。既领外国，与延寿谋曰：'夷狄畏服大种，其天性也。西域本属匈奴，今郅支单于威名远闻，侵陵乌孙、大宛，常为

---

① 余英时：《汉朝的对外关系》，《剑桥中国秦汉史：公元前221年至公元220年》，第385—386页。
② Denis Twitchett, Michael Loewe 编：《剑桥中国史》第1册《秦汉篇 前221—220》，韩复智主译，南天书局有限公司1996年版，第467页。
③ 中华书局1980年版，第19页。
④ 余太山主编：《西域通史》，中州古籍出版社2003年版，第48—49页。所谓"前文所述《穆天子传》描述的道路"，应即由河套地区西行的道路："再往西，越过阿尔太山中段某个山口，到达额尔齐斯河上游：这里有一处宜于畜牧的平原……旅程由此再往西，就来到了西王母之国，也就是来到了当时中国人心目中的极西之地。所传西王母之国的瑶池，有可能便是神话了的斋桑泊，西王母之国则可能相当或相邻于希罗多德所传阿里马斯普人的居地。"（第47页）

康居画计，欲降服之。如得此二国，北击伊列，西取安息，南排月氏、山离乌弋，数年之间，城郭诸国危矣。且其人剽悍，好战伐，数取胜，久畜之，必为西域患。郅支单于虽所在绝远，蛮夷无金城强弩之守，如发屯田吏士，驱从乌孙众兵，直指其城下，彼亡则无所之，守则不足自保，千载之功可一朝而成也。'延寿亦以为然。"① 其后有陈汤等矫制击杀郅支单于的非常行为。

陈汤所谓"西域本属匈奴"，是汉元帝建昭三年（前36）语，很可能是指汉武帝之前的形势，即"僮仆都尉"经营西域时代的情形，而并非陈说汉文帝执政时代的西域政治局面。

（二）关于"诸引弓之民，并为一家"

冒顿在致汉文帝书中自豪地声称："诸引弓之民，并为一家。"《盐铁论·伐功》出自"文学"之口，也有同样的话："……其后匈奴稍强，蚕食诸侯，故破走月氏，因兵威徙小国，引弓之民，并为一家，一意同力，故难制也。"

对于"引弓之民，并为一家"的说法，是否可以据以作出当时匈奴曾经全面控制西域的历史判断，还可以讨论。

《史记》、《汉书》可见"引弓之民"语例。

《史记》卷二七《天官书》写道："其西北则胡、貉、月氏诸衣旃裘引弓之民，为阴；阴则月、太白、辰星；占于街北，昴主之。"裴骃《集解》："韦昭曰：'秦、晋西南维之北为阴，犹与胡、貉引弓之民同，故好用兵。'"② 《汉书》卷二六《天文志》也说："其西北则胡、貉、月氏旃裘引弓之民，为阴，阴则月、太白、辰星，占于街北，昴主之。"颜师古注："孟康曰：'秦、晋西南维之北为阴，与胡、貉引弓之民同，故好用兵。'"③ 这里所谓"引弓之民"，指西北少数族"胡、貉、月氏"等。

《汉书》卷五四《李陵传》载司马迁为李陵辩护之辞："陵提步卒不满五千，深輮戎马之地，抑数万之师，虏救死扶伤不暇，悉举引弓之民共攻围之。转斗千里，矢尽道穷，士张空拳，冒白刃，北首争死敌，得人之

---

① 《汉书》，第3010页。
② 《史记》，第1347页。
③ 《汉书》，第1289页。

死力，虽古名将不过也。"① 这里所谓"引弓之民"，只是指匈奴军民。

汉时所谓"引弓之民"，大致是指以射猎为主要营生手段的草原游牧族。而西域诸国中多数政治实体的主体经济形式与此不同。《汉书》卷九六上《西域传上》所谓"西域诸国大率土著，有城郭田畜，与匈奴、乌孙异俗"②，指出了他们与"引弓之民"的区别。

从现有资料看，冒顿所谓"定楼兰、乌孙、呼揭及其旁二十六国，皆以为匈奴"，似未可理解为当时匈奴已经全面控制了西域，"西域大部分的国家，都役属于匈奴了"。这一事实对于世界历史的进程其实意义十分重要。

如姚大中所说，"（冒顿）再向西，又压迫中亚细亚游牧民族与塔里木盆地三十多个沃洲国家全行归于匈奴支配之下③，势力急速自吉尔吉斯草原伸向咸海、里海，并控制了东—西文明地带间的交通路，而建立起世界史上空前煊赫的第一个游牧大帝国。当时中国史书对匈奴这种西方支配势力的说明是：自乌孙以西至安息，匈奴使者只需凭单于一纸证明，便可以在任何地区接受招待和自由取得所需马匹，任何国家不敢违抗命令（见《史记·大宛列传》）。④ 欧亚大陆北方最早一次的游牧大同盟于是成立，而成立这个游牧大帝国所费时间，则数年间一气呵成"。⑤

冒顿自称"诸引弓之民，并为一家"，很可能只是反映了"夷灭月氏，尽斩杀降下之"的军事成功。这样的成功，自然可以对西域多数国家产生强大的威慑力。所谓"皆以为匈奴"，"皆已为匈奴"，应当是对这种军事霸权的服从，不应当如颜师古注所说，简单地理解为"皆入匈奴

---

① 《汉书》，第 2456 页。

② 同上书，第 3872 页。

③ 姚说"沃洲"，即通常所谓"绿洲"。有学者讨论丝绸之路的文化特征，这样写道："与欧亚草原之路、海上丝绸之路相对而言，这条道路被称为绿洲之路。在这条道路上要经过许多浩瀚沙漠，而在广袤的沙漠里点缀着无数的天然绿洲，形成许多绿洲国家，为过往行人和畜群提供休息的场所。一块块绿洲形成交通网络的联结点，无数的点形成一条贯穿欧亚大陆的交通线，从而形成东西方经济和文化交流的大动脉。因此，这条路线得名'绿洲之路'。丝绸贸易是绿洲道路上商业交流的大动脉，通常所谓'丝绸之路'就是指这条绿洲路。"（石云涛：《三至六世纪丝绸之路的变迁》，文化艺术出版社 2007 年版，第 61 页）

④ 今按：《史记》卷一二三《大宛列传》原文为："自乌孙以西至安息，以近匈奴，匈奴困月氏也，匈奴使持单于一信，则国国传送食，不敢留苦。"（第 3173 页）而所谓"单于一信"在纸尚未得到普及之前，不宜直解为"单于一纸证明"。

⑤ 姚大中：《古代北西中国》，第 68 页。

国也"。正如马长寿所说,"如西域三十六国,汉书西域传记载:'西域诸国,大率土著,有城郭田畜,与匈奴、乌孙异俗,故皆役属匈奴。'由于西域人民的语言、风土与匈奴不同,又由于他们是城郭田畜经济,所以匈奴不能把西域的城郭搬到草原上来,而只能在西域的中心地区设立'僮仆都尉',对各小国人民进行一种'敛税重刻'的赋役制度"。①

《汉书》卷九六下《西域传下》:"西域诸国,各有君长,兵众分弱,无所统一,虽属匈奴,不相亲附。匈奴能得其马畜旃罽,而不能统率与之进退。"② 安作璋以为可以理解为西域各族"对匈奴离心离德,不愿顺从"。③ 匈奴对西域的控制和奴役,未能实现人心的征服。

(三) 匈奴强势与西域文化发展进程

有学者指出,今天的新疆地区,和欧亚大陆许多地方一样,也存在"青铜时代"和"早期铁器时代"这样两个前后相继的时代。④ 或求简便而采用"新疆金属时代"的说法。⑤ "早期铁器时代的下限,一般认为应在公元前2世纪张骞通西域以后,或者大致在公元前后。"⑥ 匈奴军事强权对西域地方文化形态和文化方向施行强劲的影响,正是在这一时期。

研究者指出,"早期铁器时代偏晚阶段(第三阶段),游牧文化在全疆进一步深入、普及,基本看不到不同文化系统在新疆对峙的局面","该阶段文化在全疆范围普遍存在趋同态势",这正与冒顿所谓"诸引弓之民,并为一家"构成一致。论者以为,"这与游牧文化在全疆的深入、普及,与骑马民族迅捷的交流方式,更与汉文化、匈奴文化自东向西的强烈渗透都有关系"。这样的分析是有道理的。研究者写道,于是,"汉文化、匈奴文化的影响则日渐加强,并最终与新疆土著文化融为一体"。

---

① 马长寿:《北狄与匈奴》,第29页。今按:"敛税重刻"语见《后汉书》卷八八《西域传》言两汉之际事:"(西域)哀平间,自相分割为五十五国。王莽篡位,贬易侯王,由是西域怨叛,与中国遂绝,并复役属匈奴。匈奴敛税重刻,诸国不堪命,建武中,皆遣使求内属,愿请都护。光武以天下初定,未遑外事,竟不许之。"(第2909页)
② 《汉书》,第3930页。
③ 安作璋:《两汉与西域关系史》,齐鲁书社1979年版,第9页。
④ 陈戈:《关于新疆地区的青铜时代和早期铁器时代文化》,《考古》1990年第4期。
⑤ 陈戈:《新疆远古文化初论》,《中亚学刊》第4辑,北京大学出版社1995年版,第5—12页。
⑥ 韩建业:《新疆的青铜时代和早期铁器时代文化》,文物出版社2007年版,第1页。

"在这一整合过程中,先是西端的伊犁河流域文化表现活跃、影响广泛,后是东方的汉、匈文明因素日渐西及。新疆的早期铁器时代文化最终与汉文化、匈奴文化融为一体,形成尼雅遗存所代表的特色鲜明的东汉魏晋时期文化。正是在此背景下才出现了贯通东、西方两大文化系统的丝绸之路。"①

认识"日渐加强"的"汉文化、匈奴文化的影响","汉文化、匈奴文化自东向西的强烈渗透"以及所谓"汉、匈文明因素日渐西及"的过程时,当然不宜忽略"匈奴文化"的影响更早并且在前期更为强劲的历史事实。

有的学者对这一历史趋向进行了这样的表述:"随着匈奴文化和汉文化影响的加强,新疆各地文化之间的交流更为频繁,作为东西文化交流通道的作用也日益显现出来。"② 在分析这一时期西域文化的发展进程时,将"匈奴文化"影响置于"汉文化影响"之前,是比较合适的处理方式。

(四) 匈奴控制西域通路

所谓"匈奴文化自东向西的强烈渗透",以及匈奴文明因素"日渐西及",均先于汉文化。这正是因为匈奴较早控制了西域通路。

有学者认为,对乌孙的控制,是匈奴打通西域道路的重要环节。《史记》卷一二三《大宛列传》记载张骞对汉武帝介绍匈奴与乌孙的关系:"臣居匈奴中,闻乌孙王号昆莫,昆莫之父,匈奴西边小国也。匈奴攻杀其父,而昆莫生弃于野。乌嗛肉蜚其上,狼往乳之。单于怪以为神,而收长之。及壮,使将兵,数有功,单于复以其父之民予昆莫,令长守于西域。昆莫收养其民,攻旁小邑,控弦数万,习攻战。单于死,昆莫乃率其众远徙,中立,不肯朝会匈奴。匈奴遣奇兵击,不胜,以为神而远之,因羁属之,不大攻。"③ 乌孙昆莫曾经为匈奴"令长守于西域",后来方"中立,不肯朝会匈奴"。《汉书》卷六一《张骞传》的记载较为详尽:"臣居匈奴中,闻乌孙王号昆莫。昆莫父难兜靡本与大月氏俱在祁连、焞

① 韩建业:《新疆的青铜时代和早期铁器时代文化》,第121、122页。
② 严文明:《〈新疆的青铜时代和早期铁器时代文化〉序一》,韩建业《新疆的青铜时代和早期铁器时代文化》,第1页。
③ 《史记》,第3168页。

煌间，小国也。大月氏攻杀难兜靡，夺其地，人民亡走匈奴。子昆莫新生，傅父布就翎侯抱亡置草中，为求食，还，见狼乳之，又乌衔肉翔其旁，以为神，遂持归匈奴，单于爱养之。及壮，以其父民众与昆莫，使将兵，数有功。时，月氏已为匈奴所破，西击塞王。塞王南走远徙，月氏居其地。昆莫既健，自请单于报父怨，遂西攻破大月氏。大月氏复西走，徙大夏地。昆莫略其众，因留居，兵稍强，会单于死，不肯复朝事匈奴。匈奴遣兵击之，不胜，益以为神而远之。"①

《汉书》记载所增益的信息，说到乌孙军攻破大月氏事："时，月氏已为匈奴所破，西击塞王。塞王南走远徙，月氏居其地。昆莫既健，自请单于报父怨，遂西攻破大月氏。大月氏复西走，徙大夏地。昆莫略其众，因留居，兵稍强……"战事的爆发，有乌孙昆莫"自请单于"的情节。亲匈奴的乌孙"留居"大月氏国旧地，使得西域形势发生了重大变化。余太山主编《西域通史》这样总结这一历史过程："乌孙原来是游牧于哈密附近的一个小部落，一度役属于月氏。前177或176年匈奴大举进攻月氏时，西向溃逃的月氏人冲击乌孙的牧地，杀死了乌孙昆莫（王）难兜靡。乌孙余众带着新生的难兜靡之子猎骄靡投奔匈奴，冒顿单于收养了猎骄靡，猎骄靡成年后，匈奴人让他统率乌孙旧部，镇守故地，也参加一些匈奴的军事活动。约前130年，匈奴军臣单于（前161—126年）②指使猎骄靡率所部乌孙人征伐大月氏。乌孙大获全胜，占领了伊犁河、楚河流域；并在后来逐步向东方扩张，终于成为西域大国。虽然自军臣单于去世后，乌孙便'不肯复朝事匈奴'，但在一段很长时期内一直羁属匈奴，故不妨认为匈奴假手乌孙实现了向伊犁以远发展的目的。"③论者忽略了"昆莫既健，自请单于报父怨，遂西攻破大月氏"中"自请"的情节，而以"指使"强调了匈奴的主动意识。确实，从西域历史的这一走向来说，匈奴确实因此"实现了向伊犁以远发展的目的"，局势发展为匈奴的扩张提供了新的条件。

余太山主编《西域通史》又写道："通过乌孙，匈奴间接控制了从伊犁河流域西抵伊朗高原的交通线：'自乌孙以西至安息，以近匈奴，匈奴

---

① 《汉书》，第2691—2692页。
② 今按：应作"前161—前126年"。
③ 余太山主编：《西域通史》，第49页。

困月氏也，匈奴使持单于一信，则国国传送食，不敢留苦.'① 这种形势对匈奴的强盛自然是十分有利的。"② 匈奴控制"从伊犁河流域西抵伊朗高原的交通线"表现的"强盛"，应当从世界史的视角进行理解。

汉王朝与匈奴对西域的争夺，其实在某种意义上主要是对这种"交通线"的控制权的争夺。

严文明曾经总结新疆青铜时代以后的历史文化演进。他说："新疆各青铜文化的居民大体都是不同类型的欧罗巴人种，蒙古人种只进到东疆的哈密地区。哈密天山北路文化就是两大人种和两种文化会聚所产生的一种复合文化。进入早期铁器时代，情况似乎发生了逆转。与带耳罐文化系统有较多联系的高颈壶文化系统占据了全疆的大部分地区，蒙古人种也逐渐向西移动；而与筒形罐文化系统关系密切的圜底釜文化系统则仅见于帕米尔一小块地方。尔后随着匈奴文化和汉文化影响的加强，新疆各地文化之间的交流更为频繁，作为东西文化交流通道的作用也日益显现出来。早先是西方的青铜文化带着小麦、绵羊和冶金技术。不久又赶着马匹进入新疆，而且继续东进传入甘肃等地；东方甘肃等地的粟和彩陶技术也传入新疆，甚至远播中亚。这种交互传播的情况后来发展为著名的丝绸之路。"③ 在来自"东方"的文化影响"远播中亚"，即"匈奴文化和汉文化影响"的向西传布的历史过程中，匈奴人曾经先行一步。

---

① 原注：《史记·大宛列传》。
② 余太山主编：《西域通史》，第49—50页。
③ 严文明：《〈新疆的青铜时代和早期铁器时代文化〉序一》，韩建业《新疆的青铜时代和早期铁器时代文化》，第1页。

第 二 章

匈奴"赋税"西域

一 "僮仆都尉"职任

历史文献记载了有关匈奴起初对西域实行控制和奴役的信息。典型的文字，即《汉书》卷九六上《西域传上》："西域诸国大率土著，有城郭田畜，与匈奴、乌孙异俗，故皆役属匈奴。匈奴西边日逐王置僮仆都尉，使领西域，常居焉耆、危须、尉黎间，赋税诸国，取富给焉。"①

其中出现"僮仆都尉"职任，值得研究者重视。

（一）汉文意译匈奴官职特例之一

"僮仆都尉"作为匈奴"领西域"，即管理西域诸国的行政主官，其名号比较特殊。

我们在汉文史籍中所看到的体现身份地位的匈奴名号，以音译为多。特别是权力特殊的上层人物。例如有学者指出，"单于是匈奴族的最高领袖，也是政府的最高首脑，匈奴人称他为'撑犁孤涂单于'。匈奴人称'天'为撑犁，称'子'为孤涂，故'撑犁孤涂单于'一词，即'像天子那样广大的首领'②。这种称号反映了单于已由一般的首领的意义转变为具有至高无上的意义"。③《史记》卷一一〇《匈奴列传》说匈奴制度：

---

① 《汉书》，第3872页。
② 原注：参阅《汉书·匈奴传》上。今按：《汉书》卷九四上《匈奴传上》："单于姓挛鞮氏，其国称之曰'撑犁孤涂单于'。匈奴谓天为'撑犁'，谓子为'孤涂'，单于者，广大之貌也，言其象天单于然也。""撑犁孤涂"，意犹"天子"。
③ 林幹：《匈奴通史》，人民出版社1986年版，第26页。

>　　自淳维以至头曼千有余岁，时大时小，别散分离，尚矣，其世传
> 不可得而次云。然至冒顿而匈奴最强大，尽服从北夷，而南与中国为
> 敌国，其世传国官号乃可得而记云。
>
>　　置左右贤王，左右谷蠡王，左右大将，左右大都尉，左右大当
> 户，左右骨都侯。匈奴谓贤曰"屠耆"，故常以太子为左屠耆王。自
> 如左右贤王以下至当户，大者万骑，小者数千，凡二十四长，立号曰
> "万骑"。诸大臣皆世官。呼衍氏，兰氏，其后有须卜氏，此三姓其
> 贵种也。诸左方王将居东方，直上谷以往者，东接秽貉、朝鲜；右方
> 王将居西方，直上郡以西，接月氏、氐、羌；而单于之庭直代、云
> 中：各有分地，逐水草移徙。而左右贤王、左右谷蠡王最为大，左右
> 骨都侯辅政。诸二十四长亦各自置千长、百长、什长、裨小王、相、
> 封都尉、当户、且渠之属。①

这里说到的匈奴官制，所谓"其世传国官号乃可得而记"者，多有音译。而"王"、"侯"、"相"、"将"②、"长"等，为意译。

"大臣"中完整名号全用意译者，有"左右贤王"，"左右大将，左右大都尉"。而"左"、"右"、"大"文义简单，与"僮仆都尉"之"僮仆"完全不同。至于"左右贤王"的"贤"，《史记》卷一一〇《匈奴列传》说："匈奴谓贤曰'屠耆'，故常以太子为左屠耆王。"是"左贤王"又"常"称"左屠耆王"或"左诸耆王"。③可知采用音译是"常"例。

"僮仆都尉"称谓则与其他"官号"明显不同，突出显示了汉文化影响的某种痕迹。

（二）"僮仆"涵义

"僮仆"语义，在战国秦汉时期有特殊的社会文化背景。有的辞书解释"僮仆都尉"称谓即强调对西域各国的奴役："匈奴单于国在西域设置的官员，'僮仆'即指奴隶，僮仆部尉的职责是统管西域各国，从官名可

---

① 《史记》，第 2890—2891 页。
② "封都尉"之"封"字，裴骃《集解》引徐广曰："一作'将'。"（《史记》，第 2892 页）
③ 裴骃《集解》引徐广曰："屠，一作'诸'。"（《史记》，第 2891 页）

知，匈奴将西域各国居民视为奴隶。"①

《史记》中三次出现"僮仆"称谓：

卷一〇三《万石张叔列传》："孝景帝季年，万石君以上大夫禄归老于家，以岁时为朝臣。过宫门阙，万石君必下车趋，见路马必式焉。子孙为小吏，来归谒，万石君必朝服见之，不名。子孙有过失，不谯让，为便坐，对案不食。然后诸子相责，因长老肉袒固谢罪，改之，乃许。子孙胜冠者在侧，虽燕居必冠，申申如也。僮仆欣欣如也，唯谨。上时赐食于家，必稽首俯伏而食之，如在上前。其执丧，哀戚甚悼。子孙遵教，亦如之。万石君家以孝谨闻乎郡国，虽齐鲁诸儒质行，皆自以为不及也。"②

卷一一三《南越列传》："……吕嘉等乃遂反，下令国中曰：'王年少。太后，中国人也，又与使者乱，专欲内属，尽持先王宝器入献天子以自媚，多从人，行至长安，虏卖以为僮仆。取自脱一时之利，无顾赵氏社稷，为万世虑计之意。'"③

卷一二九《货殖列传》："白圭乐观时变，故人弃我取，人取我与。……能薄饮食，忍嗜欲，节衣服，与用事僮仆同苦乐，趋时若猛兽挚鸟之发。"④

对于万石君事迹所谓"僮仆欣欣如也"，裴骃《集解》引晋灼曰："䜣，许慎曰古'欣'字。"又引韦昭曰："声和貌。"⑤《汉书》卷四六《万石君传》颜师古注："晋说非也。此䜣读与誾誾同，谨敬之貌也。"⑥ 万石君家族"僮仆""唯谨"，"谨敬"，形成同诸多"恶奴"故事的鲜明对照。

又《史记》卷三〇《平准书》说汉武帝推行算缗告缗制度，严厉打击商贾，包括这样的政策："贾人有市籍者，及其家属，皆无得籍名田，以便农。敢犯令，没入田僮。"所谓"没入田僮"，司马贞《索隐》："若贾人更占田，则没其田及僮仆，皆入之于官也。"⑦ 可知"僮仆"有时简

---

① 刘维新主编：《新疆民族辞典》，新疆人民出版社1995年版，第41页。
② 《史记》，第2764页。
③ 同上书，第2976页。
④ 同上书，第3258页。
⑤ 同上书，第2765页。
⑥ 《汉书》，第2195页。
⑦ 《史记》，第1430—1431页。

称"僮"。

《汉书》所见"僮仆"称谓，也值得注意。

《汉书》卷九三《佞幸传·董贤》记载："贤宠爱日甚，为驸马都尉侍中，出则参乘，入御左右，旬月间赏赐絫巨万，贵震朝廷。常与上卧起。尝昼寝，偏藉上袖，上欲起，贤未觉，不欲动贤，乃断袖而起。其恩爱至此。贤亦性柔和便辟，善为媚以自固。每赐洗沐，不肯出，常留中视医药。上以贤难归，诏令贤妻得通引籍殿中，止贤庐，若吏妻子居官寺舍。又召贤女弟以为昭仪，位次皇后，更名其舍为椒风，以配椒房云。昭仪及贤与妻旦夕上下，并侍左右。赏赐昭仪及贤妻亦各千万数。迁贤父为少府，赐爵关内侯，食邑，复徙为卫尉。又以贤妻父为将作大匠，弟为执金吾。诏将作大匠为贤起大第北阙下，重殿洞门，木土之功穷极技巧，柱槛衣以绨锦。下至贤家僮仆皆受上赐，及武库禁兵，上方珍宝。其选物上弟尽在董氏，而乘舆所服乃其副也。及至东园秘器，珠襦玉柙，豫以赐贤。"① 言董贤大得"宠爱"，"贵震朝廷"情形细致具体。

其中"下至贤家僮仆皆受上赐"语，作者专门用以突出体现特殊的优遇。然而由此也可以片断陈述"僮仆"在当时社会层次中的地位，也可以说明"僮仆"身份的复杂性。

又《三国志》卷四《魏书·三少帝传·齐王芳》裴松之注引《汉晋春秋》："帝遂帅僮仆数百，鼓噪而出。"②《三国志》卷九《魏书·诸夏侯曹传·曹纯》裴松之注引《英雄记》曰："纯字子和。年十四而丧父，与同产兄仁别居。承父业，富于财，僮仆人客以百数，纯纲纪督御，不失其理，乡里咸以为能。"③ 前例可知"僮仆"是被奴役对象，但是有时似乎又堪托死生，甘愿为主人拼死搏斗。后者则告知我们，"僮仆"是富家的管理对象，然而"僮仆人客"称谓，提示这些身份当时在社会等级上大致接近。而我们又知道，战国秦汉时期"客"的身份因"依附关系"显现出"逐渐卑微化的过程"。④

有学者指出，"匈奴征服西域主要是为了奴役和掠夺。例如，巴里坤

---

① 《汉书》，第 3733—3734 页。
② 《三国志》，第 144 页。
③ 同上书，第 277 页。
④ 沈刚：《秦汉时期的客阶层研究》，吉林文史出版社 2003 年版，第 171—175 页。

第二章 匈奴"赋税"西域

湖附近原有一国，其王得罪单于，单于发怒，徙走该国人口六千余，该国因而衰亡"。又设"僮仆都尉"官职，"该都尉的责职是'赋税诸国，取富给焉'。可以想见，在设置僮仆都尉之前，匈奴早已视诸国为僮仆了"。①

匈奴"僮仆都尉"职务，见诸汉文文献记载，其名号又出自汉文意译，不排除其中有汉人否定和攻击匈奴西域活动的可能。我们看到，汉文文献中对汉帝国派往西域官员名号的记录，往往取正面的充满善意的文字。例如"护"。

"护"的字义有"救护"②、"营护"③的内涵。就中可以明显体会到"爱护"的情感倾向。

据《史记》卷五三《萧相国世家》，刘邦早期的活动，得到萧何的支持和资助，"高祖为布衣时，何数以吏事护高祖。高祖为亭长，常左右之。高祖以吏繇咸阳，吏皆送奉钱三，何独以五"。对于萧何"数以吏事护高祖"，司马贞《索隐》："《说文》云：'护，救视也。'"④

《史记》卷三〇《平准书》："山东被水灾，民多饥乏，于是天子遣使者虚郡国仓廥以振贫民。犹不足，又募豪富人相贷假。尚不能相救，乃徙贫民于关以西，及充朔方以南新秦中，七十余万口，衣食皆仰给县官。数岁，假予产业，使者分部护之，冠盖相望。其费以亿计，不可胜数。于是县官大空。"又记载："是时山东被河灾，及岁不登数年，人或相食，方一二千里。天子怜之，诏曰：'江南火耕水耨，令饥民得流就食江淮间，欲留，留处。'遣使冠盖相属于道，护之，下巴蜀粟以振之。"⑤ 这里显示执政集团上层政策方向的"护"的方式，是和"振"的行为密切联系的。史籍"赈护"之说，可以参考。如《后汉书》卷五《安帝纪》："其务崇仁恕，赈护寡独。"⑥

---

① 余太山主编：《西域通史》，第 50 页。
② 《后汉书》卷四七《班超传》："妾诚伤超以壮年竭忠孝于沙漠，疲老则便捐死于旷野，诚可哀怜。如不蒙救护，超后有一旦之变，冀幸超家得蒙赵母、卫姬先请之贷。"（第 1585 页）
③ 《后汉书》卷八一《独行列传·范式》："……乃营护平子妻儿，身自送丧于临湘。"（第 2678 页）《三国志》卷五八《吴书·陆逊传》："其所生得，皆加营护，不令兵士干扰侵侮。"（第 1351 页）《三国志》卷九《魏书·夏侯玄传》："职监诸县，营护党亲。"（第 297 页）
④ 《史记》，第 2013 页。
⑤ 同上书，第 1425、1437 页。
⑥ 《后汉书》，第 227 页。

"护"是自上而下的政策行为，似乎"爱护"的主体是尊者、长者、强者。更突出的显示，是《史记》卷五五《留侯世家》所见刘邦委托四皓对刘盈的关照："上曰：'烦公幸卒调护太子。'"裴骃《集解》："如淳曰：'调护犹营护也。'"①

　　然而"护"字所体现的，有时又有其他涵义。《史记》卷五五《留侯世家》言"汉十一年，黥布反，上病，欲使太子将，往击之"事，四皓为政治安定计，建议请吕后恳请刘邦亲自将军远征，"上虽病，强载辎车，卧而护之，诸将不敢不尽力。上虽苦，为妻子自强"。② 这里所谓"卧而护之"的"护"，似乎有接近今人所谓"监护"的意义。《史记》卷一〇九《李将军列传》："有白马将出护其兵，李广上马与十余骑奔射杀胡白马将。"所谓"护其兵"，张守节《正义》："其将乘白马，而出监护也。"③ 是唐代学者即以"监护"释"护"。可以提供印证的，又有《史记》卷五六《陈丞相世家》："平遂至修武降汉，因魏无知求见汉王，汉王召入。是时万石君奋为汉王中涓，受平谒，入见平。平等七人俱进，赐食。王曰：'罢，就舍矣。'平曰：'臣为事来，所言不可以过今日。'于是汉王与语而说之，问曰：'子之居楚何官？'曰：'为都尉。'是日乃拜平为都尉，使为参乘，典护军。诸将尽讙，曰：'大王一日得楚之亡卒，未知其高下，而即与同载，反使监护军长者！'汉王闻之，愈益幸平。"④ "典护军"名义与"使监护军长者"的职务内容是对应的。⑤

　　"护军"又简称"护"。《史记》卷一一〇《匈奴列传》："军中郭纵为护，维王为渠。"⑥

---

①　《史记》，第 2047 页。
②　同上书，第 2045、2046 页。
③　同上书，第 2869 页。
④　同上书，第 2053 页。
⑤　下文言周勃、灌婴等提出异见："今日大王尊官之，令护军。"经思考、审查，"汉王乃谢，厚赐，拜为护军中尉，尽护诸将。诸将乃不敢复言"（第 2054 页）。所谓"尽护诸将"，也值得注意。又《史记》卷一〇八《韩长孺列传》："御史大夫韩安国为护军将军，诸将皆属护军。"（第 2862 页）亦可引为同例。又《史记》卷一一〇《匈奴列传》："伏兵三十余万马邑旁，御史大夫韩安国为护军，护四将军以伏单于。"（第 2905 页）又《后汉书》卷四七《班超传》言匈奴对西域国家的军事控制即称"监护"："是时于寘王广德新攻破莎车，遂雄张南道，而匈奴遣使监护其国。"（第 1573 页）
⑥　张守节《正义》："为渠帅也。"（第 2915 页）

"护",又有"典护"①、"领护"②的涵义。

《史记》卷八〇《乐毅列传》:"乐毅于是并护赵、楚、韩、魏、燕之兵以伐齐,破之济西。"对于"护",司马贞《索隐》解释说:"'护',谓总领之也。"③ 此应是"护"通常言督护统领军事行为之义。《后汉书》卷八八《西域传》序:"武帝时,西域内属,有三十六国,汉为置使者、校尉领护之。"④ 明确指出了西域边疆民族事务官员称"护"的意义主要在于"领护"。

也许可以说,仅从史籍字义推断,此"领护"与"匈奴西边日逐王置僮仆都尉,使领西域"之所谓"领",并没有本质上的差别。

《史记》卷一〇四《田叔列传》褚少孙补述言汉武帝与任安、田仁交谈,欣赏其政见,"武帝大笑曰:'善。'使任安护北军,使田仁护边田谷于河上。此两人立名天下。"⑤ 田仁职任"护边田谷于河上",也言及边事。

见于汉与匈奴战争中的例证,有《史记》卷一一一《卫将军骠骑列传》:"乃诏御史曰:'护军都尉公孙敖三从大将军击匈奴,常护军,傅校获王,以千五百户封敖为合骑侯。'"司马贞《索隐》:"顾秘监云:'傅,领也。五百人谓之校。'小颜云:'傅音附。言敖总护诸军,每附部校,以致克捷而获王也。'"又:"天子曰:'骠骑将军去病率师,躬将所获荤粥之士,约轻赍,绝大幕,涉获章渠,以诛比车耆,转击左大将,斩获旗鼓,历涉离侯。'"所谓"涉获章渠",裴骃《集解》引徐广曰:"'获',一作'护'。"⑥ 似有"获"、"护"可以变换使用者。

《史记》卷一二三《大宛列传》:"仑头有田卒数百人,因置使者护田积粟,以给使外国者。"⑦ 其中所谓"护田积粟",也有与前引田仁"护边田谷于河上"相近的涵义。

---

① 《史记》卷五六《陈丞相世家》:"拜平为都尉,使为参乘,典护军。诸将尽讙,曰:'大王一日得楚之亡卒,未知其高下,而即与同载,反使监护军长者!'汉王闻之,愈益幸平。"(第2053页)司马光《功名论》:"陈平楚之亡将也,汉高祖得之,使典护诸将。"
② 《汉书》卷四五《息夫躬传》:"天子使躬持节领护三辅都水。"(第2182页)
③ 《史记》,第2428—2429页。
④ 《后汉书》,第2909页。
⑤ 《史记》,第2781页。
⑥ 同上书,第2926、2936页。
⑦ 同上书,第3179页。

（三）"僮仆都尉"居地

关于匈奴"僮仆都尉"确定的居地，《汉书》卷九六上《西域传上》有这样的表述："常居焉耆、危须、尉黎间。"① 焉耆在今新疆焉耆，危须在今新疆焉耆东，尉黎在今新疆库尔勒东北。② "僮仆都尉""常居"之地，应在环博斯腾湖地方，即今库尔勒、焉耆一带。

马长寿说："汉书西域传称天山以南，'轮台（新疆轮台县）以东，地广饶水草，有溉田五千顷以上。种五谷，与中国同时熟'。这些地区初被匈奴统治着，日逐王在那里置僮仆都尉，赋税诸国，取以富给。"③ 指出这里农耕经济的丰厚基础。姚大中则写道："僮仆都尉驻准噶尔盆地直通塔里木盆地的天山南麓焉耆、危须、尉黎三个小国之间……"④ 突出强调了"僮仆都尉"驻地所在的交通形势，其联络"准噶尔盆地"和"塔里木盆地"的战略位置亦得以说明。

新疆考古收获中发现了可能与匈奴活动有关的遗存。有学者在总结"秦汉时期边远和少数族地区的考古学文化"时写道："1983—1984年、1988年考古人员先后两次清理了和静察吾呼沟三号墓地⑤，主要是竖穴偏洞室墓，时代为东汉前期，可能与匈奴有关系。《汉书·西域传》载：'匈奴西边日逐王置僮仆都尉，使领西域，常居焉耆、危须、尉黎间，赋税诸国，取富给焉。'从文献看，焉耆盆地及今库尔勒地区是匈奴控制南疆最重要的一个行政驻地，察吾呼沟三号墓地的发现证明了匈奴在这个地区频繁的活动。"⑥

不过，如果这一墓地确实"时代为东汉前期"，则可能与"僮仆都尉"没有直接关系。

而且，史籍既说"常居焉耆、危须、尉黎间"，则可以理解为"僮仆

---

① 《汉书》，第3872页。
② 谭其骧主编：《中国历史地图集》第2册，地图出版社1982年版，第37—38页。
③ 马长寿：《北狄与匈奴》，第32页。
④ 姚大中：《古代北西中国》，第76页。
⑤ 据原注，资料来源为中国社会科学院考古研究所新疆队、新疆巴音郭楞蒙古族自治州文管所《和静县察吾乎沟口三号墓地发掘简报》，《考古》1990年第10期；新疆文物考古研究所、和静县文化馆《和静县察吾乎沟三号墓地发掘简报》，《新疆文物》1990年第1期。
⑥ 中国社会科学院考古研究所编著：《中国考古学·秦汉卷》，中国社会科学出版社2010年版，第875—876页。

都尉"的行政中心所在或许并非始终确定在此地,也有游移变换的可能。安作璋发表了这样的意见,"(匈奴)不得不让这些被征服的人民留在原地,按照他们原有的生产方式进行生产。而匈奴则在那里设立'僮仆都尉',经常领着数千骑兵,往来焉耆、危须、尉犁之间,对他们实行监督,并向他们征收极繁重的赋税"。① 当时的西域,完全成为匈奴奴隶制国家经济的重要命脉。

(四)"僮仆都尉"设置的时段特征

"匈奴西边日逐王置僮仆都尉,使领西域,常居焉耆、危须、尉黎间,赋税诸国,取富给焉"的年代,林幹《匈奴历史年表》系于"公元前九二年,汉武帝征和元年,匈奴狐鹿姑单于五年"。② 这样的意见,或许还可以讨论。

匈奴"罢""僮仆都尉"的时限,史籍有比较明确的记录。

《汉书》卷九六上《西域传上》记载:

> 至宣帝时,遣卫司马使护鄯善以西数国。及破姑师,未尽殄,分以为车师前后王及山北六国。时汉独护南道,未能尽并北道也,然匈奴不自安矣。其后日逐王畔单于,将众来降,护鄯善以西使者郑吉迎之。既至汉,封日逐王为归德侯,吉为安远侯。是岁,神爵三年也。乃因使吉并护北道,故号曰都护。都护之起,自吉置矣。僮仆都尉由此罢,匈奴益弱,不得近西域。③

所谓"僮仆都尉由此罢",宣告了匈奴西域经营的最终失败。时在汉宣帝神爵三年(前59)。林幹《匈奴历史年表》系此事于"公元前六〇年,汉宣帝神爵二年,匈奴虚闾权渠单于九年,握衍朐鞮单于元年"。④

当然,匈奴文化对西域地方的历史影响并不能因此抹杀。另一方面,匈奴的侵犯、奴役、压迫对西域诸国的刺激所具有的积极的历史文化意

---

① 安作璋:《两汉与西域关系史》,第9页。
② 林幹:《匈奴历史年表》,第38页。
③ 《汉书》,第3873—3874页。
④ 林幹:《匈奴历史年表》,第49页。

义，也值得历史学者重视。①

二 僮仆都尉"赋税诸国"

《汉书》卷九六上《西域传上》所谓"匈奴西边日逐王置僮仆都尉，使领西域"，"赋税诸国，取富给焉"所体现的匈奴与西域的关系，主要是一种政治控制与经济剥夺的关系。作为"领西域""赋税诸国"的被动一方，"西域诸国"在汉帝国势力介入之前，曾经"皆役属匈奴"。

（一）"赋税"应体现制度化经济关系

"赋税诸国，取富给焉"属于经济掠夺行为，但并非匈奴对汉地通常施行的突发式或季节式的掠夺，而具有了制度化的性质。

这种经济关系，或许可以理解为体现了匈奴对外在经济实体进行控制和剥夺的方式的一种提升。

另一方面，"赋税"又是国家行政管理的基本制度。

《史记》卷六八《商君列传》记载商鞅变法的主要内容："作为筑冀阙宫庭于咸阳，秦自雍徙都之。而令民父子兄弟同室内息者为禁。而集小乡邑聚为县，置令、丞，凡三十一县。为田开阡陌封疆，而赋税平。平斗桶权衡丈尺。"② 所谓"赋税平"，是成熟的、健全的、有效率的国家行政的基本特征。同样，按照《史记》的语言习惯，反常的，不合理的，表现出严重弊病的"赋税"政策，称作"厚赋税"③，"赋税大"④。

既说"赋税诸国"，体现出匈奴实际上已经通过行政方式实施了对西

---

① 参看王子今《匈奴"僮仆都尉"考》，《南都学坛》2012年第4期。
② 《史记》，第2232页。
③ 《史记》卷三《殷本纪》："帝纣资辨捷疾，闻见甚敏；材力过人，手格猛兽；知足以距谏，言足以饰非；矜人臣以能，高天下以声，以为皆出己之下。好酒淫乐，嬖于妇人。爱妲己，妲己之言是从。于是使师涓作新淫声，北里之舞，靡靡之乐。厚赋税以实鹿台之钱，而盈巨桥之粟。"裴骃《集解》："如淳曰：'《新序》云鹿台，其大三里，高千尺。'""服虔曰：'巨桥，仓名。许慎曰巨鹿水之大桥也，有漕粟也。'"司马贞《索隐》："邹诞生云：'巨，大；桥，器名也。纣厚赋税，故因器而大其名。'"（第105—106页）
④ 《史记》卷六《秦始皇本纪》："盗贼益多，而关中卒发东击盗者毋已。右丞相去疾、左丞相斯、将军冯劫进谏曰：'关东群盗并起，秦发兵诛击，所杀亡甚众，然犹不止。盗多，皆以戍漕转作事苦，赋税大也。请且止阿房宫作者，减省四边戍转。'"（第271页）

域地方经济的有效控制。匈奴骑兵对汉地等农耕区的侵犯,其实并不仅仅追求闪击式的劫掠和短暂的占领。他们理想的征服形式,应当是这种"役使"和"赋税"。"匈奴西边日逐王"对西域的控制,或许可以说实现了游牧族军事势力征服农耕区与农牧交错区的最完满的境界。

这种"役属"形式,可以说是汉帝国北边农耕族与游牧族关系中比较特殊的情形。

而历史文献所谓"匈奴西边日逐王置僮仆都尉,使领西域","赋税诸国,取富给焉"的记载提示我们,匈奴对于施行这种控制,有专门的管理部门和专职的行政官员。

如果按照《史记》中"赋税"用语习惯,可以参照卷三〇《平准书》所见汉王朝的新占领区经济政策进行比较思考:"汉连兵三岁,诛羌,灭南越,番禺以西至蜀南者置初郡十七,且以其故俗治,毋赋税。南阳、汉中以往郡,各以地比给初郡吏卒奉食币物,传车马被具。"① 所谓"且以其故俗治,毋赋税",即推行比较宽松的行政制度,治以"故俗",免除"赋税",地方行政支出仰仗"南阳、汉中以往郡"承担。要知道,这是在汉武帝时代频繁用兵,政府财政陷入困境,"赋税既竭,犹不足以奉战士"的背景下施行的政策。② 应当说,这种行政方式体现了决策者对于多有异族聚居的新占领地区的宽容胸怀和政治远见。

当然,这样的比较,只是依据汉文资料单方面的记录。我们并不清楚"匈奴西边日逐王置僮仆都尉,使领西域","赋税诸国,取富给焉"所谓"赋税"的具体数额和征收力度。

不过,《后汉书》卷八八《西域传》所说两汉之际西域再次"役属匈奴",而匈奴"敛税重刻"竟然导致西域诸国不堪承受,于是亲和对象因此变换的情形,值得重视:"哀平间,自相分割为五十五国。王莽篡位,贬易侯王,由是西域怨叛,与中国遂绝,并复役属匈奴。匈奴敛税重刻,

---

① 司马贞《索隐》:"谓南阳、汉中已往之郡,各以其地比近给初郡。初郡,即西南夷初所置之郡。"(第1440页)

② 《史记》卷三〇《平准书》:"汉遣大将将六将军,军十余万,击右贤王,获首虏万五千级。明年,大将军将六将军仍再出击胡,得首虏万九千级。捕斩首虏之士受赐黄金二十余万斤,虏数万人皆得厚赏,衣食仰给县官;而汉军之士马死者十余万,兵甲之财转漕之费不与焉。于是大农陈藏钱经耗,赋税既竭,犹不足以奉战士。"(第1422页)

诸国不堪命,建武中,皆遣使求内属,愿请都护。"①

王莽"贬易侯王",致使"西域怨叛,与中国遂绝",同时"复役属匈奴"。然而匈奴的"敛税重刻"使得"诸国不堪命",于是在汉光武帝建武年间"皆遣使求内属"。王莽的政治失误,使得西域"叛""绝"。而匈奴残酷盘剥的经济政策,又使得西域重新倾向"内属"。

(二)"赋税诸国"的征收内容

由于"西域诸国大率土著,有城郭田畜,与匈奴、乌孙异俗","僮仆都尉""赋税诸国"应主要取得西域定居农业的收益,以为经济生活的重要补充。

匈奴以畜牧为主体经济形式。"随畜牧而转移。其畜之所多则马、牛、羊,其奇畜则橐驼、驴、骡、駃騠、騊駼、驒騱。逐水草迁徙,毋城郭常处耕田之业。"② 正如有的学者所指出的,"畜群是他们的主要财富,是他们的生活资料,也是他们的生产资料。畜群以马牛羊为最多。他们的饮食、衣着及其它许多日用品也多仰给于牲畜"。③

匈奴的经济收益还来自射猎。虽然有学者指出,"匈奴单于自头曼、冒顿之后,对狩猎都很重视。匈奴人射猎,不只以射鸟兽作为食品或娱乐,而且以之作为一种军事训练,一种严格的纪律的手段"。④ 但是《史记》卷一一〇《匈奴列传》所谓"儿能骑羊,引弓射鸟鼠;少长则射狐兔:用为食"⑤,是明确强调了射猎取获"用为食"的基本意义的。"从漠北匈奴墓葬中普遍发现大量牲畜(马牛羊)骨骼证明,匈奴人的确是食畜肉的。所食不仅是家畜,而且从墓内还有鹿、野驴、鸟类等骨骼分析,同时也食野生动物,这正是匈奴人不仅从事畜牧、而且也从事狩猎的实物证明。"⑥《汉书》卷九四下《匈奴传下》记载:"汉遣车骑都尉韩昌、光禄大夫张猛送呼韩邪单于侍子,求问吉等,因赦其罪,勿令自疑。昌、猛见单于民众益盛,塞下禽兽尽,单于足以自卫,不畏郅支。闻其大

---

① 《后汉书》,第 2909 页。
② 《史记》卷一一〇《匈奴列传》,第 2879 页。
③ 林幹:《匈奴通史》,第 134 页。
④ 陈序经:《匈奴史稿》,第 75 页。
⑤ 《史记》,第 2879 页。
⑥ 林幹:《匈奴通史》,第 134 页。

第二章 匈奴"赋税"西域

臣多劝单于北归者，恐北去后难约束，昌、猛即与为盟约。"因"民众益盛，塞下禽兽尽"而"北归"，颜师古注："塞下无禽兽，则射猎无所得，又不畏郅支，故欲北归旧处。"① 可知"射猎"有时是匈奴"民众"主要营生方式，以致可以"因没有禽兽可猎而他去"。②

有的学者认为，尽管"考古资料证明匈奴人很早就已有了农业"，文献记载也有很多迹象表明"农业在匈奴的社会经济中，也占有一定的地位"，但是，"匈奴人从公元前三世纪兴起，至公元一世纪衰落，一直是过着游牧生活，并没有定居；间有农作也是在游牧的过程中进行"。③ 有学者指出，"前匈奴时期考古发现的一些现象提示我们，匈奴人中农耕与定居的存在似乎可以追溯到春秋战国时期"，然而，"这种成分不占主要地位，也没有被很好地继承和发扬光大"。④ 通过许多现象可以推知，"匈奴人的农业受到了汉族很大的影响，农业技术就是从汉人那里传入，而从事农业生产的劳动者，大多也是汉人"。⑤ 那么，在西域尚未受到汉文化强烈辐射的时代，这里的匈奴人的生活消费中谷物的补充，应当主要来自西域诸国。

《汉书》卷九六上《西域传上》写道："西域诸国大率土著，有城郭田畜，与匈奴、乌孙异俗。"所谓"土著"，颜师古解释说："言著土地而有常居，不随畜牧移徙也。"⑥ 班超上疏言："臣见莎车、疏勒田地肥广，草牧饶衍，不比敦煌，鄯善间也，兵可不费中国而粮食自足。"⑦ 也指出西域许多地方饶产谷物。《后汉书》卷八八《西域传》记载，蒲类国"颇知田作"。东且弥国"颇田作"，又说"其所出有亦与蒲类同"。⑧

匈奴"赋税诸国"，也应当取得矿产、手工业制品和其他物产。

余太山分析汉文正史《西域传》的内容，指出西域诸国"多产金、银、铜、铁等金属者，故铸冶业必有一定规模"。⑨

---

① 《汉书》，第 3801—3802 页。
② 陈序经：《匈奴史稿》，第 75—76 页。
③ 林幹：《匈奴通史》，第 138 页。
④ 马利清：《原匈奴、匈奴历史与文化的考古学探索》，第 385 页。
⑤ 林幹：《匈奴通史》，第 138 页。
⑥ 《汉书》，第 3872 页。
⑦ 《后汉书》卷四七《班超传》，第 1576 页。
⑧ 《后汉书》，第 2928、2929 页。
⑨ 余太山：《两汉魏晋南北朝正史西域传研究》，中华书局 2003 年版，第 353 页。

有学者总结"新疆绿洲地带"早期经济，指出了"采矿与冶金"方面的突出成就。所举"先秦遗物"实例，有新源、察布查尔、阿勒泰、塔城以及乌鲁木齐南山阿拉沟的出土物。论者指出，"其年代不迟于公元前5—前3世纪前后"。又说，"距今3800年的尉黎县孔雀河古墓沟墓地"，发现"纯度相当高"的"小件铜饰物"。"哈密焉不拉克、拉甫乔克、五堡与轮台群巴克、和静察吾呼沟口等地，也先后发现了数量不等的铜器，其中时代最早者可至公元前10世纪或更早。有的还伴出有少量小件铁器。"关于新疆先秦时期的"冶炼设备和采矿遗址"，也有值得重视的考古收获。"在木垒四道沟遗址下层发现有陶质铸（刀）范，据碳14测定，其年代距今约3000年。① 2003年鄯善县洋海二号墓地出土一件拐把形鼓风管，拐把短端套接插入炼炉的'猪嘴'，长36.5、直径6.2厘米，说明在公元前10世纪或稍后当地已有了金属冶炼业。② 在尼勒克县的圆头山、奴拉赛山分别发现春秋战国时期开采的铜矿和冶炼铜的遗址。奴拉赛山铜矿遗址，据碳14测定，距今2440—2650年左右。位于尼勒克县城南约三公里的天山奴拉赛沟谷，采矿、冶炼为一体。遗址内发现有露天开采和坑采的竖井、架木、形成网络的采矿平洞和巷道以及大量石制工具、矿石、矿渣等遗物。经过初炼的铜锭含铜量高达60%左右，从矿渣上可以看出用木炭冶炼的残迹。"③ 有研究者以为铜矿遗址为古代塞人的文化遗存④，然而艰苦的劳作应调用当地人力，其技术足以形成地域传统，是可以推知的。

余太山分析"西域诸国的手工业情况"，列位第一的是"武器制造"。《史记》卷一二三《大宛列传》说，"自大宛以西至安息"，有"作兵器"的产业和技术。"据《汉书·西域传》，乌弋山离和罽宾国也有自己的武器制造业。""除了上述大国外，城郭诸国也能自己制造兵器。盖据《汉书·西域传》，婼羌国'山有铁，自作兵，兵有弓、矛、服刀、剑、甲'。

---

① 原注：见《新疆木垒县四道沟遗址》，《考古》1982年第2期。据碳14测定，距今3010±105年。

② 原注：新疆文物考古研究所、吐鲁番文物局：《吐鲁番考古新收获——鄯善县洋海墓地发掘简报》，《吐鲁番学研究》2004年第1期。

③ 殷晴：《丝绸之路与西域经济——十二世纪前新疆开发史稿》，中华书局2007年版，第36、48—50页。

④ 王炳华：《新疆地区青铜时代文化试析》，《新疆社会科学》1985年第4期。

难兜国'有银铜铁，作兵与诸国同'。《后汉书·西域传》载蒲类国'能作弓矢'。""可以相信，事实上能自作兵的不止传文提到的几个国家。但从这些记载，已可知这一行业的普及。"① 据《汉书》卷九六上《西域传上》介绍的婼羌国国情，"随畜逐水草，不田作，仰鄯善、且末谷。山有铁，自作兵，兵有弓、矛、服刀、剑、甲"。所谓"仰鄯善、且末谷"，颜师古注："赖以自给也。"② 应是以铁制兵器换取谷物。这样的国度面对匈奴"赋税"，自然只能以铁兵充抵。匈奴对于这样的军备物资也有迫切的需要。而"鄯善国，本名楼兰"，"地沙卤，少田，寄田仰谷旁国"。"国出玉"，"能作兵，与婼羌同"。其玉石和兵器，应当都是外输物资，也很可能是匈奴征收的对象。③ 有学者指出，阅读秦汉魏晋南北朝《西域传》有关"手工业"的记录，"可以推知'西域传'的编纂者们对于铸冶业的关心首先在武器制造"④，这或许是因为西域这种产品的流向，可能影响军力的对比和战争的局势。

西域金属兵器对于"剽悍，好战伐"⑤ 的匈奴的意义是重要的。马长寿曾经指出："天山南路，如婼羌、鄯善、山国（库尔勒山中）、龟兹（库车县）、姑墨（拜城县西南）、莎车等国都产铁、铜等矿。有不少国家能冶铁，铸成箭、矛、刀、剑、甲等武器。这些武器对于匈奴国家的发展是绝对有利益的。"因此以为"西域的物产""在匈奴经济中占相当重要的位置"。⑥

"在新疆地区，铁器的出现不晚于公元前1000年，有的其至可能早到公元前13世纪。"白云翔研究战国时期西北地区的铁器，又指出："新疆地区有着悠久的铁器传统，战国时期主要是原有铁器传统的延续。鄯善县苏贝希Ⅰ号和Ⅲ号墓地，属于公元前5世纪—前3世纪的早期铁器时代的苏贝希文化遗存。1980年和1992年两次发掘墓葬43座，出土铁器17件，

---

① 余太山：《两汉魏晋南北朝正史西域传研究》，第353页。
② 《汉书》，第3875页。
③ 所谓"寄田仰谷旁国"，颜师古注："寄于它国种田，又籴旁国之谷也。"而前言婼羌国"不田作，仰鄯善、且末谷"，与鄯善国自身尚"仰谷别国"说似矛盾。或体现粮食需求需通过鄯善国转运的情形。
④ 余太山：《两汉魏晋南北朝正史西域传研究》，第360页。
⑤ 《汉书》卷七〇《陈汤传》言匈奴郅支单于性情（第3010页）。
⑥ 马长寿：《北狄与匈奴》，第32页。

包括小刀5件、针2件、锥1件、簪子2件、带钩2件、泡1件、三翼镞2件、带孔牌饰1件、马衔1件，以及残铁块等。①此外，年代约当战国时期的铁制品，鄯善县三个桥墓地出土有铁簪和木柄铁锥②；鄯善县洋海墓地出土有铁马衔及铁器残块③；乌鲁木齐市柴窝堡墓地发现有铁小刀、包金铁泡等④；乌鲁木齐市南山矿区的阿拉沟墓地出土铁小刀等⑤；且末县扎滚鲁克一号墓地出土有铁剑残片、铆钉和指环⑥；石河子市南山墓地发现有铁小刀和铁簪⑦；库尔勒市上户乡墓地发现有小刀、残短剑、镞等⑧。"白云翔认为，"上述各地发现的铁器，多为小型工具、小型用具、马具和装饰品，而不见中原地区常见的大型砍伐木作工具、大型兵器和容器等；小刀常见，带钩、泡、三翼镞、带孔饰牌等都具有鲜明地方特色，显然是西北系统铁器的继承和发展。这一方面缘自当地以经济生活和生活方式为基础的文化传统，另一方面与当地传统的铁器制作技术密切相关"。"在新疆地区，可以准确断代为秦和西汉的铁器发现较少，而年代为东汉或汉晋时期的铁器多有发现。"许多小型铁器，"具有浓郁的当地文化特色，明显是当地先秦铁器传统的延续和发展"。特别值得注意的，是冶铁遗址的发现。"地当汉精绝国故地的民丰尼雅遗址，1959年发现一

---

① 原注：吐鲁番地区文管所：《新疆鄯善苏巴什古墓葬》，《考古》1984年第1期41页；新疆文物考古研究所：《鄯善苏贝希墓群一号墓地发掘简报》，《新疆文物》1993年第4期1页；新疆文物考古研究所等：《鄯善苏贝希墓群三号墓地》，《新疆文物》1994年第2期1页；新疆文物考古研究所等：《新疆鄯善县苏贝希遗址及墓地》，《考古》2002年第6期42页。

② 原注：新疆文物考古研究所等：《新疆鄯善县三个桥古墓葬的抢救清理发掘》，《新疆文物》1997年第2期1页。按：铁簪原报告称之为"铆钉"。

③ 原注：新疆文物事业管理局等：《新疆维吾尔自治区文物考古工作五十年》，《新中国考古五十年》第486页，文物出版社，1999年。

④ 原注：新疆文物考古研究所：《1993年乌鲁木齐市柴窝堡墓葬发掘报告》，《新疆文物》1998年第3期19页。

⑤ 原注：王炳华：《丝绸之路考古研究·"丝绸之路"新疆段考古新收获》，新疆人民出版社1993年版，第4页。白云翔按：乌鲁木齐南山矿区阿拉沟墓地出土的铁器中，年代早者早于公元前6世纪，但"在一批年代相当于战国时期的墓葬中，较普遍地发现了铁小刀"。

⑥ 原注：新疆博物馆等：《新疆且末扎滚鲁克一号墓地》，《新疆文物》1988年第4期1页。

⑦ 原注：新疆文物考古研究所等：《石河子市南山古墓葬》，《新疆文物》1999年第1期1页。

⑧ 原注：巴音郭楞盟自治州文物保护管理所：《新疆库尔勒市上户乡古墓葬》，《文物》1999年第2期32页。

处汉代炼铁遗址；地处汉于阗故地的洛浦县阿其克山麓、地处天山南麓汉龟兹故地的库车县阿艾山麓，也发现有汉代炼铁遗址。"① 论者以为秦汉时期"边远地区的铁器化进程"中新疆铁器发现与"具有浓郁的当地文化特色，明显是当地先秦铁器传统的延续和发展"的意见，是值得重视的。②

有的学者指出，"考古界一般的意见，匈奴人铁器制造的知识，流布范围还比青铜器广泛得多，铁屑的发现于聚居地便是证明。但从中国史书中新疆诸沃洲国家很多'山有铁'、'自作兵'等记载，可知匈奴金属矿产原料的取得与铸造业中心的建立，乃选择在新疆殖民地，这便是匈奴为什么必须牢固控制新疆，使之直接附属于本族的原因"。西域地方可以看作"匈奴冶金工业区，以及武器供应的兵工厂"。③ 所谓"铁屑的发现于聚居地便是证明"，应当是依据比较陈旧的资料获得的认识。据考古学者介绍，匈奴墓葬出土的铁器数量可观，有锼、犁铧、镰、锸、镢、锹、刀、剑、镞、甲片、马衔、马镳等多种。④

西域其他国度，"自且末以往皆种五谷，土地草木，畜产作兵，略与汉同"，然而也有物产特殊者，如：

> 于阗国，"多玉石"。
> 西夜国，"王号子合王"，"子合土地出玉石"。
> 难兜国，"种五谷、蒲陶诸果。有银铜铁……"
> 罽宾国，"有目宿，杂草奇木，檀、櫰、梓、竹、漆。种五谷、蒲陶诸果"。"其民巧……织罽，刺文绣，好治食。有金银铜锡，以为器。""出封牛、水牛、象、大狗、沐猴、孔爵、珠玑、珊瑚、虎魄、璧流离。"
> 乌弋国，"其草木、畜产、五谷、果菜、食饮、宫室、市列、钱货、兵器、金珠之属皆与罽宾同，而有桃拔、师子、犀牛"。"以金

---

① 原注：史树青：《新疆文物调查随笔》，《文物》1960年第6期27页；《谈新疆民丰尼雅遗址》，《文物》1962年第7/8期24页。
② 白云翔：《先秦两汉铁器的考古学研究》，科学出版社2005年版，第41、121—122、296—297页。
③ 姚大中：《古代北西中国》，第76页。
④ 马利清：《匈奴、原匈奴历史与文化的考古学探索》，第74—80页。

银饰杖。"

　　大宛国，"大宛左右以蒲陶为酒，富人藏酒至万余石，久者至数十岁不败。""宛别邑七十余城，多善马。马汗血，言其先天马子也。"

　　莎车国，"有铁山，出青玉"。①

又《汉书》卷九六下《西域传下》：

　　姑墨国，"出铜、铁、雌黄"。
　　温宿国，"土地物类所有与鄯善诸国同"。
　　龟兹国，"能铸冶，有铅"。
　　焉耆国，"近海水多鱼"。
　　山国，"山出铁，民山居，寄田籴谷于焉耆、危须"。②

这些物产，应当都是"匈奴西边日逐王置僮仆都尉，使领西域"，"赋税诸国，取富给焉"，以"赋税"形式予以取用剥夺的对象。

　　据《后汉书》卷八八《西域传》，匈奴发西域联军"围于寘"，于是，"（于寘王）广德乞降，以其太子为质，约岁给罽絮"。③可知"罽絮"也是匈奴迫切需求，遂以强力掠夺的物资。

　　由于西域诸国的富饶物产曾经为匈奴所掌控，汉安帝元初六年（119）班勇上议曾经称之为"匈奴府藏"。④他充分重视"西域租入之饶"，对于西域控制权丧失则可能"富仇雠之财，增暴夷之埶"⑤，也提出严肃的警告。延光二年（123）陈忠上疏，也说如放纵"北虏"在西域的

---

① 《汉书》卷九六上《西域传上》，第3881—3897页。
② 《汉书》，第3910—3921页。
③ 《后汉书》，第2926页。
④ 《后汉书》卷四七《班勇传》："勇上议曰：'昔孝武皇帝患匈奴强盛，兼总百蛮，以逼障塞。于是开通西域，离其党与，论者以为夺匈奴府藏，断其右臂。……'"又说："今通西域则虏埶必弱，虏埶弱则为患微矣。埶与归其府藏，续其断臂哉！"（第1587—1588页）
⑤ 《后汉书》卷四七《班勇传》："勇对曰：'今设以西域归匈奴，而使其恩德大汉，不为钞盗则可矣。如其不然，则因西域租入之饶，兵马之众，以扰动缘边，是为富仇雠之财，增暴夷之埶也。……'"（第1589页）

第二章 匈奴"赋税"西域

扩张,"则虏财贿益增,胆执益殖"。① 西域经济,据有的学者分析,"构成匈奴经济面不可缺的一环节。惟因如此而当以后新疆统治权自匈奴转移到汉朝,匈奴立即会陷入经济困境,步上衰运"。②

史籍记录有匈奴向"乌桓民"征收"皮布税"的情形,可以在讨论匈奴在西域"赋税诸国"时参考。《汉书》卷九四下《匈奴传下》记载:

> 汉既班四条,后护乌桓使者告乌桓民,毋得复与匈奴皮布税。匈奴以故事遣使者责乌桓税,匈奴人民妇女欲贾贩者皆随往焉。乌桓距曰:"奉天子诏条,不当予匈奴税。"匈奴使怒,收乌桓酋豪,缚到悬之。酋豪昆弟怒,共杀匈奴使及其官属,收略妇女马牛。单于闻之,遣使发左贤王兵入乌桓责杀使者,因攻击之。乌桓分散,或走上山,或东保塞。匈奴颇杀人民,驱妇女弱小且千人去,置左地,告乌桓曰:"持马畜皮布来赎之。"乌桓见略者亲属二千余人持财畜往赎,匈奴受,留不遣。③

由"持马畜皮布来赎之",可知匈奴"责乌桓税",征收的是实物税。有学者解释"皮布税",以为即"皮革、毡布类贡物"。④"皮布"是重要物资,汉地也有同类征收方式,在走马楼竹简中有所反映。⑤

对于匈奴这种"赋税诸国"的行为是否应当取严厉贬斥的态度,也许还可以斟酌。因为我们看到,汉帝国对于边远地方的征服,有时也是以取得当地物产为直接目的的。正如《汉书》卷九六下《西域传下》所揭示的:"遭值文、景玄默,养民五世,天下殷富,财力有余,士马强盛。故能睹犀布、玳瑁则建珠崖七郡,感枸酱、竹杖则开牂柯、越嶲,闻天马、蒲陶则通大宛、安息。自是之后,明珠、文甲、通犀、翠羽之珍盈于

---

① 《后汉书》卷八八《西域传》:"尚书陈忠上疏曰:'……今北虏已破车师,势必南攻鄯善,弃而不救,则诸国从矣。若然,则虏财贿益增,胆执益殖,威临南羌,与之交连。如此,河西四郡危矣。河西既危,不得不救,则百倍之役兴,不訾之费发矣。……'"(第2912页)
② 姚大中:《古代北西中国》,第76页。
③ 《汉书》,第3820页。
④ [日]内田吟风:《〈汉书·匈奴传〉笺注》,《北方民族史与蒙古史论文集》,余大钧译,云南人民出版社2003年版,第36页。
⑤ 参看王子今《走马楼简的"入皮"记录》,《吴简研究》第1辑,崇文书局2004年版,第288—308页。

后宫，蒲梢、龙文、鱼目、汗血之马充于黄门，巨象、师子、猛犬、大雀之群食于外囿。殊方异物，四面而至。"①

(三) "取富给"经济意义的地域限定

所谓"匈奴西边日逐王置僮仆都尉，使领西域"，"赋税诸国，取富给焉"，大致可以说明匈奴以此取得经济利益，有地域的限定。可能主要是"匈奴西边日逐王"控制的地区。

所谓"取富给焉"，颜师古注："给，足也。"则"日逐王"部的生存方式，竟然是依靠剥夺西域诸国得以维持。

据《史记》卷一一〇《匈奴列传》，匈奴虽然"逐水草迁徙，毋城郭常处耕田之业，然亦各有分地"。《史记》中三次出现"各有分地"语，两次见于《匈奴列传》。除所谓"逐水草迁徙，毋城郭常处耕田之业，然亦各有分地"外，又说：

> 置左右贤王，左右谷蠡王，左右大将，左右大都尉，左右大当户，左右骨都侯。匈奴谓贤曰"屠耆"，故常以太子为左屠耆王。自如左右贤王以下至当户，大者万骑，小者数千，凡二十四长，立号曰"万骑"。诸大臣皆世官。呼衍氏，兰氏，其后有须卜氏，此三姓其贵种也。诸左方王将居东方，直上谷以往者，东接秽貉、朝鲜；右方王将居西方，直上郡以西，接月氏、氐、羌；而单于之庭直代、云中：各有分地，逐水草移徙。而左右贤王、左右谷蠡王最为大，左右骨都侯辅政。诸二十四长亦各自置千长、百长、什长、裨小王、相、封都尉、当户、且渠之属。②

这是关于匈奴行政管理制度的记述，所谓"各有分地，逐水草移徙"，特别值得我们注意。③

林幹《匈奴通史》写道："左右贤王是地方最高长官。匈奴人尚左，

---

① 《汉书》，第3928页。
② 《史记》，第2879、2890—2891页。
③ 《史记》中另一例"各有分地"，即《史记》卷一〇六《吴王濞列传》："吴楚相遗书，曰'高帝王子弟各有分地，今贼臣晁错擅適过诸侯，削夺之地'。"（第2830页）

单于以下，即以左贤王为最尊贵，因而权力和地位也较右贤王为高。左贤王是单于的'储副'（即单于的候补人选），故常以太子为左贤王。左右贤王以下则是左右谷蠡王。左右谷蠡王亦各建庭于其驻牧之地。""由于'战争以及进行战争的组织现在已成为民族生活的正常职能'，所以匈奴贵族的奴隶主政权，在实质上是一个游牧的军事政权。这个政权本来在很大成份上是在掠夺和压迫邻族人民的过程中建立起来的，而建立的目的之一，也是为了进一步扩大对邻族人民的掠夺和压迫。"① 所谓"左右谷蠡王亦各建庭于其驻牧之地"，是匈奴政治生活及经济生活的常态。"各建庭于其驻牧之地"与"各有分地"，可以对照理解。

这样说来，《汉书》卷九六上《西域传上》所谓"匈奴西边日逐王置僮仆都尉，使领西域"，"赋税诸国，取富给焉"，其"取富给焉"获得的主要收益，有可能只限于"匈奴西边日逐王"支配。有学者以为，"当时的西域，完全成为匈奴奴隶制国家经济的重要命脉"② 这样的判断，也许不尽符合历史真实。"匈奴西边日逐王"的权势和地位，应与匈奴其他部有所不同。这是一个依赖"役使"和"赋税""有城郭田畜"，即以农耕经济为主要经营形式的"土著"民众为生的游牧族强权势力。有学者于是说，"日逐王是匈奴人民默认的具有单于地位的一个人物而且也是他们经营西域的领导人"。③

对于匈奴"诸王驻牧地（管辖区）的分布"，林幹有所列论：

（1）浑邪王与休屠王的驻牧地在今甘肃河西走廊一带。

（2）犁汙王及温偶駼王的驻牧地在今甘肃河西走廊以北一带。

（3）姑夕王的驻牧地在匈奴东边，约在今内蒙古哲里木盟、昭乌达盟和锡林郭勒盟一带。

（4）左犁汙王咸的驻牧地在今内蒙古托克托县北部一带。

（5）日逐王的驻牧地在匈奴西边，与今新疆连界。

（6）东蒲类王的驻牧地在今新疆准噶尔盆地西南部。

（7）南犁汙王的驻牧地在今新疆吉木萨尔县北及准噶尔盆地以东

---

① 林幹：《匈奴通史》，第26—27页。
② 安作璋：《两汉与西域关系史》，第9页。
③ ［日］长泽和俊：《汉之西域经营与东西交通》，《丝绸之路史研究》，钟美珠译，天津古籍出版社1990年版，第49—50页。

一带。

（8）於轩王的驻牧地在今贝加尔湖一带。

（9）右莫鞬日逐王比的驻牧地在今内蒙古旧长城以北，西自河套、东至河北省北部南洋河以西一带。

（10）左伊袟訾王的驻牧地在今内蒙古锡林郭勒盟一带。

（11）皋林温禺犊王的驻牧地在今蒙古人民共和国境内满达勒戈壁附近一带。

（12）句林王的驻牧地在今内蒙古居延海北约六百公里处。

（13）呼衍王的驻牧地在今新疆吐鲁番及巴里坤湖一带。

（14）伊蠡王的驻牧地在今新疆吐鲁番以西腾格里山一带。①

按照这样的意见，匈奴东蒲类王、南犁汙王、呼衍王、伊蠡王的驻牧地都在今新疆地区。很有可能这些匈奴部族也可以依恃军事强权以"赋税"或者类似"赋税"的方式在西域诸国取得经济利益。②

---

① 林幹：《匈奴通史》，第35—45页。林幹说，"根据史书记载，匈奴诸王的'分地'——驻牧地（即管辖区）之有线索可寻者，约有下列十六个"，但是下文所列，只有14个。

② 参看王子今《论匈奴僮仆都尉"领西域""赋税诸国"》，《石家庄学院学报》2012年第4期。

第 三 章

匈奴"兼从西国"

一 西域人口掠夺

陈序经对于匈奴早期西域政策，有这样的分析："匈奴曾置僮仆都尉去统治西域诸国，收赋税与利用西域诸国的人力物力与汉对抗……"[1] 也许当时匈奴"僮仆都尉"设置，未必起初就有"与汉对抗"的战略考虑。但是从匈奴经营西域的历史看，所谓"利用西域诸国的人力"的情形，确实有明确的历史表现。

（一）蒲类史例

安作璋讨论"匈奴对西域的统治"时，提示我们注意，"关于匈奴对西域人口的掠夺，虽然史书缺乏记载，但是我们从《后汉书·西域传》中还可以寻得一点踪迹"。据《后汉书》卷八八《西域传》的记载：

> 蒲类，本大国也，前西域属匈奴，而其王得罪单于，单于怒徙蒲类人六千余口，内之匈奴右部阿恶地，因号曰阿恶国。南去车师后部马行九十余日，人口贫羸，逃亡山谷间，故留为国云。[2]

安作璋指出，"从这项记载中，我们可以看出匈奴对西域进行人口掠夺的规模是很大的，一次就劫掠了蒲类人六千余口；而且从他们纷纷逃亡这一

---

[1] 陈序经：《匈奴史稿》，第253页。
[2] 《后汉书》，第2928页。

事实来看，我们也不难想象匈奴奴隶主是如何虐待蒲类人民的"。① 有学者据《后汉书》卷八八《西域传》的这条史料认为，"匈奴掠夺姑师（车师）人之事在车师前国（前部）时期可能是常态"。②

应当注意到，西域地方诸国间以强凌弱的人口劫掠其实并不罕见。如《后汉书》卷八八《西域传》记载莎车王贤攻鄯善事："（建武）二十二年，贤知都护不至，遂遗鄯善王安书，令绝通汉道。安不纳而杀其使。贤大怒，发兵攻鄯善。安迎战，兵败，亡入山中。贤杀略千余人而去。"③所谓"杀略千余人"，有人口掠夺情节。《汉书》卷九六下《西域传下》："（车师）王闻汉兵且至，北走匈奴求救，匈奴未为发兵。王来还，与贵人苏犹议欲降汉，恐不见信。苏犹教王击匈奴边国小蒲类，斩首，略其人民，以降吉。"④是车师为了取得汉人的信任，对匈奴附属国用兵，有"略其人民"事。而匈奴劫掠西域国家人口，史书还是有明确的记载的。如《汉书》卷九六下《西域传下》载乌孙公主上书："匈奴复连发大兵侵击乌孙，取车延、恶师地，收人民去。"⑤所谓"收人民去"，当然就是人口掠夺。

汉武帝诏："乃者贰师败，军士死略离散，悲痛常在朕心。"其中所谓"死略离散"，颜师古注："言死及被虏略，并自离散也。"⑥ 可知汉军散兵，也难免"被虏略"的遭遇。数量集中的例证，有王莽时代的沉痛教训："（陈）良等尽胁略戊己校尉吏士男女二千余人入匈奴。"⑦

《后汉书》卷八八《西域传》言"单于怒徙蒲类人六千余口，内之匈奴右部阿恶地，因号曰阿恶国"，应看作部族强徙。对于所谓"人口贫羸"，刘攽说，"案：此文不足，当云'其人口贫羸者，逃亡山谷间，故留为国'云。少一'其'字，一'者'字"。⑧ 既说"其人口贫羸者，逃亡山谷间"，也体现部族整体迁徙情形。然而上文说："蒲类国居天山西

---

① 安作璋：《两汉与西域关系史》，第8页。
② 张安福：《汉唐屯垦与吐鲁番绿洲社会变迁研究》，中国农业出版社2013年版，第23页。
③ 《后汉书》，第2924页。
④ 《汉书》，第3922—3923页。
⑤ 同上书，第3905页。
⑥ 同上书，第3913、3915页。
⑦ 同上书，第3926页。
⑧ 王先谦：《后汉书集解》卷八八《西域传》，中华书局1984年版，第1031页上。

疏榆谷，东南去长史所居千二百九十里，去洛阳万四百九十里。户八百余，口二千余，胜兵七百余人。"其国只有"口二千余"，何以能"徙蒲类人六千余口"？或可提出假设，即迁徙人口"六千余口"，"其人口贫羸者，逃亡山谷间，故留为国"者"口二千余"，然而又有"胜兵七百余人"，似非"羸者"。而且《汉书》卷九六下《西域传下》记载："蒲类国，王治天山西疏榆谷，去长安八千三百六十里。户三百二十五，口二千三十二，胜兵七百九十九人。""蒲类后国，王去长安八千六百三十里。户百，口千七十，胜兵三百三十四人。"① 以"蒲类国"加上"蒲类后国"，西汉时人口不过三千一百人，东汉时增至八千余口的可能性是很小的。由此可以说，"单于怒徙蒲类人六千余口"的数字，是存在疑点的。

（二）关于"大胡"、"赀虏"

如"单于怒徙蒲类人六千余口，内之匈奴右部阿恶地，因号曰阿恶国"这样部族总体迁徙的情形，被强制迁徙的"蒲类人"与简单意义上的"奴隶"可能是有所不同的。如《汉书》卷九六下《西域传下》所谓"汉召故车师太子军宿在焉耆者，立以为王，尽徙车师国民令居渠犁"② 情形，与此或可比类。

然而确实有一个部族、部族联盟或者国家将另一部族、部族联盟或者国家的民众视作种族奴隶的情形。如《汉书》卷九六上《西域传上》："大夏本无大君长，城邑往往置小长，民弱畏战，故月氏徙来，皆臣畜之。"③ 又如《后汉书》卷九〇《鲜卑传》："种众日多，田畜射猎不足给食，檀石槐乃自徇行，见乌侯秦水广从数百里，水停不流，其中有鱼，不能得之。闻倭人善网捕，于是东击倭人国，得千余家，徙置秦水上，令捕鱼以助粮食。"④

匈奴对于西域诸国，应确实有劫掠人口以为奴役对象的情形。安作璋在言及"单于怒徙蒲类人六千余口"故事后写道："匈奴这样大规模地掠夺人口，在当时西域必然要有很多人民沦为匈奴的奴隶。"于是举《三国

---

① 《汉书》，第3919页。

② 同上书，第3924页。

③ 同上书，第3891页。《汉书》卷九六下《西域传下》："乌孙昆莫击破大月氏，大月氏徙西臣大夏。"（第3901页）

④ 《后汉书》，第2994页。

志》卷三〇《魏书·乌丸鲜卑东夷传》裴松之注引《魏略·西戎传》：

> 赀虏，本匈奴也，匈奴名奴婢为赀。始建武时，匈奴衰，分去其奴婢，亡匿在金城、武威、酒泉北黑水、西河东西，畜牧逐水草，钞盗凉州，部落稍多，有数万，不与东部鲜卑同也。其种非一，有大胡，有丁令，或颇有羌杂处，由本亡奴婢故也。

安作璋说，"这里所谓大胡，即是西域胡。当时匈奴奴隶逃亡甘肃走廊的就有数万。其中西域胡一定不在少数。这虽然是东汉初年的事情，然而却可以藉此推测匈奴强盛时，当有过之而无不及"。他的总结性判断，即："匈奴为了发展畜牧经济，对被征服的西域采取了掠夺人口的办法，以补充劳动力来源，这点已毫无疑问。"①

安作璋以为《魏略·西戎传》所谓"大胡"就是"西域胡"。《晋书》卷一〇三《刘曜载记》亦言"大胡"，似非指"西域胡"。② 也许"大胡"称谓的意义，还可以讨论。《焦氏易林》卷一《屯·无妄》："鸣条之灾，北奔大胡。左衽为长，国号匈奴，主君旄头，立尊单于。"这里所谓"大胡"，显然是指匈奴。

二 西域兵员调用

所谓"利用西域诸国的人力物力与汉对抗"，其"人力"的"利用"，最严重的情形，是调用西域诸国的军人参与同汉军的作战。

（一）孝武"患其兼从西国"的警觉

《汉书》卷九六下《西域传下》："赞曰：孝武之世，图制匈奴，患其兼从西国，结党南羌，乃表河西，列四郡，开玉门，通西域，以断匈奴右臂，隔绝南羌、月氏。单于失援，由是远遁，而幕南无王庭。"③ 指出汉

---

① 安作璋：《两汉与西域关系史》，第8页。
② 《晋书》卷一〇三《刘曜载记》："……俄而洛水候者与勒前锋交战，擒羯，送之。曜问曰：'大胡自来邪？其众大小复如何？'羯曰：'大胡自来，军盛不可当也。'曜色变。"（第2700页）"大胡"应是指石勒。
③ 《汉书》，第3928页。

第三章 匈奴"兼从西国"

王朝"通西域,以断匈奴右臂,隔绝南羌、月氏"的努力,所针对的是匈奴"兼从西国,结党南羌"战略。

有意思的是,《资治通鉴》卷四三"汉光武帝建武二十二年"引录"班固论曰"这段话,是在刘秀面对西域复杂政治形势,决意取收缩政策的记录之下。前段文字为:

> 西域诸国侍子久留敦煌,皆愁思亡归。莎车王贤知都护不至,击破鄯善,攻杀龟兹王。鄯善王安上书,愿复遣子入侍,更请都护,都护不出,诚迫于匈奴。帝报曰:"今使者大兵未能得出,如诸国力不从心,东西南北自在也。"① 于是鄯善、车师复附匈奴。②

"班固论曰"还有一些否定汉武帝政策的言辞,司马光借用以推崇刘秀西域决策的合理性。比如:"西域诸国,各有君长,兵众分弱,无所统一,虽属匈奴,不相亲附;匈奴能得其马畜、旃罽,而不能统率与之进退。与汉隔绝,道里又远,得之不为益,弃之不为损,盛德在我,无取于彼。故自建武以来,西域思汉威德,咸乐内属,数遣使置质于汉,愿请都护。圣上远览古今,因时之宜,辞而未许;虽大禹之序西戎,周公之让白雉,太宗之却走马,义兼之矣!"③

其实,刘秀的西域政策固然表现以"柔道"执政风格④,其实亦有"今使者大兵未能得出",本身也有"力不从心"的无奈。而所谓"西域诸国,各有君长,兵众分弱,无所统一,虽属匈奴,不相亲附;匈奴能得其马畜、旃罽,而不能统率与之进退"的判断,也似乎并不完全符合西

---

① 胡三省注:"任其所从。"
② 《资治通鉴》,第1402—1403页。
③ 同上书,第1403—1404页。《汉书》卷九六下《西域传下》赞曰:"……西域诸国,各有君长,兵众分弱,无所统一,虽属匈奴,不相亲附。匈奴能得其马畜旃罽,而不能统率与之进退。与汉隔绝,道里又远,得之不为益,弃之不为损。盛德在我,无取于彼。故自建武以来,西域思汉威德,咸乐内属。唯其小邑鄯善、车师,界迫匈奴,尚为所拘。而其大国莎车、于阗之属,数遣使置质于汉,愿请属都护。圣上远览古今,因时之宜,羁縻不绝,辞而未许。虽大禹之序西戎,周公之让白雉,太宗之却走马,义兼之矣,亦何以尚兹!"(第3930页)
④ 《后汉书》卷一下《光武帝纪下》:"幸章陵。修园庙,祠旧宅,观田庐,置酒作乐,赏赐。时宗室诸母因酣悦,相与语曰:'文叔少时谨信,与人不款曲,唯直柔耳。今乃能如此!'帝闻之,大笑曰:'吾理天下,亦欲以柔道行之。'"(第68—69页)

域政治军事形势的实际情形。至少在汉王朝势力进入西域之前，匈奴对西域的控制还是比较有效的。

汉武帝"图制匈奴，患其兼从西国，结党南羌，乃表河西，列四郡，开玉门，通西域，以断匈奴右臂，隔绝南羌、月氏"的战略考虑，是正确的。有学者进行过这样的分析："如果汉朝不能将匈奴势力逐出西域，就无法避免匈奴从其右部卷土重来，边境战争的胜利也就不可能巩固。在这种形势下，争取西域遂成为汉匈战争的新焦点。"① 汉武帝出于对匈奴"兼从西国"的警觉，以及相应采取的"通西域，断匈奴右臂"的进取态势，终于使得战争形势、民族关系和文化格局发生了有积极意义的历史性变化。

（二）匈奴"与之进退"

班固所谓"匈奴能得其马畜、旃罽，而不能统率，与之进退"，以为匈奴只能得到西域诸国的物资，不能调用西域诸国的人力。这样的判断，其实可能并不符合汉武帝时代之前的情形。而此后匈奴贵族征发西域军人发起战事，历史记载也并不罕见。

《史记》卷一一〇《匈奴列传》记载，汉武帝向西北进取，扩张汉文化的影响，对月氏、大夏和乌孙取谋求结盟的友好态度，"西置酒泉郡以鬲绝胡与羌通之路。汉又西通月氏、大夏，又以公主妻乌孙王，以分匈奴西方之援国"。② 林干系此事于"公元前一〇五年，汉武帝元封六年，匈奴乌维单于十年，乌师庐单于元年"。然而"大夏"误写作"大宛"。③

这里所谓"匈奴西方之援国"，不排除包括西域诸国的可能。

历史文献中可以明确看到匈奴调用西域诸国兵员以组织战争行为的史例。

比较典型的例证，见于《汉书》卷七〇《陈汤传》的记载。班固笔下写作"借兵"：

> 郅支单于……遂西奔康居。……康居甚尊敬郅支，欲倚其威以胁

---

① 宋超：《汉匈战争三百年》，华夏出版社1996年版，第110页。
② 《史记》，第2913页。
③ 林干：《匈奴历史年表》，第32页。

诸国。郅支数借兵击乌孙，深入至赤谷城，杀略民人，驱畜产，乌孙不敢追，西边空虚，不居者且千里。①

所谓"郅支数借兵击乌孙"，林幹《匈奴历史年表》作"郅支数借康居兵击乌孙"。② 实际上是匈奴贵族指挥康居士兵作战。在陈汤等攻击郅支单于时，郅支得到康居骑兵的直接策应：

> 时康居兵万余骑分为十余处，四面环城，亦与相应和。夜，数奔营，不利，辄却。平明，四面火起，吏士喜，大呼乘之，钲鼓声动地。康居兵引却。汉兵四面推卤楯，并入土城中。③

"康居兵引却"，汉兵方得破城。《陈汤传》又记载：

> 郅支单于自以大国，威名尊重，又乘胜骄，不为康居王礼，怒杀康居王女及贵人、人民数百，或支解投都赖水中。发民作城，日作五百人，二岁乃已。④

所谓"发民作城"，林幹《匈奴历史年表》作"发康居民筑城"。⑤ 这是调用民役的实例，即在军事行动中"利用西域诸国的人力"的确证。

汉安帝时，朝廷讨论对西域的政策，据《后汉书》卷四七《班勇传》记载，班勇坚决反对放弃西域，持强硬的积极进取的态度。他说："今设以西域归匈奴"，则以西域"兵马之众，以扰动缘边"，是为"增暴夷之埶也"。⑥ 也是注意到以往西域"兵马"增匈奴之势的历史教训而发表的意见。匈奴调用指挥西域诸国军队的史例，又有《后汉书》卷八八《西域传》所记载：

---

① 《汉书》，第 3009 页。
② 林幹：《匈奴历史年表》，第 56 页。
③ 《汉书》卷七〇《陈汤传》，第 3014 页。
④ 同上书，第 3009 页。
⑤ 林幹：《匈奴历史年表》，第 56 页。
⑥ 《后汉书》，第 1589 页。

匈奴与龟兹诸国共攻莎车，不能下。

匈奴闻广德灭莎车，遣五将发焉耆、尉黎、龟兹十五国兵三万余人围于寘，广德乞降。①

后一例组织围攻于寘国，竟然发"十五国兵"，众"三万余人"。

三　西域诸国：服属匈奴，役属匈奴

西域诸国"属匈奴"的说法，见于《汉书》卷九六下《西域传下》"赞曰"："西域诸国，各有君长，兵众分弱，无所统一，虽属匈奴，不相亲附。匈奴能得其马畜旃罽，而不能统率与之进退。"② 此即前引《资治通鉴》卷四三"汉光武帝建武二十二年"所见"班固论曰"。又《汉书》卷七〇《陈汤传》所谓"西域本属匈奴"。③

与"属匈奴"义近者，又有所谓"服属匈奴"与"役属匈奴"。《史记》卷一二三《大宛列传》："乌孙国分，王老，而远汉，未知其大小，素服属匈奴日久矣，且又近之，其大臣皆畏胡，不欲移徙，王不能专制。"④《汉书》卷九六上《西域传上》："西域诸国大率土著，有城郭田畜，与匈奴、乌孙异俗，故皆役属匈奴。"⑤《后汉书》卷八八《西域传》："王莽篡位，贬易侯王，由是西域怨叛，与中国遂绝，并复役属匈奴。"关于车师国，又有"附属匈奴"的说法："建武二十一年，与鄯善、焉耆遣子入侍，光武遣还之，乃附属匈奴。"⑥

（一）羁事匈奴

西域诸国"属匈奴"的具体情形，有史称"羁事"者。《史记》卷一二三《大宛列传》记录康居国情：

---

① 《后汉书》，第2925、2926页。
② 《汉书》，第3930页。
③ 同上书，第3010页。
④ 《史记》，第3169页。
⑤ 《汉书》，第3872页。
⑥ 《后汉书》，第2909、2929页。

> 康居在大宛西北可二千里，行国，与月氏大同俗。控弦者八九万人。与大宛邻国。国小，南羁事月氏，东羁事匈奴。

随后又说到"奄蔡"："奄蔡在康居西北可二千里，行国，与康居大同俗。控弦者十余万。临大泽，无崖，盖乃北海云。"张守节《正义》："《汉书解诂》云：'奄蔡即阖苏也。'《魏略》云：'西与大秦通，东南与康居接。其国多貂，畜牧水草，故时羁属康居也。'"① 《汉书》卷九六上《西域传上》"康居国"条与《史记》文字有异，无"南羁事月氏"的说法，写道："与大月氏同俗。东羁事匈奴。"颜师古注："为匈奴所羁牵也。"②

如《史记》卷一二三《大宛列传》所说，康居"国小"，不得不"南羁事月氏，东羁事匈奴"。而其西北的奄蔡则"故时羁属康居也"。可知西域复杂的国际关系。而所谓"羁事"与"羁属"，语义是比较接近的。

在康居之前，《大宛列传》记述乌孙形势："乌孙在大宛东北可二千里，行国，随畜，与匈奴同俗。控弦者数万，敢战。故服匈奴，及盛，取其羁属，不肯往朝会焉。"③ 说到乌孙曾经"服匈奴"，强盛之后，"取其羁属，不肯往朝会焉"。其中所谓"取其羁属"，似乎可以理解为匈奴"羁属"又归附乌孙。而张骞向汉武帝介绍乌孙情形，是这样表述的：

> 是后天子数问骞大夏之属。骞既失侯，因言曰："臣居匈奴中，闻乌孙王号昆莫，昆莫之父，匈奴西边小国也。匈奴攻杀其父，而昆莫生弃于野。乌嗛肉蜚其上，狼往乳之。单于怪以为神，而收长之。及壮，使将兵，数有功，单于复以其父之民予昆莫，令长守于西域。昆莫收养其民，攻旁小邑，控弦数万，习攻战。单于死，昆莫乃率其众远徙，中立，不肯朝会匈奴。匈奴遣奇兵击，不胜，以为神而远之，因羁属之，不大攻。……"④

---

① 《史记》，第3161页。
② 《汉书》，第3892页。
③ 《史记》，第3161页。
④ 《史记》卷一二三《大宛列传》，第3168页。

可知"取其羁属,不肯往朝会焉",即维持"羁属"关系。这种关系与此前"服匈奴"不同,"不肯往朝会焉","不肯朝会匈奴",即张骞所谓"中立"。但是也不取敌对态度,因而匈奴"不大攻"。

张骞出使乌孙,以求"招以益东,居故浑邪之地,与汉结昆弟,其势宜听,听则是断匈奴右臂也"。不过,张骞的设想并没有实现:

> 骞既至乌孙,乌孙王昆莫见汉使如单于礼,骞大惭,知蛮夷贪,乃曰:"天子致赐,王不拜则还赐。"昆莫起拜赐,其他如故。骞谕使指曰:"乌孙能东居浑邪地,则汉遣翁主为昆莫夫人。"乌孙国分,王老,而远汉,未知其大小,素服属匈奴日久矣,且又近之,其大臣皆畏胡,不欲移徙,王不能专制。骞不得其要领。昆莫有十余子,其中子曰大禄,强,善将众,将众别居万余骑。大禄兄为太子,太子有子曰岑娶,而太子蚤死。临死谓其父昆莫曰:"必以岑娶为太子,无令他人代之。"昆莫哀而许之,卒以岑娶为太子。大禄怒其不得代太子也,乃收其诸昆弟,将其众畔,谋攻岑娶及昆莫。昆莫老,常恐大禄杀岑娶,予岑娶万余骑别居,而昆莫有万余骑自备,国众分为三,而其大总取羁属昆莫,昆莫亦以此不敢专约于骞。①

张骞起初还在建议汉武帝争取乌孙合约抗击匈奴时说道,"既连乌孙,自其西大夏之属皆可招来而为外臣"。于是,"天子以为然",遂有使团组成,"拜骞为中郎将,将三百人,马各二匹,牛羊以万数,赍金币帛直数千巨万,多持节副使,道可使,使遗之他旁国"。② 对所谓"自其西大夏之属",也是有结盟希求的,所以有"多持节副使,道可使,使遗之他旁国"的预先安排。

乌孙曾经"服属匈奴",国力稍强后有所疏离,然而依旧有"羁属"关系。而自身国内政治格局,也有"国众分为三,而其大总取羁属昆莫"的情形。据《史记》卷一二三《大宛列传》,张骞之后,汉与西域诸国频

---

① 《史记》,第3168—3169页。
② 同上书,第3168页。

繁遣使，联系密切。"西北外国使，更来更去。宛以西，皆自以远，尚骄恣晏然，未可诎以礼羁縻而使也。① 自乌孙以西至安息，以近匈奴，匈奴困月氏也，匈奴使持单于一信，则国国传送食，不敢留苦；及至汉使，非出币帛不得食，不市畜不得骑用。所以然者，远汉，而汉多财物，故必市乃得所欲，然以畏匈奴于汉使焉。"② 这里所谓"羁縻"，或许有益于帮助我们对西域国家"羁事匈奴"的理解。西域诸国对"汉使"和"匈奴使"的不同态度，体现前者"未可诎以礼羁縻而使也"，而后者依然有"羁事匈奴"的历史惯性。

《汉书》卷二三《刑法志》："今汉承衰周暴秦极敝之流，俗已薄于三代，而行尧舜之刑，是犹以鞿而御駻突，违救时之宜矣。"关于"鞿"，颜师古注："孟康曰：'以绳缚马口之谓鞿。'晋灼曰：'鞿，古羁字也。'如淳曰：'駻音捍。突，恶马也。'师古曰：'马络头曰羁也。'"③ 可知"羁"字的涵义，是约束控制。但是对于御悍恶势力，又是不能奏效的。《汉书》卷六八《霍光金日磾传》赞曰有"金日磾夷狄亡国，羁虏汉庭"④ 语，可知汉世语言习惯，"羁"常用以言民族关系。

《汉书》卷五七下《司马相如下》记载有人劝阻通西南夷事："耆老大夫搢绅先生之徒二十有七人，俨然造焉。辞毕，进曰：'盖闻天子之于夷狄也，其义羁縻勿绝而已。今罢三郡之士，通夜郎之涂，三年于兹，而功不竟，士卒劳倦，万民不赡；今又接之以西夷，百姓力屈，恐不能卒业，此亦使者之累也，窃为左右患之。'"其中"羁縻"，颜师古注的解释是："羁，马络头也。縻，牛绁也。言牵制之，故取谕也。"⑤ 大致在汉代民族意识中，"羁縻勿绝"被理解为"天子之于夷狄"的正确政策。《汉书》卷七〇《陈汤传》则有直接涉及匈奴和西域关系的一例：

---

① 《汉书》卷六一《张骞传》："大宛以西皆自恃远，尚骄恣，未可诎以礼羁縻而使也。"（第2697页）
② 《史记》，第3173页。
③ 《汉书》，第1112—1113页。
④ 同上书，第2967页。
⑤ 同上书，第2853页。

先是，宣帝时匈奴乖乱，五单于争立，呼韩邪单于与郅支单于俱遣子入侍，汉两受之。后呼韩邪单于身入称臣朝见，郅支以为呼韩邪破弱降汉，不能自还，即西收右地。会汉发兵送呼韩邪单于，郅支由是遂西破呼偈、坚昆、丁令，兼三国而都之。怨汉拥护呼韩邪而不助己，困辱汉使者江乃始等。初元四年，遣使奉献，因求侍子，愿为内附。汉议遣卫司马谷吉送之。御史大夫贡禹、博士匡衡以为春秋之义"许夷狄者不壹而足"，今郅支单于乡化未醇，所在绝远，宜令使者送其子至塞而还。吉上书言："中国与夷狄有羁縻不绝之义，今既养全其子十年，德泽甚厚，空绝而不送，近从塞还，示弃捐不畜，使无乡从之心。弃前恩，立后怨，不便。议者见前江乃始无应敌之数，知勇俱困，以致耻辱，即豫为臣忧。臣幸得建强汉之节，承明圣之诏，宣谕厚恩，不宜敢桀。若怀禽兽，加无道于臣，则单于长婴大罪，必遁逃远舍，不敢近边。没一使以安百姓，国之计，臣之愿也。愿送至庭。"上以示朝者，禹复争，以为吉往必为国取悔生事，不可许。右将军冯奉世以为可遣，上许焉。既至，郅支单于怒，竟杀吉等。①

谷吉之死，是惨痛的个人悲剧，却又以"没一使以安百姓，国之计，臣之愿也"的豪言壮语体现了一种英雄主义精神。而所谓"中国与夷狄有羁縻不绝之义"，则反映了处理民族关系的一种比较开明、比较进步的理念。②

《汉书》卷七八《萧望之传》记载萧望之语："外夷稽首称藩，中国让而不臣，此则羁縻之谊，'谦亨'之福也。"颜师古注："《易》谦卦之辞曰'谦，亨，天道下济而光明，地道卑而上行'，言谦之为德，无所不

---

① 《汉书》，第3008—3009页。
② 《汉书》卷七〇《陈汤传》：陈汤徙敦煌，"议郎耿育上书言便宜，因冤讼汤曰：'延寿、汤为圣汉扬钩深致远之威，雪国家累年之耻，讨绝域不羁之君，系万里难制之虏，岂有比哉！'"（第3027页）耿育言辞中"绝域不羁之君"与"万里难制之虏"的对应关系，值得深思。"羁"就是"制"。对于"不羁"、"难制"的异族政权，则必须"讨"、"系"。这种强硬态度，又体现了一种霸权意识。

通也。"① 体现出从儒学"天道下济"、"地道""上行"实现"无所不通"的"德"治的层面上对"羁縻"政策的比较深刻的理解。②

有学者讨论汉代藩属体制的构建和发展过程，勾画出历史演进的基本脉络。论者指出，汉代藩属体制是随着郡县制在中原地区的推广，天下真正成为由"夏"、"夷"构成的二元结构之后，为保护中原郡县区域的安全而逐步完善的。汉代的藩属体制最初是由藩臣、外臣等关系构成，武帝至宣帝时期最终形成了四种不同类型的藩属管理体制，即：

1. 郡县统治下的边疆民族；
2. 属国；
3. 特使机构管理下的边疆民族；
4. 称臣但没有实施直接管理的匈奴等。

论者认为，"属国""具有'自治'色彩"，"从统治方式上看则是介于'藩臣'（包括'外臣'）与郡县两种不同统治方式之间的一种特殊统治形式，因而我们既可以将它视为西汉王朝藩属体制的一个组成部分，也可以把它看作是藩属体制的补充"。然而论者又提示说："其'自治'的程度已经远远不及'藩臣'、'外臣'，是不应估计过高的。"③ 对于"护乌桓校尉"、"护羌校尉"、"西域都护"等，论者称之为"特设管理机构"。④ 对于两汉时期"藩属关系的维系"，论者从"以朝贡册封体制为主的礼仪制度"、"管理机构的完善"、"藩属之间关系的协调"以及"边疆内地化政策的推广"四个方面进行了综合分析。

这样的论证对于汉代边疆与民族问题的说明，是有积极意义的。⑤ 我

---

① 《汉书》，第3282—3283页。
② 《汉书》卷九四《匈奴传下》赞曰："夷狄之人贪而好利，被发左衽，人面兽心。其与中国殊章服，异习俗，饮食不同，言语不通，辟居北垂寒露之野，逐草随畜，射猎为生，隔以山谷，雍以沙幕，天地所以绝外内也。是故圣王禽兽畜之，不与约誓，不就攻伐；约之则费赂而见欺，攻之则劳师而招寇。其地不可耕而食也，其民不可臣而畜也，是以外而不内，疏而不戚，政教不及其人，正朔不加其国；来则惩而御之，去则备而守之。其慕义而贡献，则接之以礼让，羁縻不绝，使曲在彼，盖圣王制御蛮夷之常道也。"（第3834页）也说"羁縻"是"圣王制御蛮夷"的政策之一。所谓"其地不可耕而食也，其民不可臣而畜也"体现的国土意识和民族意识都十分陈旧。而"夷狄之人贪而好利"、"人面兽心"之说体现的民族歧视心理，显然更不足取。
③ 李大龙：《汉唐藩属体制研究》，中国社会科学出版社2006年版，第88页。
④ 其实，其中"西域都护"，就机构而言，应说"西域都护府"比较适宜。
⑤ 参看王子今《评李大龙著〈汉唐藩属体制研究〉》，《中国史研究动态》2008年第1期。

们也有理由推想，汉王朝有关成功政策的设计，是有可能吸取了匈奴管理西域的经验的。

《汉书》卷九四上《匈奴传上》记载，汉宣帝本始三年（前71）①，"其冬，单于自将万骑击乌孙，颇得老弱，欲还。会天大雨雪，一日深丈余，人民畜产冻死，还者不能什一。于是丁令乘弱攻其北，乌桓入其东，乌孙击其西。凡三国所杀数万级，马数万匹，牛羊甚众。又重以饿死，人民死者什三，畜产什五，匈奴大虚弱，诸国羁属者皆瓦解，攻盗不能理。其后汉出三千余骑，为三道，并入匈奴，捕虏得数千人还。匈奴终不敢取当，兹欲乡和亲，而边境少事矣"。② 因为严重的雪灾，又遭遇丁令、乌桓、乌孙的联合进攻，匈奴走向衰败。其重要征象，是"诸国羁属者皆瓦解，攻盗不能理"。而后汉军出击，取得胜利，迫使匈奴愿意谋求和亲，汉匈边境趋向和平。

可见"诸国羁属者"的向背，是匈奴草原帝国盛衰的重要条件。

我们讨论西域国家"羁事匈奴"的情形，应当注意到这是一种比较模糊的历史描述。"羁事"之具体的形式和表现的程度可能各有不同。对于所谓"羁事匈奴"，我们不宜理解作彼此关系非常松散，也不宜认定必然构成非常紧密牢固的亲盟附庸关系。

（二）降匈奴

西域部族也有完全归附匈奴的情形。史籍记录或称"降匈奴"。如《汉书》卷九四上《匈奴传上》记载：

> 乌禅幕者，本乌孙、康居间小国，数见侵暴，率其众数千人降匈奴，狐鹿姑单于以其弟子日逐王姊妻之，使长其众，居右地。③

又《汉书》卷九四下《匈奴传下》说：

> 会西域车师后王句姑、去胡来王唐兜皆怨恨都护校尉，将妻子人

---

① 此从林幹《匈奴历史年表》，第46页。
② 《汉书》，第3787页。
③ 同上书，第3790页。

民亡降匈奴。语在《西域传》。

其事随即激起汉与匈奴的争端：

> 单于受置左谷蠡地，遣使上书言状曰："臣谨已受。"诏书中郎将韩隆、王昌、副校尉甄阜、侍中谒者帛敞、长水校尉王歙使匈奴，告单于曰："西域内属，不当得受，今遣之。"单于曰："孝宣、孝元皇帝哀怜，为作约束，自长城以南天子有之，长城以北单于有之。有犯塞，辄以状闻；有降者，不得受。臣知父呼韩邪单于蒙无量之恩，死遗言曰：'有从中国来降者，勿受，辄送至塞，以报天子厚恩。'此外国也，得受之。"使者曰："匈奴骨肉相攻，国几绝，蒙中国大恩，危亡复续，妻子完安，累世相继，宜有以报厚恩。"单于叩头谢罪，执二虏还付使者。诏使中郎将王萌待西域恶都奴界上逆受。单于遣使送到国，因请其罪。使者以闻，有诏不听，会西域诸国王斩以示之。乃造设四条：中国人亡入匈奴者，乌孙亡降匈奴者，西域诸国佩中国印绶降匈奴者，乌桓降匈奴者，皆不得受。遣中郎将王骏、王昌、副校尉甄阜、王寻使匈奴，班四条与单于，杂函封，付单于，令奉行，因收故宣帝所为约束封函还。

争议焦点在于非"从中国来降者"是否可以收受。单于以为此前汉宣帝、汉元帝时"约束"，"天子"、"单于"各以长城为南北之界，"有降者，不得受"。呼韩邪单于遗言："有从中国来降者，勿受，辄送至塞，以报天子厚恩"，然而，"此外国也，得受之"。而使者坚持否定的态度，最终达成四条原则，规定除"中国"外，"乌孙亡降匈奴者，西域诸国佩中国印绶降匈奴者，乌桓降匈奴者，皆不得受"。后来果然有匈奴受纳乌桓降者竟果然遣返的史例："将率还到左犁汗王咸所居地，见乌桓民多，以问咸。咸具言状，将率曰：'前封四条，不得受乌桓降者，亟还之。'咸曰：'请密与单于相闻，得语，归之。'单于使咸报曰：'当从塞内还之邪，从塞外还之邪？'将率不敢颛决，以闻。诏报，从塞外还之。"[①] 可知"四条"果然形成了限制匈奴接受外族"降者"的约束力。

[①] 《汉书》，第3818—3819、3822页。

关于"西域车师后王句姑、去胡来王唐兜""将妻子人民亡降匈奴"事，《汉书》卷九六下《西域传下》的记载是这样的："元始中，车师后王国有新道，出五船北，通玉门关，往来差近，戊己校尉徐普欲开以省道里半，避白龙堆之阸。车师后王姑句以道当为拄置，心不便也。地又颇与匈奴南将军地接，普欲分明其界然后奏之，召姑句使证之，不肯，系之。姑句数以牛羊赇吏，求出不得。姑句家矛端生火，其妻股紫陬谓姑句曰：'矛端生火，此兵气也，利以用兵。前车师前王为都护司马所杀，今久系必死，不如降匈奴。'即驰突出高昌壁，入匈奴。""又去胡来王唐兜，国比大种赤水羌，数相寇，不胜，告急都护。都护但钦不以时救助，唐兜困急，怨钦，东守玉门关。玉门关不内，即将妻子人民千余人亡降匈奴。匈奴受之，而遣使上书言状。"① 对于这两起西域国王降匈奴，而"匈奴受之"的事件，后续演进，是匈奴被迫谢罪，交出了降者：

> 是时，新都侯王莽秉政，遣中郎将王昌等使匈奴，告单于西域内属，不当得受。单于谢罪，执二王以付使者。莽使中郎王萌待西域恶都奴界上逢受。单于遣使送，因请其罪。使者以闻，莽不听，诏下会西域诸国王，陈军斩姑句、唐兜以示之。②

"二王"于是在"诏下会西域诸国王，陈军"的情形下被处死。这样的处理，有示众的作用。就姑句、唐兜两例看，前者"驰突出高昌壁，入匈奴"，可能随从者不多；后者则"将妻子人民千余人亡降匈奴"。我们不清楚跟随唐兜"亡降匈奴"的"妻子人民千余人"受到怎样的处置。

我们还看到也有"四条"并不能真正限定匈奴招降纳叛行为的情形。《汉书》卷九四下《匈奴传下》：

> 西域车师后王须置离谋降匈奴，都护但钦诛斩之。置离兄狐兰支将人众二千余人，驱畜产，举国亡降匈奴，单于受之。狐兰支与匈奴共入寇，击车师，杀后成长，伤都护司马，复还入匈奴。③

---

① 《汉书》，第3924、3925页。
② 同上书，第3925页。
③ 同上书，第3822页。

所谓"举国亡降匈奴",颜师古注:"举其一国人皆亡降也。"又如《汉书》卷九六《西域传下》:

> 至莽篡位,建国二年,以广新公甄丰为右伯,当出西域。车师后王须置离闻之,与其右将股鞮、左将尸泥支谋曰:"闻甄公为西域太伯,当出,故事给使者牛羊谷刍茭,导译,前五威将过,所给使尚未能备。今太伯复出,国益贫,恐不能称。"欲亡入匈奴。戊己校尉刁护闻之,召置离验问,辞服,乃械致都护但钦在所埒娄城。置离人民知其不还,皆哭而送之。至,钦则斩置离。置离兄辅国侯狐兰支将置离众二千余人,驱畜产,举国亡降匈奴。

"举国亡降匈奴"句颜师古注:"尽率一国之众也。"①

"举其一国人皆亡降也","尽率一国之众也",是西域诸国"服属匈奴"、"役属匈奴"的一种极端的形式。

而须置离的故事告诉我们,西域国家"举国亡降匈奴"的情形,有些是在汉王朝官吏简单粗暴处置的逼迫下而引发的。

《后汉书》卷八八《西域传》所谓"降北虏",与"降匈奴"同:"明帝永平十六年,汉取伊吾卢,通西域,车师始复内属。匈奴遣兵击之,复降北虏。"②

(三) 为匈奴耳目

《汉书》卷九六上《西域传上》说到西域国家"服属匈奴"、"役属匈奴"的一种特殊形式:"为匈奴耳目":

> 初,武帝感张骞之言,甘心欲通大宛诸国,使者相望于道,一岁中多至十余辈。楼兰、姑师当道,苦之,攻劫汉使王恢等,又数为匈奴耳目,令其兵遮汉使。③

---

① 《汉书》,第3925—3926页。
② 《后汉书》,第2929页。
③ 《汉书》,第3876页。

"攻劫汉使"，"令其兵遮汉使"的行为直接破坏民族政权交往的常规，而"又数为匈奴耳目"事，体现出在军事情报、经济信息、行政动态的提供方面为匈奴服务的特殊方式。

匈奴军中专门搜求情报的专职侦察兵，称作"匈奴间"。《史记》卷一一〇《匈奴列传》写道："其明年春，汉使浞野侯破奴将二万余骑出朔方西北二千余里，期至浚稽山而还。浞野侯既至期而还，左大都尉欲发而觉，单于诛之，发左方兵击浞野。浞野侯行捕首虏得数千人。还，未至受降城四百里，匈奴兵八万骑围之。浞野侯夜自出求水，匈奴间捕，生得浞野侯，因急击其军。"①

《汉书》卷七〇《傅介子传》说，傅介子诛杀楼兰王，"上乃下诏曰：'楼兰王安归尝为匈奴间，候遮汉使者，发兵杀略卫司马安乐、光禄大夫忠、期门郎遂成等三辈，及安息、大宛使，盗取节印献物，甚逆天理。平乐监傅介子持节使诛斩楼兰王安归首，县之北阙，以直报怨，不烦师众。其封介子为义阳侯，食邑七百户。士刺王者皆补侍郎。'"所谓"为匈奴间"，颜师古注发表的解释是："言为匈奴之间而候伺。"②

林幹《匈奴历史年表》"公元前七七年，汉昭帝元凤四年，匈奴壶衍鞮单于九年"条写道："楼兰王死，匈奴先闻之，遣其质子安归归，故得立为王。安归后为匈奴间（充当间谍），候遮杀汉使者。汉遣傅介子诱杀之于楼兰西界，乃立其弟尉屠耆为王，更名其国曰鄯善。"③

---

① 《史记》，第2915页。
② 《汉书》，第3002页。
③ 林幹：《匈奴历史年表》，第44页。

第四章

匈奴对西域开发的参与

一 考古资料所见匈奴部族在西域的生产与生活

有考古学者在分析新疆早期铁器时代文化的构成和风格时指出，"早期铁器时代偏晚阶段（第三阶段），游牧文化在全疆进一步深入、普及，基本看不到不同文化系统在新疆对峙的局面，汉文化、匈奴文化的影响则日渐加强，并最终与新疆土著文化融为一体"。"该阶段文化在全疆范围普遍存在趋同态势，这与游牧文化在全疆的深入、普及，与骑马民族迅捷的交流方式，更与汉文化、匈奴文化自东向西的强烈渗透都有关系。在这一整合过程中，先是西端的伊犁河流域文化表现活跃、影响广泛，后是东方的汉、匈文明因素日渐西及。新疆的早期铁器时代文化最终与汉文化、匈奴文化融为一体，形成尼雅遗存所代表的特色鲜明的东汉魏晋时期文化。正是在此背景下才出现了贯通东、西方两大文化系统的丝绸之路。"[①]

在讨论"日渐加强"的"汉文化、匈奴文化的影响"，"汉文化、匈奴文化自东向西的强烈渗透"以及所谓"汉、匈文明因素日渐西及"的过程时，似应注意"匈奴文化"的影响在先，而有的历史阶段强盛于"汉文化"的历史事实。

匈奴在西域生活，究竟是取畜牧形式，还是农耕形式，或者半农半牧形式？这是一个值得认真探究的问题。了解匈奴人在西域地方的生存方式，对于说明匈奴参与西域开发的历史，有值得重视的意义。

据考古学者指出，新疆地区主要的匈奴文化遗存，有和静县察吾乎沟

---

① 韩建业：《新疆的青铜时代和早期铁器时代文化》，第122、121页。

口三号墓地、哈密市东庙尔沟墓地、巴里坤县南湾墓地等。① 当然，也有其他具有匈奴文化风格的历史文化遗存值得注意。

（一）察吾乎沟口三号墓地的发现及其意义

新疆地区的匈奴文化遗存经考古发现，为我们认识和理解匈奴部族当时在西域的生产和生活，提供了实证资料。

新疆和静县察吾乎沟口三号墓地1983—1984年及1988年的发掘，对两个墓区（东区246座，西区92座）中的20座墓葬进行了工作。可知墓葬均为东西向长方形竖穴土坑墓，墓上堆石以为标志。有研究者认为，其时代为东汉前期，"可能与匈奴有关系"。"《汉书·西域传》载：'匈奴西边日逐王置僮仆都尉，使领西域，常居焉耆、危须、尉黎间，赋税诸国，取富给焉。'从文献看，焉耆盆地及今库尔勒地区是匈奴控制南疆最重要的一个行政驻地，察吾呼沟三号墓地的发现证明了匈奴在这个地区频繁的活动。"②

据发掘简报，察吾乎沟口三号墓地的发现多有畜牧生活史的明显迹象。墓主有"仰身分腿作骑马式"，在脚下或腿侧放置马头及马腿的葬式。有的放置一个马头，有的放置一个马头、两条马腿，有的则为一个马头、四条马腿。身旁往往有木盘，盛装物可见"一个羊头和羊脊椎骨和肋骨"。也有在特殊位置发现羊头和羊脊椎骨的。如M15一棺中挤葬二人，在棺外发现羊头和羊脊椎骨。M18"棺内葬一8岁儿童"，"在棺外埋1羊头和1串羊脊椎骨"。M17"棺外放1羊头和2串羊脊椎骨"。这一墓地的碳14年代数据在公元前190年至公元145年之间。发掘简报执笔者认为，"三号墓地的年代可以定为东汉前期"，"有可能是匈奴墓葬"。③

有学者根据"葬具有木框（木担架）和木棺，殉牲常见马、羊头蹄"以及"随葬品有陶罐，其中有典型的肩饰波浪纹的匈奴陶罐，铁器有剑、镞等；铜器有规矩镜、铜带扣等；骨器有匕、簪子等；还有少量的金饰件、银耳环和较多丝织品"等迹象，以为"墓葬形制和随葬品与汉代匈

---

① 马利清：《原匈奴、匈奴历史与文化的考古学探索》，第66—67页。
② 中国社会科学院考古研究所编著：《中国考古学·秦汉卷》，第875—876页。
③ 新疆文物考古研究所、和静县文化馆：《和静县察吾乎沟三号墓地发掘简报》，《新疆文物》2000年第3—4期；中国社会科学院考古研究所新疆队、新疆巴音郭楞蒙古族自治州文管所：《新疆和静县察吾乎沟口三号墓地发掘简报》，《考古》1990年第10期。

奴接近"。①

（二）庙尔沟墓地的发现及其意义

位于哈密东约30公里的庙尔沟墓地发掘墓葬9座。"均为竖穴墓室，墓壁用薄片石砌成，墓表有圆形石堆。""随葬陶器多为夹砂黑陶，手制，多素面。在地表采集到少量的彩陶片。还发现有铜斧、环首小铁刀、铁短剑和漆器残片等。"研究者认为，"从葬式和随葬品看，此处墓地与焉不拉克和腐殖酸厂所见的不太相同②，可能代表了一种不同的铁器时代文化"。③

也有研究者指出，从考古发现的信息看，"时代当在战国至汉代"。又分析说，"该墓地出土的铜镜含锡量和中国内地战国后期铜镜合金成份相似"。同时根据墓葬形制及时代条件判断其文化构成，"从历史背景看，石砌墓在哈密的出现似属西汉时期（公元前2—1世纪），与匈奴向西域的扩张有关"。④

对包括庙尔沟墓地在内的新疆东部出土的早期铜器的分析研究表明，"锡青铜的普遍使用是该地区青铜时代冶金发展的一个主要特征"。"砷铜的早期出现和使用是该地区青铜冶金发展的另一个重要特征，它不仅从冶金技术的角度肯定了新疆东部与甘肃西部的密切联系，而且为探讨甘青地区与欧亚草原地带的文化交流提供了中间环节。"⑤ 由此可以理解这一地区生产技术发展的交汇性。

除铜器外，相关遗存中其他出土物如铁器、漆器的发现，都体现手工业制作技术的成熟。与其他地方与匈奴文化有关的考古发现比较，新疆东部可能"与匈奴向西域的扩张有关"的考古和文物遗存，表现着共同的生产史的水准。

---

① 马利清：《关于北匈奴西迁的考古学新探索》，《内蒙古社会科学》2004年第1期。
② 今按：焉不拉克墓地位于哈密市区西北约60公里的三堡乡焉不拉克村。腐殖酸厂遗址位于哈密市区南约10公里处。
③ 梅建军、刘国瑞、常喜恩：《新疆东部地区出土早期铜器的初步分析和研究》，《西域研究》2002年第2期。
④ 马利清：《关于北匈奴西迁的考古学新探索》，《内蒙古社会科学》2004年第1期。
⑤ 梅建军、刘国瑞、常喜恩：《新疆东部地区出土早期铜器的初步分析和研究》，《西域研究》2002年第2期。

（三）南湾墓地的发现及其意义

位于巴里坤草原东部的新疆哈密巴里坤县奎苏乡上南湾村1981—1982年发掘了上百座古墓。墓葬形制以竖穴土坑墓和石砌墓为主，前者居多。

石砌墓地表有石圈环绕，墓室呈长方形，墓下壁用卵石垒砌，石壁高30—40厘米。时代距今3600年至3000年。①

林梅村认为南湾墓地中石砌墓的年代很可能与庙尔沟石砌墓一致，属于西汉时期。②

（四）东黑沟遗址的发现及其意义

新疆哈密巴里坤石人子村南发现石结构建筑遗存及墓葬。其年代大致为春秋时期至秦汉时期。③ 遗址内发现大量羊骨。墓葬多殉葬马，或用整匹马，或肢解填入墓穴中。研究者推断，遗址当时主人的经济形式应当以牧业为主。

有学者分析，"遗址内虽然发现了不少石磨盘、磨具，但是石锄、锛等农耕工具却寥寥无几，更没有收割工具，尽管出现了粮食作物，但是出现的地点和数量很有限，推测其来源或是与农业交换，或是抢劫，或许根据有利条件的辅助性种植。因此该遗址的经济形式是以饲养羊、马为主的牧业经济，或兼营种植业"。

研究者以为，"史料中有大量关于匈奴在此处驻牧和进行各种活动的证据"。《史记》卷一一〇《匈奴列传》："骠骑将军复与合骑侯数万骑出陇西、北地二千里，击匈奴。过居延，攻祁连山。"④《史记》卷一一一

---

① 刘国瑞等：《哈密文物志》，新疆人民出版社1993年版，第149—150页。
② 转见马利清《原匈奴、匈奴历史与文化的考古学探索》，第66页。
③ 西北大学文化遗产与考古学研究中心、哈密地区文物局、巴里坤县文管所：《新疆巴里坤东黑沟遗址调查》，《考古与文物》2006年第5期；新疆文物考古研究所、西北大学文化遗产与考古学研究中心：《新疆巴里坤县东黑沟遗址2006—2007年发掘简报》，《考古》2009年第1期。
④ 司马贞《索隐》引《西河旧事》云："山在张掖、酒泉二界上，东西二百余里，南北百里，有松柏五木，美水草，冬温夏凉，宜畜牧。匈奴失二山，乃歌云：'亡我祁连山，使我六畜不蕃息；失我燕支山，使我嫁妇无颜色。'"以为："祁连一名天山，亦曰白山也。"（第2908—2909页）

《卫将军骠骑列传》:"天子曰:'骠骑将军逾居延,遂过小月氏,攻祁连山,得酋涂王……'"司马贞《索隐》:"小颜云:'即天山也。匈奴谓天为祁连。'"① 论者以为"当时匈奴酋涂王部的王庭,应该就在东天山一带"。又《史记》卷一〇九《李将军列传》:"天汉二年秋,贰师将军李广利将三万骑击匈奴右贤王于祁连天山。"② 《史记》卷一一〇《匈奴列传》:"其明年(天汉二年),汉使贰师将军广利以三万骑出酒泉,击右贤王于天山。"③ 论者指出,"与《李将军列传》的记载略有不同,变'祁连天山'为'天山',而又明指其位置已'出酒泉',说明李广利此次作战的目的地祁连天山是东天山而非祁连山"。汉明帝永平十六年(73)窦固进军东天山的情形也受到注意。《后汉书》卷二《明帝纪》:"十六年春二月,遣太仆祭肜出高阙,奉车都尉窦固出酒泉,驸马都尉耿秉出居延,骑都尉来苗出平城,伐北匈奴。窦固破呼衍王于天山,留兵屯伊吾卢城。"④"(十七年)冬十一月,遣奉车都尉窦固、驸马都尉耿秉、骑都尉刘张出敦煌昆仑塞,击破白山虏于蒲类海上,遂入车师。初置西域都护、戊己校尉。"⑤《后汉书》卷二三《窦固传》也记载:"固、忠至天山,击呼衍王,斩首千余级。呼衍王走,追至蒲类海。留吏士屯伊吾卢城。"李贤注:"蒲类海今名婆悉海,在今庭州蒲昌县东南也。"论者以为,这些史籍资料可以"说明当时北匈奴呼衍王的王庭应在东天山一带"。

东天山地方曾经是汉军和匈奴争夺西域控制权激烈争战之处。北匈奴曾经以这里作为基本生存空间。巴里坤石人子乡发现的《裴岑纪功碑》文字可以作为史籍文献的补充。碑文写道:"惟汉永和二年八月,敦煌太守云中裴岑将郡兵三千人,诛呼衍王等,斩馘部众,克敌全师,除西域之

---

① 司马贞《索隐》引"小颜曰"后又说:"《西河旧事》谓白山,天山。祁连恐非即天山也。"(第2931页)
② 裴骃《集解》:"徐广曰:'出燉煌至天山。'"司马贞《索隐》:"案:晋灼云'在西域,近蒲类海'。又《西河旧事》云'白山冬夏有雪,匈奴谓之天山也。'"张守节《正义》:"《括地志》云:'祁连山在甘州张掖县西南二百里。天山一名白山,今名初罗漫山,在伊吾县北百二十里。伊州在京西北四千四百一十六里。'"(第2877—2878页)
③ 张守节《正义》:"在伊州。"(第2917—2918页)
④ 李贤注:"呼衍,匈奴王号。天山即祁连山,一名雪山,今名折罗汉山,在伊州北。"(第120页)
⑤ 李贤注:"《西河旧事》曰:'白山冬夏有雪,故曰白山,匈奴谓之天山,过之皆下马拜焉。去蒲类海百里之内。'"(第122页)

庆，蠲四郡之害，边竟艾安，振威到此，立海祠以表万世。"①

不过，尽管东黑沟遗存的族属很可能与匈奴有关，但是据现有资料尚不能作出完全确定的判断。研究者的如下意见是可取的："东黑沟遗址的大致年代是春秋～秦汉时期，而在此期间，在东天山地区主要活动过、并且可能具有东黑沟遗址考古学文化特征的民族有月氏和匈奴。而从内蒙中部至新疆东部广泛分布的以石围居址、墓葬、岩画为特征的考古学文化可能就是其中的一个民族留下的遗存。然而由于时空跨越很大，加上游牧民族的流动性大，因此这些遗址的民族性也许并不单纯。目前国内有关游牧文化居住遗址的考古发现还比较少，缺少对比性，因此要想进一步区分民族文化特征，有待考古发现的丰富和研究的深入。"②

（五）新疆石人石棺墓文化的时代和族属

考古学者在总结新疆考古发现，并纳入"边疆考古"、"边疆民族考古"视野考察时，对"匈奴在新疆地区的广泛活动"予以了应有的关注。研究者重视"从春秋战国之际到两汉"这一"我国统一的多民族国家逐步形成与巩固的重要历史时期"，认为当时的新疆，"也处在一个十分重要的历史发展阶段"。

研究者注意到"石人石棺墓文化"的时代和族属问题。"这类遗迹在北疆草原地区，如阿勒太、富蕴、青河、哈巴河、吉木乃、布尔津、温泉等县普遍存在，其中阿勒太县的克尔木齐、富蕴县可可托海周围和吐尔洪公社，温泉县的阿尔卡特草原，都是石人石棺墓比较集中的地点。此外，昭苏、特克斯、察布查尔、巴里坤、伊吾、乌鲁木齐等县，也发现过有关遗迹。"③ 以克尔布齐的发现为例，"出土文物比较复杂。有细石镞、小铜刀、铜针、铜矛、素铜镜、铜镞、石质铸范（只四件明器）、陶器、各种类型的石质容器"，以及骨器、金饰片。"还有小铁刀、铁剑、铁锛等。""以上不同类型和风格的随葬品显示这批墓葬具有不同的时代特征和民族特征。"

---

① 高文：《汉碑集释》，第59页。
② 张凤：《新疆东黑沟遗址石筑高台、居址研究》，《西部考古》第4辑，三秦出版社2009年版。
③ 原注：新疆社会科学院考古研究所：《克尔布齐石人石棺墓发掘简报》，待刊，温泉、昭苏两地发掘资料，现存新疆社会科学院考古研究所。

第四章　匈奴对西域开发的参与

研究者指出："过去，人们往往把这种石人石棺墓与突厥族联系起来，固然是有理由的。但从上述考古资料分析，细石镞和素面青铜镜显然不迟于战国到西汉，而有些陶器则同吐鲁番地区的北朝和唐墓所出同类器物相似。说明这类石人石棺墓不是同一时代、同一民族的遗留。其早期可到秦汉之际，晚期则到隋唐。在这漫长的历史时期中，北疆草原上先后有匈奴、柔然、铁勒、突厥在这里生活。这类墓葬的族属，应该联系这段历史来探讨。"[1] 相信今后考古工作的进步，可以实现这类墓葬中匈奴文化成分的确定。

二　匈奴屯田

虽然汉文文献多有说匈奴不事农耕的文字，如《史记》卷一一〇《匈奴列传》："逐水草迁徙，毋城郭常处耕田之业"[2]，《盐铁论·备胡》："匈奴内无室宇之守，外无田畴之积，随美草甘水而驱牧"，《盐铁论·论功》："匈奴无城廓之守，沟池之固，修戟强弩之用，仓廪府库之积……马不粟食"[3]，然而诸多资料反映了匈奴确实存在农业经营。匈奴其实是有"田畴之积"、"仓廪府库之积"的。《史记》卷一一一《卫将军骠骑列传》："至寘颜山赵信城，得匈奴积粟食军。军留一日而还，悉烧其城余粟以归。"[4]《汉书》卷九四上《匈奴传上》说，"卫律为单于谋：'穿井筑城，治楼以藏谷，与秦人守之。汉兵至，无奈我何。'即穿井数百，伐材数千。或曰胡人不能守城，是遗汉粮也，卫律于是止。"[5] 此说"积粟"、"藏谷"，"这些粟谷，不一定是匈奴自己生产的，可能是汉朝所给予或是匈奴人从汉朝边地或西域诸国掠夺而来的"。[6]

但是《汉书》卷九四上《匈奴传上》在有关贰师将军李广利降匈奴后悲剧结局的记述中明确提示了匈奴经营"谷稼"种植的信息："贰师在

---

[1] 莫明华：《建国以来新疆考古的主要收获》，《文物考古工作三十年》，文物出版社1979年版；收入《新疆石器时代与青铜时代》，文物出版社2008年版，第5、7—9页。

[2] 《史记》，第2879页。

[3] 《盐铁论校注》，第446、542页。

[4] 《史记》，第2935页。

[5] 《汉书》，第3782页。

[6] 陈序经：《匈奴史稿》，第79页。

匈奴岁余，卫律害其宠，会母阏氏病，律饬胡巫言先单于怒，曰：'胡故时祠兵，常言得贰师以社，今何故不用？'于是收贰师，贰师骂曰：'我死必灭匈奴！'遂屠贰师以祠。会连雨雪数月，畜产死，人民疫病，谷稼不孰，单于恐，为贰师立祠室。"对于所谓"谷稼不孰"，颜师古解释说："北方早寒，虽不宜禾稷，匈奴中亦种黍穄。"① 指出匈奴经济形式中确有农耕业的地位。可知关于匈奴经济生活之所谓"毋……耕田之业"，"无田畴之积"者，是说农业经营与牧业经营比较，处于非常次要的地位。

（一）匈奴发骑田车师

前说匈奴可能"从……西域诸国掠夺""粟谷"的推想，或许符合匈奴在西域的经济管理方式。但是在当时的形势下，似不大可能将得自于西域的粮食远送到位于蒙古高原的赵信城。② 而匈奴在西域屯田的史实，说明仅仅依靠"赋税"和"掠夺"，尚未能满足生活在西域的匈奴军人的"粟谷"需求。

《汉书》卷九六下《西域传下》"乌孙国"条记载汉宣帝本始二年（前72）为救护乌孙发起的一次战事：

> 昭帝时，公主上书言："匈奴发骑田车师，车师与匈奴为一，共侵乌孙，唯天子幸救之！"汉养士马，议欲击匈奴。会昭帝崩，宣帝初即位，公主及昆弥皆遣使上书，言："匈奴复连发大兵侵击乌孙，取车延、恶师地，收人民去，使使谓乌孙趣持公主来，欲隔绝汉。昆弥愿发国半精兵，自给人马五万骑，尽力击匈奴。唯天子出兵以救公主、昆弥。"汉兵大发十五万骑，五将军分道并出。语在《匈奴传》。遣校尉常惠使持节护乌孙兵，昆弥自将翎侯以下五万骑从西方入，至右谷蠡王庭，获单于父行及嫂、居次、名王、犁汙都尉、千长、骑将以下四万级，马牛羊驴橐驼七十余万头，乌孙皆自取所虏获。还，封惠为长罗侯。是岁，本始三年也。汉遣惠持金币赐乌孙贵人有功者。③

---

① 《汉书》，第3781页。
② 《史记》卷一一一《卫将军骠骑列传》言"寘颜山赵信城"。林幹说，赵信城"在寘颜山附近"，寘颜山"约为今蒙古人民共和国杭爱山南面支脉"（《匈奴通史》，第137页）。
③ 《汉书》，第3905页。

从"使持节护乌孙兵"的常惠封侯，可知汉王朝对这次战役之意义的重视。而战争最初的缘由，是"匈奴发骑田车师"，形成了对乌孙的威胁。

其事又见《汉书》卷七〇《常惠传》："乌孙公主上书言：'匈奴发骑田车师，车师与匈奴为一，共侵乌孙，唯天子救之！'"[①] 匈奴屯田车师，是体现出高明的战略眼光的举措。如刘光华所说，"车师，《史记·大宛列传》作姑师[②]；地处今新疆东部天山南北，不仅是匈奴由蒙古高原进入西域，并由天山以北到天山以南的交通要道，也是汉朝由北道通西域的必经之地，所以争夺姑师对汉匈双方都具有重要的军事战略意义"。"匈奴为了争夺姑师，在汉昭帝时首先屯田姑师。"[③] 这一动作全面控制了车师，并对周围诸国形成了严重威胁，即乌孙公主所谓"车师与匈奴为一，共侵乌孙"。

据《汉书》卷九六下《西域传下》，汉出军"击匈奴，车师田者惊去"。[④] 则车师地方匈奴屯田持续仅大约三年。

（二）匈奴"争屯田车师"

"匈奴发骑田车师"事，导致"汉兵大发十五万骑，五将军分道并出"，《汉书》卷九六下《西域传下》言"语在《匈奴传》"。

《汉书》卷九四上《匈奴传上》的记载涉及汉王朝与匈奴双方在车师以"屯田"为形式的竞争：

> 其明年，西域城郭共击匈奴，取车师国，得其王及人众而去。单于复以车师王昆弟兜莫为车师王，收其余民东徙，不敢居故地。而汉益遣屯士分田车师地以实之。其明年，匈奴怨诸国共击车师，遣左右大将各万余骑屯田右地，欲以侵迫乌孙西域。[⑤]

---

① 《汉书》，第3003页。
② 刘光华自注："按：车师、姑师之称有别。姑师为原名，宣帝时，姑师归汉，汉分以为车师前、后部及山北六国，才有车师之名。然班固在《汉书》中未加区别，故不科学。"（《汉代西北屯田研究》，兰州大学出版社1988年版，第78页）
③ 刘光华：《汉代西北屯田研究》，第78页。
④ 《汉书》，第3922页。
⑤ 同上书，第3788页。

"匈奴发骑田车师"的前因，是"西域城郭共击匈奴，取车师国，得其王及人众而去"，"而汉益遣屯士分田车师地以实之"。于是，匈奴也采取了"田车师"的策略。《匈奴传》的记载还更为详尽："遣左右大将各万余骑屯田右地。"涉及军屯的规模和等级。《汉书》卷九六下《西域传下》："昭帝时，匈奴复使四千骑田车师。宣帝即位，遣五将将兵击匈奴，车师田者惊去，车师复通于汉。"① 明确说到"四千骑田车师"。两年之后，匈奴军队又对汉屯田车师者进行军事攻击：

>后二岁，匈奴遣左右奥鞬各六千骑，与左大将再击汉之田车师城者，不能下。②

所谓匈奴强攻而"不能下"者，说明"汉之田车师城者"在进行农业生产的同时，亦有可以抗击匈奴骑兵进袭的作战能力。

汉军在车师屯田，有数次反复。《汉书》卷九六上《西域传上》记载："至元帝时，复置戊己校尉，屯田车师前王庭。"③

《汉书》卷七四《魏相传》说："元康中，匈奴遣兵击汉屯田车师者，不能下。上与后将军赵充国等议，欲因匈奴衰弱，出兵击其右地，使不敢复扰西域。"魏相上书谏止。其中提出这样的意见："间者匈奴尝有善意，所得汉民辄奉归之，未有犯于边境，虽争屯田车师，不足致意中。今闻诸将军欲兴兵入其地，臣愚不知此兵何名者也。"④ 匈奴西域部队对"汉屯田车师者"的进攻，引起汉王朝最高执政集团的强烈关注。

匈奴如魏相所谓"争屯田车师"构成的对这一地区"田"的激烈争夺，是有重要战略意义的。我们在这里更为注意的，是匈奴对"田"的重视和自身"田"的能力。

汉王朝与匈奴"争屯田车师"事，按照林幹《匈奴历史年表》记述，可以列出如下时间表，以便在讨论时参考（见表4-1）：

---

① 《汉书》，第3922页。
② 《汉书》卷九四上《匈奴传上》，第3788页。
③ 林幹《匈奴历史年表》"公元前四八年，汉元帝初元元年，匈奴呼韩邪单于十年，郅支骨都侯单于九年"条："初，宣帝元康二年弃车师地与匈奴。今呼韩邪款附，郅支西走，是岁，汉初置戊己校尉，使复屯田车师故地。"（第56页）
④ 《汉书》，第3136页。

表 4-1

公元前 74 年 汉昭帝元平元年 匈奴壶衍鞮单于十二年	匈奴发骑兵田于车师。	《汉书》卷九四上《匈奴传上》；卷九六下《西域传下》；卷七〇《常惠传》
公元前 71 年 汉宣帝本始三年 匈奴壶衍鞮单于十五年	汉五将军兵击匈奴，匈奴田于车师者惊去，车师复通于汉。	《汉书》卷九六下《西域传下》
公元前 67 年 汉宣帝地节三年 匈奴虚闾权渠单于二年	汉侍郎郑吉与校尉司马熹发西域诸国兵万余人，自与所将田士千五百人击破车师，车师王请求归附。匈奴闻其附汉，发兵攻击。郑吉与司马熹引兵北迎之，匈奴不敢前。……郑吉遂遣吏卒三百人分田于车师之地以充实之。	《汉书》卷九六下《西域传下》；卷九四下《匈奴传下》
公元前 66 年 汉宣帝地节四年 匈奴虚闾权渠单于三年	匈奴怨西域诸国共击车师，遣骑屯田右地，欲以侵迫乌孙、西域。	《汉书》卷九四上《匈奴传上》
公元前 65 年 汉宣帝元康元年 匈奴虚闾权渠单于四年	匈奴遣左、右奥鞬王及左大将军再击汉之田于车师者，但不能下。	《汉书》卷九四上《匈奴传上》；卷七九《冯奉世传》
公元前 64 年 汉宣帝元康二年 匈奴虚闾权渠单于五年	匈奴大臣以为"车师地肥美，近匈奴，使汉得之，多田积谷，必害人国，不可不争"，故数遣兵击汉之车师田者。夏五月，郑吉将渠犁田卒往救，为匈奴所困。……遂弃车师故地予匈奴。	《汉书》卷九六下《西域传下》；卷七四《魏相传》；卷七〇《郑吉传》
公元前 60 年 汉宣帝神爵二年 匈奴虚闾权渠单于九年 握衍朐鞮单于元年	日逐王既附汉，僮仆都尉至此罢，匈奴益弱，不得近西域。于是汉徙屯田，田于北胥鞬。	《汉书》卷八《宣帝纪》；卷九四上《匈奴传上》；卷六九《赵充国传》①

---

① 林幹：《匈奴历史年表》，第 44—45、47—49 页。

（三）伊吾、柳中"膏腴之地"而"匈奴资之"

伊吾（今新疆哈密西）地方当交通要道，又有便于开发农耕经济的自然生态资源。《后汉书》卷八八《西域传》写道：

> 自敦煌西出玉门、阳关，涉鄯善，北通伊吾千余里，自伊吾北通车师前部高昌壁千二百里，自高昌壁北通后部金满城五百里。此其西域之门户也，故戊己校尉更互屯焉。① 伊吾地宜五谷、桑麻、蒲萄。其北又有柳中，皆膏腴之地。故汉常与匈奴争车师、伊吾，以制西域焉。②

《后汉书》卷四七《班超传》记载，伊吾地方曾经发生汉王朝与匈奴的激烈争夺："（永平）十六年，奉车都尉窦固出击匈奴，以超为假司马，将兵别击伊吾，战于蒲类海，多斩首虏而还。"李贤注："伊吾，匈奴中地名，在今伊州纳职县界。《前书音义》曰'蒲类，匈奴中海名，在敦煌北'也。"③ 同一史事，《后汉书》卷八八《西域传》的记录涉及屯田：

> 十六年，明帝乃命将帅，北征匈奴，取伊吾卢地，置宜禾都尉以屯田，遂通西域，于寘诸国皆遣子入侍。西域自绝六十五载，乃复通焉。明年，始置都护、戊己校尉。④

《后汉书》卷一九《耿恭传》记载："始置西域都护、戊己校尉，乃以恭为戊己校尉，屯后王部金蒲城，谒者关宠为戊己校尉，屯前王柳中城，屯各置数百人。"⑤

随后西域屯田政策又有所收缩，伊吾屯田竟然废弃："章帝不欲疲敝中国以事夷狄，乃迎还戊己校尉，不复遣都护。"又于建初二年（77）放

---

① 《后汉书》卷八八《西域传》："明帝永平十六年，汉取伊吾卢，通西域，车师始复内属。"所谓"汉取伊吾卢，通西域"，也体现出伊吾当"西域之门户"的地位。
② 《后汉书》，第2914页。
③ 同上书，第1512页。
④ 同上书，第2909页。
⑤ 同上书，第720页。

弃了屯田经营。"二年，复罢屯田伊吾，匈奴因遣兵守伊吾地。"① 汉军刚刚退出伊吾屯田基地，匈奴立即填补了这一空间。如果说匈奴根本无视汉军在这里的农耕经营设施的经济价值，丝毫不予利用，大概是不可能的。

不久，汉和帝时代，汉军又夺回伊吾。这一胜利对于班超"定西域"有重要的作用。"时军司马班超留于寘，绥集诸国。和帝永元元年，大将军窦宪大破匈奴。二年，宪因遣副校尉阎槃将二千余骑掩击伊吾，破之。三年，班超遂定西域，因以超为都护，居龟兹。复置戊己校尉，领兵五百人，居车师前部高昌壁，又置戊部候，居车师后部候城，相去五百里。"② 刘光华认为，"这是车师屯田的恢复。汉取伊吾卢地后是否立即恢复屯田，史无记载，然永元四年'使中郎将任尚持节卫护屯伊吾'③，或可视作伊吾屯田的恢复"。④

汉安帝永初元年（107），西域军事争夺中的消极趋势再次占据上风。汉王朝又再次将伊吾屯田吏卒撤回敦煌。《后汉书》卷四七《梁慬传》："永初元年，遂罢都护，遣骑都尉王弘发关中兵迎慬、禧、博及伊吾卢、柳中屯田吏士。二年春，还至敦煌。"⑤ 匈奴随即占据了这一地方，西域军事局势和民族关系发生急剧变化。《后汉书》卷五一《李恂传》："北匈奴数断西域车师、伊吾，陇沙以西使命不得通。"⑥

这一情形后来又有变化。《后汉书》卷四七《班勇传》："元初六年，敦煌太守曹宗遣长史索班将千余人屯伊吾，车师前王及鄯善王皆来降班。后数月，北单于与车师后部遂共攻没班，进击走前王，略有北道。"⑦《后汉书》卷八八《西域传》的记载是："元初六年，乃上遣行长史索班，将千余人屯伊吾以招抚之，于是车师前王及鄯善王来降。"⑧ 伊吾屯田直接关系着西域军事行政形势。

汉顺帝永建六年（131），汉王朝又决心在伊吾地方强化屯田管理，

---

① 《后汉书》卷八八《西域传》，第2909—2910页。
② 同上书，第2910页。
③ 原注：《后汉书》卷八九《南匈奴列传》。
④ 刘光华：《汉代西北屯田研究》，第171—173页。
⑤ 《后汉书》，第1591—1592页。
⑥ 同上书，第1683页。
⑦ 同上书，第1587页。
⑧ 同上书，第2911页。

原因是匈奴在利用这一地方的资源。《后汉书》卷八八《西域传》:

> 六年,帝以伊吾旧膏腴之地,傍近西域,匈奴资之,以为钞暴,复令开设屯田如永元时事,置伊吾司马一人。①

伊吾是"西域之门户",又因土地肥饶,经济地位重要,伊吾、柳中"皆膏腴之地",因此"汉常与匈奴争车师、伊吾"。所谓"汉常与匈奴争",或可推知匈奴人较早在这里有过经济开发的实践。

(四) 西域屯田水利事业中"胡人"的作用

新疆干旱地区的坎儿井灌溉技术,说明西域早期农业灌溉方式有悠久的历史。与此相关的水利技术体现了西域劳动者的智慧。吐鲁番盆地西缘托克逊县柯尔碱镇发现的与水利相关的岩刻,或以为是坎儿井的描绘,或以为是祈水巫术的表现。② 无论怎样解说画面的内容,都应当承认这一文物遗存作为水利史重要资料的意义。新疆地区屯田灌溉系统遗址考古发现获得的水利史资料③,也可以反映古代西域劳动者在水利方面的创造。

《水经注·河水二》有关于西域屯田水利工程的记载,其中也涉及"胡人"的表现:

> 注滨河又东径鄯善国北,治伊循城,故楼兰之地也。楼兰王不恭于汉,元凤四年,霍光遣平乐监傅介子刺杀之,更立后王。汉又立其前王质子尉屠耆为王,更名其国为鄯善。百官祖道横门,王自请天子曰:"身在汉久,恐为前王子所害。国有伊循城,土地肥美,愿遣将屯田积粟,令得依威重。"遂置田以镇抚之。敦煌索劢,字彦义,有才略,刺史毛奕表行贰师将军,将酒泉、敦煌兵千人,至楼兰屯田。起白屋,召鄯善、焉耆、龟兹三国兵各千,横断注滨河。

---

① 《后汉书》,第2912页。
② 新疆文物普查办公室、吐鲁番地区文物普查队:《吐鲁番地区文物普查资料》,《新疆文物》1988年第3期;王炳华:《唐代以前西域水利事业》,《西域考古历史论集》,中国人民大学出版社2008年版,第749—754页。
③ 参看饶瑞符《米兰汉唐屯田水利工程查勘——从伊循灌溉系统遗址看汉唐时代的屯田建设》,《新疆巴州科技》1981年第1期。

这一水利工程遇到水势激烈的问题。索劢的表现显现出坚定的性格。他的努力终于使得工程取得成功：

> 河断之日，水奋势激，波陵冒堤。劢厉声曰："王尊建节，河堤不溢。王霸精诚，呼沱不流。水德神明，古今一也。"劢躬祷祀，水犹未减，乃列阵被杖，鼓噪讙叫，且刺且射。大战三日，水乃回减，灌浸沃衍，胡人称神。大田三年积粟百万，威服外国。其水东注泽，泽在楼兰国北扜泥城。其俗谓之东故城，去阳关千六百里，西北去乌垒千七百八十五里，至墨山国千八百六十五里，西北去车师千八百九十里。土地沙卤少田，仰谷旁国。国出玉，多葭苇、柽柳、胡桐、白草。国在东垂，当白龙堆，乏水草，常主发导，负水担粮，迎送汉使，故彼俗谓是泽为牢兰海也。①

楼兰屯田长官索劢统领的部众，有"酒泉、敦煌兵千人"以及"鄯善、焉耆、龟兹三国兵各千"。而"横断注滨河"工程，从文意看，极大可能是西域兵众承担主要的劳作。所谓"列阵被杖，鼓噪讙叫，且刺且射"的厌水形式，有浓重的巫术色彩，尚未可断定是索劢带来的"敦煌"习俗，还是西域"鄯善、焉耆、龟兹"原有的文化传统。但是从"水乃回减，灌浸沃衍"之后"胡人称神"的情节，可以得知"鄯善、焉耆、龟兹三国兵各千"对于这一水利工程成功的作用。

由索劢故事中"胡人"的作用可以推想，匈奴在西域屯田，也应当借助了当地民力。

三 匈奴控制背景下的西域商贸

在匈奴控制西域的形势下，当地商贸活动依然发挥着活跃经济和沟通文化的作用。西域商贸的正常运行和发展的方向，在一定程度上得到匈奴的支持和鼓励。这是因为匈奴久有重视商业联系以丰富自身经济生活的传

---

① （北魏）郦道元著，陈桥驿校证：《水经注校证》卷二《河水》，中华书局2007年版，第37页。

统，也因为匈奴由此可以得到实际的经济利益。

（一）匈奴"乐关市"传统

匈奴的基本营生手段是畜牧和射猎。但是流动性和机动性生活，使得他们不仅重视交换，同时在这种经济行为中居于优势地位。

《史记》卷一一〇《匈奴列传》记载，汉景帝时代曾经以"关市"的形式与匈奴通商。汉文帝时代，汉与匈奴曾经历紧张的军事对峙时期。随后，在汉景帝时形势发生变化："孝文帝崩，孝景帝立，而赵王遂乃阴使人于匈奴。吴楚反，欲与赵合谋入边。汉围破赵，匈奴亦止。自是之后，孝景帝复与匈奴和亲，通关市，给遗匈奴，遣公主，如故约。终孝景时，时小入盗边，无大寇。"① 这是《史记》中我们看到的最早的有关汉与匈奴"通关市"的记录。然而，我们通过"复与匈奴和亲，通关市，给遗匈奴，遣公主，如故约"句式，由所谓"复与"，由所谓"故约"，可以知道此前"与匈奴和亲"，"遣公主"的时期，是曾经"通关市"的。

林幹在匈奴史论著中曾经指出，"从高帝九年（前198年）使刘敬往匈奴结和亲之约开始，至武帝元光二年（前133年）发动对匈奴战争为止，和亲的条款大致可分为三项"。第一，汉王朝出嫁公主，输送财物；第二，"汉朝开放'关市'，准许两族人民交易"。第三，"汉与匈奴结为兄弟，相约以长城为界，北面'引弓'之区是匈奴的游牧地带，归单于管领；南面'冠盖之室'是汉族耕织的领域，由汉帝统治"。关于第二条，林幹写道：第二，"汉朝开放'关市'，准许两族人民交易。这在刘敬往结和亲之约后便实行了。当时通过关市，匈奴从汉族地区换得了不少物品和金属器具，特别是铜。故文帝六年贾谊上疏，有控制铜器和铜矿出塞以挟制匈奴的对策。后来关市在后元六年因匈奴大举侵扰而一度中断，至景帝元年恢复和亲又重行开放。开放关市，有利于汉匈两族人民的联系和经济文化的交流，汉朝这样做是对的"。② 宋超也采用了和亲政策包括三项内容的说法，其二即"汉朝开放关市，准许汉匈双方物资交流"。又分析说，"和亲的作用并不完全都是消极的，对于汉匈双方也有积极的一面。特别是关市的开通，匈奴用畜产品与汉民族地区交换农产品与手工制

---

① 《史记》，第2904页。

② 林幹：《匈奴通史》，第50—51页。

品，特别是金属器具，对于改变匈奴单一的畜牧业经济结构以及对汉匈经济的发展、文化的交流、民族间的往来都有一定的益处"。[1]

对于汉景帝以前"关市"的开通，《史记》中未能发现确证。但是"关市"与"和亲"同时实现汉王朝与匈奴的交流的推断，是可以成立的。林幹说，"开放关市""在刘敬往结和亲之约后便实行了。当时通过关市，匈奴从汉族地区换得了不少物品和金属器具，特别是铜。故文帝六年贾谊上疏，有控制铜器和铜矿出塞以挟制匈奴的对策"。作者原注："参阅《新书》卷三《铜布》篇。"[2] 今按《新书·铜布》中，贾谊强调对"铜"的控制可致"七福"，即获得七种好处，其中第七种，字句涉及"匈奴"："挟铜之积，制吾弃财，以与匈奴逐争其民，则敌必坏矣。"[3] 这里其实只是说通过对货币的控制取得经济优势，可以"与匈奴逐争其民"，似乎并没有"控制铜器和铜矿出塞以挟制匈奴"的意思。然而如果以为所谓"弃财"云云，间接反映了与匈奴之间存在的贸易关系，也许也是有一定的合理性的。

我们应当注意到，《新书》中其实有直接论及"关市"的内容。即《匈奴》篇提出分化离间策略之后，又有借"关市"以为胜敌之资的建议："夫关市者，固匈奴所犯滑而深求也，愿上遣使厚与之和，以不得已，许之大市。使者反，因于要险之所多为凿开，众而延之，关吏卒使足以自守。大每一关，屠沽者、卖饭食者、羹臛炙膹者，每物各一二百人，则胡人著于长城下矣。是王将疆北之，必攻其王矣。以匈奴饥，饭羹啖膹炙，啍潩多饭酒，此则亡竭可立待也。赐大而愈饥，财尽而愈困，汉者所希心而慕也。匈奴贵人以其千人至者，显其二三；以其万人至者，显其十余人。夫显荣者，招民之机也。故远期五岁，近期三年之内，匈奴亡矣。此谓德胜。"所谓"愿上遣使厚与之和"，有的学者解释为："和，参上关市，此当谓和市。《新唐书·食货志》：'率配曰和市。'谓调配有无之关市。"[4] 今按，"和"在这里，也许只是和好的意思，而与"市"似乎并

---

[1] 宋超：《汉匈战争三百年》，第27—28页。
[2] 林幹：《匈奴通史》，第51页。
[3] 《新书校注》，第111页。
[4] 同上书，第138、150页。

没有直接的关系。① "因于要险之所多为凿开",孙诒让以为 " '开',当为'关'"。钟夏说:"下文两言关,此当作关。是则凿当训开,即开建、设置。"②

贾谊设计的通过"关市"以先进的农耕经济物质文明征服匈奴人心的策略,因为使用非战争的手段,所以说"此谓德胜"。陶鸿庆《读诸子札记》则以为这是一种经济战或者商业战、贸易战。他对"赐大而愈饥,财尽而愈困"的理解是:"言汉许匈奴大市,阴以汉物耗匈奴之财。"③ "财尽"或作"多财"。有人则对"赐大而愈饥,多财而愈困,汉者所希心而慕也"作了这样的解说:"给的赏赐愈多,他们愈加感到饥饿,给的钱财愈多,他们愈加感到穷困,汉朝便成了他们倾心向往的地方了。"④

其实,《汉书》卷九四下《匈奴传下》明确说到汉文帝时代同匈奴"与通关市"的情形:"昔和亲之论,发于刘敬。是时天下初定,新遭平城之难,故从其言,约结和亲,赂遗单于,冀以救安边境。孝惠、高后时遵而不违,匈奴寇盗不为衰止,而单于反以加骄倨。逮至孝文,与通关市,妻以汉女,增厚其赂,岁以千金,而匈奴数背约束,边境屡被其害。"⑤

班固曾经分析事匈奴之策的不同:"绥御之方,其涂不一,或修文以和之,或用武以征之,或卑下以就之,或臣服而致之。""或卑下以就之"句下李贤注:"文帝与匈奴通关市,妻以汉女,增厚其赂也。"⑥ 这虽然是后代人的追述,然而与《新书·匈奴》的内容对照理解,大体可以明确,与匈奴"通关市"是汉文帝时代边政的创举。

自汉武帝时代起,北边"关市"在新的条件下得到了新的发展。而匈奴对"关市"持积极态度。《史记》卷一一〇《匈奴列传》写道:"今帝即位,明和亲约束,厚遇,通关市,饶给之。匈奴自单于以下皆亲汉,

---

① "厚与之和",有学者解释为:"用优厚的条件和他们讲和。"吴云、李春台校注:《贾谊集校注》,中州古籍出版社1989年版,第127页。
② 《新书校注》,第150页。
③ 同上书,第151页。
④ 王洲明、徐超校注:《贾谊集校注》,第150页。
⑤ 《汉书》,第3830—3831页。
⑥ 《后汉书》卷四〇下《班彪列传下》,第1374—1375页。

往来长城下。"①《汉书》卷九四上《匈奴传上》的记载是:"武帝即位,明和亲约束,厚遇关市,饶给之。匈奴自单于以下皆亲汉,往来长城下。"②《史记》"厚遇,通关市",《汉书》作"厚遇关市"。所谓"匈奴自单于以下皆亲汉,往来长城下",似乎可以说明贾谊"则胡人著于长城下矣"的预言确实实现了。

马邑之谋失败后,汉武帝又有派遣王恢出击匈奴辎重的命令,随后汉王朝与匈奴进入实际上的战争状态。然而即使在这样的情况下,"关市"依然发挥着经济联系的作用。《史记》卷一一〇《匈奴列传》:"自是之后,匈奴绝和亲,攻当路塞,往往入盗于汉边,不可胜数。然匈奴贪,尚乐关市,嗜汉财物,汉亦尚关市不绝以中之。"对于"汉亦尚关市不绝以中之",张守节《正义》引如淳云:"得具以利中伤之。"③而《汉书》卷九四上《匈奴传上》同样内容颜师古注的说法可能更为准确:"以关市中其意。"

《史记》卷一一〇《匈奴列传》还记载:"自马邑军后五年之秋,汉使四将军各万骑击胡关市下。"④可见当时"关市"对匈奴人的吸引,确实有使得"胡人著于长城下"的效力。

应当看到,匈奴"攻当路塞"和汉军"击胡关市下",其实都意味着对"关市"的直接破坏,也都是利用了"关市"吸引多民族群众的经济作用。

据《汉书》卷七《昭帝纪》记载,汉昭帝始元五年(前82),曾经宣布宽弛限制重要军事物资马和弩出关的禁令:"夏,罢天下亭母马及马弩关。"颜师古注:"应劭曰:'武帝数伐匈奴,再击大宛,马死略尽,乃令天下诸亭养母马,欲令其繁孳,又作马上弩机关,今悉罢之。'孟康曰:'旧马高五尺六寸齿未平,弩十石以上,皆不得出关,今不禁也。'师古曰:'亭母马,应说是;马弩关,孟说是也。'"⑤"罢……马弩关"的措施,事实上解除了"关市"对于当时作为战争中主要交通动力的马以及作为战争中主要进攻武器弩的禁令。

---

① 《史记》,第2904页。
② 《汉书》,第3765页。
③ 《史记》,第2905—2906页。
④ 同上书,第2906页。
⑤ 《汉书》,第222页。

在两汉之际的社会大动乱中，内地兵战频繁，而河西地区独得相对的安定。据《后汉书》卷三一《孔奋传》记载："时天下扰乱，唯河西独安，而姑臧称为富邑，通货羌、胡，市日四合，每居县者，不盈数月辄致丰积。"当时称为"脂膏"之地的姑臧，是武威郡治所在，作为河西长城东段的"富邑"，其经济地位的确定，是以"通货羌、胡，市日四合"的贸易条件的便利为基点的。也就是说，"关市"的作用，是边地形成"富邑"的重要条件之一。所谓"市日四合"，李贤解释说："古者为市，一日三合。《周礼》曰：'大市日侧而市，百族为主。〔朝市〕朝时而市，商贾为主。〔夕市〕夕时而市，贩夫贩妇为主。'今既人货殷繁，故一日四合也。"《孔奋传》还写道："陇蜀既平，河西守令咸被征召，财货连毂，弥竟川泽。唯奋无资，单车就路。姑臧吏民及羌胡更相谓曰：'孔君清廉仁贤，举县蒙恩，如何今去，不共报德！'遂相赋敛牛马器物千万以上，追送数百里。奋谢之而已，一无所受。"[①] 河西因贸易之发达实现地方之富足，以致地方官可以"财货连毂，弥竟川泽"。孔奋虽然廉洁，然而"姑臧吏民及羌胡"能够迅速"相赋敛牛马器物千万以上"，也说明姑臧"脂膏""富邑"名不虚传。而这一经济形势的形成，是与"通货羌、胡，市日四合"有直接关系的。[②]

（二）匈奴在西域商路的经济表现

匈奴通过"关市"丰富自身经济构成，激发生产和流通的活力，与其他民族的联系也因此更为密切。

在控制西域地方的时候，匈奴应当继承这一传统，甚至可能推行更为积极的政策，支持和鼓励商贸的活跃。

正如林幹所指出的，"匈奴族十分重视与汉族互通关市。除汉族外，匈奴与羌族经常发生商业交换；对乌桓族和西域各族也发生过交换"。此说匈奴"和西域各族也发生过交换"，在另一处则说，"匈奴还可能和西域各族发生交换"。一说"发生过交换"，一说"可能""发生交换"，似乎存在矛盾。然而论者可以给我们有益启示的如下判断则是确定的：

---

① 《后汉书》，第1098—1099页。
② 王子今、李禹阶：《汉代北边的"关市"》，《中国边疆史地研究》2007年第3期。

"（匈奴）并通过西域，间接和希腊人及其他西方各族人民发生交换。"①

这一时期丝路商道的形势，有的学者作过这样的分析，"匈奴人……企图控制西域商道，独占贸易权益"。"越来越强的贪欲，使他们亟欲控制商道，垄断东西贸易，以取得暴利。"②

有学者以为，"匈奴贵族""做着丝绸贸易"，"匈奴人""进行丝绸贸易"，或说"丝绢贸易"。亦有关于"当时匈奴贵族向西方贩运的丝绸的道路"的分析。③ 然而这些论说，现在看来，似乎缺乏确切的史料的支持。"匈奴人"在西域及邻近地方"进行丝绸贸易"、"丝绢贸易"的经济行为如果得到证实，当然可以推进匈奴史和西域史的认识。

亦有学者说，匈奴面对西域繁盛的商业，有"抢劫商旅"的行为。④ 这样的情形，当然是十分可能的。

（三）匈奴获得西域商业利润

殷墟5号墓出土玉器750余件，"绝大部分属'新疆玉'即和田玉都"。鄯善洋海古墓、和静察吾乎沟4号墓地以及温宿包孜东41号墓地，均出土海贝。出土海贝的遗址，还有哈密、吐鲁番、昌吉、库尔勒等地的先秦遗址或墓葬。和田玉出土于中原墓葬，海贝则见于新疆考古发掘现场。这些事实"表明先秦时期的新疆，商品交换已远远超越地区内部"。⑤ 先秦时期的经济传统应当为汉代西域人所沿袭。前引《后汉书》卷三一《孔奋传》"通货羌、胡，市日四合"，其中"胡"，不排除包括西域商人的可能。

余太山写道，"《史记·大宛列传》载自大宛以西至安息，其人皆'善市贾，争分铢'。《汉书·西域传》所载同。这是说早在张骞首次西使之时，葱岭以西诸国均已是重商之国"。《汉书·西域传》、《后汉书·西域传》"对天山以北、帕米尔以西、兴都库什山以南诸国的商业续有记载"。又引《汉书》卷九六上《西域传上》："至成帝时，康居遣子侍汉，

---

① 林幹：《匈奴通史》，第3、146—147页。
② 殷晴：《丝绸之路与西域经济——十二世纪前新疆开发史稿》，第111页。
③ 苏北海：《汉、唐时期我国北方的草原丝路》，张志尧主编《草原丝绸之路与中亚文明》，新疆美术摄影出版社1994年版，第28页。
④ 齐涛：《丝绸之路探源》，齐鲁书社1992年版，第52页。
⑤ 殷晴：《丝绸之路与西域经济——十二世纪前新疆开发史稿》，第52—54页。

贡献，然自以绝远，独骄嫚，不肯与诸国相望。都护郭舜数上言：'本匈奴盛时，非以兼有乌孙、康居故也；及其称臣妾，非以失二国也。汉虽皆受其质子，然三国内相输遗，交通如故，亦相候司，见便则发；合不能相亲信，离不能相臣役。……而康居骄黠，讫不肯拜使者。都护吏至其国，坐之乌孙诸使下，王及贵人先饮食已，乃饮啗都护吏，故为无所省以夸旁国。以此度之，何故遣子入侍？其欲贾市为好，辞之诈也。'"

余太山说："康居，在《汉书·西域传》描述的年代依旧是一个行国。这则记载的意义在于有助于了解行国之间存在经商的情况。特别是康居与匈奴、乌孙三国'内相输遗'。也说明，就康居而言，贡献和遣子入侍，不过是贾市的一种手段。"而"大月氏国'钱货，与安息同'"。"罽宾有'市列，以金银为钱……奉献者皆行贾贱人，欲通货市买，以献为名'云云，说明不仅康居，罽宾奉献的目的也是'通货市买'。"又乌弋山离国"市列、钱货、兵器、金珠之属与罽宾同"。此外，"《后汉书·西域传》载高附国'善贾贩，内富于财'"。论者于是写道，"以上表明，自西汉以降，天山以北、帕米尔以西、兴都库什山以南诸国大多从事经商活动"。"与此相对，有关塔里木盆地诸国商贸活动的报导特别稀少。""似乎当时商品经济尚未发达。"① 也许这样的判断略微失之于保守。

根据余太山已经注意到的史料，即以为"仅见几则报导"者，《汉书》卷九六上《西域传上》：疏勒国"有市列，西当大月氏、大宛、康居道也"。②《后汉书》卷八八《西域传》："元嘉元年，长史赵评在于寘病痈死，评子迎丧，道经拘弥。拘弥王成国与于寘王建素有隙，乃语评子云：'于寘王令胡医持毒药著创中，故致死耳。'评子信之，还入塞，以告敦煌太守马达。明年，以王敬代为长史，达令敬隐核其事。敬先过拘弥，成国复说云：'于寘国人欲以我为王，今可因此罪诛建，于寘必服矣。'敬贪立功名，且受成国之说，前到于寘，设供具请建，而阴图之。或以敬谋告建，建不信，曰：'我无罪，王长史何为欲杀我？'旦日，建从官属数十人诣敬。坐定，建起行酒，敬叱左右执之，吏士并无杀建意，官属悉得突走。时成国主簿秦牧随敬在会，持刀出曰：'大事已定，何为复疑？'即前斩建。于寘侯将输僰等遂会兵攻敬，敬持建头上楼宣告曰：

---

① 余太山：《两汉魏晋南北朝正史西域传研究》，第154—157页。
② 《汉书》，第3898页。

'天子使我诛建耳。'于窴侯将遂焚营舍,烧杀吏士,上楼斩敬,悬首于市。"① 就"斩敬,悬首于市",余太山说:"似乎于阗也有市列。《梁书·西北诸戎传》称该国王治'有屋室市井',亦可为证。"《汉书》卷九六上《西域传上》三次出现"市列"字样:

> 罽宾……有金银铜锡,以为器。市列。②
> 乌弋……其草木、畜产、五谷、果菜、食饮、宫室、市列、钱货、兵器、金珠之属皆与罽宾同。
> 疏勒国……有市列,西当大月氏、大宛、康居道也。③

"市列"见于汉代史籍,有《史记》卷三〇《平准书》:"是岁小旱,上令官求雨,卜式言曰:'县官当食租衣税而已,今弘羊令吏坐市列肆,贩物求利。亨弘羊,天乃雨。'"司马贞《索隐》:"坐市列,谓吏坐市肆行列之中。"④《汉书》卷二四下《食货志下》同样的记述,颜师古注:"市列,谓列肆。"⑤ 汉代语言习惯言"市列",应是指具有一定规模的市场。《盐铁论·救匮》贤良曰:"方今公卿大夫子孙,诚能节车舆,适衣服,躬亲节俭,率以敦朴,罢园池,损田宅,内无事乎市列,外无事乎山泽,农夫有所施其功,女工有所粥其业;如是,则气脉和平,无聚不足之病矣。"⑥《潜夫论·劝将》:"苟有土地,百姓可富也;苟有市列,商贾可来也;苟有士民,国家可强也;苟有法令,奸邪可禁也。"⑦"市列"是和"土地"对应的概念。

即使事实如余太山所说,"在一般情况下,这些绿洲只能作为东西贸易的中转站,进行一种所谓的过境贸易。当然,这样的货物集散市场形成的重要条件之一是地处交通枢纽"。⑧ 控制这样的交通枢纽对于匈奴也是

---

① 《后汉书》,第2916页。
② 颜师古注:"市有列肆,亦如中国也。"
③ 《汉书》,第3885、3889、3898页。
④ 《史记》,第1442页。
⑤ 《汉书》,第1176页。
⑥ 王利器校注:《盐铁论校注》,第400—401页。
⑦ (汉)王符撰,(清)汪继培笺,彭铎校正:《潜夫论笺校正》,中华书局1985年版,第254页。
⑧ 余太山:《两汉魏晋南北朝正史西域传研究》,第357—358、360页。

既具有军事意义,也具有经济意义的。匈奴在交通机动性方面具有优势,对于交通的重要性也予以突出的重视。正如有的学者所指出的,"那些被我们称作早期匈奴的'中心'的考古遗址是以运输和战争方面明显的技术进步为特征的"。①

匈奴在西域"赋税诸国,取富给焉",此所谓"赋税"是不是也包括商业税呢?从许多迹象考虑,匈奴对西域诸国的经济控制,应当包括对当地商业经营利润的超经济强制方式的盘剥。马长寿曾经写道:"天山南北路和昆仑山北麓,自古是中亚、南亚和东亚间商业交通要道,匈奴在其间设关卡,收商税,护送旅客,担保过山,都可以受到不少的报酬……"②

对于西域诸国在匈奴控制背景下的生存方式,以及匈奴对西域经济收益的依赖程度,有学者作如下分析:"事实上,新疆沃洲对于匈奴……几乎已是他们最主要的物资综合补给站。"

这种"补给",包括可观的"商业利润"。论者指出:"僮仆都尉驻准噶尔盆地直通塔里木盆地的天山南麓焉耆、危须、尉犁三个小国之间,征发三十六国亘于农、牧、工、矿各方面的产品,以及草原大道之外的沃洲大道上商业利润,构成匈奴经济面不可缺的一环节。惟其如此而当以后新疆统治权自匈奴转移到汉朝,匈奴立即会陷入经济困境,步上衰运。"③

匈奴"征发"西域的物资,包括"亘于农、牧、工、矿各方面的产品"以及"三十六国"的"商业利润",是可信的。不过,是否来自西域的经济收益会影响匈奴经济的主流,以致一旦丧失,"匈奴立即会陷入经济困境,步上衰运",还需要确切的考察才能说明。匈奴在西域所获利益中"商业利润"占有怎样的比重,也需要论证。但是在物产丰足、商业繁盛的西域地方,匈奴以军事强权剥夺其"商业利润"的可能性,应是没有疑义的。

对于"商业利润"的利益追求,可能会促使匈奴在西域的军事行政势力对商贸取支持和鼓励的政策。

---

① [美]狄宇宙(Nicola Di Cosmo):《古代中国与其强邻:东亚历史上游牧力量的兴起》,贺严、高书文译,中国社会科学出版社 2010 年版,第 95 页。

② 马长寿还说,"(匈奴)有时并掠夺行商和马队的货物",并指出,"这些事实都说明西域的物产和交通在匈奴经济中占相当重要的位置"(《北狄与匈奴》,第 32 页)。

③ 姚大中:《古代北西中国》,第 76 页。

(四)"贾胡"活跃于西域与北边

西域商人曾经有非常活跃的历史表演。如《后汉书》卷八九《南匈奴传》:"(建武)二十八年,北匈奴复遣使诣阙,贡马及裘,更乞和亲,并请音乐,又求率西域诸国胡客与俱献见。"① 极端的例证,又有《后汉书》卷四七《班超传》:"超遂发龟兹、鄯善等八国兵合七万人,及吏士贾客千四百人讨焉耆。"② 可知西域"贾客"亦参与战争。有学者以"游牧民族商业化的倾向,也就愈益显著"的说法概括匈奴对"贸易权益"的追求。③ 其实西域诸国可能更突出地体现出"商业化的倾向"。

《后汉书》卷五一《李恂传》:"复征拜谒者,使持节领西域副校尉。西域殷富,多珍宝,诸国侍子及督使贾胡数遗恂奴婢、宛马、金银、香、罽之属,一无所受。"所谓"贾胡数遗""奴婢、宛马、金银、香、罽之属",应是一种贿赂行为。也许这种行为曲折体现了匈奴占领时期特殊经济形式的历史惯性。"贾胡"身份,应是西域商人。李贤注:"贾胡,胡之商贾也。"又引《袁山松书》曰:"西域出诸香、石蜜。"李贤自己又解释说:"罽,织毛为布者。"④ 所谓"奴婢、宛马、金银、香、罽之属",都是西域以外人们所珍视的西域特产。

西汉中期,即有西域商人活跃于北边的史实记录。如陈连庆所说,"在中西交通开通之后,西域贾胡迅即登场"。⑤ 以敦煌汉简为例,所见乌孙人(88,90,1906),车师人(88),"☐知何国胡"(698)⑥,等等,未可排除来自西域的商人的可能。居延汉简可见记录"贾车"出入的简文:

---

① 《后汉书》,第2946页。《太平广记》卷四〇二《鹥饼胡》:"……但知市肆之间,有西国胡客至者,即以问之,当大得价。生许之。……将出市,无人问者。已经三岁,忽闻新有胡客到城,因以珠市之。……"可知"胡客"多是"贾胡"。
② 《后汉书》,第1581页。
③ 殷晴:《丝绸之路与西域经济——十二世纪前新疆开发史稿》,第111页。
④ 《后汉书》,第1683、1684页。
⑤ 陈连庆:《汉唐之际的西域贾胡》,《中国古代史研究:陈连庆教授学术论文集》,吉林文史出版社1991年版。
⑥ 吴礽骧、李永良、马建华释校:《敦煌汉简释文》,甘肃人民出版社1991年版,第9、202、71页。

  日食时贾车出
  日东中时归过（甲附 14B）①

所谓"贾车"，似是商贾用车。只是车主的族属并不清楚。② 又据《后汉书》卷九六《乌桓传》记载："顺帝阳嘉四年冬，乌桓寇云中，遮截道上商贾车牛千余两。"③ 北边地区"商贾车牛"的活跃，不排除有"商胡"参与创造商贸繁盛的情形。

  《后汉书》卷八八《西域传》篇末有以"论曰"形式发表的对于西域问题的总结性文字："论曰：西域风土之载，前古未闻也。汉世张骞怀致远之略，班超奋封侯之志，终能立功西遐，羁服外域。自兵威之所肃服，财赂之所怀诱，莫不献方奇，纳爱质，露顶肘行，东向而朝天子。故设戊己之官，分任其事；建都护之帅，总领其权。先驯则赏籯金而赐龟绶，后服则系头颡而衅北阙。立屯田于膏腴之野，列邮置于要害之路。驰命走驿，不绝于时月；商胡贩客，日款于塞下。其后甘英乃抵条支而历安息，临西海以望大秦，拒玉门、阳关者四万余里，靡不周尽焉。若其境俗性智之优薄，产载物类之区品，川河领障之基源，气节凉暑之通隔，梯山栈谷绳行沙度之道，身热首痛风灾鬼难之域，莫不备写情形，审求根实。……"④其中关于中土与西域相互往来的说法引人注目：

  驰命走驿，不绝于时月；商胡贩客，日款于塞下。

中原王朝面向西北，"驰命走驿"传达着王命。而西域地方东来中土，则"商胡贩客"有积极的表现。前者"不绝于时月"，后者"日款于塞下"，似乎有更为密集的活动频度。

（五）内地的西域"贾胡"

  马援南征"武陵五溪蛮夷"，进军艰难，时有指挥不力的批评。《后

---

 ① 谢桂华、李均明、朱国炤：《居延汉简释文合校》，文物出版社 1987 年版，第 671 页。
 ② 这枚简的 A 面文字为："肩水金关印曰氐池右尉，平利里吕充等五人。"所谓"吕充等五人"与 B 面简文"贾车"的关系尚不明朗。
 ③ 《后汉书》，第 2983 页。
 ④ 同上书，第 2931 页。

第四章 匈奴对西域开发的参与　　111

汉书》卷二四《马援传》有这样的记载："初，军次下隽，有两道可入，从壶头则路近而水崄，从充则涂夷而运远，帝初以为疑。及军至，耿舒欲从充道，援以为弃日费粮，不如进壶头，扼其喉咽，充贼自破。以事上之，帝从援策。"然而不久因遭遇地理因素的阻难，进军并不顺利。"三月，进营壶头。贼乘高守隘，水疾，船不得上。会暑甚。士卒多疫死，援亦中病，遂困，乃穿岸为室，以避炎气。贼每升险鼓噪，援辄曳足以观之，左右哀其壮意，莫不为之流涕。"对马援的批评，有的用语相当刻薄。"耿舒与兄好畤侯弇书曰：'前舒上书当先击充，粮虽难运而兵马得用，军人数万争欲先奋。今壶头竟不得进，大众怫郁行死，诚可痛惜。前到临乡，贼无故自致，若夜击之，即可殄灭。伏波类西域贾胡，到一处辄止，以是失利。今果疾疫，皆如舒言。'弇得书，奏之。帝乃使虎贲中郎将梁松乘驿责问援，因代监军。会援病卒，松宿怀不平，遂因陷之。帝大怒，追收援新息侯印绶。"①

对于马援进击迟缓以致"失利"的指责，有"类西域贾胡，到一处辄止"的说法。李贤解释说："言似商胡，所至之处辄停留。"可知"商胡"和"贾胡"其实并没有严格的区别。

东汉初期都城洛阳"贾胡"的表现，《东观汉记》卷一〇《杨正传》有所反映：

> 杨正为京兆功曹，光武崩，京兆尹出，西域贾胡共起帷帐设祭，尹车过帐，胡牵车令拜。尹疑止车，正在前导曰："礼，天子不食支庶，况夷狄乎！"敕坏祭，遂去。②

看来"西域贾胡"在洛阳一定的组织方式，有群体性的活动，甚至不畏惧地方行政长官。稍晚又可看到"贾胡"在内地结成武装暴力集团的情景，如《晋书》卷六九《刘隗传》："（刘）畴，字王乔，少有美誉，善谈名理。曾避乱坞壁，贾胡百数欲害之，畴无惧色，援笳而吹之，为

---

① 《后汉书》，第843—844页。
② （汉）刘珍等撰，吴树平校注《东观汉记校注》标点作："光武崩，京兆尹出西域，贾胡共起帷帐设祭……"（中华书局2008年版，第386页）分断"西域贾胡"，似有不妥。

《出塞》、《入塞》之声,以动其游客之思。于是群胡皆垂泣而去之。"①这样在乱世既自卫亦害人的集团,其规模至于"百数"人。而闻"《出塞》、《入塞》之声"乃动"游客之思",以致"皆垂泣而去之"的情形,也体现出其情感倾向的一致。

关于汉代活动于内地的"西域贾胡",《后汉书》卷三四《梁冀传》又有一则具体的史例:"冀乃大起第舍,而寿亦对街为宅,殚极土木,互相夸竞。堂寝皆有阴阳奥室,连房洞户。柱壁雕镂,加以铜漆;窗牖皆有绮疏青琐,图以云气仙灵。台阁周通,更相临望;飞梁石蹬,陵跨水道。金玉珠玑,异方珍怪,充积臧室。远致汗血名马。又广开园囿,采土筑山,十里九坂,以像二崤,深林绝涧,有若自然,奇禽驯兽,飞走其间。冀、寿共乘辇车,张羽盖,饰以金银,游观第内,多从倡伎,鸣钟吹管,酣讴竟路。或连继日夜,以骋娱恣。客到门不得通,皆请谢门者,门者累千金。又多拓林苑,禁同王家,西至弘农,东界荥阳,南极鲁阳,北达河、淇,包含山薮,远带丘荒,周旋封域,殆将千里。又起菟苑于河南城西,经亘数十里,发属县卒徒,缮修楼观,数年乃成。"② 苑囿,是中国宫廷园林在秦汉时期的表现。其制度的严格,使得大片地方成为皇家的自然保护区。当时的林苑之禁,有极其严厉的处置方式。例如:

> 移檄所在,调发生菟,刻其毛以为识,人有犯者,罪至刑死。尝有西域贾胡,不知禁忌,误杀一兔,转相告言,坐死者十余人。③

所谓"西域贾胡",生活方式如田猎等,一同当地汉人。只是"不知"豪家"禁忌",致使多人"坐死"。

东汉晚期京师地方"贾胡"聚居的情形,还可以通过《三国志》卷二一《魏书·傅嘏传》裴松之注引《傅子》的记述得以说明:

---

① 《晋书》,第1841页。《艺文类聚》卷四四引曹嘉之《晋书》作"援笳而吹之,为《出塞》之声",不言《入塞》。文渊阁《四库全书》本《太平御览》卷五八一引文同。上海涵芬楼影印宋本《太平御览》卷五八一引曹嘉之《晋书》则作"援笳而吹之,为《出塞》、《入塞》之声"。

② 《后汉书》,第1181—1882页。

③ 同上书,第1182页。

> 河南尹内掌帝都，外统京畿，兼古六乡六遂之士。其民异方杂居，多豪门大族，商贾胡貊，天下四会，利之所聚，而奸之所生。①

所谓"商贾胡貊，天下四会"，体现了当时洛阳作为世界都市的文化气象。

《三国志》卷二四《崔林传》中可以看到这样的记载："迁大鸿胪。龟兹王遣侍子来朝，朝廷嘉其远至，褒赏其王甚厚。余国各遣子来朝，间使连属，林恐所遣或非真的，权取疏属贾胡，因通使命，利得印绶，而道路护送，所损滋多。劳所养之民，资无益之事，为夷狄所笑，此曩时之所患也。乃移书燉煌喻指，并录前世待遇诸国丰约故事，使有恒常。"② 所说"曩时"旧例"权取疏属贾胡，因通使命"者，也反映"贾胡"往来中土的方便。

《崔林传》所说，虽然已经是曹魏故事。然而以"贾胡"杂入使团的情形，在西汉时已经出现。

例如，《汉书》卷九六上《西域传上》关于罽宾国与汉帝国的关系，有这样的记载："成帝时，复遣使献谢罪，汉欲遣使者报送其使，杜钦说大将军王凤曰：'前罽宾王阴末赴本汉所立，后卒畔逆。夫德莫大于有国子民，罪莫大于执杀使者，所以不报恩，不惧诛者，自知绝远，兵不至也。有求则卑辞，无欲则骄嫚，终不可怀服。凡中国所以为通厚蛮夷，惬快其求者，为壤比而为寇也。今县度之阸，非罽宾所能越也。其乡慕，不足以安西域；虽不附，不能危城郭。前亲逆节，恶暴西域，故绝而不通；今悔过来，而无亲属贵人，奉献者皆行贾贱人，欲通货市买，以献为名，故烦使者送至县度，恐失实见欺。凡遣使送客者，欲为防护寇害也。起皮山南，更不属汉之国四五，斥候士百余人，五分夜击刀斗自守，尚时为所侵盗。驴畜负粮，须诸国禀食，得以自赡。国或贫小不能食，或桀黠不肯给，拥强汉之节，馁山谷之间，乞丐无所得，离一二旬则人畜弃捐旷野而

---

① 《三国志》，第624页。《太平御览》卷二五二引《魏志》曰："傅嘏，字兰石，为河南尹，内掌帝都，外统京畿，兼主六乡六遂之士。其民异方杂居，多豪门大族，商贾胡貊，天下四会，利之所聚，而奸之所生也。"

② 《三国志》，第680页。《太平御览》卷二三二引《魏志》无"恒常"之"常"字，又"间使连属"作"问使连属"。

不反。'"

杜钦又说:"又历大头痛、小头痛之山,赤土、身热之阪,令人身热无色,头痛呕吐,驴畜尽然。又有三池、盘石阪,道狭者尺六七寸,长者径三十里。临峥嵘不测之深,行者骑步相持,绳索相引,二千余里乃到县度。畜队,未半坑谷尽靡碎;人堕,势不得相收视。险阻危害,不可胜言。圣王分九州岛,制五服,务盛内,不求外。今遣使者承至尊之命,送蛮夷之贾,劳吏士之众,涉危难之路,罢弊所恃以事无用,非久长计也。使者业已受节,可至皮山而还。"《汉书》卷九六上《西域传上》记载:"于是凤白从钦言。"①

杜钦的说法,为王凤所认同。其中关于罽宾使团的构成,杜钦指出的两点值得注意:

  1. 今悔过来,而无亲属贵人,奉献者皆行贾贱人,欲通货市买,以献为名……
  2. 今遣使者承至尊之命,送蛮夷之贾,劳吏士之众,涉危难之路,罢弊所恃以事无用,非久长计也。

杜钦指出其"奉献者皆行贾贱人",远行的直接目的是"欲通货市买"。这样的使者,实际上是"蛮夷之贾"。

这样以商人杂入使团的情形,是值得研究者注意的情形。

其实,汉王朝也曾经出现使团成员以谋求私利为"求使"目的的现象。如《史记》卷一二三《大宛列传》写道:"自博望侯开外国道以尊贵,其后从吏卒皆争上书言外国奇怪利害,求使。天子为其绝远,非人所乐往,听其言,予节,募吏民毋问所从来,为具备人众遣之,以广其道。来还不能毋侵盗币物,及使失指,天子为其习之,辄覆案致重罪,以激怒令赎,复求使。使端无穷,而轻犯法。其吏卒亦辄复盛推外国所有,言大者予节,言小者为副,故妄言无行之徒皆争效之。其使皆贫人子,私县官赍物,欲贱市以私其利外国。"② 所谓"私县官赍物,欲贱市以私其利外

---

① 《汉书》,第3886—3887页。
② 《史记》,第3171页。

国",严格说来,这当然也是一种特殊的商业行为。①

通过汉文史籍中"西域贾胡"的表现,可以说明西域商业传统的特征。而对于匈奴控制时期西域的商业政策,也可以由此得到深入理解的条件。②

---

① 参看王子今《汉代的"商胡""贾胡""酒家胡"》,《晋阳学刊》2011年第1期。
② 参看王子今《匈奴控制背景下的西域贸易》,《社会科学》2013年第2期。

第 五 章

匈奴控制西域的方式

一 "匈奴使"的活动

《世说新语·容止》记载曹操见"匈奴使"事:"魏武将见匈奴使,自以形陋不足雄远国,使崔季珪代,帝自捉刀立床头。既毕,令间谍问曰:'魏王何如?'匈奴使答曰:'魏王雅望非常,然床头捉刀人,此乃英雄也!'魏武闻之,追杀此使。"事又见《太平御览》卷七七九引《语林》。故事富有戏剧性,表现了曹操的特殊性格以及"匈奴使"的过人识见。而当时"使"的历史文化作用,也得以显现。

在匈奴经营西域的历史表现中,也可以看到"匈奴使"的突出作用。匈奴因此通过非军事方式实现了政治影响的扩张。

(一)"汉使"和"匈奴使"的西域竞争

汉武帝时代,张骞出使大月氏。使团于建元二年(前139)出发,途中遭遇匈奴人。张骞被长期拘禁,历时十年左右方得逃脱。他继续履行使命,又西越葱岭,行至大宛,经康居,抵达已经定居在今乌兹别克斯坦阿姆河北岸,又统领了大夏的大月氏。张骞东返途中又被匈奴俘获,扣留一年多,乘匈奴内乱,方于元朔三年(前126)回到长安。元狩四年(前119)张骞再次奉使西行至于乌孙。

《史记》卷一二三《大宛列传》记载:"骞因分遣副使使大宛、康居、大月氏、大夏、安息、身毒、于寘、扜罙及诸旁国。"[①] 实际上开展了对西域诸国的全面正式的交往。张骞之后,汉与西域的通使往来十分频繁,

---

① 《史记》,第3169页。

出现过一次与当地民族政权频繁往来的热季：

> 自博望侯骞死后……及汉使乌孙，若出其南，抵大宛、大月氏相属，乌孙乃恐，使使献马，愿得尚汉女翁主为昆弟。……而汉始筑令居以西，初置酒泉郡以通西北国。因益发使抵安息、奄蔡、黎轩、条枝、身毒国。而天子好宛马，使者相望于道。诸使外国一辈大者数百，少者百余人，人所赍操大放博望侯时。其后益习而衰少焉。汉率一岁中使多者十余，少者五六辈，远者八九岁，近者数岁而反。①

有学者根据《史记》、《汉书》、《资治通鉴》、《册府元龟》等文献的记载，统计自张骞起，西汉王朝派遣至西域的使者史载有姓名者27人，前后30次出使。② 而据《史记》卷一二三《大宛列传》所说，早期"汉使"即暴露出品质渐差的特点，在西域的表现，往往不能显现大国气象："自博望侯开外国道以尊贵，其后从吏卒皆争上书言外国奇怪利害，求使。天子为其绝远，非人所乐往，听其言，予节，募吏民毋问所从来，为具备人众遣之，以广其道。来还不能毋侵盗币物，及使失指，天子为其习之，辄覆案致重罪，以激怒令赎，复求使。使端无穷，而轻犯法。其吏卒亦辄复盛推外国所有，言大者予节，言小者为副，故妄言无行之徒皆争效之。其使皆贫人子，私县官赍物，欲贱市以私其利外国。"③

匈奴对汉王朝与西域的往来有强烈的反应，初则"匈奴闻汉通乌孙，怒，欲击之"，后来又有直接发军袭击汉王朝使团的行为。即所谓"匈奴奇兵时时遮击使西国者"。

"汉使"与"匈奴使"在西域诸国形成了交往形式和交往频度的竞争。④ 而双方的境遇，前者曾经居于明显的劣势地位：

---

① 《史记》卷一二三《大宛列传》，第3170页。
② 李大龙：《西汉派往西域的使者述论》，《民族研究》1990年第6期。
③ 《史记》，第3171页。
④ 黎虎《汉唐外交制度史》写道："西域是汉代外交的门户，控制了它，就打开了通往世界，特别是通往西亚、南亚、欧洲和北非的通道，否则就将局处于东亚一隅，隔断了与西方世界的联系和外交。两汉时期西域一直是汉与匈奴互相争夺的焦点……"（兰州大学出版社1998年版，第103页）汉与匈奴一直在这里进行外交"争夺"是历史事实，但是汉王朝的执政者当时未必有就此"打开""通往世界，特别是通往西亚、南亚、欧洲和北非的通道"的意识。

> 西北外国使，更来更去。宛以西，皆自以远，尚骄恣晏然，未可
> 诎以礼羁縻而使也。自乌孙以西至安息，以近匈奴，匈奴困月氏也，
> 匈奴使持单于一信，则国国传送食，不敢留苦；及至汉使，非出币帛
> 不得食，不市畜不得骑用。所以然者，远汉，而汉多财物，故必市乃
> 得所欲，然以畏匈奴于汉使焉。①

这一情形的发生，固然有"汉使"素质低下的因素，但是也与匈奴的军事威慑有直接关系。如《史记》卷一二三《大宛列传》所说："外国亦厌汉使人人有言轻重，度汉兵远不能至，而禁其食物以苦汉使。汉使乏绝积怨，至相攻击。而楼兰、姑师小国耳，当空道，攻劫汉使王恢等尤甚。"所谓"外国亦厌汉使人人有言轻重"，裴骃《集解》："服虔曰：'汉使言于外国，人人轻重不实。'如淳曰：'外国人人自言数为汉使所侵易。'"②更直接的原因，是西域诸国"以近匈奴"于是"畏匈奴"，"远汉"遂"度汉兵远不能至"。也就是说，汉文化的辐射强度，与"汉兵"是否能够提供威慑和支持有关。

西域地方"汉使"和"匈奴使"的竞争，最典型的例证，是"与从事郭恂俱使西域"的班超在鄯善国袭杀"匈奴使"的故事。

《后汉书》卷四七《班超传》记载，"超到鄯善，鄯善王广奉超礼敬甚备，后忽更疏懈。超谓其官属曰：'宁觉广礼意薄乎？此必有北虏使来，狐疑未知所从故也。明者睹未萌，况已着邪。'乃召侍胡诈之曰：'匈奴使来数日，今安在乎？'侍胡惶恐，具服其状。超乃闭侍胡，悉会其吏士三十六人，与共饮，酒酣，因激怒之曰：'卿曹与我俱在绝域，欲立大功，以求富贵。今虏使到裁数日，而王广礼敬即废；如令鄯善收吾属送匈奴，骸骨长为豺狼食矣。为之奈何？'官属皆曰：'今在危亡之地，死生从司马。'超曰：'不入虎穴，不得虎子。当今之计，独有因夜以火攻虏，使彼不知我多少，必大震怖，可殄尽也。灭此虏，则鄯善破胆，功成事立矣。'众曰：'当与从事议之。'超怒曰：'吉凶决于

---

① 《史记》卷一二三《大宛列传》，第3173页。《汉书》卷九六上《匈奴传上》："自乌孙以西至安息，近匈奴。匈奴尝困月氏，故匈奴使持单于一信到国，国传送食，不敢留苦。及至汉使，非出币物不得食，不市畜不得骑，所以然者，以远汉，而汉多财物，故必市乃得所欲。及呼韩邪单于朝汉，后咸尊汉矣。"（第3896页）

② 《史记》，第3171—3172页。

今日。从事文俗吏，闻此必恐而谋泄，死无所名，非壮士也！'众曰：'善。'"于是取得一致行动的共识。"初夜，遂将吏士往奔虏营。会天大风，超令十人持鼓藏虏舍后，约曰：'见火然，皆当鸣鼓大呼。'余人悉持兵弩夹门而伏。超乃顺风纵火，前后鼓噪。虏众惊乱，超手格杀三人，吏兵斩其使及从士三十余级，余众百许人悉烧死。明日乃还告郭恂，恂大惊，既而色动。超知其意，举手曰：'掾虽不行，班超何心独擅之乎？'恂乃悦。超于是召鄯善王广，以虏使首示之，一国震怖。超晓告抚慰，遂纳子为质。"①

在西汉时即发生的与"质子"相关的汉与匈奴在西域的民族关系竞争，也值得我们注意。余英时就此有这样的分析，"汉朝与匈奴也在他们对人质的要求和待遇方面进行竞争。楼兰的情况可以作为一个例子。由于夹在两大势力之间，楼兰在公元前108年送了一名王子到汉做人质，送另一名去匈奴。公元前92年新王继位时，同样的历史又重复了一遍。虽然人质制度起源于中国，但匈奴现在十分熟悉这种策略。这样，数年之后，当匈奴单于比汉朝先得到新王之死的消息时，他迫不及待地将作为人质的王子送回楼兰，操纵了有利于匈奴的嗣位。这一突然行动使楼兰对外政策基本转到坚决反汉的路线上，这种情况一直维持到公元前77年汉朝官员傅介子成功地刺杀偏向于匈奴的国王为止"。②

（二）"匈奴使"的军事使命

张骞的出使，本来是以与大月氏建立军事联盟为目的的。汉武帝期望结成夹击匈奴的军事联盟，招募使者出使大月氏。汉中人张骞应募出行。他又有曾经跟随大将军卫青出击匈奴，为远征军担任向导的军事经历。③张骞"从大将军"，先"为校尉"，又"为将军"，后受军法处置的事迹，见于《史记》卷一一一《卫将军骠骑列传》褚少孙补述"左方两大将军及诸裨将名"题下："将军张骞，以使通大夏，还，为校尉。从大将军有功，封为博望侯。后三岁，为将军，出右北平，失期，当斩，赎为庶人。

---

① 《后汉书》，第1572—1573页。
② 余英时：《汉朝的对外关系》，《剑桥中国秦汉史：公元前221年至公元220年》，第388页。
③ 《史记》卷一二三《大宛列传》："骞以校尉从大将军击匈奴，知水草处，军得以不乏，乃封骞为博望侯。"（第3167页）

其后使通乌孙，为大行而卒，冢在汉中。"① 在后来人的认识中，张骞的个人成就，起初竟然首先是军功。

南朝梁人吴均《入关》诗："羽檄起边庭，烽火乱如萤。是时张博望，夜赴交河城。马头要落日，剑尾掣流星。君恩未得报，何论身命倾。"又陈子昂《出塞》诗："忽闻天上将，关塞重横行。始返楼兰国，还向朔方城。黄金装战马，白羽集神兵。星月开天阵，山川列地营。晚风吹画角，春色耀飞旌。宁知班定远，独是一书生。"② "张博望"与"班定远"，都曾经以军官身份参与战争，也都以军事将领的形象出现在后世文人学士的回忆中。

张骞后来成为著名的军官，但是出使西域时并不具有这种身份。而东汉时决意以张骞为榜样"立功异域，以取封侯"③，"坦步葱、雪，咫尺龙沙"④ 的班超，则起初就是以军人身份奉使西域的。⑤ 而长期与"汉使"在西域诸国激烈进行和平与战争方式交错争夺的"匈奴使"，许多也在直接履行军事使命。前引班超在鄯善国袭击"北虏使"故事，有"骸骨长为豺狼食矣"的忧虑，于是"因夜以火攻虏"，是时"顺风纵火，前后鼓噪"，"鸣鼓大呼"，完全是正规作战模式，正是因为匈奴使团"百许人"自有相当可观的作战能力。

《后汉书》卷四七《班超传》写道："于寘王广德新攻破莎车，遂雄张南道，而匈奴遣使监护其国。"⑥ 这里所谓"监护"，即直接的军事控

---

① 《史记》，第2944页。
② （宋）郭茂倩编：《乐府诗集》卷二一《横吹曲辞》，中华书局1979年版，第317、320页。
③ 《后汉书》卷四七《班超传》："永平五年，兄固被召诣校书郎，超与母随至洛阳。家贫，常为官佣书以供养。久劳苦，尝辍业投笔叹曰：'大丈夫无它志略，犹当效傅介子、张骞立功异域，以取封侯，安能久事笔研间乎？'左右皆笑之。超曰：'小子安知壮士志哉！'"（第1571页）
④ 《后汉书》卷四七《班梁列传》赞（第1594页）。
⑤ 《后汉书》卷四七《班超传》："（永平）十六年，奉车都尉窦固出击匈奴，以超为假司马，将兵别击伊吾，战于蒲类海，多斩首虏而还。固以为能，遣与从事郭恂俱使西域。"班超因夜袭斩匈奴使，"超于是召鄯善王广，以虏使首示之，一国震怖。超晓告抚慰，遂纳为质。还奏于窦固，固大喜，具上超功效，并求更选使使西域。帝壮超节，诏固曰：'吏如班超，何故不遣而更选乎？今以超为军司马，令遂前功。'复受使，固欲益其兵，超曰：'愿将本所从三十余人足矣。如有不虞，多益为累。'"（第1572—1573页）
⑥ 《后汉书》，第1573页。

制。而这一任务是由"使"执行的。

也许我们还可以通过"匈奴使"在羌地的活动,从侧面推知西域"匈奴使"的军事使命。

《汉书》卷六九《赵充国传》写道:"元康三年,先零遂与诸羌种豪二百余人解仇交质盟诅。上闻之,以问充国。"赵充国回答:"羌人所以易制者,以其种自有豪,数相攻击,势不壹也。往三十余岁,西羌反时,亦先解仇合约攻令居,与汉相距,五六年乃定。至征和五年,先零豪封煎等通使匈奴,匈奴使人至小月氏,传告诸羌曰:'汉贰师将军众十余万人降匈奴。羌人为汉事苦。张掖、酒泉本我地,地肥美,可共击居之。'以此观匈奴欲与羌合,非一世也。间者匈奴困于西方,闻乌桓来保塞,恐兵复从东方起,数使使尉黎、危须诸国,设以子女貂裘,欲沮解之。其计不合。疑匈奴更遣使至羌中,道从沙阴地,出盐泽,过长坑,入穷水塞,南抵属国,与先零相直。臣恐羌变未止此,且复结联他种,宜及未然为之备。"

班固记载,"后月余,羌侯狼何果遣使至匈奴藉兵,欲击鄯善、敦煌以绝汉道。充国以为:'狼何,小月氏种,在阳关西南,势不能独造此计,疑匈奴使已至羌中,先零、罕、开乃解仇作约。到秋马肥,变必起矣。宜遣使者行边兵豫为备,敕视诸羌,毋令解仇,以发觉其谋。'"[1]

"羌变"的战争威胁,所谓"造此计",所谓"变必起",都因"匈奴使"的策动。

从赵充国敌情分析中所涉及"匈奴使"与羌人的军事联络,可知活动于西域诸国的"匈奴使"或说"北虏使"也应当有同样的表现。

(三) 傅介子事迹

前引余英时所说"前77年汉朝官员傅介子成功地刺杀偏向于匈奴的国王",是西汉王朝与西域关系史上的重要事件。

《汉书》卷六九《赵充国辛庆忌传》"赞曰"有著名的关于"山东"、"山西"人才群体地理区分的论说:"秦汉已来,山东出相,山西出将。秦将军白起,郿人;王翦,频阳人。汉兴,郁郅王围、甘延寿,义渠公孙贺、傅介子,成纪李广、李蔡,杜陵苏建、苏武,上邽上官桀、赵充国,

---

[1] 《汉书》,第2972—2973页。

襄武廉褒、狄道辛武贤、庆忌,皆以勇武显闻。苏、辛父子著节,此其可称列者也,其余不可胜数。何则?山西天水、陇西、安定、北地处势迫近羌胡,民俗修习战备,高上勇力鞍马骑射。故《秦诗》曰:'王于兴师,修我甲兵,与子皆行。'① 其风声气俗自古而然,今之歌谣慷慨,风流犹存耳。"② 义渠人傅介子列于"以勇武显闻"的名将谱中。

傅介子事迹见《汉书》卷七〇《傅介子传》。他曾经在执行出使任务时诛斩匈奴使者:

> 傅介子,北地人也,以从军为官。先是龟兹、楼兰皆尝杀汉使者,语在《西域传》。至元凤中,介子以骏马监求使大宛,因诏令责楼兰、龟兹国。介子至楼兰,责其王教匈奴遮杀汉使:"大兵方至,王苟不教匈奴,匈奴使过至诸国,何为不言?"王谢服,言:"匈奴使属过,当至乌孙,道过龟兹。"介子至龟兹,复责其王,王亦服罪。介子从大宛还到龟兹,龟兹言:"匈奴使从乌孙还,在此。"介子因率其吏士共诛斩匈奴使者。还奏事,诏拜介子为中郎,迁平乐监。③

"匈奴使"被"诛斩",并没有直接原因。只是因为"先是龟兹、楼兰皆尝杀汉使者","其王教匈奴遮杀汉使"。人们似可理解为一种报复

---

① 颜师古注:"《小戎》之诗也,解在《地理志》。"《汉书》卷二八下《地理志下》:"天水、陇西,山多林木,民以板为室屋。及安定、北地、上郡、西河,皆迫近戎狄,修习战备,高上气力,以射猎为先。故《秦诗》曰'在其板屋';又曰'王于兴师,修我甲兵,与子偕行'。及《车辚》、《四载》、《小戎》之篇,皆言车马田狩之事。汉兴,六郡良家子选给羽林、期门,以材力为官,名将多出焉。孔子曰:'君子有勇而亡谊则为乱,小人有勇而亡谊则为盗。'故此数郡,民俗质木,不耻寇盗。""在其板屋"句下,颜师古注:"《小戎》之诗也。言襄公出征,则妇人居板屋之中而念其君子。""王于兴师,修我甲兵,与子偕行"句下,颜师古注:"《无衣》之诗也。言于王之兴师,则修我甲兵,而与子俱征伐也。""及《车辚》、《四载》、《小戎》之篇,皆言车马田狩之事"句下,颜师古注:"《车辚》,美秦仲大有车马。其诗曰'有车辚辚,有马白颠'。《四载》,美襄公田狩也。其诗曰'四载孔阜,六辔在手','輶车鸾镳,载猃猲獢'。《小戎》,美襄公备兵甲,讨西戎。其诗曰'小戎俴收,五楘良辀','文茵畅毂,驾我骐馵','龙盾之合,鋈以觼軜'。"(第1644页)《汉书》作者以为"迫近羌胡"、"迫近戎狄"则"风声气俗"崇尚"勇武"的意见,值得研究边疆与民族问题者重视。

② 《汉书》,第2998—2999页。

③ 同上书,第3001页。

方式。

傅介子还有更极端的刺杀楼兰王的行为。他请求以使者身份前往西域，惩治"数反复"的"楼兰、龟兹"：

> 介子谓大将军霍光曰："楼兰、龟兹数反复而不诛，无所惩艾。介子过龟兹时，其王近就人，易得也，愿往刺之，以威示诸国。"大将军曰："龟兹道远，且验之于楼兰。"于是白遣之。

傅介子接受"且验之于楼兰"的指令启程，来到楼兰，以"黄金锦绣"诱使楼兰王接见：

> 介子与士卒俱赍金币，扬言以赐外国为名。至楼兰，楼兰王意不亲介子，介子阳引去，至其西界，使译谓曰："汉使者持黄金锦绣行赐诸国，王不来受，我去之西国矣。"即出金币以示译。译还报王，王贪汉物，来见使者。介子与坐饮，陈物示之。饮酒皆醉，介子谓王曰："天子使我私报王。"王起随介子入帐中，屏语，壮士二人从后刺之，刃交胸，立死。其贵人左右皆散走。介子告谕以"王负汉罪，天子遣我来诛王，当更立前太子质在汉者。汉兵方至，毋敢动，动，灭国矣！"遂持王首还诣阙，公卿将军议者咸嘉其功。

所谓"公卿将军议者咸嘉其功"，体现对于傅介子的行为，执政集团上层是普遍赞许的。不仅满朝称颂，又得到皇帝的嘉奖：

> 上乃下诏曰："楼兰王安归尝为匈奴间，候遮汉使者，发兵杀略卫司马安乐、光禄大夫忠、期门郎遂成等三辈，及安息、大宛使，盗取节印献物，甚逆天理。平乐监傅介子持节使诛斩楼兰王安归首，县之北阙，以直报怨，不烦师众。其封介子为义阳侯，食邑七百户。士刺王者皆补侍郎。"[1]

傅介子欲行刺龟兹王，霍光指示"且验之于楼兰"。从霍光的批准和汉昭

---

[1] 《汉书》，第3001—3002页。

帝的奖励，可知这一行为是受到汉王朝最高执政者正面支持的。

汉使傅介子以特殊方式实现的"功"，受到后世尊崇。[①] 然而我们也看到，有的历史学者就此是有所批评的。如《资治通鉴》卷二三"汉昭帝元凤四年"：

> 臣光曰：王者之于戎狄，叛则讨之，服则舍之。今楼兰王既伏其罪，又从而诛之，后有叛者，不可得而怀矣。必以为有罪而讨之，则宜陈师鞠旅，明致其罚。今乃遣使者诱以金币而杀之，后有奉使诸国者，复可信乎！且以大汉之强而为盗贼之谋于蛮夷，不亦可羞哉！论者或美介子以为奇功，过矣！

司马光以为"可羞"，以为"过矣"的意见，是值得中国古代民族关系史研究者予以重视的。

傅介子故事说明当时西域民族交往环境的恶劣。阴谋和暴力成为使团竞胜的重要手段。导致西域地方民族关系明显恶化的这一情形的出现，政治军事搏争的多方面的力量应当说各有责任。包括西域地方政治力量，包括"汉使"，当然也包括"匈奴使"。

二 匈奴西域"和亲"史事

利用婚姻关系强固部族、部族联盟、民族以及国家之间的关系，是由

[①] 《后汉书》卷四七《班超传》："超与母随至洛阳。家贫，常为官佣书以供养。久劳苦，尝辍业投笔叹曰：'大丈夫无它志略，犹当效傅介子、张骞立功异域，以取封侯，安能久事笔研间乎？'左右皆笑之。超曰：'小子安知壮士志哉！'"（第1571页）（明）徐应秋《玉芝堂谈荟》卷五"古今事相类"条："投笔封侯，有班超，而又有傅介子。"同样的说法又见（明）陈士元《名疑》卷三。《太平御览》卷六一四引《西京杂记》曰："傅介子年十四，好学书，常弃觚而叹曰：'大丈夫当立功绝域，何能坐为散儒！'卒斩匈奴使者，还报，拜中郎将。后复斩楼王首，封义阳侯。"（第2763页）（清）姜宸英《湛园札记》卷二："傅介子年十四，好学书。尝弃觚而叹曰：'丈夫当立功绝域，何能坐事散儒！'弃觚与班生投笔相类。"傅介子事迹的文化影响，又见唐人杜甫诗："愿见北地傅介子，老儒不用尚书郎。"（《忆昔二首》，《杜诗详注》卷一三）北宋人沈遘诗："上羞傅介子，下愧苏子卿。"（《城北别亲友》，《西溪集》卷三）南宋人汪藻诗："男儿当骑生马驹，不但词赋凌三都。愿从北地傅介子，西吞青海东元菟。"（《次韵苏养直寄黄元功》，《浮溪集》卷三〇）清人陈维崧文句："雪压贺兰，傅介子之功名萧瑟；天低汧陇，吕婆楼之才调纵横。"（《胡黄门其章先生葵锦堂集序》，《陈检讨四六》卷四）

来久远的交往形式。

匈奴也曾经采用这种方式，实现对西域国家军事、行政和经济等多方面的控制。

（一）"和亲"史源

班固在《汉书》卷九四下《匈奴传下》"赞曰"中写道："昔和亲之论，发于刘敬。"[①] 有学者认为，"中国古代严格意义上的和亲始于汉匈联盟"[②]，即肯定了"昔和亲之论，发于刘敬"之说。也有学者指出，"关于中国历史上'和亲'的起止时间，学界一般都认为'和亲'始于西汉初年……"然而，事实上，"先秦时期，夏商周三代以及各方国、诸侯国，华夏与所谓蛮夷戎狄等少数民族之间，曾经广泛地展开各种形式的联姻活动，呈现出错综复杂的形态，并与当时的政治、军事、外交形势的变化密切相关，具有明显的政治婚姻色彩。作为历代王朝调整不同民族与政权关系的一项重要政策与措施，严格意义上'和亲'虽然肇始于西汉初年，然而溯其本源，却可以从先秦时期政治婚姻中寻觅到最初的原型。特别是先秦典籍中'和亲'一词的出现，晋人魏绛所谓'和戎'政策的实施，以及'兄弟之国'与'甥舅之国'概念的形成等等，成为后世历代王朝推行'和亲'政策效法的史例与重要的理论依据"[③]。

有人认为刘敬建议的提出，即"'和亲政策'出台"[④] 又指出，"其实'和亲'古今中外早已有之，是统治阶级为取得政治、军事和经济利

---

① 《汉书》，第3830页。《太平御览》卷三三一引作"班固论曰"。
② 崔明德：《中国古代和亲通史》，人民出版社2007年版，第59页。
③ 宋超：《和亲史话》，社会科学文献出版社2012年版，第1—2页。
④ 论者写道："这一政策一出就引起一场轩然大波。当时大臣叔孙生就评为是一厢情愿之举，他说：'大汉方一宇宙，超三五，乃无故而饰爱女以为匈奴御，得无将会贻笑后世哉！'而且还讥笑说，即使汉女生子成为单于，也未必会善待汉朝，也可能'而以十万骑人塞牧曰：均尔孙也，吾何以无汉分地，请得九州之偏若幽冀者寓牧焉。'（以上见《史记短长说》）后世更是议论纷纷，后汉班彪说：'和亲无益'；北宋司马光认为：'建信侯（即刘敬）之术，固已疏矣'；唐代诗人戎昱在咏史诗中讽刺说：'汉家青史上，计拙是和亲。'"（王柏灵：《匈奴史话》，陕西人民出版社2004年版，第30—31页）今按：（明）王世贞《弇州四部稿》卷一四三《说部·短长下》："叔孙生进曰：'大汉方一宇宙，超三五，乃无故而饰爱女以为匈奴御，得无贻笑后世哉！夫冒顿，豺狼也。其父之不恤，而手镝之以死，何有于妇父？冒顿之有子也，而见其大父死于冒顿也，则曰：吾父且不武，何以独忍吾大父而弗忍外大父也？不然，而以十万骑人塞牧曰：均而孙也，吾何以无汉分地？请得九州之偏若幽冀者寓牧焉。奚辞扞之？'"

益而采取的一种手段。西方称之为政治联姻。《史记·匈奴列传》就记载有：'周襄王欲伐郑，故娶戎狄女为后，与戎狄兵共伐郑。'"① 对于"和亲之论，发于刘敬"的实际情节，还可以讨论②，但是在此之前匈奴或者与匈奴有某种族属关系的游牧族曾经有涉外政治婚姻的史实，确实值得我们注意。

古族婚姻史有出于政治目的与外族结亲的情形。李衡眉指出，商王帝辛"为了缓和与周人的矛盾，便采取了和亲政策，决定将其妹妹嫁给周文王"。③ 段连勤认为，周人将附庸秦族女子送给商王，"显有和亲之意思，如汉朝选宗室女为公主嫁与匈奴然"。④ 我们以为更应当关注的是中原政权与北方少数民族的政治婚姻关系，如周襄王娶狄女隗氏、骊戎献骊姬于晋献公、赵简子嫁女代王等。⑤

（二）"西戎"涉外政治婚姻

秦惠文王时代秦国与义渠君之间的关系，有情节复杂的故事。《史记》卷七〇《张仪列传》："义渠君朝于魏。犀首闻张仪复相秦，害之。犀首乃谓义渠君曰：'道远不得复过，请谒事情。'曰：'中国无事，秦得烧掇焚杅君之国；有事，秦将轻使重币事君之国。'其后五国伐秦。会陈轸谓秦王曰：'义渠君者，蛮夷之贤君也，不如赂之以抚其志。'秦王曰：

---

① 王柏灵：《匈奴史话》，第 31 页。
② 《史记》卷九九《刘敬叔孙通列传》记载刘敬向刘邦提出和亲建议时所说："陛下诚能以適长公主妻之"，则"兵可无战以渐臣"。"若陛下不能遣长公主，而令宗室及后宫诈称公主，彼亦知，不肯贵近，无益也。"据说"高帝曰'善'，欲遣长公主"，只是因为"吕后日夜泣，曰：'妾唯太子、一女，奈何弃之匈奴！'"因而"上竟不能遣长公主，而取家人子名为长公主，妻单于"（第 2719 页）。看来刘邦时代第一次和亲就有"冒充"情节。然而，梁玉绳《史记志疑》卷三二早已对此提出质疑："案：《张耳传》鲁元公主于高帝五年适赵王敖，至是时已三年矣，而云以妻单于，岂将夺而嫁之乎？敬之言悖也。乃帝善其言，即欲遣公主，有是理哉，必非事实。"对于刘敬和刘邦、吕后关于"以適长公主妻之"的言行"必非事实"的判断，是有道理的（中华书局1981 年版，第 1354 页）。参看王子今《南宫公主的婚事》，《读书》2006 年第 3 期，收入《秦汉边疆与民族问题》，中国人民大学出版社 2011 年版。
③ 李衡眉：《中国古代婚姻史论集》，吉林文史出版社 1992 年版，第 174 页。
④ 段连勤：《夏商周的边疆问题与民族问题》，《中国古代边疆政策研究》，中国社会科学出版社 1990 年版。
⑤ 参看崔明德《先秦政治婚姻史》，山东大学出版社 2004 年版，第 69—71、184—192、259—262 页。

'善。'乃以文绣千纯,妇女百人遗义渠君。""秦将轻使重币事君之国"句下,司马贞《索隐》:"谓秦求亲义渠君也。"张守节《正义》:"有事谓六国攻秦。秦若被攻伐,则必轻使重币,事义渠之国,欲令相助。犀首此言,令义渠君勿援秦也。"[①] 司马贞《索隐》所谓"谓秦求亲义渠君也",只是一种解说。崔明德《先秦政治婚姻史》写道:"当时秦怕义渠君乘机出兵秦国,便'求亲义渠君',并将'好女百人'送给义渠君。"注释标示"求亲义渠君"出自"《史记·张仪列传》"正文,误。[②]

秦上层政治集团与义渠的特殊关系,还有一则例证。《史记》卷一一〇《匈奴列传》记载:"义渠之戎筑城郭以自守,而秦稍蚕食,至于惠王,遂拔义渠二十五城。惠王击魏,魏尽入西河及上郡于秦。秦昭王时,义渠戎王与宣太后乱,有二子。宣太后诈而杀义渠戎王于甘泉,遂起兵伐残义渠。于是秦有陇西、北地、上郡,筑长城以拒胡。"[③] 所谓"义渠戎王与宣太后乱",虽然并非正式的婚姻关系,然而却是明确的情爱关系。宣太后又确实利用这一关系实现了政治目的。

《史记》卷一一〇《匈奴列传》明确指"义渠"为"西戎"之国,称"义渠之戎",其首领称"义渠戎王"。司马迁写道:"秦穆公得由余,西戎八国服于秦,故自陇以西有绵诸、绲戎、翟、䝠之戎,岐、梁山、泾、漆之北有义渠、大荔、乌氏、朐衍之戎。"[④]

特别值得我们注意的情形,即司马迁是将"义渠之戎"置于匈奴史的系列中进行记述的。而班固《汉书》卷九四上《匈奴传上》承继了这一认识。

(三) 乌孙王昆莫"左夫人"

"和亲"史研究者多关注汉王朝与匈奴、乌孙的"和亲"。其他民族政权的"和亲"方式似未受重视。

崔明德《中国古代和亲史》在第四章"东汉时期的和亲"中专门讨

---

① 《史记》,第3303—3304页。
② 崔明德:《先秦政治婚姻史》,第267页。
③ 《史记》,第2885页。参看王子今《秦国女权的演变》,《光明日报》2002年8月20日;《古史性别关系考察试习——从秦国两位太后说起》,《历史、史学与性别》,江苏人民出版社2002年版,第52—55页。收入《古史性别研究丛稿》,社会科学文献出版社2004年版。
④ 《史记》,第2883页。

论了"少数民族政权之间的和亲"。论者写道,"在东汉光武帝后期与明帝的前期,西域一片混乱,各种势力都在为了兼并对方而互相残杀"。①说西域"各种势力"的政治目的都是"兼并对方"或许并不符合实际。有的国家可能只求自保。其实,所谓"少数民族政权之间的和亲"自西汉时期已经可以看到历史记录。

乌孙作为草原强国,成为汉与匈奴共同争取的对象。《史记》卷一二三《大宛列传》记述乌孙与汉、匈奴的相互关系,曾经同时成为姻亲。而匈奴一方的主动,值得重视:

> 乌孙以千匹马聘汉女,汉遣宗室女江都翁主往妻乌孙,乌孙王昆莫以为右夫人。匈奴亦遣女妻昆莫,昆莫以为左夫人。②

所谓"匈奴亦遣女妻昆莫,昆莫以为左夫人",体现出这一婚姻关系的建立,有匈奴不甘心落后于汉的积极的竞争意识在起作用。

有学者分析,"昆莫以细君公主为右夫人,同时又迎娶匈奴女为左夫人。乌孙习俗与匈奴同,皆以'左'为尊。乌孙以匈奴女为左夫人,位在右夫人细君公主之上,表明乌孙虽然已与汉廷和亲,但为了避免激怒匈奴,故而在昆莫夫人的名分上抑汉崇胡"。③

(四) 匈奴郅支单于与康居王"和亲"

崔明德《中国古代和亲史》注意到莎车和于阗的"和亲"。论者写道:"永平三年(60年),于阗大人都末兄弟杀掉在于阗暴虐无道的莎车将君得,不久休莫霸又袭杀都末兄弟,自立为于阗王。继而休莫霸与拘弥国攻打莎车,不幸中流矢而死,其侄广德立为于阗王。广德乘匈奴与龟兹等政权共同攻击莎车之机,派其弟辅国侯仁带兵攻打莎车。莎车王贤因'连被兵革,乃遣使与广德和'。讲和的条件为,贤将多年来一直扣留在莎车的广德父亲归还于阗,并将女儿嫁给广德,结为兄弟,广德撤兵。于阗与莎车的这次和亲,显然是为了停战议和。但是,这次和亲对制止双方

---

① 崔明德:《中国古代和亲史》,人民出版社2005年版,第155页。
② 《史记》,第3172页。
③ 宋超:《和亲史话》,第45页。

战争的作用并不大。"①

论者所用资料,引自《后汉书》卷八八《西域传》的记述:"于寘国相苏榆勒等共立休莫霸兄子广德为王。匈奴与龟兹诸国共攻莎车,不能下。广德承莎车之敝,使弟辅国侯仁将兵攻贤。贤连被兵革,乃遣使与广德和。先是广德父拘在莎车数岁,于是贤归其父,而以女妻之,结为昆弟,广德引兵去。明年,莎车相且运等患贤骄暴,密谋反城降于寘。于寘王广德乃将诸国兵三万人攻莎车。贤城守,使使谓广德曰:'我还汝父,与汝妇,汝来击我何为?'广德曰:'王,我妇父也,久不相见,愿各从两人会城外结盟。'贤以问且运,且运曰:'广德女婿至亲,宜出见之。'贤乃轻出,广德遂执贤。而且运等因内于寘兵,虏贤妻子而并其国。锁贤将归,岁余杀之。"②

贤对于广德"以女妻之,结为昆弟",成为很古怪的亲族关系。所谓"女婿至亲"者,在血腥的政治权力争夺时并不能止息"兵革"。

另一例"少数民族政权之间的和亲",论者举羌人以"和亲"方式联合抗击汉王朝事:"羌族长期居住在青藏高原、陇西一带,过着游牧生活。王莽末年,社会动乱,羌人的一些部落内迁金城、陇西诸郡。由于羌族不满东汉的统治,纷纷起兵反抗。章和元年(87年),羌族首领迷吾与东汉从事司马防在木乘谷大战兵败后,又遭到东汉校尉张纡的诱骗,酋豪800余人被杀,迷吾也成了东汉的祭品。在这种情况下,迷吾之子迷唐与烧何、当煎、当阗等部落,去掉前仇,以和亲为手段,结成联盟,共抗东汉,取得了重大胜利。"③

正史的记载,可见《后汉书》卷一六《邓训传》:"章和二年,护羌校尉张纡诱诛烧当种羌迷吾等,由是诸羌大怒,谋欲报怨,朝廷忧之。公卿举训代纡为校尉。诸羌激忿,遂相与解仇结婚,交质盟诅,众四万余人,期冰合度河攻训。"④ 又《后汉书》卷八七《西羌传》:"章和元年,复与诸种步骑七千人入金城塞。张纡遣从事司马防将千余骑及金城兵会战于木乘谷,迷吾兵败走,因译使欲降,纡纳之。遂将种人诣临羌县,纡设

---

① 崔明德:《中国古代和亲史》,第155—156页。
② 《后汉书》,第2925—2926页。
③ 崔明德:《中国古代和亲史》,第156页。
④ 《后汉书》,第609页。

兵大会，施毒酒中，羌饮醉，纡因自击，伏兵起，诛杀酋豪八百余人。斩迷吾等五人头，以祭育弢。复放兵击在山谷间者，斩首四百余人，得生口二千余人。迷吾子迷唐及其种人向塞号哭，与烧何、当煎、当阗等相结，以子女及金银娉纳诸种，解仇交质，将五千人寇陇西塞，太守寇盱与战于白石，迷唐不利，引还大、小榆谷，北招属国诸胡，会集附落，种众炽盛，张纡不能讨。"①

所谓"诸羌激忿，遂相与解仇结婚，交质盟诅"，所谓"以子女及金银娉纳诸种，解仇交质"，确实可以理解为有"和亲"内容。

不过，对于这种"少数民族政权之间的和亲"，论者没有注意到发生在西汉时期的匈奴与西域诸国的"和亲"。除了前说"匈奴亦遣女妻昆莫，昆莫以为左夫人"外，还有郅支单于与康居王结亲事。

《汉书》卷七〇《陈汤传》记载，郅支单于杀汉使谷吉等，"自知负汉，又闻呼韩邪益强，遂西奔康居"事，随后：

> 康居王以女妻郅支，郅支亦以女予康居王。康居甚尊敬郅支，欲倚其威以胁诸国。②

康居王"以女妻郅支"，而郅支"亦以女予康居王"，一如前说贤"以女妻"广德，又"结为昆弟"，形成了特殊的婚姻关系。

除了康居欲借匈奴武力"以胁诸国"外，匈奴郅支单于也依恃和康居王的亲好关系称霸一时。"郅支数借兵击乌孙，深入至赤谷城，杀略民人，驱畜产，乌孙不敢追，西边空虚，不居者且千里。"不过，匈奴郅支单于与康居王的这种姻亲关系未能牢固，"郅支单于自以大国，威名尊重，又乘胜骄，不为康居王礼，怒杀康居王女及贵人、人民数百，或支解投都赖水中。发民作城，日作五百人，二岁乃已"。郅支单于"骄"而"不为康居王礼"，甚至"怒杀康居王女"，可知虽相互以女妻之，建立的却并不是平等关系。匈奴贵族在康居地方残杀"贵人、人民数百"，肢解弃投水中。③ 完全以宗主国自居。所谓"发民作城，日作五百人，二岁乃

---

① 《后汉书》，第2882—2883页。
② 《汉书》，第3009页。
③ "或支解投都赖水中"，颜师古注："支解谓解截其四支也。都赖，郅支水名。"（第3009页）

已",亦是奴役当地民众的记录。

郅支单于还将武力威胁延伸至其他地方,在与汉使者的对话中以及"因都护上书"亦出言"骄嫚":"又遣使责阖苏、大宛诸国岁遗,不敢不予。汉遣使三辈至康居求谷吉等死,郅支困辱使者,不肯奉诏,而因都护上书言:'居困厄,愿归计强汉,遣子入侍。'其骄嫚如此。"对于郅支单于"居困厄"诸语,颜师古注:"故为此言以调戏也。'归计'谓归附而受计策也。"①

(五) 匈奴狐鹿姑单于以日逐王姊妻乌禅幕

《汉书》卷九四上《匈奴传上》记载的另一例匈奴与西域国家"和亲"的史例,也不宜忽视:

> 乌禅幕者,本乌孙、康居间小国,数见侵暴,率其众数千人降匈奴,狐鹿姑单于以其弟子日逐王姊妻之,使长其众,居右地。②

对于乌禅幕这样的"数见侵暴"的"乌孙、康居间小国",其众来降,虽然只有"数千人",匈奴狐鹿姑单于依然十分重视,"以其弟子日逐王姊妻之",给予居地合法性的肯定,应当是有战略目的的。"和亲",被作为控制和利用的手段。

所谓"使长其众",颜师古注:"长众,为之长帅。"③

后来乌禅幕的表现,对于汉与匈奴对抗的总体形势的演进,也发挥了一定的作用。"明年,单于又杀先贤掸两弟。乌禅幕请之,不听,心恚。其后左奥鞬王死,单于自立其小子为奥鞬王,留庭。奥鞬贵人共立故奥鞬王子为王,与俱东徙。单于遣右丞相将万骑往击之,失亡数千人,不胜。时单于已立二岁,暴虐杀伐,国中不附。及太子、左贤王数谗左地贵人,左地贵人皆怨。其明年,乌桓击匈奴东边姑夕王,颇得人民,单于怒。姑夕王恐,即与乌禅幕及左地贵人共立稽侯狦为呼韩邪单于,发左地兵四五万人,西击握衍朐鞮单于,至姑且水北。未战,握衍朐鞮单于兵败走,使人报其弟右贤王曰:'匈奴共攻我,若肯发兵助我乎?'右贤王曰:'若不爱人,杀昆弟诸贵人。各自

---

① 《汉书》,第3009—3010页。
② 同上书,第3790页。
③ 同上。原文作"长,众为之长帅"。

死若处，无来污我。'握衍朐鞮单于恚，自杀。左大且渠都隆奇亡之右贤王所，其民众尽降呼韩邪单于。是岁，神爵四年也。"①

乌禅幕的立场和态度，有益于后来呼韩邪单于势力的上升。

（六）匈奴对汉王朝西域"和亲"政策的破坏

汉王朝在西域方向曾经对乌孙施行"和亲"政策。

乌孙是西域强国。《汉书》卷九六下《西域传下》记载："乌孙国，大昆弥治赤谷城，去长安八千九百里。户十二万，口六十三万，胜兵十八万八千八百人。相，大禄，左右大将二人，侯三人，大将、都尉各一人，大监二人，大吏一人，舍中大吏二人，骑君一人。东至都护治所千七百二十一里，西至康居蕃内地五千里。"乌孙居地的自然条件与匈奴近似，其生产生活方式也与匈奴类同："地莽平。多雨，寒。山多松樠。不田作种树，随畜逐水草，与匈奴同俗。国多马，富人至四五千匹。民刚恶，贪狼无信，多寇盗，最为强国。"

乌孙与匈奴的关系则有前后变化，"故服匈奴，后盛大，取羁属，不肯往朝会。东与匈奴、西北与康居、西与大宛、南与城郭诸国相接"。张骞出使乌孙，有谋求结盟共击匈奴的意图。其最初战略设计，包括"和亲"政策。"始张骞言乌孙本与大月氏共在敦煌间，今乌孙虽强大，可厚赂招，令东居故地，妻以公主，与为昆弟，以制匈奴。"②

张骞设计的策略得以实施，"武帝即位，令骞赍金币往。昆莫见骞如单于礼，骞大惭，谓曰：'天子致赐，王不拜，则还赐。'昆莫起拜，其它如故"。"骞既致赐，谕指曰：'乌孙能东居故地，则汉遣公主为夫人，结为昆弟，共距匈奴，不足破也。'乌孙远汉，未知其大小，又近匈奴，服属日久，其大臣皆不欲徙。昆莫年老国分，不能专制，乃发使送骞，因献马数十匹报谢。其使见汉人众富厚，归其国，其国后乃益重汉。"

在匈奴的武力压迫之下，汉与乌孙的"和亲"果然得以实现。"匈奴

---

① 《汉书》，第3790—3791页。

② 据《汉书》卷六一《张骞传》，张骞建议："今单于新困于汉，而昆莫地空。蛮夷恋故地，又贪汉物，诚以此时厚赂乌孙，招以东居故地，汉遣公主为夫人，结昆弟，其势宜听，则是断匈奴右臂也。既连乌孙，自其西大夏之属皆可招来而为外臣。"于是，"天子以为然，拜骞为中郎将，将三百人，马各二匹，牛羊以万数，赍金币帛直数千巨万，多持节副使，道可便遣之旁国"（第2692页）。开启了汉王朝西域争夺的新局面。

闻其与汉通，怒欲击之。又汉使乌孙，乃出其南，抵大宛、月氏，相属不绝。乌孙于是恐，使使献马，愿得尚汉公主，为昆弟。天子问群臣，议许，曰：'必先内聘，然后遣女。'乌孙以马千匹聘。汉元封中，遣江都王建女细君为公主，以妻焉。赐乘舆服御物，为备官属宦官侍御数百人，赠送甚盛。乌孙昆莫以为右夫人。"①

不过，匈奴随即也有相应对策，即同样送女"和亲"，"匈奴亦遣女妻昆莫，昆莫以为左夫人"。从"匈奴闻其与汉通，怒欲击之"到"匈奴亦遣女妻昆莫"，体现出匈奴西域经营方式的灵活性。

细君公主的个人悲情与思乡愁绪，后来传为千古哀婉的故事。"公主至其国，自治宫室居，岁时一再与昆莫会，置酒饮食，以币帛赐王左右贵人。昆莫年老，语言不通，公主悲愁，自为作歌曰：'吾家嫁我兮天一方，远托异国兮乌孙王。穹庐为室兮旃为墙，以肉为食兮酪为浆。居常土思兮心内伤，愿为黄鹄兮归故乡。'天子闻而怜之，间岁遣使者持帷帐锦绣给遗焉。"这位女子甚至为大政治家汉武帝"欲与乌孙共灭胡"的进取战略付出了中原女子难以承受的情感牺牲。"昆莫年老，欲使其孙岑陬尚公主。公主不听，上书言状，天子报曰：'从其国俗，欲与乌孙共灭胡。'岑陬遂妻公主。"

后来，又有江都公主和解忧公主相继出嫁。"昆莫死，岑陬代立。岑陬者，官号也，名军须靡。昆莫，王号也，名猎骄靡。后书'昆弥'云。岑陬尚江都公主，生一女少夫。公主死，汉复以楚王戊之孙解忧为公主，妻岑陬。岑陬胡妇子泥靡尚小，岑陬且死，以国与季父大禄子翁归靡，曰：'泥靡大，以国归之。'"这些汉家女子为帝国西域经营格局的新的构成多有贡献。"翁归靡既立，号肥王，复尚楚主解忧，生三男两女：长男曰元贵靡；次曰万年，为莎车王；次曰大乐，为左大将；长女弟史为龟兹王绛宾妻；小女素光为若呼翕侯妻。"②

《汉书》卷九六下《西域传下》记载，"昭帝时，公主上书，言：'匈奴发骑田车师，车师与匈奴为一，共侵乌孙，唯天子幸救之！'汉养士马，议欲击匈奴。会昭帝崩，宣帝初即位，公主及昆弥皆遣使上书，言：'匈奴复连发大兵侵击乌孙，取车延、恶师地，收人民去，使使谓乌孙趣持公主来，欲隔绝汉。昆弥愿发国半精兵，自给人马五万骑，尽力击

---

① 《汉书》，第3901—3903页。

② 同上书，第3903—3904页。

匈奴。唯天子出兵以救公主、昆弥。'"①

上述文字说明远在西域,"远托异国兮乌孙王"的汉家公主,对当地军事政治形势是予以密切关注的。

所谓匈奴"使使谓乌孙趣持公主来,欲隔绝汉",破坏汉王朝西域"和亲"政策的用心十分明显。"唯天子出兵以救公主、昆弥"的恳求,《汉书》卷八《宣帝纪》作"唯天子哀怜,出兵以救公主"②,《汉书》卷九四上《匈奴传上》作"唯天子出兵,哀救公主"③,只言"救公主"而不言"昆弥",均体现以汉为"吾家"的明确意向。所谓"使使谓乌孙趣持公主来",《汉书》卷九四上《匈奴传上》的说法是"(匈奴)即使使之乌孙,求欲得汉公主"。④

匈奴破坏汉王朝西域"和亲"政策的图谋未能成功。"汉兵大发十五万骑,五将军分道并出。""遣校尉常惠使持节护乌孙兵,昆弥自将翎侯以下五万骑从西方入,至右谷蠡王庭,获单于父行及嫂、居次、名王、犁汙都尉、千长、骑将以下四万级,马牛羊驴橐驼七十余万头,乌孙皆自取所虏获。还,封惠为长罗侯。是岁,本始三年也。汉遣惠持金币赐乌孙贵人有功者。"⑤ 有

---

① 《汉书》,第3905页。
② 同上书,第243页。
③ 同上书,第3785页。
④ 同上。
⑤ 《汉书》卷九六下《西域传下》,第3905页。《汉书》卷八《宣帝纪》:"(本始二年)匈奴数侵边,又西伐乌孙。乌孙愿昆弥及公主因国使者上书,言昆弥愿发国精兵击匈奴,唯天子哀怜,出兵以救公主。秋,大发兴调关东轻车锐卒,选郡国吏三百石伉健习骑射者,皆从军。御史大夫田广明为祁连将军,后将军赵充国为蒲类将军,云中太守田顺为虎牙将军,及度辽将军范明友、前将军韩增,凡五将军,兵十五万骑,校尉常惠持节护乌孙兵,咸击匈奴。""(三年春正月)戊辰,五将军师发长安。夏五月,军罢。祁连将军广明、虎牙将军顺有罪,下有司,皆自杀。校尉常惠将乌孙兵入匈奴右地,大克获,封列侯。"(第243—244页)《汉书》卷九四上《匈奴传上》:"……匈奴懿是恐,不能出兵。即使使之乌孙,求欲得汉公主。击乌孙,取车延、恶师地。乌孙公主上书,下公卿议救,未决。昭帝崩,宣帝即位,乌孙昆弥复上书,言:'连为匈奴所侵削,昆弥愿发国半精兵人马五万匹,尽力击匈奴,唯天子出兵,哀救公主!'本始二年,汉大发关东轻锐士,选郡国吏三百石伉健习骑射者,皆从军。遣御史大夫田广明为祁连将军,四万余骑,出西河;度辽将军范明友三万余骑,出张掖;前将军韩增三万余骑,出云中;后将军赵充国为蒲类将军,三万余骑,出酒泉;云中太守田顺为虎牙将军,三万余骑,出五原;凡五将军,兵十余万骑,出塞各二千余里。及校尉常惠使护发使乌孙西域,昆弥自将翕侯以下五万余骑从西方入,与五将军兵凡二十余万众。匈奴闻汉兵大出,老弱奔走,驱畜产远遁逃,是以五将少所得。""然匈奴民众死伤而去者,及畜产远移死亡不可数胜。于是匈奴遂衰耗,怨乌孙。"(第3785—3786页)

学者指出，这是"西汉时期对匈奴的最后一次大规模出征"。[1]

事后乌孙又上书汉帝提出"结婚重亲"的请求。汉王朝廷议，有不同对策发表。汉宣帝则排除异议，取赞同态度。"元康二年，乌孙昆弥因惠上书：'愿以汉外孙元贵靡为嗣，得令复尚汉公主，结婚重亲，畔绝匈奴，愿聘马骡各千匹。'诏下公卿议，大鸿胪萧望之以为'乌孙绝域，变故难保，不可许'。上美乌孙新立大功，又重绝故业，遣使者至乌孙，先迎取聘。昆弥及太子、左右大将、都尉皆遣使，凡三百余人，入汉迎取少主。"

于是，"上乃以乌孙主解忧弟子相夫为公主，置官属侍御百余人，舍上林中，学乌孙言。天子自临平乐观，会匈奴使者、外国君长大角抵，设乐而遣之"。长安形成了与乌孙宣示友好的热烈气氛。随后，"使长罗侯光禄大夫惠为副，凡持节者四人，送少主至敦煌"。然而，送行队列尚在途中，乌孙发生"变故"。"未出塞，闻乌孙昆弥翁归靡死，乌孙贵人共从本约，立岑陬子泥靡代为昆弥，号狂王。惠上书：'愿留少主敦煌，惠驰至乌孙责让不立元贵靡为昆弥，还迎少主。'"廷议时，萧望之再次提出反对意见，此次"和亲"中止。"事下公卿，望之复以为：'乌孙持两端，难约结。前公主在乌孙四十余年，恩爱不亲密，边竟未得安，此已事之验也。今少主以元贵靡不立而还，信无负于夷狄，中国之福也。少主不止，繇役将兴，其原起此。'天子从之，征还少主。"[2]

汉宣帝所谓"重绝故业"，颜师古注："重，难也。故业，谓先与乌孙婚亲也。"[3] 体现出坚持"和亲"政策之连贯性的诚意。而萧望之所谓"乌孙绝域，变故难保"，"乌孙持两端，难约结"，都有匈奴影响的因素。而"少主不止，繇役将兴，其原起此"的判断，自然也透露出对匈奴态度的顾忌。[4]

---

[1] 宋超：《汉匈战争三百年》，第121页。
[2] 《汉书》卷九六下《西域传下》，第3905—3906页。
[3] 同上书，第3906页。
[4] 参看王子今《匈奴西域"和亲"史事》，《咸阳师范学院学报》2012年第5期。

第六章

匈奴在西域的文化接受史

一 匈奴直接接受西域文化的影响

有学者指出，匈奴文化遗存表现出"文化因素构成的不平衡性"。这反映出，"作为一个大的整体，汉代的匈奴遗存在文化来源上是多源的，不同地点、不同时期的匈奴遗存文化因素的构成往往有所差异。匈奴国家本身是游牧部落通过对周边地区的军事征服而建立起来的，这种军事征服一方面将其他的部族吸收到匈奴国家当中成为一分子；另一方面在匈奴统治的边缘地区，当地原有的文化传统仍然顽强存在，匈奴文化以及附属于它同时到来的其他外来文化并没有成为当地文化的主体"。[①] 西域的情况就是这样。我们还看到，匈奴在压迫、奴役、剥夺西域诸国的同时，也受到了西域文化的影响。这种影响，在经济营生方面的意义最为突出。

（一）农耕方式

匈奴的传统经济形式是畜牧业。"随畜牧而转移。其畜之所多则马、牛、羊，其奇畜则橐驼、驴、骡、駃騠、騊駼、驒騱。逐水草迁徙，毋城郭常处耕田之业。""自君王以下，咸食畜肉，衣其皮革，被旃裘。"[②] 牲畜的乳制品"湩酪"也是匈奴人喜好的饮食。[③] 或说"匈奴之俗，人食畜

[①] 潘玲：《伊沃尔加城址和墓地及相关匈奴考古问题研究》，科学出版社2007年版，第113—114页。

[②] 《史记》卷一一〇《匈奴列传》，第2879页。

[③] 《史记》卷一一〇《匈奴列传》："得汉食物皆去之，以示不如湩酪之便美也。"裴骃《集解》："湩，乳汁也。"（第2899页）关于匈奴食"湩酪"，参看罗丰《中国北方乳制品制作与消费之历史——一个北方考古学与民族学的考察》，《中国饮食文化》2008年第2期。

肉，饮其汁，衣其皮；畜食草饮水，随时转移"。① 汉武帝元朔二年（前127）卫青出云中以西至陇西击匈奴，得"牛羊百余万"。② 元朔五年（前124）秋，卫青出高阙击匈奴右贤王，得"畜数千百万"。③ 据《汉书》卷九四上《匈奴传上》记载，汉宣帝本始二年（前72），发五将军兵十余万骑击匈奴，"匈奴闻汉兵大出，老弱奔走，驱畜产远遁逃，是以五将少所得"，匈奴"畜产远移死亡不可胜数"，然而汉军掳获马牛羊仍以千万计。④《后汉书》卷二三《窦宪传》记载，汉和帝永元元年（89），窦宪"与北单于战于稽落山，大破之"，追击至于私渠比鞮海（今蒙古乌布苏泊），"获生口马牛羊橐驼百余万头"。⑤《后汉书》卷八八《西域传》记载，汉顺帝阳嘉三年（134），车师后部司马掩击北匈奴于阊吾陆谷，也获"牛羊十余万头"。⑥ 此外，光武帝建武二十五年（49）南匈奴破北匈奴，得"马七千匹，牛羊万头"，以及汉章帝建初八年（83）"北匈奴三木楼訾大人稽留斯等率三万八千人、马二万匹、牛羊十余万，款五原塞降"等记载⑦，也可以说明匈奴畜牧经济之发达。匈奴畜产大多私有。本为汉使后投降匈奴而赐号称王的卫律，曾自称有"马畜弥山"。⑧

匈奴又以射猎作为生活资料获得方式的重要补充。"儿能骑羊，引弓射鸟鼠；少长则射狐兔：用为食。""其俗，宽则随畜，因射猎禽兽为生业。……"⑨ 射猎是匈奴人基本"生业"之一。《史记》卷一〇九《李将军列传》说到"匈奴射雕者"们神奇的射猎技能。苏武在牧羊时同时从事狩猎，以"能网纺缴，檠弓弩"而为匈奴於靬王爱重，"给其衣食"。⑩ 呼韩邪单于归附于汉，然而因"塞下禽兽尽"，"其大臣多劝单于北归"。颜师古注："塞下无禽兽，则射猎无所得"，"故欲北归旧处"。"其后呼韩

---

① 《史记》卷一一〇《匈奴列传》，第 2900 页。
② 同上书，第 2906 页。
③ 《史记》卷一一一《卫将军骠骑列传》，第 2925 页。
④ 《汉书》，第 3785—3786 页。
⑤ 《后汉书》，第 814 页。
⑥ 同上书，第 2930 页。
⑦ 《后汉书》卷八九《南匈奴列传》，第 2943、2950 页。
⑧ 《汉书》卷五四《苏武传》，第 2462 页。
⑨ 《史记》卷一一〇《匈奴列传》，第 2879 页。
⑩ 《汉书》卷五四《苏武传》，第 2463 页。

邪竟北归庭",终于北徙至多"禽兽"可以"射猎"的"旧处"。①

然而匈奴的经济史记录,有逐渐学习并掌握了农耕生产方式的迹象。

《史记》卷一一一《卫将军骠骑列传》说,霍去病的部队追击匈奴"至寘颜山赵信城,得匈奴积粟食军。军留一日而还,悉烧其城余粟以归"。②可见匈奴已知储粮以备军用。《汉书》卷九四上《匈奴传上》记载,匈奴杀汉降将贰师将军李广利,"会连雨雪数月,畜产死,人民疫病,谷稼不孰,单于恐,为贰师立祠室"。③"谷稼不孰"使最高统治者恐惧,说明匈奴已改变先前无"耕田之业"的传统,而开始重视农耕生产。《汉书》卷九四上《匈奴传上》还有关于匈奴于汉昭帝始元四年(前83)筹划筑楼仓以储粮的记载:"后二年秋,匈奴入代,杀都尉。单于年少初立,母阏氏不正,国内乖离,常恐汉兵袭之。于是卫律为单于谋:'穿井筑城,治楼以藏谷,与秦人守之。汉兵至,无奈我何。'即穿井数百,伐材数千。或曰胡人不能守城,是遗汉粮也,卫律于是止。"④卫律为单于出谋划策,主张穿井筑城,治楼藏谷,这意味着对经济和军事传统实行重大变革。尽管这一变革没有实现。

关于匈奴社会经济生活的考古资料中,也有可以说明匈奴发展农耕的证据。匈奴墓葬中多出土铜鹤嘴镐和铁鹤嘴镐⑤,这种匈奴人习用的工具既可用以砍伐,又可用于挖掘,推想至少部分应用于农业生产。在苏联和蒙古发掘的匈奴墓葬中,还发现农耕用的犁铧。⑥辽宁西丰西岔沟匈奴墓出土的2件长方薄板状铁锄,也是典型的农具。⑦匈奴墓葬中普遍出土陶器,许多研究者认为,这也是接近定居农业生活的标志。例如,考古学者在对内蒙古乌兰察布盟凉城县毛庆沟匈奴墓地的文化遗存进行分析后指

---

① 《汉书》卷九四下《匈奴传下》,第3801—3802页。
② 《史记》,第2935页。
③ 《汉书》,第3781页。
④ 同上书,第3782页。
⑤ 《鄂尔多斯式青铜器》一书中著录的鹤嘴镐,有鄂尔多斯收集的7件,桃红巴拉1号墓、公苏壕1号墓、鸦儿沟墓、呼鲁斯太2号墓、玉隆太墓、毛庆沟18号墓和38号墓各出土1件,共计14件,其中后3座墓出土的是铁鹤嘴镐(文物出版社1986年版,第44页)。原文作"鹤嘴斧"。
⑥ [苏联] C. B. 吉谢列夫:《蒙古的古代城市》,《史学译丛》1957年第6期;《南西伯利亚和外贝加尔湖地区古代城市生活的新资料》,《考古》1960年第2期。
⑦ 孙守道:《"匈奴西岔沟文化"古墓群的发现》,《文物》1960年第8、9期。

出，出土的罐、瓮、盆、豆等陶器"都具有同期农业文化的特征"。"毛庆沟墓地的主人尽管以畜牧业为主，但并不是纯游牧形态，可能已开始半定居了。"① 从 20 世纪 20 年代以来，"在蒙古和外贝加尔地区调查发现和发掘的匈奴时代城塞和村落遗址可确定的近 20 处"。如伊沃尔加城址，"发现了大量的住房、手工生产作坊、各式的农具，铁犁、锸、镢、镰刀、石磨盘、骨铲、大型的盛储器陶瓮、大量的窖穴等，显示出这里是一个定居的、兼营农业、手工业和畜牧业以及渔业和狩猎业的聚落"。② 有学者指出，"考古资料证明匈奴人很早就已有了农业。在属于公元前三世纪以前的匈奴方形古墓中就发现了与农业有关的石臼"。有的匈奴墓葬还发现了"农作物的种籽"。"很多匈奴墓中都发现了不少谷物、农具及与农业有关的大型陶器。匈奴人通常把谷物装在大型陶器里，故这类大型陶器出土时，往往还盛着谷物。"③ 论者结合历史文献有关匈奴农耕的记录，以为"农业在匈奴的社会经济中，也占有一定的地位"。不过，论者以为，"匈奴人的农业受到了汉族很大的影响，农业技术就是从汉人那里传入，而从事农业生产的劳动者，大多也是汉人"。④

对于判定匈奴"农业技术就是从汉人那里传入"的绝对化的意见，似有商榷的必要。

也许，分析匈奴农耕经济方式的来由，也应当取"多源的"考察视角。匈奴耕作技术和农产经营的学习，西域也是一个重要的方向。

匈奴曾经在西域屯田。《汉书》卷九六下《西域传下》载，汉昭帝时，"匈奴复使四千骑田车师"。⑤ 其中"复"字，说明起先早有"田车师"的经营。"考古资料证明匈奴人很早就已有了农业"的意见是正确的。对于匈奴早期控制西域的时代是否采用屯田方式，我们目前不能确知，然而也不能否定。汉宣帝即位，派遣五将军率军击匈奴，"车师田者惊去"。这些匈奴在西域地方驻军屯田的明确记载，都值得注意。又《汉

---

① 内蒙古文物工作队：《毛庆沟墓地》，田广金、郭素新《鄂尔多斯式青铜器》，第 304 页。
② 马利清：《原匈奴、匈奴历史与文化的考古学探索》，第 378 页。
③ 原注：参阅策氏《北匈奴》第一章《北匈奴的坟墓》。今按："策氏"，应即策·道尔吉苏荣。
④ 林幹：《匈奴通史》，第 137—138 页。
⑤ 《汉书》，第 3922 页。

书》卷九四上《匈奴传上》说,汉宣帝地节四年(前66),"匈奴怨诸国共击车师,遣左右大将各万余骑屯田右地,欲以侵迫乌孙西域"。① 屯田骑士多达2万以上,可知匈奴屯田规模之大,参与人数在某种意义上超过了汉王朝屯田基地往往只有数百人的记录。②

《汉书》卷九六上《西域传上》记载:"西域诸国大率土著③,有城郭田畜,与匈奴、乌孙异俗。""自且末以往皆种五谷,土地草木,畜产作兵,略与汉同。"甚至有农耕经验相当成熟的,如:"罽宾地平,温和,有目宿,杂草奇木,檀、櫪、梓、竹、漆。种五谷、蒲陶诸果,粪治园田。地下湿,生稻,冬食生菜。""乌弋地暑热莽平,其草木、畜产、五谷、果菜、食饮……皆与罽宾同。"④ 匈奴屯田西域,自然应当学习、熟悉和掌握西域"田作种树"⑤,居民适应当地生态条件的农耕知识和农耕技术。

匈奴西域屯田的实践,可能影响生活方式的演变。有学者指出,"匈奴控制吐鲁番后随即开展屯田","在匈奴长期的屯田生产的过程中,一部分匈奴人逐渐在吐鲁番定居"。这一情形,"使得部分匈奴人逐渐融入到姑师(车师)社会中"。而新莽王朝与匈奴及"依附匈奴的车师后国"发生战事,论者认为,"期间匈奴中的部分伤残人员可能定居吐鲁番"⑥。然而这样的认识可能还需要确定的证明。

(二) 毛织技术

《史记》卷一一〇《匈奴列传》写道,"被旃裘",是匈奴物质生活的基本特征之一。《盐铁论·论功》说到匈奴的住所,"织柳为室,旃席

---

① 《汉书》,第3788页。
② 参看王子今《秦汉边疆与民族问题》,第283—287页。
③ 颜师古注:"言著土地而有常居,不随畜牧移徙也。"(第3872页)
④ 《汉书》,第3872、3819、3885、3889页。《汉书》卷九六上《西域传上》还记述,安息国"土地风气,物类所有,民俗与乌弋、罽宾同"。大月氏国"土地风气,物类所有,民俗钱货,与安息同"。康居国"与大月氏同俗"。奄蔡国"与康居同俗"。大宛国"土地风气物类民俗与大月氏、安息同"(第3889、3890、3894页)。向"旁国"出口谷物的有鄯善、且末等国,《汉书》卷九六下《西域传下》还说到焉耆、危须。
⑤ 《汉书》卷九六下《西域传下》:乌孙国"不田作种树"。
⑥ 张安福:《汉唐屯垦与吐鲁番绿洲社会变迁研究》,第25页。

第六章 匈奴在西域的文化接受史

为盖"。①《汉书》卷九四上《匈奴传上》颜师古注匈奴所居"穹庐"的形制时也说："穹庐，旃帐也。其形穹隆，故曰穹庐。"②《史记》卷二七《天官书》："故北夷之气如群畜穹闾。"司马贞《索隐》："盖谓以毡为闾，崇穹然。"③苏武困于匈奴，"绝不饮食，天雨雪，武卧啮雪与旃毛并咽之"。④毡是用羊毛或其他动物毛经湿、热、挤压等作用轧碾合成的块片状隔热材料，为北方草原民族广泛应用于日常生活中。匈奴类似用品种类相当繁多。《太平御览》卷七〇八引杜笃《边论》说："匈奴请降，氍毹、罽褥、帐幔、毡裘积如丘山。"罽与氍毹均为毛织品。氍毹是毛毯，罽则曾经与丝绸等价。《汉书》卷一下《高帝纪下》：高帝八年（前199），令"贾人毋得衣锦绣、绮縠、絺紵、罽"。颜师古注："罽，织毛若今氍及氍毹之类也。"⑤匈奴人普遍服用毛织品，匈奴文化遗址出土的陶纺轮，当是匈奴毛织手工业工具的遗存。⑥

马利清《原匈奴、匈奴历史与文化的考古学探索》综述"匈奴物质文化特征"对于"衣物和丝织品"的介绍，说到"大量来自中原的丝绸制品以及产自当地的毡毯毛织物"。⑦判定"毡毯毛织物"均"产自当地"的认识，也许还可以斟酌。

西域地方的毛织技术有很早的渊源，也有很高的水准。纺织史学者说到毛织业的历史成就，总要举出"新疆古楼兰汉代遗址出土"的"用通经断纬方法织造的'缂毛'织物"作为典型例证。⑧

前引杜笃《边论》："匈奴请降，氍毹、罽褥、帐幔、毡裘积如丘

---

① 《盐铁论校注》卷九，第542页。
② 《汉书》，第3760页。
③ 《史记》，第1338页。关于"穹庐"，可参看［日］江上波夫《匈奴的住所》，于可可、殷稼、王子今译，《西北史地》1991年第3期。
④ 《汉书》卷五四《苏武传》，第2462页。
⑤ 《汉书》，第65—66页。
⑥ 内蒙古乌兰察布盟凉城县毛庆沟匈奴墓出土陶纺轮，见内蒙古文物工作队《毛庆沟墓地》，田广金、郭素新《鄂尔多斯式青铜器》，第287页。又，林干说到苏联布利亚特自治加盟共和国伊沃勒加匈奴城镇遗址中出土陶纺轮。见林干《匈奴城镇和庙宇遗迹》，《匈奴史论文选集》，中华书局1983年版，第416页。然而潘玲《伊沃尔加城址和墓地及相关匈奴考古问题研究》关于城址出土遗物和墓葬随葬器物的介绍没有涉及陶纺轮。马利清《原匈奴、匈奴历史与文化的考古学探索》综述"匈奴物质文化特征"有关出土陶器的总结，也没有涉及陶纺轮。
⑦ 马利清：《原匈奴、匈奴历史与文化的考古学探索》，第88页。
⑧ 吴淑生、田自秉：《中国染织史》，上海人民出版社1986年版，第7页。

山。"《太平御览》卷七〇八引班固《与弟超书》曰:"月支氀毹,大小相杂,但细好而已。"大概"月支氀毹"质量"细好"。而"罽褥"一同"罽衣"①、"罽帐"②、"罽幕"③、"罽帻"④、"罽绣"⑤ 等,都是指毛织品。《汉书》卷一下《高帝纪下》:"贾人毋得衣锦绣、绮縠、絺纻、罽。"颜师古注:"罽,织毛。"《后汉书》卷八〇《文苑列传上·杜笃》:"烧罽帐",李贤注:"罽,毛布也。"⑥《后汉书》卷五一《李恂传》:"后复征拜谒者,使持节领西域副校尉。西域殷富,多珍宝,诸国侍子及督使贾胡数遗恂奴婢、宛马、金银、香、罽之属,一无所受。"李贤注引袁山松《书》曰:"西域出诸香、石蜜。"李贤自注:"罽,织毛为布者。"⑦ 李恂一例,明确可知"罽"是"西域""珍宝"。又"罽裘"又称"罽宾裘",据说"以外国得名"⑧,暗示其最初产地应在罽宾。或许"罽褥"、"罽衣"、"罽帐"、"罽幕"、"罽帻"、"罽绣"、"罽裘"等称谓,"罽"都是产地标志,一如"宛马"。而《汉书》卷九六上《西域传上》"罽宾国"条,果然明确说到"其民巧",其手工业经济特色包括"织罽,刺文绣"。⑨

《汉书》卷九六下《西域传下》说:"西域诸国,各有君长,兵众分弱,无所统一,虽属匈奴,不相亲附。匈奴能得其马畜旃罽,而不能统率与之进退。"⑩ 明确说匈奴"能得"西域"旃罽"。匈奴"积如丘山"的毛织品中以"罽"为名之"罽褥",或与"月支氀毹"相同,早先"僮仆都尉"时代应取自西域,后来则很有可能是学习借鉴了西域毛织技术

---

① 《盐铁论校注》卷六《散不足》:"罽衣金缕,燕貉代黄。"(第350页)

② 《后汉书》卷八〇《文苑列传上·杜笃》:"横分单于,屠裂百蛮。烧罽帐,系阏氏,燔康居,灰珍奇,椎鸣镝,钉鹿蠡,驰坑岸,获昆弥。"李贤注:"罽,毛布也。"(第2600—2601页)

③ 《后汉书》卷八九《南匈奴列传》:"破龙祠,焚罽幕,坑十角,梏阏氏,铭功封石,倡呼而还。"(第2967页)

④ 《三国志》卷四六《吴书·孙坚传》:"坚常著赤罽帻。"(第1096页)

⑤ 《盐铁论校注》卷六《散不足》:"罽绣弇汗,华鞍明鲜。"(第350页)

⑥ 《后汉书》,第2600—2601页。

⑦ 同上书,第1683—1684页。

⑧ (宋)王安石:《临川先生文集》卷六《送郑叔熊归闽》:"黄尘雕罽裘,逆旅同逼仄。"李璧注:"罽宾裘、日本裘,皆以外国得名。"(中华书局1959年版,第124页)

⑨ 《汉书》,第3885页。

⑩ 同上书,第3930页。

之后自己的产品。匈奴居住遗址出土的陶纺轮等文物,可以作为西域毛织业影响匈奴的实证之一。

然而另一种意见也值得重视。有学者指出,考古资料"可以证明匈奴已经能自己制造毛织物,但有些制造工艺匈奴还是没有掌握。总的说来,中国史料中没有任何关于匈奴生产织物的记载"。[①] 如果匈奴纺织生产能力确实有限,则在毛织品,特别是质量较高的毛织品方面对于西域地方的依赖,是可以想见的。

(三) 冶铸生产

匈奴墓葬中出土的风格独特的青铜器和铁器,表明冶铸业已是匈奴物质文化的重要内容之一。

中国北方草原地区发现的以动物纹为基本装饰形式的青铜制品,即所谓"鄂尔多斯式青铜器",实际上是匈奴的文化遗物。考古学家认为,到了东汉晚期,随着匈奴势力向西迁徙,东部的鲜卑族移居其旧地,因而东汉末期以后,鄂尔多斯式青铜器的某些文化特征,又被鲜卑族所继承。[②] 在匈奴活动地区发现的青铜器,包括剑、刀、斧、凿、戈、矛、锥、鹤嘴镐、棍棒头以及镞等兵器和工具,头饰、项饰、腰饰以及其他佩饰,生活用具则有铜镜以及匙、鍑等饮食具,马具和车具出土数量也相当多。匈奴墓葬中大量出土的动物纹铜饰牌,造型优美,构图巧妙,工艺精细,成为驰誉世界的艺术珍品。《汉书》卷九四下《匈奴传下》说,"单于以径路刀金留犁挠酒"。颜师古注引应劭曰:"径路,匈奴宝刀也。"[③] 匈奴"其长兵则弓矢,短兵则刀鋋"。作为"士力能毌弓,尽为甲骑"[④] 的好战之国,制作青铜刀剑的技术已经相当成熟。镞是消耗量极大的兵器,匈奴墓葬出土铜镞共分近 40 式,其中 CXⅡ 式为形制独特的三翼式响箭,可能就是史籍中所谓的"鸣镝"。[⑤]

[①] [苏联]С. И. 鲁金科:《匈奴文化与诺彦乌拉巨冢》,孙危译,马健校注,中华书局 2012 年版,第 113 页。

[②] 田广金、郭素新:《鄂尔多斯式青铜器》,第 199 页。

[③] 《汉书》,第 3801—3802 页。

[④] 《史记》卷一一〇《匈奴列传》,第 2879 页。

[⑤] 《史记》卷一一〇《匈奴列传》:"冒顿乃作为鸣镝,习勒其骑射。令曰:'鸣镝所射而不悉射者,斩之。'行猎鸟兽,有不射鸣镝所射者,辄斩之。"(第 2888 页)

匈奴墓葬出土的镞中，西沟畔西汉初期墓中发现铁镞与铜镞并存。[①]时代相当于西汉晚期的补洞沟3号墓和4号墓则发现铁镞7件，而未见铜镞。[②] 此外，铁刀、铁剑、铁马具的普遍出土，以及所谓"炼铁炉"的发现[③]，说明匈奴冶铁业可能也逐步成为独立的手工业生产部门。

据《汉书》卷九六上《西域传上》记载，有的国家有铁器制作业，如婼羌国"山有铁，自作兵，兵有弓、矛、服刀、剑、甲"，鄯善国"能作兵，与婼羌同"。又，难兜国"有银铜铁，作兵与诸国同"。莎车国"有铁山"。[④]《汉书》卷九六下《西域传下》说，姑墨国"出铜、铁"。龟兹国"能铸冶，有铅"。山国"山出铁"。[⑤] 匈奴奴役西域时，很可能不仅得到了西域冶铸业的产品，也得到了西域冶铸业的技术。

前引有的学者的分析是有一定道理的，"匈奴金属矿产原料的取得与铸造业中心的建立，乃选择在新疆殖民地，这便是匈奴为什么必须牢固控制新疆，使之直接附属于本族的原因"。西域地方可以看作"匈奴冶金工业区，以及武器供应的兵工厂"。[⑥]

《史记》卷一二〇《汲郑列传》说，汉王朝与匈奴之间的物资交往，有严格的关禁制度："及浑邪至，贾人与市者，坐当死者五百余人。"汲黯说："愚民安知市买长安中物而文吏绳以为阑出财物于边关乎？"裴骃《集解》有这样的解释："应劭曰：'阑，妄也。《律》：胡市，吏民不得持兵器出关。虽于京师市买，其法一也。'"[⑦] 对于汉律"胡市，吏民不得持兵器出关"的条文，《汉书》卷五〇《汲黯传》颜师古注引应劭曰，又明确指出禁止出关的物资包括"铁"，即"兵器及铁"："《律》：'胡市，吏民不得持兵器及铁出关。'"[⑧] 在这样的制度下，匈奴可能会选择比较方

---

① 伊克昭盟文物工作站、内蒙古文物工作队：《西沟畔汉代匈奴墓地调查记》，《内蒙古文物考古》1980年创刊号。收入田广金、郭素新《鄂尔多斯式青铜器》，改题《西沟畔汉代匈奴墓地》。

② 伊克昭盟文物工作站：《伊克昭盟补洞沟匈奴墓清理简报》，《内蒙古文物考古》1980年创刊号。收入田广金、郭素新《鄂尔多斯式青铜器》，改题《补洞沟匈奴墓葬》。

③ 林幹：《匈奴通史》，第140页。

④ 《汉书》，第3875、3876、3884、3897页。

⑤ 同上书，第3910、3911页。

⑥ 姚大中：《古代北西中国》，第76页。

⑦ 《史记》，第3109—3110页。

⑧ 《汉书》，第2321页。

便的铁器获取方式，即从当时属于自由贸易区域的西域寻求。

（四）贸易行为

西域"贾胡"的活跃，是经济生活的重要表象之一。《汉书》卷九六上《西域传上》说罽宾国"市列"，乌弋"市列、钱货""皆与罽宾同"。安息国"民俗与乌弋、罽宾同"，"商贾车船行旁国"。大月氏国"民俗钱货，与安息同"。康居国"与大月氏同俗"。大宛国"民俗与大月氏、安息同"。又写道："自宛以西至安息国，虽颇异言，然大同，自相晓知也。其人……善贾市，争分铢。"而疏勒国亦"有市列"。①《后汉书》卷八八《西域传》又说，高附国"善贾贩，内富于财"。②

《后汉书》卷八八《西域传》篇末有以"论曰"形式发表的对于西域问题的总结性文字，其中说西域与中原的道路开通之后，"商胡贩客，日款于塞下"。③ 前引《后汉书》卷五一《李恂传》所谓"西域殷富，多珍宝，诸国侍子及督使贾胡数遗恂奴婢、宛马、金银、香、罽之属"，李贤注："督使，主蕃国之使也。贾胡，胡之商贾也。"④ 这些贿赂李恂的"贾胡"们，很可能会成为活动于西域的匈奴人的榜样。

《东观汉记》卷一六《杨正传》、《后汉书》卷三四《梁冀传》都有洛阳地方"西域贾胡"活动的记录。《三国志》卷二一《魏书·傅嘏传》裴松之注引《傅子》也说洛阳"商贾胡貊，天下四会"。⑤ "西域贾胡"的经营方式，也会对匈奴经济生活形成影响。

据《汉书》卷九四下《匈奴传下》："匈奴以故事遣使者责乌桓税，匈奴人民妇女欲贾贩者皆随往焉。"⑥ 与外族"贾贩"，竟然成为"匈奴人民妇女"一种群众性的行为。《后汉书》卷八九《南匈奴列传》记载："元和元年，武威太守孟云上言北单于复愿与吏人合市，诏书听云遣驿使

---

① 《汉书》，第3885、3889、3890、3892、3894、3896、3898页。
② 《后汉书》，第2921页。
③ 同上书，第2931页。
④ 同上书，第1683—1684页。
⑤ 《三国志》，第624页。参看王子今《汉代的"商胡""贾胡""酒家胡"》，《晋阳学刊》2011年第1期。
⑥ 《汉书》，第3820页。

迎呼慰纳之。北单于乃遣大且渠伊莫訾王等，驱牛马万余头来与汉贾客交易。"① 牲畜"交易"的规模也相当可观。

二 匈奴经过西域间接接受西亚和中亚文化的影响

季羡林在谈到西域研究的魅力和西域研究的困难时有这样的说法：西域是世界上唯一的"汇聚了古代四大文明的地区"。② 这里是世界不同文化体系的交会带，也成为匈奴间接接受西亚文化和中亚文化的中间站。

（一）消费生活：诺彦乌拉发现之一

从考古资料看，匈奴贵族享受着极高等级的消费生活。例如匈奴文化遗存中丝绸等来自汉地的织品非常集中的发现，就可以证明匈奴上层社会生活的奢华。

又比如黄金器具的占有，也说明了匈奴贵族的消费生活层次。

内蒙古伊克昭盟杭锦旗阿鲁柴登匈奴墓中出土金器218件，重4000余克。其中4件一套的金冠饰（包括鹰形冠顶饰1件，冠带饰3件），工艺最为精美。此外还有虎牛咬斗纹金饰牌、虎鸟纹金饰牌以及多种金饰片、金饰针等。金器的制法，已经采用铸、压、锤鍱和抽丝等工艺技术，大都以浮雕动物图案为装饰。③ 准格尔旗的西沟畔匈奴墓中，也曾发现金项圈、金耳坠、金指套、金头饰等金器。④ 在漠北的匈奴墓葬中，也普遍出土金首饰及各种小型金饰件，金片和金箔几乎各墓都有出土。⑤ 金器的

---

① 《后汉书》，第2950页。
② 荣新江：《季羡林先生主持的"西域研究读书班"侧记》，《人格的魅力——名人学者谈季羡林》，延边大学出版社1996年版，第241—245页。
③ 田广金、郭素新：《内蒙古阿鲁柴登发现的匈奴遗物》，《考古》1980年第4期。收入田广金、郭素新《鄂尔多斯式青铜器》，改题《阿鲁柴登发现的金银器》。
④ 伊克昭盟文物工作站、内蒙古文物工作队：《西沟畔匈奴墓》，《文物》1980年第7期；《西沟畔汉代匈奴墓地调查记》，《内蒙古文物考古》1980年创刊号。均收入田广金、郭素新《鄂尔多斯式青铜器》，前者改题《西沟畔战国墓》，后者改题《西沟畔汉代匈奴墓地》。
⑤ ［蒙古］策·道尔古苏荣：《北匈奴的坟墓》，《科学院学术研究成就》第1册，乌兰巴托科学委员会1956年版。

制作加工要求较高的工艺水平。具有独特风格的匈奴金器，是匈奴手工业工匠高超技能的物证。

更典型的发现见于诺彦乌拉匈奴墓葬。

重视金银器的制作和使用，是中亚地方的传统习俗。匈奴当然可以直接通过草原交往接受这一文化影响。但是另一种可能，即经过西域地区的中转。所见明确的迹象，即《汉书》卷九六上《西域传上》的记载："自宛以西至安息国"有这样的风习，"得汉黄白金，辄以为器，不用为币"。[1] 西域所谓以"黄白金""为器"的风习，通过产品和技术的传播，在匈奴文化的遗存中有所表现。

（二）信仰世界：诺彦乌拉发现之二

有学者根据匈奴遗址的发现分析说，"与包括斯基泰人在内的欧亚大陆古代游牧民族一样，我们认为，匈奴人在祭祀祖先、宇宙观、缔结盟誓的传统、在墓葬中随葬指甲和发辫的习惯以及其内部存在着一个以占卜和巫术为业的特殊阶层等问题上，与这些游牧民族有很多共同之处"。[2]

其他一些发现于诺彦乌拉匈奴墓葬的文化现象，也可能反映了匈奴人精神世界中若干具有神秘主义色彩的内容。其中有些因素与外来文明有密切的关系。

例如，诺彦乌拉匈奴墓葬所见"匈奴艺术中的狮子和狮鹰特征合于一体的格里芬形象很明显地体现出外来文明的痕迹"。研究者指出，"这些动物的风格特点与公元前5—公元前4世纪南西伯利亚、阿尔泰地区、中亚地区以及部分前亚地区的艺术品上的动物特点很接近。至少可以这样说，匈奴艺术中的这些动物形象是上述这些地区艺术品上动物形象的变体"。其他如所谓"十字形图案"、"十字架图形"、"十字架状的图形"，应当也具有神秘的象征意义。论者指出，"还有一种形体较大的十字架形状，是由三叶状的图案组成的。这些十字架图案与阿尔泰冢墓中出土的斯基泰时代的用木头刻成的十字架饰物非常相似，这种形象还成为突厥民族形象艺术中的一个常用的内容，这其中就包括现今的哈萨克人和吉尔吉斯人"。继承年代的久远，显现出其文化意义的深刻。

---

[1] 《汉书》，第3896页。
[2] ［苏联］С. И. 鲁金科：《匈奴文化与诺彦乌拉巨冢》，孙危译，马健校注，第134页。

诺彦乌拉织物或许蕴涵信仰意义的图案可见"其他文明的因素"者，又如，"首先有翼神兽的形象应该是波斯和帕提亚艺术的特征。另外还需要注意的是，五瓣花结的装饰也是波斯艺术中比较典型的特征"。

体现这些文化因素的文物来到匈奴人居地，与西域有重要的关系。研究者写道，"'丝绸之路'大约在公元前1世纪后正式开通，从中国向西先后经过哈密、吐鲁番和乌鲁木齐，然后经过伊塞克湖到达费尔干纳、索格底亚纳和巴克特里亚，接着又经过谋夫、哈马丹直达楚拉—格拉尼克、帕尔米拉，最后从这里再向西继续前进。这条路就是俗称的'北道'，通过这条道路可以将小亚细亚地区和希腊的织物输送到匈奴。至于织物上的龟和鸟的形象，它们很有可能是由来自境外的工匠所作。这些工匠或许来自中亚地区，并经过乌孙来到匈奴为王室专门服务"。[①] 西域，是文化交会的重要通道。

（三）艺术风格：诺彦乌拉发现之三

正如有的学者所指出的，"由于游牧生产方式和扩张战争，使得匈奴与周边各民族有着广泛而密切的联系，使其文化习俗表现为一种开放的、兼容并蓄、包含多种文化因素的复合型特征"。[②]

诺彦乌拉墓葬出土匈奴文物，许多体现出其他文明体系艺术风格的显著影响，例如"足以反映匈奴对西方各族的交换关系及其与西方的文化交流的刺绣画"。[③]

有的研究者说，诺彦乌拉匈奴墓葬出土"织物上的所有装饰纹样都能在公元前一千纪后半期的希腊和波斯艺术中找到相似的内容"。特别是出土的肖像画，"可以看到希腊工匠塑造的斯基泰战士的形象"。研究者评价，"这些物品是精湛的艺术品，同时还具有很高的工艺水平，而且具有浓厚的欧洲古典艺术风格。即使在今天，这些造型生动的肖像也会使我们感到吃惊"。这些作品的完成和传入，很可能与西域有密切的关系。有学者分析说，这些肖像画"可以认为是巴克特里亚或者是帕提亚工匠的

---

① ［苏联］С. И. 鲁金科：《匈奴文化与诺彦乌拉巨冢》，孙危译，马健校注，第134、116、120、126、128—129页。
② 马利清：《原匈奴、匈奴历史与文化的考古学探索》，第72页。
③ 林幹：《匈奴通史》，第147页。

作品"。又推测"这些工匠应该是生活在匈奴境内",而"匈奴与乌孙之间具有密切的联系,这些工匠或许就来自乌孙,也可能是途经乌孙来到匈奴定居的"。①

很可能西域艺术家因其生活地域位于东西大通道之重要枢纽的关系,承担了实现欧亚古代艺术彼此介绍和相互沟通的任务。匈奴人因此通过这一中介领略到"具有浓厚的欧洲古典艺术风格"的"精湛的艺术品"。当然,获得这些工艺品的直接手段,有可能通过"交换关系",也有可能是通过铁血方式。正如有的学者所分析的,"既然当时东西方之间已经有了比较活跃的商品贸易活动,那么小亚细亚地区、帕提亚地区以及巴克特里亚地区的织物就可以运送到匈奴统治的地区,其形式极有可能是贸易朝贡的形式,也有可能是战利品的形式"。②

还应当注意到,在"匈奴西边日逐王置僮仆都尉,使领西域","西域诸国""皆役属匈奴"③,"服属于匈奴,为其所役使"④的时代,西域很多地方,在一定意义上也可以看作所谓"匈奴统治的地区"。

---

① ［苏联］С. И. 鲁金科:《匈奴文化与诺彦乌拉巨冢》,孙危译,马健校注,第125—126页。
② 同上书,第135页。
③ 《汉书》卷九六上《西域传上》,第3872页。
④ 《汉书》卷九六上《西域传上》颜师古注,第3872页。

第 七 章

匈奴与汉王朝对西域的争夺

一 贾谊的战略设计:"备月氏、浑窳之变"

贾谊是长于战略思维的政治思想家。也有研究者直接称之为"政治家"。① 贾谊政治思想的特点之一,是眼界的雄阔宏大。后人所谓"宏识巨议"②,所谓"其才雄,其志达"③,所谓"卓卓乎其奇伟,悠悠乎其深长"④ 等,都注意到贾谊思想的这一特点。刘向对贾谊有这样的表扬:"其论甚美,通达国体,虽古之伊、管,未能远过也。"⑤ 所谓"通达国体",是对贾谊治国行政建议之战略意识的评价。有学者曾经指出,"西汉承暴秦之余习,公卿多刀笔吏,皆以簿书钱谷为事,而不知大体"。⑥ 而贾谊则被看作"上足以匡君,下足以救世"的"一代之大儒"。⑦ 即使批评贾谊的人,指出"贾生志大而量小",然而也承认他"志大",承认他"超然而有远举之志"。⑧ 而"其志"之"远""大",正在于其政论的

---

① 叶盛玉:《天才政治家——贾谊》,《新国风》第 3 卷第 4 期(1947 年 2 月);高凯军:《西汉杰出的政治家——贾谊》,《大庆师专学报》1983 年第 2 期。
② (明)李梦阳:《〈贾子〉序》,《新书校注》,第 519 页。
③ (明)周廷用:《刻贾太傅〈新书〉叙》,《贾谊集·贾太傅新书》,岳麓书社 2010 年版,第 440 页。
④ (明)黄宝:《〈新书〉序》,《新书校注》,第 520 页。
⑤ 《汉书》卷四八《贾谊传》,第 2265 页。
⑥ 这里所说的"不知大体",也有缺乏战略意识的涵义。
⑦ (清)刘毓崧:《西汉两大儒董子贾子经术孰优论》,《通义堂文集》,《续修四库全书》本,上海古籍出版社 2002 年版。
⑧ (宋)苏轼:《贾谊论》,《经进东坡文集事略》卷七,文学古籍刊行社 1957 年版,第 99 页。

深沉思考,"为天下筹长治久安之策"①,即多表现为战略决策方面的谋划。贾谊的政治主张有些当时就直接体现出战略指导的意义,有些则在后来历史演进的过程中产生了战略性的影响。即有的评论家所指出的,"后皆遵之有效,一一如谊所言"。②

贾谊比较早地关注汉与匈奴的竞争形势。据《汉书》卷四八《贾谊传》,贾谊上《治安策》,严肃指出:"臣窃惟事势,可为痛哭者一,可为流涕者二,可为长太息者六,若其它背理而伤道者,难遍以疏举。"其中特别强调匈奴压力的沉重:"天下之势方倒县。凡天子者,天下之首,何也?上也。蛮夷者,天下之足,何也?下也。今匈奴嫚侮侵掠,至不敬也,为天下患,至亡已也,而汉岁致金絮采缯以奉之。夷狄征令,是主上之操也;天子共贡,是臣下之礼也。足反居上,首顾居下,倒县如此,莫之能解,犹为国有人乎?非亶倒县而已,又类辟,且病痱。夫辟者一面病,痱者一方痛。今西边北边之郡,虽有长爵不轻得复,五尺以上不轻得息,斥候望烽燧不得卧,将吏被介胄而睡,臣故曰一方病矣。医能治之,而上不使,可为流涕者此也。"

贾谊又写道:"陛下何忍以帝皇之号为戎人诸侯,势既卑辱,而祸不息,长此安穷!进谋者率以为是,固不可解也,亡具甚矣。臣窃料匈奴之众不过汉一大县,以天下之大困于一县之众,甚为执事者羞之。陛下何不试以臣为属国之官以主匈奴?行臣之计,请必系单于之颈而制其命,伏中行说而笞其背,举匈奴之众唯上之令。今不猎猛敌而猎田彘,不搏反寇而搏畜菟,玩细娱而不图大患,非所以为安也。德可远施,威可远加,而直数百里外威令不信,可为流涕者此也。"③

贾谊也注意到匈奴侧翼和背后的形势。《新书·匈奴》中即以此为基点,提出了"备月氏、灌窳之变"的主张。这是对于汉帝国的边疆与民族问题、军事与行政问题的重要建议。这些意见与对匈奴的"三表""五饵"彼此照应,形成了北边战略的全新思路。后来汉武帝对匈奴战争中争取草原同盟国的交往成就,开通河西走廊的军事功业,在西域与匈奴

---

① (清)方宗诚:《贾生论》,《柏堂集》前编卷一,《清代诗文集汇编》672,上海古籍出版社2010年版,第55页。

② (宋)胡价:《〈贾子〉跋》,《新书校注》,第516页。参看王子今《贾谊政治思想的战略学意义》,《洛阳工学院学报》(社会科学版)1999年第4期。

③ 《汉书》,第2230、2240—2242页。

的有力争夺，都是在这一思想的基础上施行的政治实践。有人认为贾谊的建议"都是书生论政，危言耸听，皆不切实际"①，其实正是"不切实际"的批评。

（一）《新书·匈奴》的北边形势分析

《新书·匈奴》开篇就分析了匈奴的国力："窃料匈奴控弦大率六万骑，五口而出介卒一人，五六三十，此即户口三十万耳，未及汉千石大县也。而敢岁言侵盗，屡欲亢礼，妨害帝义，甚非道也。"② 现在看来，贾谊对于匈奴人口和军力的估计，都可能偏低了。《史记》卷一一〇《匈奴列传》说匈奴单于冒顿时代，"悉复收秦所使蒙恬所夺匈奴地者，与汉关故河南塞，至朝郍、肤施，遂侵燕、代。是时汉兵与项羽相距，中国罢于兵革，以故冒顿得自强，控弦之士三十余万"。③《史记》卷九九《刘敬叔孙通列传》说汉初情形："高帝罢平城归，韩王信亡入胡。当是时，冒顿为单于，兵强，控弦三十万，数苦北边。"④《汉书》卷四三《娄敬传》："高帝罢平城归，韩王信亡入胡。当是时，冒顿单于兵强，控弦四十万骑，数苦北边。"⑤ 一说"控弦之士三十余万"，一说"控弦三十万"，一说"控弦四十万骑"，都与贾谊"匈奴控弦大率六万骑"的估计相差过大。如果匈奴骑兵果真只有"六万"，以《汉书》卷九六《西域传》提供的资料对照，则军事实力逊于大月氏国"胜兵十万人"⑥，康居国"胜兵十二万人"，奄蔡国"控弦者十余万人"，乌孙国"胜兵十八万八千八百人"，而与大宛国"胜兵六万人"相当。⑦ 就匈奴军势的强劲看，"匈奴控弦大率六万骑"的敌情估计是不准确的。

关于匈奴对汉王朝用兵的记录，兵力超过"六万"者可见多次。如《史记》卷一〇八《韩长孺列传》说汉武帝元光元年（前134）马邑之谋

---

① 周锡山：《汉匈四千年之战》，上海画报出版社2004年版，第29页。
② 《新书校注》，第134页。
③ 《史记》，第2890页。
④ 同上书，第2719页。
⑤ 《汉书》，第2122页。
⑥ 《汉书》卷九六上《西域传上》："大月氏本行国也，随畜移徙，与匈奴同俗。控弦十余万。"（第3890页）
⑦ 《汉书》，第3890、3892、3893、3901页。

事,"单于穿塞将十余万骑,入武州塞"。① 卷一〇九《李将军列传》讲述李陵"将其射士步兵五千人出居延北可千余里"遭遇战败事,"单于以兵八万围击陵军"。② 卷一一〇《匈奴列传》说匈奴军政管理建制:"自如左右贤王以下至当户,大者万骑,小者数千,凡二十四长,立号曰'万骑'。"③ 就其"凡二十四长"构成看,骑兵绝不止"六万"之数。仅据《匈奴列传》记录的几次重要军事行动,出军数量多远远超过"六万"。如著名的"平成七日","白登之围":"冒顿纵精兵四十万骑围高帝于白登,七日,汉兵中外不得相救饷。匈奴骑,其西方尽白马,东方尽青駹马,北方尽乌骊马,南方尽骍马。"又,"汉孝文皇帝十四年,匈奴单于十四万骑入朝郱、萧关"。马邑之谋,匈奴"以十万骑入武州塞"。"伊稚斜单于既立……其明年,匈奴又复入代郡、定襄、上郡,各三万骑。""汉使浞野侯破奴将二万余骑出朔方西北二千余里……还,未至受降城四百里,匈奴兵八万骑围之。"李广利出击,"匈奴闻,悉远其累重于余吾水北,而单于以十万骑待水南,与贰师将军接战"。④

也许正是从这种对匈奴军事实力错误估算的认识基点出发,贾谊的匈奴对策有过于乐观的倾向。但是这也许并不妨碍他对于军事民族政策具体建议的合理性。贾谊建议设立专门的处理匈奴事务的行政机构:"陛下何不使能者一试理此,将为陛下以耀蝉之术振之。为此立一官,置一吏,以主匈奴,诚能此者,虽以千石居之可也。陛下肯听其事计,令中国日治,匈奴日危,大国大富,匈奴适亡。"

贾谊对北边形势特别是匈奴威胁严重程度的分析,第二个方面,是指出了匈奴发展前景的颓势。贾谊说:"窃闻匈奴当今遂羸,此其示武昧利之时也。而建隆义渠、东胡诸国,又颇来降。以臣之愚,匈奴且动……"这种"动",是趋向有利于汉王朝的变化。

贾谊北边形势分析的第三个方面,预言匈奴面临危机,即将走向分裂。《新书·匈奴》写道:"三表已谕,五饵既明,则匈奴之中乖而相疑矣。使单于寝不聊寐,饭失其口,褌剑挟弓,而蹲穹庐之隅,左视右视,

---

① 《史记》,第 2861 页。
② 同上书,第 2877 页。
③ 同上书,第 2890 页。
④ 同上书,第 2894、2901、2905、2907、2915、2918 页。又如《史记》卷一一一《卫将军骠骑列传》记"将军赵破奴"事,"左贤王与战,兵八万骑围破奴"(第 2945 页)。

以为尽仇也。彼其群臣，虽欲毋走，若虎在后；众欲无来，恐或轩之，此谓势然。其贵人之见单于，犹迮虎狼也，其南面而归汉也，犹弱子之慕慈母也。其众人之见将吏，犹噩连仇雠也，南乡而欲走汉，犹水流下也。将使单于无臣之使，无民之守，夫恶得不系颈顿颡，请归陛下之义哉？此谓战德。"①

这些分析所提出的预见性的意见，后来果然"一一如谊所言"。

贾谊对于匈奴盛衰演变的分析，强调了汉王朝主观努力的作用。这种努力，包括关注草原民族关系，积极寻求和争取反匈奴的外族同盟力量。

（二）关于"月氏、灌窳之变"之一

《新书·匈奴》写道："将必以匈奴之众，为汉臣民，制之令千家而为一国，列处之塞外，自陇西延至辽东，各有分地以卫边，使备月氏、灌窳之变，皆属之置郡②，然后罢戎休边，民天下之兵。帝之威德，内行外信，四荒悦服，则愚臣之志快矣。不然，帝威不遂，心与嘿嘿。"③ 所谓"以匈奴之众，为汉臣民"，进行编户齐民式的管理，"制之令千家而为一国"，附居"塞外"。沿长城防线定居，兼领守备任务，由邻近地方的行政机构管理。期望实现北边的和平，"罢戎休边，民天下之兵"。要实现所谓"四荒悦服"，贾谊提出了一项重要的军事政治任务，就是"使备月氏、灌窳之变"。

所谓"月氏、灌窳之变"，是指较匈奴距离中土更为遥远的草原民族以武装侵犯的形式参与内地社会政治生活。

关于其中的"月氏"，有校注者写道："月氏，古西域国名，土耳其族，居伊犁河、祁连山之间。详《汉书·西域传》。"④ 族属判定所谓"土耳其族"，地望判定所谓"居伊犁河、祁连山之间"，都不准确。

贾谊吸引匈奴内附，参与边地防卫，"使备月氏、灌窳之变"设想的提出，注意到了匈奴以外暂时尚未对中原造成威胁的草原民族。"月氏、灌窳"由于与匈奴积累的长期仇怨，在匈奴内附，"为汉臣民"，愿意为

---

① 《新书校注》卷四，第134、137—138页。
② "皆属之置郡"，或作"皆属之直郡"。
③ 《新书校注》卷四，第134页。
④ 同上书，第140页。

第七章 匈奴与汉王朝对西域的争夺

汉王朝"卫边"的情势下，也会成为汉的敌对方。然而在汉王朝与匈奴处于战争状态的背景下，则很可能有靠近汉王朝、接近汉王朝、亲近汉王朝的倾向。

对于"月氏、灌窳之变"的考虑，是贾谊追求"内行外信，四方悦服"理想政治目标之战略思维的重要内容。

贾谊最早关注到较匈奴距离汉地更为遥远的草原政治实体的存在，最早明确提醒执政集团应当重视这些政治实体在草原民族关系、军事格局和文化竞争中的作用。

《史记》卷一二三《大宛列传》记述月氏盛衰，特别注意到匈奴的军事强势影响："大月氏在大宛西可二三千里，居妫水北。其南则大夏，西则安息，北则康居。行国也，随畜移徙，与匈奴同俗。控弦者可一二十万。故时强，轻匈奴，及冒顿立，攻破月氏，至匈奴老上单于，杀月氏王，以其头为饮器。① 始月氏居敦煌、祁连间，及为匈奴所败，乃远去，过宛，西击大夏而臣之，遂都妫水北，为王庭。其余小众不能去者，保南山羌，号小月氏。"②

《史记》卷一一〇《匈奴列传》说，匈奴单于头曼时代，"东胡强而月氏盛"。③ 月氏与匈奴有复杂的关系。"单于有太子名冒顿。后有所爱阏氏，生少子，而单于欲废冒顿而立少子，乃使冒顿质于月氏。冒顿既质于月氏，而头曼急击月氏。月氏欲杀冒顿，冒顿盗其善马，骑之亡归。头曼以为壮，令将万骑。"匈奴单于冒顿时代，"西击走月氏"。汉文帝六年（前174），"单于遗汉书曰：'天所立匈奴大单于敬问皇帝无恙。前时皇帝言和亲事，称书意，合欢。汉边吏侵侮右贤王，右贤王不请，听后义卢侯难氏等计，与汉吏相距，绝二主之约，离兄弟之亲。皇帝让书再至，发使以书报，不来，汉使不至，汉以其故不和，邻国不附。今以小吏之败约

---

① ［法］鲁保罗《西域的历史与文明》写道："我们的印欧人被战胜以后，再无复仇的希望，在当地留下了其国王的首级。按照惯例，单于用月氏人国王的头颅作了一个酒杯，这是对其才华的一种尊重。"（耿昇译，新疆人民出版社2006年版，第87页）

② 《史记》，第3161—3162页。《汉书》卷九六上《西域传上》："大月氏本行国也，随畜移徙，与匈奴同俗。控弦十余万，故强轻匈奴。本居敦煌、祁连间，至冒顿单于攻破月氏，而老上单于杀月氏，以其头为饮器，月氏乃远去，过大宛，西击大夏而臣之，都妫水北为王庭。其余小众不能去者，保南山羌，号小月氏。"（第3890—3891页）

③ 张守节《正义》引《括地志》云："凉、甘、肃、延、沙等州地，本月氏国。"（第2887—2888页）

故，罚右贤王，使之西求月氏击之。以天之福，吏卒良，马强力，以夷灭月氏，尽斩杀降下之。① 定楼兰、乌孙、呼揭及其旁二十六国，皆以为匈奴。诸引弓之民，并为一家。北州已定，愿寝兵休士卒养马，除前事，复故约，以安边民，以应始古，使少者得成其长，老者安其处，世世平乐。……'"② 匈奴炫耀的对西域的控制，是以"夷灭月氏"为首要标志的。

（三）关于"月氏、灌窳之变"之二

《新书·匈奴》中的"备月氏、灌窳之变"，有一种意见以为所谓"灌窳"，可能与"窳浑"有关。阎振益、锺夏《新书校注》："灌窳，未详。卢文弨曰：'灌窳，疑当作窳浑，县名，在朔方郡。一说，窳乃瓜字之讹，灌瓜即《退让篇》所云者。'夏案：窳浑故地在今内蒙古杭锦后旗一带。"③

《通典》卷一九四《边防十·北狄一》引"时贾谊论边事曰"作"各有分地以使边，备月氏、灌窳变，皆属之其置郡"。《文献通考》卷三四〇《四裔考十七·北狄》同。《太平寰宇记》卷一八九《四夷十八·北狄一》引"时贾谊论边事曰"，作"各有分地以卫边，备月氏、灌窳之变，皆属之置郡"。明人冯瑗《经济类编》卷六八《边塞类一·御夷》引贾谊《匈奴篇》作"各有分地以卫边，使备月氏、灌窳之变，皆属之置郡"。各本均引作"灌窳"。

《史记》卷一一〇《匈奴列传》："后北服浑庾、屈射、丁零、鬲昆、薪犁之国。于是匈奴贵人大臣皆服，以冒顿单于为贤。"张守节《正义》："已上五国，在匈奴北。"④《汉书》卷九四上《西域传上》"北服浑庾"作"北服浑窳"。⑤ 宋人倪思《班马异同》卷二三："北服浑庾（窳）、屈射、丁灵（零）、鬲（隔）昆（龙）、薪（新）犁（挈）之国。"

《史记》卷一一一《卫将军骠骑列传》："都尉韩说从大将军出窳浑。"裴骃《集解》："徐广曰：'窳浑在朔方，音庾。'"司马贞《索隐》：

---

① "孝文皇帝前六年，汉遗匈奴书"的表述是："今以小吏败约，故罚右贤王使西击月氏，尽定之。"
② 《史记》卷一一〇《匈奴列传》，第2888—2896页。
③ 《新书校注》，第140页。
④ 《史记》，第2893页。
⑤ 《汉书》，第3753页。

"服虔云：'窳浑，塞名。徐广云'在朔方'。《汉书》作'寘浑'。寘音田也。"①《三国志》卷三〇《魏书·乌丸鲜卑东夷传》裴松之注引《魏略·西戎传》："匈奴北有浑窳国，有屈射国，有丁令国，有隔昆国，有新梨国。"②

《太平御览》卷一六四引《汉志》曰："朔方郡治窳浑。莽曰沟搜。窳浑有道，西北出鸡鹿塞。"《汉书》卷二八下《地理志下》的记载是：

> 朔方郡，武帝元朔二年开。西部都尉治窳浑。莽曰沟搜。属并州。户三万四千三百三十八，口十三万六千六百二十八。县十：三封，武帝元狩三年城。朔方，金连盐泽、青盐泽皆在南。莽曰武符。修都，临河，莽曰监河。呼遒，窳浑，有道西北出鸡鹿塞。屠申泽在东。莽曰极武。渠搜，中部都尉治。莽曰沟搜。沃野，武帝元狩三年城。有盐官。莽曰绥武。广牧，东部都尉治。莽曰盐官。临戎。武帝元朔五年城。莽曰推武。③

《水经注·河水三》："河水又北迤，西溢于窳浑县故城东。汉武帝元朔二年开朔方郡县，即西部都尉治。有道，自县西北出鸡鹿塞。王莽更郡曰沟搜，县曰极武。其水积而为屠申泽。泽东西百二十里，故《地理志》曰：屠申泽在县东。即是泽也。阚骃谓之窳浑泽矣。"④《太平寰宇记》卷三六《关西道十二·灵州》："黄河。《水经注》云：河西溢于窳浑县。《汉书》：'卫青绝梓岭，梁北河。'谓此处也。"又卷一九一《四夷二十·北狄三·匈奴下》："汉遣车骑都尉韩昌将骑万六千，送单于出朔方鸡鹿塞。"原注："在朔方窳浑县西北是也。"《陕西通志》卷三《建置第二》："按：窳浑在靖边县北河套中。""窳浑"的位置，在今内蒙古巴彦淖尔市磴口西北。⑤"窳浑"如果与"浑庾"、"浑窳"有关，或许应当与雁门楼烦、上郡龟兹、朔方渠搜等类同，因外族内附者聚居得名。

说明"灌窳"、"浑窳"、"窳浑"相互间究竟有怎样的关系，还需要

---

① 《史记》，第 2926—2927 页。
② 《三国志》，第 865 页。
③ 《汉书》，第 1619 页。
④ 《水经注校证》卷三《河水》，第 75 页。
⑤ 谭其骧主编：《中国历史地图集》第 2 册，第 17—18 页。

认真的考察。这样的考察也许与我们在这里讨论的主题没有直接关系。我们以为应当特别注意的，是《新书》中所谓"灌窳"作为与匈奴曾经发生战争的北族，受到了汉初政论家贾谊的关注。而相应的政策建议，对于汉王朝的军事战略设想和民族关系倾向，也在后来产生了重要的影响。

（四）贾谊思想影响下的张骞"凿空"和西域经营

《史记》卷一一〇《匈奴列传》："汉使杨信于匈奴。是时汉东拔秽貊、朝鲜以为郡，而西置酒泉郡以鬲绝胡与羌通之路。汉又西通月氏、大夏，又以公主妻乌孙王，以分匈奴西方之援国。"①

《史记》卷一二三《大宛列传》："是时天子问匈奴降者，皆言匈奴破月氏王，以其头为饮器，月氏遁逃而常怨仇匈奴，无与共击之。汉方欲事灭胡，闻此言，因欲通使。道必更匈奴中，乃募能使者。骞以郎应募，使月氏，与堂邑氏胡奴甘父俱出陇西。经匈奴，匈奴得之，传诣单于。单于留之，曰：'月氏在吾北，汉何以得往使？吾欲使越，汉肯听我乎？'留骞十余岁，与妻，有子，然骞持汉节不失。居匈奴中，益宽，骞因与其属亡乡月氏，西走数十日至大宛。大宛闻汉之饶财，欲通不得，见骞，喜，问曰：'若欲何之？'骞曰：'为汉使月氏，而为匈奴所闭道。今亡，唯王使人导送我。诚得至，反汉，汉之赂遗王财物不可胜言。'大宛以为然，遣骞，为发导绎，抵康居，康居传致大月氏。"不过，因为形势的变化，大月氏国不愿意与汉王朝结成抗击匈奴的军事联盟，"大月氏王已为胡所杀，立其太子为王。既臣大夏而居，地肥饶，少寇，志安乐，又自以远汉，殊无报胡之心。骞从月氏至大夏，竟不能得月氏要领"。

"骞身所至者大宛、大月氏、大夏、康居，而传闻其旁大国五六，具为天子言之。"② 张骞通过艰苦的西域探险，掌握了有关"西极"之地的新鲜知识，充实了西汉人的世界观。这一历史变化对于所谓"丝绸之路"开通的意义，也是显而易见的。

汉军击破匈奴，打通河西通道之后，汉武帝元狩四年（前119），张骞再次奉使西行，试图招引乌孙东归。这一目的虽然没有实现，但是通过此行，汉王朝和西域各国之间的联系得以加强。

---

① 《史记》，第2913页。
② 同上书，第3157—3158、3160页。

第七章　匈奴与汉王朝对西域的争夺　　159

西域本与匈奴有更密切的关系。汉武帝时代，汉王朝在较为后进、较为被动的情势下与匈奴争夺对西域的控制权，通过军事和民族交往的努力，终于扭转了局面。后来几经反复，汉文化实现了在西域地方的有效扩张，西域诸国"修奉朝贡，各以其职"①，终于成为历史定局。我们在思考和总结汉王朝西域经营的成功历程时，不应当忘记贾谊较早的战略设计。

（五）和平战略："三表"和"五饵"

《新书·匈奴》提出了对匈奴"三表""五饵"的策略。其中体现的政治智慧，值得研究文化交流史和民族关系史的学者关注。

"三表"和"五饵"，是以非军事手段争取人心的征服方式，是一种和平战略。就此不妨进行其历史实用性的考察。

贾谊写道："臣为陛下建三表，设五饵，以此与单于争其民，则下匈奴犹振稿也。"什么是"三表"呢？贾谊说："夫无道之人，何宜敢捍此其久，陛下肯幸用臣之计，臣且以事势谕天子之言，使匈奴大众之信陛下也，为通言耳，必行而弗易。梦中许人，觉且不背其信，陛下已诺，若日出之灼灼。故闻君一言，虽有微远，其志不疑，仇雠之人，其心不殆，若此则信谕矣，所图莫不行矣。一表。臣又且以事势谕陛下之爱，令匈奴之自视也，苟胡面而戎状者，其自以为见爱于天子也，犹弱子之遝慈母也，若此则爱谕矣。一表。臣又且谕陛下之好，令胡人之自视也，苟其技之所长与其所工，一可以当天子之意，若此则好谕矣。一表。爱人之状，好人之技，人道，信为大操，帝义也。爱好有实，已诺可期，十死一生，彼必将至。此谓三表。"② 所谓"三表"，第一是"信谕"，第二是"爱谕"，第三是"好谕"。"信"、"爱"、"好"，体现出在处理民族关系时必要的自尊以及对对方的尊重。

又有"五饵"。这是以物质文化考察的视角对文明进程相对落后一些的民族及其文化的分析。论者指出了物质消费水准与历史进步的内在联系。

贾谊写道："凡赏于国，此不可以均。赏均则国窾，而赏薄不足以动

---

① 《汉书》卷一〇〇下《叙传下》，第4268页。
② 《新书校注》，第135页。

人。故善赏者踔之，踔之，駭轹之，从而时厚之，令视之足见也，诵之足语也，乃可倾一国之心。陛下幸听臣之计，则国有余财。"贾谊建议以物质待遇的优厚争取匈奴人的亲近。

首先是舆服的华丽，"匈奴之来者，家长已上，固必衣绣，家少者必衣文锦，将为银车五乘，大雕画之，驾四马，载绿盖，从数骑，御骖乘。且虽单于之出入也，不轻都此矣。令匈奴降者，时时得此而赐之耳。一国闻之者见之者，希心而相告，人人冀幸，以为吾至亦可以得此，将以坏其目。一饵"。

其次是饮食的丰盛，"匈奴之使至者，若大人降者也，大众之所聚也，上必有所召，赐食焉。饭物故四五盛，美臧膹炙，肉具醯醢。方数尺于前，令一人坐此，胡人欲观者，固百数在旁，得赐者之喜也，且笑且饭，味皆所嗜而所未尝得也。令来者时时得此而飨之耳，一国闻之者见之者，垂涎而相告，人忝憛其所自，以吾至亦将得此，将以此坏其口。一饵"。

再次是倡乐的快意，"降者之杰也，若使者至也，上必使人有所召客焉。令得召其知识，胡人之欲观者勿禁。令妇人傅白墨黑，绣衣而侍其堂者二三十人，或薄或擀，为其胡戏以相饭。上使乐府幸假之倡乐，吹箫鼓鞀，倒挈面者更进，舞者蹈者时作。少间击鼓，舞其偶人，昔时乃为戎乐，携手胥强上客之后，妇人先后扶侍之者固十余人，令使者、降者时或得此而乐之耳。一国闻之者见之者，希盱相告，人人伋伋，惟恐其后来至也，将以此坏其耳。一饵"。

最后是居所的豪华，"凡降者，陛下之所召幸，若所以约致也。陛下必时有所官，必令此有高堂邃宇，善厨处，大囷京，厩有编马，库有阵车，奴婢、诸婴儿、畜生具。令此时大具召胡客，飨胡使，上幸令官助之具，假之乐。令此其居处乐虞，囷京之畜，皆过其故王，虑出其单于或，时时赐此而为家耳。匈奴一国倾心而冀，人人伋伋，惟恐其后来至也，将以此坏其腹。一饵"。

又以特殊的优遇表现亲信之心，"于来降者，上必时时而有所召幸，拊循而后得入官。夫胡大人难亲也，若上于胡婴儿及贵人子好可爱者，上必召幸大数十人，为此绣衣好阏，且出则从，居则更侍。上即飨胡人也，大毂抵也，客胡使也，力士、武士固近侍傍，胡婴儿得近侍侧，胡贵人更进得佐酒前，上乃幸自御此薄，使付酒钱，时人偶之。为间则出绣衣、具

第七章　匈奴与汉王朝对西域的争夺

带服宾余，时以赐之。上即幸拊胡婴儿，擣酒之，戏弄之，乃授炙幸自啖之，出好衣，闲且自为赣之。上起，胡婴儿或前或后。胡贵人既得奉酒，出则服衣佩绶，贵人而立于前，令数人得此而居耳。一国闻者、见者，希盱而欲，人人忣忣，惟恐其后来至也。将以此坏其心。一饵"。

贾谊说，这样的"五饵"，可以全面争取匈奴贵族和实权人物的情感倾向，"故牵其耳，牵其目，牵其口，牵其腹，四者已牵，又引其心，安得不来，下胡抑抶也。此谓五饵"。①

实际上，汉王朝争取西域诸国贵族努力的成功，在某种意义上也可以说是参照了贾谊的建议。

特别是"五饵"中的最后一条，对"胡婴儿"的重视，可以由汉武帝时代金日䃅的境遇得到注解。②

贾谊对匈奴政策的建议中，专门说到"关市"的开设："夫关市者，固匈奴所犯滑而深求也，愿上遣使厚与之和，以不得已，许之大市。"③《汉书》卷九四下《匈奴传下》明确说到汉文帝时代同匈奴"与通关市"："昔和亲之论，发于刘敬。是时天下初定，新遭平城之难，故从其言，约结和亲，赂遗单于，冀以救安边境。孝惠、高后时遵而不违，匈奴寇盗不为衰止，而单于反以加骄倨。逮至孝文，与通关市，妻以汉女，增厚其赂，岁以千金，而匈奴数背约束，边境屡被其害。"④ 班固曾经议事匈奴之策："绥御之方，其涂不一，或修文以和之，或用武以征之，或卑下以就之，或臣服以致之。""或卑下以就之"句下李贤注："文帝与匈奴通关市，妻以汉女，增厚其赂也。"⑤ 这虽然是后代人的追述，然而与《新书·匈奴》的内容对照理解，大体可以明确，与匈奴"通关市"是汉文帝时代边政的创举。⑥

与"月氏、灌窴"一类远国的经济交往以及随即发生的文化交流，

---

① 《新书校注》，第135—137页。
② 金日䃅"出于降虏"，身份本是匈奴战俘，长期在汉武帝身边服务，受到特殊爱重。大将军霍光和车骑将军金日䃅等受汉武帝遗命辅佐少帝。金日䃅原来是匈奴休屠王太子，不愿因此"使匈奴轻汉"，甘愿以霍光副手的身份参与行政。
③ 《新书校注》，第138页。
④ 《汉书》，第3830—3831页。
⑤ 《后汉书》卷四〇下《班固传》，第1374—1375页。
⑥ 参看王子今、李禹阶《汉代北边的"关市"》，《中国边疆史地研究》2007年第3期。

可以说也是在同样的战略原则指导下实现的。①

二 "匈奴西边日逐王"事迹

据《汉书》卷九六上《西域传上》记载，"西域诸国"在汉帝国势力介入之前，"皆役属匈奴"。当时，"匈奴西边日逐王置僮仆都尉，使领西域，常居焉耆、危须、尉黎间，赋税诸国，取富给焉"。所谓"匈奴西边日逐王"的活动，直接代表匈奴从事对西域的经营。考察"日逐王"、"匈奴日逐王"、"匈奴西边日逐王"事迹，可以深化对汉代匈奴史、西域史，以及汉王朝边疆行政史与民族关系史的认识。

（一）"匈奴西边日逐王"与"僮仆都尉""领西域"

《汉书》卷九六上《西域传上》介绍西域地理条件、交通形势、经济生活与政治关系，涉及匈奴势力的作用："西域诸国大率土著，有城郭田畜，与匈奴、乌孙异俗，故皆役属匈奴。匈奴西边日逐王置僮仆都尉，使领西域，常居焉耆、危须、尉黎间，赋税诸国，取富给焉。"所谓"役属匈奴"，颜师古注："服属于匈奴，为其所役使也。"②

"匈奴西边日逐王置僮仆都尉，使领西域"，所谓"领"者，包括"役使"和"赋税"。这一行政形式，陈序经以为"统治西域诸国，收赋税与利用西域诸国的人力物力与汉对抗"。③

"匈奴西边日逐王"的权势和地位，应与匈奴其他部有所不同。这是一个依赖"役使"和"赋税""有城郭田畜"，即以农耕经济为主要经营形式的"土著"民众为生的游牧族强权势力。

匈奴骑兵对汉地等农耕区的侵犯，其实并不仅仅追求闪击式的劫掠和短暂的占领。他们理想的征服形式，应当是这种"役使"和"赋税"。"匈奴西边日逐王"对西域的控制，或许可以说实现了游牧族军事势力征服农耕区的最完满的境界。这种"役属"形式，是汉帝国北边农耕族与游牧族关系中比较特殊的情形。

---

① 参看王子今《论贾谊〈新书〉"备月氏、浑窳之变"》，《社会科学》2010 年第 3 期。
② 《汉书》，第 3872 页。
③ 陈序经：《匈奴史稿》，第 253 页。

所谓"僮仆都尉",应是汉文意译。译文形式突出强调了"役使"的关系。有的辞书解释"僮仆都尉"即强调对西域各国的奴役:"匈奴单于国在西域设置的官员,'僮仆'即指奴隶,僮仆部尉的职责是统管西域各国,从官名可知,匈奴将西域各国居民视为奴隶。"①

(二)"日逐王"部的生存方式

关于"匈奴西边日逐王置僮仆都尉,使领西域"事,《汉书》卷九六上《西域传上》记述:"西域诸国大率土著,有城郭田畜,与匈奴、乌孙异俗,故皆役属匈奴。"所谓"西域诸国大率土著",颜师古注:"言著土地而有常居,不随畜牧移徙也。"也就是说,西域诸国大多"著土地而有常居",与匈奴、乌孙"随畜牧移徙"不同。而"匈奴西边日逐王"部的生存方式应当与匈奴其他部类同,大致是以游牧作为主体经济形式。

然而《西域传上》有"匈奴西边日逐王置僮仆都尉,使领西域,常居焉耆、危须、尉黎间,赋税诸国,取富给焉"的记载,所谓"取富给焉",颜师古注:"给,足也。"则"日逐王"部的生存方式,竟然是依靠剥夺西域诸国得以维持。

《汉书》卷九四上《匈奴传上》写道:

> 其明年,西域城郭共击匈奴,取车师国,得其王及人众而去。单于复以车师王昆弟兜莫为车师王,收其余民东徙,不敢居故地。而汉益遣屯士分田车师地以实之。其明年,匈奴怨诸国共击车师,遣左右大将各万余骑屯田右地,欲以侵迫乌孙西域。②

是匈奴"右地"曾经有"屯田"经营。

从现有资料看,匈奴日逐王部可能如许多游牧族一样,以"农作"为"辅助性生业",即"兼事农业","从事一些农作"。③ 受西域人和汉人的影响,不排除曾经组织相当规模的"屯田"的可能。

---

① 刘维新主编:《新疆民族辞典》,第41页。
② 《汉书》,第3788页。
③ 王明珂:《游牧者的选择:面对汉帝国的北亚游牧部族》,广西师范大学出版社2008年版,第33—36页。

林沄在运用考古资料讨论匈奴族源时指出,"根据在古代戎狄分布地区所出土的同期考古材料,我们所能复原出来的是一种半农半牧的经济类型,而不是典型的游牧方式"。① 我们期待着有关匈奴日逐王部的考古发现。

有学者指出,"匈奴境内当时必定有大批汉人,其生产生活方式仍保留或部分地保留着定居农耕的方式……"② 匈奴日逐王部的情形,则应当是定居从事农耕的西域人的文化影响力更为明显。

(三)"日逐王数万骑归汉"事

据《汉书》卷九四上《匈奴传上》:"乌禅幕者,本乌孙、康居间小国,数见侵暴,率其众数千人降匈奴,狐鹿姑单于以其弟子日逐王姊妻之,使长其众,居右地。日逐王先贤掸,其父左贤王当为单于,让狐鹿姑单于,狐鹿姑单于许立之。国人以故颇言日逐王当为单于。日逐王素与握衍朐鞮单于有隙,即率其众数万骑归汉。汉封日逐王为归德侯。单于更立其从兄薄胥堂为日逐王。"③

《汉书》卷九六上《西域传上》记载:"至宣帝时,遣卫司马使护鄯善以西数国。及破姑师,未尽殄,分以为车师前后王及山北六国。时汉独护南道,未能尽并北道也,然匈奴不自安矣。其后日逐王畔单于,将众来降,护鄯善以西使者郑吉迎之。既至汉,封日逐王为归德侯,吉为安远侯。是岁,神爵三年也。乃因使吉并护北道,故号曰都护。都护之起,自吉置矣。僮仆都尉由此罢,匈奴益弱,不得近西域。"④ 林幹以为西域史的这一转折,导致"西域的全部统治权由匈奴转入汉朝之手,日逐王所统率的部众亦由匈奴的力量转变为汉朝的力量"。⑤ 邵台新也指出,自此,"汉朝的号令已行于西域"。⑥

---

① 林沄:《关于中国的对匈奴族源的考古学研究》,《内蒙古文物考古》1993年第1、2期合刊,收入《林沄学术文集》,中国大百科全书出版社1998年版,第368—386页。武沐《匈奴史研究》引此文,"林沄"均误作"林幹",篇题误作"《关于中国的对匈奴族源的考古研究》",民族出版社2005年版,第20页。
② 马利清:《匈奴、原匈奴历史与文化的考古学探索》,第382页。
③ 《汉书》,第3790页。
④ 同上书,第3873—3874页。
⑤ 林幹:《匈奴诸王驻牧地考》,《匈奴史论文选集(1919—1979)》,第98页。
⑥ 邵台新:《汉代对西域的经营》,第77页。

通过《汉书》卷八《宣帝纪》"（神爵二年）秋，匈奴日逐王先贤掸将人众万余来降"，随即"匈奴单于遣名王奉献，贺正月，始和亲"① 的记载，可以得知日逐王"归汉"对于匈奴阵营内部形成的强烈的冲击性影响。

不过，所谓日逐王"归汉"后"单于更立其从兄薄胥堂为日逐王"②，暗示又有新的匈奴势力填补了联系匈奴与西域的相应空间。

（四）悬泉置汉简遗存有关"日逐王"的信息

《汉书》卷九六上《西域传上》："日逐王畔单于，将众来降，护鄯善以西使者郑吉迎之。既至汉，封日逐王为归德侯，吉为安远侯。是岁，神爵三年也。"③《汉书》卷一七《景武昭宣元成功臣表》："安远缪侯郑吉，以校尉光禄大夫将兵迎日逐王降，又破车师，侯。神爵三年四月壬戌封。""归德靖侯先贤掸，以匈奴单于从兄日逐王率众降，侯，四月戊戌封。"④ 是先贤掸与郑吉受封在神爵三年四月。据《汉书》卷八《宣帝纪》，"（神爵二年）秋，匈奴日逐王先贤掸将人众万余来降。使都护西域骑都尉郑吉迎日逐，破车师，皆封列侯"。记载日逐王"来降"及与郑吉"皆封列侯"都在神爵二年秋。

敦煌悬泉置出土简册有关于"县泉厩"接待日逐王的消费记录：

广至移十一月谷簿出粟六斗三升以食县泉厩佐广德所将助御效谷广利里郭市等七人送日逐王往来（I91DXT0309③：167）

三食食三升校广德所将御故廪食县泉而出食解何（I91DXT0309③：168）

郝树声、张德芳已经有所研究。⑤ 简文为考察"匈奴西边日逐王""至汉"行程以及当地接待方式提供了新的可靠资料。

---

① 《汉书》，第262页。
② 《汉书》卷九四上《匈奴传上》，第3790页。
③ 《汉书》，第3873—3874页。
④ 同上书，第672页。
⑤ 郝树声、张德芳：《悬泉汉简研究》，甘肃文化出版社2009年版，第264—265页。

（五）"日逐王"名义考

"日逐王"是匈奴诸王名号中极少见可以以汉文字义解说者之一。

《汉书》卷九四上《匈奴传上》记载："初，且鞮侯两子，长为左贤王，次为左大将，病且死，言立左贤王。左贤王未至，贵人以为有病，更立左大将为单于。左贤王闻之，不敢进。左大将使人召左贤王而让位焉。左贤王辞以病，左大将不听，谓曰：'即不幸死，传之于我。'左贤王许之，遂立为狐鹿姑单于。狐鹿姑单于立，以左大将为左贤王，数年病死，其子先贤掸不得代，更以为日逐王。日逐王者，贱于左贤王。单于自以其子为左贤王。"①《资治通鉴》卷二二"汉武帝太始元年"取用这一史料，写作："是岁，匈奴且鞮侯单于死；有两子，长为左贤王，次为左大将。左贤王未至，贵人以为有病，更立左大将为单于。左贤王闻之，不敢进。左大将使人召左贤王而让位焉。左贤王辞以病，左大将不听，谓曰：'即不幸死，传之于我。'左贤王许之，遂立，为狐鹿姑单于；以左大将为左贤王。数年，病死，其子先贤掸不得代，更以为日逐王。日逐王者，单于自以其子为左贤王。"胡三省注引师古曰："日逐王居匈奴西边，以日入于西，故以为名。至宣帝神爵二年，掸来降。"②

有学者注意到，"狐鹿姑单于的继位有一点戏曲化"。③ 原意当是说有戏剧性色彩，即情节曲折复杂，表现出偶然因素的作用。苗普生同意徐松《汉书西域传补注》卷上日逐王"盖置在太始时"的意见，以为"可以断定，在公元前一世纪之前，匈奴不置日逐王"。④ 刘维新主编的《新疆民族辞典》可能亦取用徐松说，以为"僮仆部尉"也"大约设置于汉武帝后期"。⑤ 这样的判断，也许有一定道理，然而似乎并不能提供确定的论据。

颜师古所谓"日逐王居匈奴西边，以日入于西，故以为名"，符合"匈奴西边日逐王"领地的方位。也使我们联想到夸父逐日传说。《山海

---

① 《汉书》，第3778页。

② 《资治通鉴》，第721—722页。颜师古此说未见于《汉书注》。苗普生引文于《汉书·匈奴传》"日逐王者，贱于左贤王"文后言"颜师古注曰"云云（《匈奴日逐王考》，《新疆文物》1991年第3期），似易引起误解。

③ 武沐：《匈奴史研究》，民族出版社2005年版，第92页。

④ 苗普生：《匈奴日逐王考》，《新疆文物》1991年第3期。

⑤ 刘维新主编：《新疆民族辞典》，第41页。

经·海外北经》：" 夸父与日逐走，入日，渴欲得饮。饮于河渭。河渭不足，北饮大泽。未至，道渴而死。弃其杖，化为邓林。""大泽"方位在北。又《太平御览》卷五七引《山海经》："桃林方三百里，在昆仑南、夸父山北。"《抱朴子·内篇》卷一二《辩问》又说："飞廉、夸父，轻速之圣也。"其"轻速"的特质，也与游牧族机动性甚强的习性相合。

现在尚无充备的资料具体说明"日逐王"名号的文化内涵及其发生的文化条件。但是由相关的"僮仆都尉"名号汉文化意味甚为浓厚可以推想，"日逐王"定名或者汉译，或许有熟悉夸父逐日传说的知识背景。[①]

三 汉军的远征

汉武帝时代开始与匈奴争夺西域。《盐铁论·击之》写道："先帝绝三方之难，抚从方国，以为蕃蔽，穷极郡国，以讨匈奴。匈奴壤界兽圈，孤弱无与，此困亡之时也。辽远不遂，使得复喘息，休养士马，负给西域。西域迫近胡寇，沮心内解，必为巨患。是以主上欲扫除，烦仓廪之费也。"[②] 余英时的如下说法是有根据的："汉代中国向西域扩展是它和匈奴军事对抗的一个直接结果。"[③]

汉武帝元封三年（前108），汉王朝出军击破受匈奴控制的楼兰和车师。此后，又以和亲方式巩固了和乌孙的联系。太初元年（前104）和太初三年（前102），为了打破匈奴对大宛的控制并取得优良马种"汗血马"，汉武帝又派遣贰师将军李广利率军两次西征，扩大了汉王朝在西域地区的影响。汉宣帝时，又有汉军与西域联军共击匈奴的战争。

马长寿总结"汉、匈西域的争夺战"，以西汉时期为时代界断，称"西域的三个争夺战"。即公元前104年汉军击楼兰，公元前99年至前98年汉军征服大宛之后征伐车师，以及公元前72年与乌孙及其他西域兵击匈奴。[④] 宋超概括"汉匈对西域的争夺"则分说"一、张骞出使西域"，"二、二征大宛与五夺车师"、"三、汉与乌孙合击匈奴"、"班超经

[①] 参看王子今《"匈奴西边日逐王"事迹考论》，《新疆文物》2009年第3—4期。

[②] 《盐铁论校注》卷七，第471页。

[③] 余英时：《汉朝的对外关系》，《剑桥中国秦汉史：公元前221年至公元220年》，第385页。

[④] 马长寿：《北狄与匈奴》，第33—34页。

营西域"。①

(一) 赵破奴击楼兰

马长寿在《北狄与匈奴》一书中写道："汉、匈西域的争夺战，最初发生在楼兰（在新疆罗布泊以南）。公元前104年，汉将赵破奴出兵攻匈奴右部，匈奴北退。大军西征，王恢杀楼兰王，并北攻车师。此为汉、匈在西域战争的开始。"②

《史记》卷一一一《卫将军骠骑列传》褚少孙补述列"两大将军及诸裨将名"，《史记》没有单独立传的"其裨将及校尉已为将者十四人"，即将军公孙贺、将军李息、将军公孙敖、将军李沮、将军李蔡、将军张次公、将军苏建、将军赵信、将军张骞、将军赵食其、将军曹襄、将军韩说、将军郭昌、将军荀彘。最后还说到骠骑将军霍去病属下"后为将军二人"，即将军路博德、将军赵破奴。

关于赵破奴事迹，褚少孙补述："将军赵破奴，故九原人。尝亡入匈奴，已而归汉，为骠骑将军司马。出北地时有功，封为从骠侯。坐酎金失侯。后一岁，为匈河将军，攻胡至匈河水，无功。后二岁，击虏楼兰王，复封为浞野侯。后六岁，为浚稽将军，将二万骑击匈奴左贤王，左贤王与战，兵八万骑围破奴，破奴生为虏所得，遂没其军。居匈奴中十岁，复与其太子安国亡入汉。后坐巫蛊，族。"③

赵破奴"击虏楼兰王"事，见《史记》卷一二三《大宛列传》关于张骞通西域之后的记述：

外国亦厌汉使人人有言轻重，度汉兵远不能至，而禁其食物以苦汉使。汉使乏绝积怨，至相攻击。而楼兰、姑师小国耳，当空道，攻劫汉使王恢等尤甚。而匈奴奇兵时时遮击使西国者。使者争遍言外国灾害，皆有城邑，兵弱易击。于是天子以故遣从骠侯破奴将属国骑及郡兵数万，至匈河水，欲以击胡，胡皆去。其明年，击姑师，破奴与轻骑七百余先至，虏楼兰王，遂破姑师。因举兵威以困乌孙、大宛之

---

① 宋超：《汉匈战争三百年》，第106—122页。
② 马长寿：《北狄与匈奴》，第33页。
③ 《史记》卷一一一《卫将军骠骑列传》，第2945—2946页。

属。还，封破奴为浞野侯。王恢数使，为楼兰所苦，言天子，天子发兵令恢佐破奴击破之，封恢为浩侯。于是酒泉列亭鄣至玉门矣。[①]

"破奴将属国骑及郡兵数万，至匈河水，欲以击胡，胡皆去"，次年"击姑师"，"举兵威"震慑西域，随即"虏楼兰王，遂破姑师"，又"困乌孙、大宛之属"。从"击胡"至"困乌孙、大宛之属"，有先破匈奴，后控制西域的意图。

（二）李广利征大宛

王安石《汉武》诗评价汉王朝对匈奴的战争："壮士悲歌出塞频，中原萧瑟半无人。君王不负长陵约，直欲功成赏汉臣。"[②] 清代学者赵翼曾经注意到，汉武帝任命的三位对匈奴作战的主将卫青、霍去病、李广利，都和汉武帝宠爱的女子有亲属关系。[③] 汉高祖刘邦曾经确立没有军功就不能封侯的原则。王安石的诗句批评汉武帝是为了这三位贵戚得以立功封侯，才发军远征匈奴的。

虽然汉武帝重用的三位将军出身确实皆因"女宠"，但是如果据此以为发动对匈奴战争的动机是针对卫、霍、李的"直欲功成赏汉臣"，则是不符合历史实际的。我们知道，以卫青当时的身份，已经完全可以效法汉景帝封田蚡那样，不必军功即可封侯。

汉武帝时代地位显赫的名将，争议最多的是李广利。

《史记》卷一二三《大宛列传》记载，"骞身所至者大宛、大月氏、大夏、康居，而传闻其旁大国五六，具为天子言之。曰：大宛在匈奴西南，在汉正西，去汉可万里。其俗土著，耕田，田稻麦。有蒲陶酒。多善马，马汗血，其先天马子也。有城郭屋室。其属邑大小七十余城，众可数十万。其兵弓矛骑射。其北则康居，西则大月氏，西南则大夏，东北则乌孙，东则扜罙、于寘。于寘之西，则水皆西流，注西海；其东水东流，注盐泽。盐泽潜行地下，其南则河源出焉。多玉石，河注中国。而楼兰、姑

[①] 《史记》，第3171—3172页。
[②] 《临川先生文集》卷三三，第363页。
[③] 赵翼《廿二史札记》卷二"武帝三大将皆由女宠"条写道："三大将皆出自淫贱苟合，或为奴仆，或为倡优，徒以嬖宠进，后皆成大功为名将，此理之不可解者也。"（中华书局2013年版，第51页）

师邑有城郭，临盐泽。盐泽去长安可五千里。匈奴右方居盐泽以东，至陇西长城，南接羌，鬲汉道焉。……"张骞曾经到达过大宛，他对汉武帝说，大宛多善马，马汗血，是继承了"天马"的高贵血统。后来的汉朝使节也说，大宛有好马在贰师城。"而汉使者往既多，其少从率多进熟于天子，言曰：'宛有善马在贰师城，匿不肯与汉使。'天子既好宛马，闻之甘心，使壮士车令等持千金及金马以请宛王贰师城善马。宛国饶汉物，相与谋曰：'汉去我远，而盐水中数败，出其北有胡寇，出其南乏水草。又且往往而绝邑，乏食者多。汉使数百人为辈来，而常乏食，死者过半，是安能致大军乎？无奈我何。且贰师马，宛宝马也。'遂不肯予汉使。"

"汉使"的个人言行，影响了"宛贵人"对汉王朝的态度，"汉使怒，妄言，椎金马而去。宛贵人怒曰：'汉使至轻我！'遣汉使去，令其东边郁成遮攻杀汉使，取其财物"。随即竟然导致了西域大规模战事的爆发。"于是天子大怒。诸尝使宛姚定汉等言宛兵弱，诚以汉兵不过三千人，强弩射之，即尽虏破宛矣。天子已尝使浞野侯攻楼兰，以七百骑先至，虏其王，以定汉等言为然，而欲侯宠姬李氏，拜李广利为贰师将军，发属国六千骑，及郡国恶少年数万人，以往伐宛。期至贰师城取善马，故号'贰师将军'。"①

这里所说到的为汉使椎破的"金马"，通过陕西茂陵出土的汉代鎏金铜马②，可以大体推想其形制。远程出军的原因，似乎主要是"天子既好宛马，闻之甘心"。李广利在军中，还曾经"拜习马者二人为执驱校尉，备破宛择取其善马云"。军中专门设有相马和驯马专家的编制，是为了在击破大宛之后选择最好的良马带回中原。但是我们从"宛国"贵族"汉去我远，而盐水中数败，出其北有胡寇"诸言，可知敌对情绪的产生，有匈奴力量的作用，而汉武帝远征大宛的决策，实有与匈奴争夺西域的意图。

远征大宛的战争异常艰难。据《史记》卷一二三《大宛列传》记载，李广利曾经试图罢兵，为汉武帝严厉制止：

> 贰师将军军既西过盐水，当道小国恐，各坚城守，不肯给食。攻

---

① 《史记》，第3160、3174—3175页。
② 参看张廷皓《西汉鎏金铜马的科学价值》，《西北大学学报》1983年第3期。

第七章 匈奴与汉王朝对西域的争夺

之不能下。下者得食，不下者数日则去。比至郁成，士至者不过数千，皆饥罢。攻郁成，郁成大破之，所杀伤甚众。贰师将军与哆、始成等计："至郁成尚不能举，况至其王都乎？"引兵而还。往来二岁。还至敦煌，士不过什一二。使使上书言："道远多乏食；且士卒不患战，患饥。人少，不足以拔宛。愿且罢兵，益发而复往。"天子闻之，大怒，而使使遮玉门，曰军有敢入者辄斩之！贰师恐，因留敦煌。

其夏，汉亡浞野之兵二万余于匈奴。公卿及议者皆愿罢击宛军，专力攻胡。天子已业诛宛，宛小国而不能下，则大夏之属轻汉，而宛善马绝不来，乌孙、仑头易苦汉使矣，为外国笑。乃案言伐宛尤不便者邓光等，赦囚徒材官，益发恶少年及边骑，岁余而出敦煌者六万人，负私从者不与。牛十万，马三万余匹，驴骡橐它以万数。多赍粮，兵弩甚设，天下骚动，传相奉伐宛，凡五十余校尉。宛王城中无井，皆汲城外流水，于是乃遣水工徙其城下水空以空其城。益发戍甲卒十八万，酒泉、张掖北，置居延、休屠以卫酒泉，而发天下七科谪，及载糒给贰师。转车人徒相连属至敦煌。①

所谓"天下骚动，传相奉伐宛"，指出进攻大宛的战事牵动了全社会。这可以看作一次倾全国之力的远征。有学者因此认为，"对大宛的第二次远征，汉朝动员了全国的力量"。②

《史记》卷一二三《大宛列传》记载，"于是贰师后复行，兵多，而所至小国莫不迎，出食给军。至仑头，仑头不下，攻数日，屠之。自此而西，平行至宛城，汉兵到者三万人。宛兵迎击汉兵，汉兵射败之，宛走入葆乘其城。贰师兵欲行攻郁成，恐留行而令宛益生诈，乃先至宛，决其水源，移之，则宛固已忧困。围其城，攻之四十余日，其外城坏，虏宛贵人勇将煎靡。宛大恐，走入中城"。汉军兵威致使大宛贵族内部发生矛盾，"宛贵人相与谋曰：'汉所为攻宛，以王毋寡匿善马而杀汉使。今杀王毋寡而出善马，汉兵宜解；即不解，乃力战而死，未晚也。'宛贵人皆以为

---

① 《史记》，第3175—3176页。
② ［日］长泽和俊：《汉之西域经营与东西交通》，《丝绸之路史研究》，钟美珠译，第36页。

然，共杀其王毋寡，持其头遣贵人使贰师，约曰：'汉毋攻我。我尽出善马，恣所取，而给汉军食。即不听，我尽杀善马，而康居之救且至。至，我居内，康居居外，与汉军战。汉军熟计之，何从？'是时康居候视汉兵，汉兵尚盛，不敢进"。①

康居军事力量的存在，使得李广利接受了"宛之约"。"贰师与赵始成、李哆等计：'闻宛城中新得秦人，知穿井，而其内食尚多。所为来，诛首恶者毋寡。毋寡头已至，如此而不许解兵，则坚守，而康居候汉罢而来救宛，破汉军必矣。'军吏皆以为然，许宛之约。宛乃出其善马，令汉自择之，而多出食食给汉军。汉军取其善马数十匹。中马以下牡牝三千余匹，而立宛贵人之故待遇汉使善者名昧蔡以为宛王，与盟而罢兵。终不得入中城。乃罢而引归。"②

汉军征大宛，西域其他国家的态度是复杂的。"初，贰师起敦煌西，以为人多，道上国不能食，乃分为数军，从南北道。校尉王申生、故鸿胪壶充国等千余人，别到郁成。郁成城守，不肯给食其军。王申生去大军二百里，倓而轻之，责郁成。郁成食不肯出，窥知申生军日少，晨用三千人攻，戮杀申生等，军破，数人脱亡，走贰师。贰师令搜粟都尉上官桀往攻破郁成。郁成王亡走康居，桀追至康居。康居闻汉已破宛，乃出郁成王予桀，桀令四骑士缚守诣大将军。四人相谓曰：'郁成王汉国所毒，今生将去，卒失大事。'欲杀，莫敢先击。上邽骑士赵弟最少，拔剑击之，斩郁成王，赍头。弟、桀等逐及大将军。"康居"闻汉已破宛，乃出郁成王予桀"之前，取观望态度，此前则宛贵人有"康居之救且至"的说法，李广利等因此也有"康居候汉罢而来救宛，破汉军必矣"的忧虑。而表面与汉军配合作战的乌孙军，也持消极态度："初，贰师后行，天子使使告乌孙，大发兵并力击宛。乌孙发二千骑往，持两端，不肯前。"③

经过汉军的血战，终于取得了大宛战事的胜利。不过，对大宛战争艰

---

① 《史记》，第 3176—3177 页。

② 同上书，第 3177 页。汉立宛王终不被接受。《史记》卷一二三《大宛列传》："汉已伐宛，立昧蔡为宛王而去。岁余，宛贵人以为昧蔡善谀，使我国遇屠，乃相与杀昧蔡，立毋寡昆弟曰蝉封为宛王，而遣其子入质于汉。汉因使使赂赐以镇抚之。"（第 3179 页）"宛贵人"杀昧蔡，新立宛王得到汉王朝的认可。

③ 《史记》卷一二三《大宛列传》，第 3177—3178 页。

难取胜的意义，历史评论者有各种不同的见解。宋代诗人莲池生《题龙眠画鬼章牵锦膊骢》诗写道："汉武爱名马，将军出西征。蹀血几百万，侯者七十人。区区仅得之，登歌告神明。"① 他对汉武帝的宝马追求，看来是持批评态度的。千万人死伤，数十人封侯，而这场战争所换取的，不过是"名马"而已。这样的批评，未能关注当时西域民族关系和军事格局，似不宜看作中肯之论。

伐宛取胜对于西域的控制有决定性的作用。正如《史记》卷一二三《大宛列传》所说："贰师将军之东，诸所过小国闻宛破，皆使其子弟从军入献，见天子，因以为质焉。""汉发使十余辈至宛西诸外国，求奇物，因风览以伐宛之威德。而敦煌置酒泉都尉；西至盐水，往往有亭。而仑头有田卒数百人，因置使者护田积粟，以给使外国者。"②

李广利最终征服大宛，被看作"有助于汉朝建立对西域统治的第二个重大军事胜利"。余英时写道："对于汉朝军队来说，这一战役涉及大量后勤方面的困难。汉朝决定冒险，为的是获得该地区的神话般的马匹和显示军事力量。"如果汉朝能够征服这个国家，"那么西域的所有国家都将在中国支配之下。在得知汉朝的行动之后，匈奴试图拦截李广利，但由于李的军队在数量上占优势因而未能阻止他的前进。这场持续四年之久的战役在王朝的全部历史上是花钱最多的，包括两支远征军：李广利直到他回到敦煌要求援军才达到了目的。正如《汉书》所说：'自贰师将军伐大宛之后，西域震惧。'"③

大宛战事之后攻击车师的战争，对于西域形势亦意义重大。马长寿指出，"公元前99年—98年，汉军征服了大宛以后，又征伐车师。车师在今吐鲁番的招哈和屯，是匈奴通西域和汉通大宛、乌孙的要路。此区域的得失关系着汉、匈在西域角逐的成败，故两国兵力皆集中于此，从公元前99年到76年在这里进行了二十多年的拉锯战争。吐鲁番盆地原来就不只一国，经多年汉、匈的争夺战又分裂为十余国，或降匈奴，或降汉朝，形成对立的局面。车师正式的附属于汉朝是从公元前89年开始的，但前

---

① （清）厉鹗辑撰：《宋诗纪事》卷九六《无名子》，上海古籍出版社2003年版，第2282页。
② 《史记》，第3178、3179页。
③ 余英时：《汉朝的对外关系》，《剑桥中国秦汉史：公元前221年至公元220年》，第389页。

76年匈奴又占领车师,一直到前73—72年匈奴对乌孙的战争失败,车师始又附属于汉朝"。① 宋超则说,"汉武帝在取得征服大宛的胜利之后,又与匈奴展开了对车师的争夺。车师位于今新疆吐鲁番盆地,王治交河城(今新疆吐鲁番西北),是中原通往西域的第二道门户(第一道指楼兰),而且车师在楼兰之北,与匈奴相邻,早在汉初就臣服于匈奴。这种特定的地理位置,必然要成为汉匈反复争夺的焦点。自武帝从天汉二年(前99年)始夺车师以来,直至宣帝神爵二年(前60年)才最终领有车师。在长达四十余年的时间中,围绕着车师,汉匈共进行了五次规模较大的争夺战"。郑吉最终"破车师,威震西域",设西域都护,"从此朝廷政令班行于西域"。于是,汉王朝"断匈奴'右臂'的战略目标""最终实现了"。②

有学者指出,"李广利之大宛远征","在汉代西域史上是最为重要的事件"。③ 有学者以为"汉武帝战胜了匈奴",接受"西域各地区的贡品",于是,"从此之后,汉籍中都用'西域'来指中亚诸邦,这些邦国都程度不同地依附于汉朝"。④ 这样的意见,我们是赞同的。《盐铁论·西域》载大夫言:"初,贰师不克宛而还也,议者欲使人主不遂忿,则西域皆瓦解而附于胡,胡得众国而益强。先帝绝奇听,行武威,还袭宛,宛举国以降,效其器物,致其宝马。乌孙之属骇胆,请为臣妾。匈奴失魄,奔走遁逃,虽未尽服,远处寒苦硗埆之地,壮者死于祁连、天山,其孤未复。故群臣议以为匈奴困于汉兵,折翅伤翼,可遂击服。会先帝弃群臣,以故匈奴不革。譬如为山,未成一篑而止,度功业而无继成之理,是弃与胡而资强敌也。"⑤ 汉武帝决意"遮玉门",策动全国之力第二次击大宛,确实是非常的举动。桑弘羊以为继续在西域的主动态势,可以"击服"匈奴,似潜含对轮台诏的不同意见。我们在这里不专门讨论汉武帝晚年政策转变的意义。而"大夫曰"对"克宛"的战略价值的肯定,是值得赞

---

① 马长寿:《北狄与匈奴》,第33页。按,应为公元前99—前98年,公元前99年到前76年,前73—前72年。
② 宋超:《汉匈战争三百年》,第115、118页。
③ [日]长泽和俊:《汉之西域经营与东西交通》,《丝绸之路史研究》,钟美珠译,第39页。
④ [法]L. 布尔努瓦:《丝绸之路》,耿昇译,第23页。
⑤ 《盐铁论校注》卷八,第500页。

许的。

（三）汉与乌孙合击匈奴

《汉书》卷八《宣帝纪》记载，本始二年（前72），发动了对匈奴的大规模出击。这是一次与乌孙"咸击匈奴"的联合军事行动：

> 匈奴数侵边，又西伐乌孙。乌孙昆弥及公主因国使者上书，言昆弥愿发国精兵击匈奴，唯天子哀怜，出兵以救公主。秋，大发兴调关东轻车锐卒，选郡国吏三百石伉健习骑射者，皆从军。御史大夫田广明为祁连将军，后将军赵充国为蒲类将军，云中太守田顺为虎牙将军，及度辽将军范明友、前将军韩增，凡五将军，兵十五万骑，校尉常惠持节护乌孙兵，咸击匈奴。

又记载："三年春正月……戊辰，五将军师发长安。夏五月，军罢。祁连将军广明、虎牙将军顺有罪，下有司，皆自杀。校尉常惠将乌孙兵入匈奴右地，大克获，封列侯。"①

《汉书》卷八《宣帝纪》言"凡五将军，兵十五万骑"，《汉书》卷二七中之上《五行志中之上》则说，"五将军众二十万征匈奴"。据颜师古注，"本始三年，御史大夫田广明为祁连将军，后将军赵充国为蒲类将军，云中太守田顺为武牙将军，及渡辽将军范明友、前将军韩增，凡五将军，兵十五万骑。校尉常惠持节护乌孙兵，咸击匈奴，是为二十万众也"。②按照颜师古的理解，"乌孙兵"应有5万人。《汉书》卷七〇《常惠传》："本始二年，遣惠使乌孙。公主及昆弥皆遣使，因惠言：'匈奴连发大兵击乌孙，取车延、恶师地，收其人民去，使使胁求公主，欲隔绝汉。昆弥愿发国半精兵，自给人马五万骑，尽力击匈奴。唯天子出兵以救公主、昆弥！'"于是，"以惠为校尉，持节护乌孙兵。昆弥自将翕侯以下五万余骑从西方入至右谷蠡庭，获单于父行及嫂居次，名王

---

① 《汉书》，第243—244页。《汉书》卷一七《景武昭宣元成功臣表》："长罗壮侯常惠以校尉光禄大夫持节将乌孙兵击匈奴，获名王，首虏三万九千级，侯，二千八百五十户。"（第669页）

② 《汉书》，第1393页。

骑将以下三万九千人，得马牛驴骡橐佗五万余匹，羊六十余万头，乌孙皆自取卤获"。① 所谓"乌孙皆自取卤获"，体现了联军作战对于缴获战利品的分割方式。

据马长寿说，这次战役成为匈奴走向衰弱的历史转折点。"匈奴单于对于此役的衰耗自然不肯甘心的，所以在前72年冬自率一万骑击乌孙。这次虽然也掠夺了一些人口，但在归途中遇天雨大雪，一日深丈余，人民和牲畜多冻死，生还者不及十分之一。国内的奴隶和被奴役部落平时对于匈奴单于本已愤恨入骨，现在看到统治阶级的国力消耗，牲畜大减，于是在公元前71年，'丁零乘弱攻其北，乌桓入其东，乌孙击其西，凡三国所杀数万级，马数万匹，牛羊甚众。又重以饿死，人民死者什三，畜产什伍，匈奴大虚弱，诸国羁属者皆瓦解，攻盗不能理。'② 从此匈奴便走上衰亡的道路了。"③

《盐铁论·西域》写道："胡西役大宛、康居之属，南与群羌通。先帝推让斥夺广饶之地，建张掖以西，隔绝羌、胡，瓜分其援。是以西域之国，皆内拒匈奴，断其右臂，曳剑而走，故募人田畜以广用，长城以南，滨塞之郡，马牛放纵，蓄积布野。"④ 所谓"西域之国，皆内拒匈奴"，致使匈奴"曳剑而走"，是在数次大战决胜之后出现的形势。汉王朝在西域进行的多次击败匈奴的战役以及相应的民族交往的成功，正如有的学者所指出的，"不仅加强了汉朝与西域各国的联系，更重要的是使匈奴遭到一系列失败，西域诸国中凡匈奴羁属者皆瓦解，最终造成了匈奴人的第二次西迁"。⑤

四　汉军"远田"西域

汉王朝对匈奴的战争自河西四郡的创置，呈示出新的形势。汉武帝关注的战略重心有逐渐向西方移动的倾向。李广利远征大宛时对轮台地方曾

---

① 《汉书》，第3003—3004页。
② 原注：汉书匈奴传。但匈奴传述此事的年代在汉本始二年即公元前72年，通鉴卷二四，系此事于本始三年即公元前71年冬，兹从通鉴。
③ 马长寿：《北狄与匈奴》，第33—34页。
④ 《盐铁论校注》卷八，第499页。
⑤ 陆庆夫：《丝绸之路史地研究》，兰州大学出版社1999年版，第3页。

经"攻数日,屠之"。汉武帝时代有"远田轮台"的计划,而最终被否定。汉武帝的"轮台诏"后来成为成功修正行政方针的有纪念意义的文化符号。汉昭帝时代又曾经有同样通过在轮台建立屯田基地的方式以增进对"西国"的控制能力的举措。有学者指出,汉王朝"设使者校尉于轮台,屯田积谷"具有特殊意义,"从此,西汉的西域经营有了真正的据点"。①

轮台之所以在汉帝国最高执政集团心目中具有重要的战略地位,在于与匈奴争夺"西国"的军事斗争的需要。通过对轮台地位的考察,可以认识汉王朝西域经营与匈奴西域经营激烈的竞争关系。

汉军在楼兰、渠犁等地的屯田事业,也有重要的意义。

(一) 李广利屠轮台事

元封三年(前108),汉王朝出军击破受匈奴控制的楼兰和车师。此后,又以和亲方式巩固了和乌孙的联系。太初元年(前104)和太初三年(前102),为了打破匈奴对大宛的控制并取得优良马种"汗血马",汉武帝又派遣贰师将军李广利率军两次西征,扩大了汉王朝在西域地区的影响。

李广利远征受挫,又由于赵破奴降匈奴事,朝廷对于战争的前景以及是否应当调整战略出现争议。《史记》卷一二三《大宛列传》记载:

> 其夏,汉亡浞野之兵二万余于匈奴。公卿及议者皆愿罢击宛军,专力攻胡。天子已业诛宛,宛小国而不能下,则大夏之属轻汉,而宛善马绝不来,乌孙、仑头易苦汉使矣,为外国笑。乃案言伐宛尤不便者邓光等……②

"仑头"即"轮台"。《汉书》卷六一《李广利传》记载略同,作"乌孙、轮台易苦汉使,为外国笑"。颜师古注:"轮台亦国名。"③

这是《史记》、《汉书》这样的秦汉基本史籍中第一次出现"轮台"

---

① 余太山:《两汉魏晋南北朝与西域关系史研究》,第60页。
② 《史记》,第3176页。
③ 《汉书》,第2699—2700页。

国名。① 汉武帝下决心扩大战争规模，实现对宛的征服：

> 赦囚徒材官，益发恶少年及边骑，岁余而出敦煌者六万人，负私从者不与。牛十万，马三万余匹，驴骡橐它以万数。多赍粮，兵弩甚设，天下骚动，传相奉伐宛，凡五十余校尉。宛王城中无井，皆汲城外流水，于是乃遣水工徙其城下水空以空其城。益发戍甲卒十八万，酒泉、张掖北，置居延、休屠以卫酒泉，而发天下七科適，及载糒给贰师。转车人徒相连属至敦煌。而拜习马者二人为执驱校尉，备破宛择取其善马云。

战事涉及对"仑头"即"轮台"的占领：

> 于是贰师后复行，兵多，而所至小国莫不迎，出食给军。至仑头，仑头不下，攻数日，屠之。

攻克"仑头"即"轮台"这一顽强抗击的据点之后，汉军围攻大宛。"自此而西，平行至宛城，汉兵到者三万人。宛兵迎击汉兵，汉兵射败之，宛走入葆乘其城。贰师兵欲行攻郁成，恐留行而令宛益生诈，乃先至宛，决其水源，移之，则宛固已忧困。围其城，攻之四十余日，其外城坏，虏宛贵人勇将煎靡。宛大恐，走入中城。""宛贵人"提出妥协建议。②"是时康居候视汉兵，汉兵尚盛，不敢进。贰师与赵始成、李哆等计：'闻宛城中新得秦人，知穿井，而其内食尚多。所为来，诛首恶者毋寡。毋寡头已

---

① 《史记》中没有关于"轮台"的记载，而写作"仑头"。汪越《读史记十表》卷一〇《汉兴以来将相名臣年表第十》写道："建元以来武功侯者七十二国，而卫、霍功最高。然北讨胡，南诛越，又以通大宛、乌孙、龟兹诸国及西南夷、海内虚耗。几田轮台，太史公不敢斥言，惟《表》曰'南夷始置邮亭'。其微旨与?"（二十五史刊行委员会编：《二十五史补编》，中华书局 1955 年版，第 22 页）《史记》卷一二三《大宛列传》其实有"仑头有田卒数百人，因置使者护田积粟，以给使外国者"的记载（第 3179 页）。

② 《史记》卷一二三《大宛列传》："宛贵人相与谋曰：'汉所为攻宛，以王毋寡匿善马而杀汉使。今杀王毋寡而出善马，汉兵宜解；即不解，乃力战而死，未晚也。'宛贵人皆以为然，共杀其王毋寡，持其头遣贵人使贰师，约曰：'汉毋攻我。我尽出善马，恣所取，而给汉军食。即不听，我尽杀善马，而康居之救且至。至，我居内，康居居外，与汉军战。汉军熟计之，何从？'"（第 3177 页）

至，如此而不许解兵，则坚守，而康居候汉罢而来救宛，破汉军必矣.'军吏皆以为然，许宛之约。宛乃出其善马，令汉自择之，而多出食食给汉军。汉军取其善马数十匹。中马以下牡牝三千余匹，而立宛贵人之故待遇汉使善者名昧蔡以为宛王，与盟而罢兵。终不得入中城。乃罢而引归。"①

我们现在不能确知李广利第一次出击大宛时在轮台是否遭遇顽强的抵抗，从历史文献提供的信息看，当时似未在轮台发生恶战。而第二次经过轮台却发生如此激烈的战事，其原因值得探究。

"至仑头，仑头不下，攻数日，屠之"的记载特别值得注意。②

《汉书》卷六三《武五子传》赞曰："建元六年，蚩尤之旗见，其长竟天。后遂命将出征，略取河南，建置朔方。其春，戾太子生。自是之后，师行三十年，兵所诛屠夷灭死者不可胜数。"③ 这里所说的"师行三十年，兵所诛屠夷灭死者"，应当是包括西域轮台之屠的。

屠城在战国以来的战争中成为各方习见的惩罚方式。秦末及楚汉战争中的屠城史例十分密集。④ 汉王朝的军队在民族战争中的屠城举动，在对南越的战争中，有《汉书》卷五四《苏武传》所见苏武斥责卫律语："南越杀汉使者，屠为九郡。"⑤ 此所谓"屠"，应当读作威慑恐吓语言。在汉王朝征伐南越的战争记录中，尚未看到可靠的"屠"的实证。又如在策划对闽越的战争时，有"今以兵入其地，此必震恐，以有司为欲屠灭之也，必雉兔逃入山林险阻"的议论。⑥ 然而这只是论者推想而已，并没有"屠灭之"的实际行为。

另有西线战事中关于"屠"的历史记录。

例如《汉书》卷九四《匈奴传下》写道："往时尝屠大宛之城，蹈乌桓之垒，探姑缯之壁，籍荡姐之场，艾朝鲜之旃，拔两越之旗，近不过旬月之役，远不离二时之劳，固已犁其庭，扫其闾，郡县而置之，云彻席卷，后无余灾。"⑦ 这里是明确说到"往时尝屠大宛之城"的。又《汉

---

① 《史记》卷一二三《大宛列传》，第3176—3177页。
② 《汉书》卷六一《李广利传》："至轮台，轮台不下，攻数日，屠之。"（第2701页）
③ 《汉书》，第2770页。
④ 参看王子今《刘项屠城史事辨正》，《淮阴师范学院学报》1998年第4期。
⑤ 《汉书》，第2462页。
⑥ 《汉书》卷六四上《严助传》，第2783页。
⑦ 《汉书》，第3814—3815页。

书》卷九六上《西域传上·大宛国》记载:"张骞始为武帝言之,上遣使者持千金及金马,以请宛善马。宛王以汉绝远,大兵不能至,爱其宝马不肯与。汉使妄言,宛遂攻杀汉使,取其财物。于是天子遣贰师将军李广利将兵前后十余万人伐宛,连四年。宛人斩其王毋寡首,献马三千匹,汉军乃还,语在《张骞传》。贰师既斩宛王,更立贵人素遇汉善者名昧蔡为宛王。后岁余,宛贵人以为昧蔡諂,使我国遇屠,相与共杀昧蔡,立毋寡弟蝉封为王,遣子入侍,质于汉,汉因使使赂赐镇抚之。"①

"宛贵人"所谓"使我国遇屠",也说"屠大宛之城"事。不过,"屠大宛"是在轮台之屠之后。

《汉书》卷七〇《陈汤传》:"故宗正刘向上疏曰:'郅支单于囚杀使者吏士以百数,事暴扬外国,伤威毁重,群臣皆闵焉。陛下赫然欲诛之,意未尝有忘。西域都护延寿、副校尉汤承圣指,倚神灵,总百蛮之君,揽城郭之兵,出百死,入绝域,遂蹈康居,屠五重城,搴歙侯之旗,斩郅支之首,县旌万里之外,扬威昆山之西,扫谷吉之耻,立昭明之功,万夷慑伏,莫不惧震。……'"又如《陈汤传》又载谷永上疏讼陈汤语:"窃见关内侯陈汤,前使副西域都护,忿郅支之无道,闵王诛之不加,策虑愊亿,义勇奋发,卒兴师奔逝,横厉乌孙,逾集都赖,屠三重城,斩郅支首,报十年之逋诛,雪边吏之宿耻,威震百蛮,武畅西海,汉元以来,征伐方外之将,未尝有也。"②

刘向说"屠五重城",谷永说"屠三重城",总之都是在大宛国的统治中心"屠城"。当然,这是汉成帝执政时期出现的历史现象,比汉武帝时代李广利屠轮台要晚得多。

应当说,轮台"屠城"是西汉帝国民族战争中最早发生的一次大规模杀戮。③ 而在西汉史的正式记录中,轮台"屠城"已经接近尾声。此后中原战争中涉及"屠城"的史例,只有《汉书》卷九九下《王莽传下》载录昆阳之战时王邑语:"百万之师,所过当灭,今屠此城,喋血而进,

---

① 《汉书》,第3895页。
② 同上书,第3017、3021页。
③ 李广利屠轮台,留下了深刻的历史记忆。《魏书》卷一〇二《西域列传·龟兹》及《北史》卷九七《西域列传·龟兹》:"东有轮台,即汉贰师将军李广利所屠者。"(《魏书》,第2266页;《北史》,第3217页)《周书》卷五〇《异域列传下·龟兹》:"东有轮台,即汉贰师将军李广利所屠。"(第917页)

前歌后舞,顾不快邪!"①

在军事史、战争史和生命意识史上发生的重要转折,轮台似乎都可以看作一种标志。②

(二) 轮台屯田基地的建设

韩儒林在分析汉代西域屯田史事时说:"汉代经营西域的目的既在凭西域以制匈奴,所以在河西开设四郡、肃清东西交通的大道后,便开始在西域的中央开设屯田,确立镇慑西域的根据地。"③ 据《史记》卷一二三《大宛列传》,大宛征服之后,为了满足"至宛西诸外国"的汉王朝使团的供给,仑头开始屯田经营:

> 汉发使十余辈至宛西诸外国,求奇物,因风览以伐宛之威德。而敦煌置酒泉都尉;西至盐水,往往有亭。而仑头有田卒数百人,因置使者护田积粟,以给使外国者。④

《汉书》卷九六上《西域传上》记载,自李广利伐大宛后,轮台与渠犁都形成了屯田据点。其设置,应出于对河西"列四郡,据两关"之后交通道路维护与保障的考虑:

> 汉兴至于孝武,事征四夷,广威德,而张骞始开西域之迹,其后

---

① 《汉书》,第4183页。
② 《汉书》卷一上《高帝纪上》载刘邦语:"今父老虽为沛令守,诸侯并起,今屠沛。"颜师古注:"屠谓破取城邑,诛杀其人,如屠六畜然。"(第9—10页)《后汉书》卷一上《光武帝纪上》:"进屠唐子乡。"李贤注:"《例》曰:'多所诛杀曰屠。'"(第3—4页)刘秀虽然起义初期有"进屠唐子乡"的行为,然而在后来的战争实践中对屠戮平民行为有意约束。尽管刘秀军仍有耿弇"凡所平郡四十六,屠城三百"(《后汉书》卷一九《耿弇传》,第713页)以及"吴汉屠成都"(《后汉书》卷一下《光武帝纪下》,第59页),"入屠蜀城"(《续汉书·天文志》,第322页)事,而《后汉书》卷一七《冯异传》记载:"敕异曰:'三辅遭王莽、更始之乱,重以赤眉、延岑之酷,元元涂炭,无所依诉。今之征伐,非必略地屠城,要在平定安集之耳。诸将非不健斗,然好虏掠。卿本能御吏士,念自修敕,无为郡县所苦。'"(第645页)则体现出战争理念和行政理念的进步。至于东汉末年的屠城史迹,可以作另外的讨论。
③ 韩儒林:《汉代西域屯田与车师伊吾的争夺》,《文史杂志》第2卷第2期(1942年2月),收入林幹主编《匈奴史论文选集(1919—1979)》,第363页。
④ 《史记》,第3179页。

> 骠骑将军击破匈奴右地，降浑邪、休屠王，遂空其地，始筑令居以西，初置酒泉郡，后稍发徙民充实之，分置武威、张掖、敦煌，列四郡，据两关焉。自贰师将军伐大宛之后，西域震惧，多遣使来贡献，汉使西域者益得职。于是自敦煌西至盐泽，往往起亭，而轮台、渠犁皆有田卒数百人，置使者校尉领护，以给使外国者。①

《史记》只说"置使者护田积粟"，《汉书》则说"置使者校尉领护"，颜师古注："统领保护营田之事也。""以给使外国者"，颜师古注："收其所种五谷以供之。"

轮台"有田卒数百人，置使者校尉领护"，经营人员属于军队编制。看来这里实际上是一处军垦基地。应当注意到，轮台所谓"营田之事"，其实与河西"四郡""两关"，与"自敦煌西至盐泽，往往起亭"，都可以归于一个军事交通通讯体系。其作用，在于保障与西域交往的畅通，在于为"使外国者"提供方便。对于汉武帝时代是否已经在轮台"营田"，学界存在不同意见。② 现在看来，张春树的见解可能是正确的，即"此时，汉在河西地带已实行军屯，且甚成功；屠仑头后，而逐渐以军屯镇守此一通西域之重点，当甚可能"。③

《汉书》卷九六下《西域传下》又说到汉武帝晚年桑弘羊等对于"营田"轮台提出了新的建议：

> 自武帝初通西域，置校尉，屯田渠犁。是时军旅连出，师行三十二年，海内虚耗。征和中，贰师将军李广利以军降匈奴。上既悔远征伐，而搜粟都尉桑弘羊与丞相御史奏言："故轮台东捷枝、渠犁皆故国，地广，饶水草，有溉田五千顷以上，处温和，田美，可益通沟渠，种五谷，与中国同时孰。其旁国少锥刀，贵黄金采缯，可以易谷食，宜给足不乏。臣愚以为可遣屯田卒诣故轮台以东，置校尉三人分护，各举图地形，通利沟渠，务使以时益种五谷。张掖、酒泉遣骑假

---

① 《汉书》，第 3873 页。
② 施之勉：《屯田轮台在昭帝时》，《大陆杂志》第 49 卷第 1 期（1974 年 7 月 15 日）。
③ 张春树：《论汉武帝时屯田西域仑头（轮台）的问题》，《大陆杂志》第 48 卷第 4 期（1974 年 4 月 15 日），收入《汉代边疆史论集》，食货出版社有限公司 1977 年版，第 123—130 页。

司马为斥候，属校尉，事有便宜，因骑置以闻。田一岁，有积谷，募民壮健有累重敢徙者诣田所，就畜积为本业，益垦溉田，稍筑列亭，连城而西，以威西国，辅乌孙，为便。"

桑弘羊等其实已经就这一计划有所动作，此时建议汉武帝认可，并"遣使使西国，以安其意"。奏言最后说：

> 臣谨遣征事臣昌分部行边，严敕太守都尉明烽火，选士马，谨斥候，蓄茭草。愿陛下遣使使西国，以安其意。臣昧死请。

桑弘羊建议强化军屯，然后待"田一岁，有积谷"之后，"募民壮健有累重敢徙者诣田所，就畜积为本业，益垦溉田"，向民屯转化。然而其作用，依然必须依靠军事强力维护汉帝国向西方的文化扩张："稍筑列亭，连城而西，以威西国，辅乌孙。"特别值得注意的，是桑弘羊两次说到所谓"西国"：

> 稍筑列亭，连城而西，以威西国……
> 愿陛下遣使使西国，以安其意。

"西国"称谓，是一种什么涵义呢？这是方位地理的概念，还是民族地理的概念，抑或是经济地理的概念呢？

注意到所谓"西国"，还应当注意到桑弘羊这段话中说到的"轮台东"和"轮台以东"：

> 故轮台东捷枝、渠犁皆故国，地广，饶水草，有溉田五千顷以上，处温和，田美，可益通沟渠，种五谷，与中国同时熟。
> 可遣屯田卒诣故轮台以东，置校尉三人分护，各举图地形，通利沟渠，务使以时益种五谷。

在前一句话之后，又说道："其旁国少锥刀，贵黄金采缯，可以易谷食，宜给足不乏。"这是将轮台及"其旁国"作为一个区域进行控制与发展的设计。颜师古注："言以锥刀及黄金彩缯与此旁国易谷食，可以给田卒，不忧乏食也。"① 也就是说，在轮台屯田基地初期发展的时候，可以以"黄金采缯"在"其旁国"取得"谷食"，以"给田卒，不忧乏食"。

有学者曾经指出，"锥刀"可能是"钱刀"之误。如以"钱刀"理解，则语义又有所不同。

宋代学者吴仁杰《两汉刊误补遗》卷八"锥刀"条写道：

>"故轮台以东，其旁国少锥刀，贵黄金采缯，可以易谷。"师古曰："言以锥刀黄金采缯与此旁国易谷食。"仁杰按："锥"，当作"钱"。其偏傍转写，以戈为隹耳。《周官·泉府》郑司农云：故书"泉"作"钱"。疏曰："泉"与"钱"，今古异名。《食货志》：钱轻重以铢，利于刀，流于泉。如淳曰：名"钱"为"刀"，以其利于民也。《礼记正义》：世犹呼"钱"为"钱刀"。古辞《白头吟》：男儿欲相知，何用钱刀为？则"钱刀"之称，从古固然。西域诸国如罽宾、乌弋、安息，皆有钱货。惟渠梨旁国少此，故贵黄金采缯，可以用此易五谷。《史记》：大宛以西，其地无丝漆，不知铸钱器。亦谓是也。"锥刀"字见左传杜注，"锥刀"喻小事也。若作"少锥刀"，恐无意义。

又《两汉刊误补遗》卷八"黄金"条还写道：

>"贵黄金采缯"，《汉纪》作"黄铁"，二文不同。仁杰按：实金谓之黄金，铜亦谓之黄金。晋灼曰：诸赐言黄金，真金也。不言黄，谓钱也。此以实金为黄金。《舜典》：金作赎刑。《孔传》曰：金，黄金也。《吕刑》：其罚百锾。《孔传》曰：锾，黄铁也。孔颖达谓古者金银铜铁，总名为金。黄金、黄铁，皆今之铜也。此以铜为黄金。然则《西域传》所云"黄金"，《汉纪》所云"黄铁"，是皆指铜言之。微荀氏之书，读者不以是为实金者几希。②

吴仁杰的说法未必全可取。然而有关"轮台以东，其旁国"经济生活形

---

① 《汉书》，第3912页。
② （宋）吴仁杰：《两汉刊误补遗》，景印文渊阁《四库全书》本，第883—884页。

态的提示，对于我们理解《汉书》卷九六《西域传》相关文字，是有意义的。

桑弘羊们注意到"轮台东"和"轮台以东"地方生态环境与经济基础与内地有相近处，有利于"营田"的条件。也许所谓"以威西国"和"遣使使西国"的"西国"，正是以轮台作为方位标志的。

（三）《轮台诏》对"远田轮台"的否定

据《汉书》卷九六下《西域传下》，汉武帝对桑弘羊等建议的响应，是否定了"远田轮台"的计划，同时进行了基本政策的重大转变：

> 上乃下诏，深陈既往之悔，曰："前有司奏，欲益民赋三十助边用，是重困老弱孤独也。而今又请遣卒田轮台。轮台西于车师千余里，前开陵侯击车师时，危须、尉犁、楼兰六国子弟在京师者皆先归，发畜食迎汉军，又自发兵，凡数万人，王各自将，共围车师，降其王。诸国兵便罢，力不能复至道上食汉军。汉军破城，食至多，然士自载不足以竟师，强者尽食畜产，羸者道死数千人。朕发酒泉驴橐驼负食，出玉门迎军。吏卒起张掖，不甚远，然尚斯留甚众。曩者，朕之不明……朕亲发贰师下鬴山……乃者贰师败，军士死略离散，悲痛常在朕心。"

汉武帝回顾此前的战争牺牲，多有悔意。对于当前扩大战争规模，提升战争等级的建议，予以直接的否定：

> 今请远田轮台，欲起亭隧，是扰劳天下，非所以优民也。今朕不忍闻。大鸿胪等又议，欲募囚徒送匈奴使者，明封侯之赏以报忿，五伯所弗能为也。且匈奴得汉降者，常提掖搜索，问以所闻。今边塞未正，阑出不禁，障候长吏使卒猎兽，以皮肉为利，卒苦而燧火乏，失亦上集不得，后降者来，若捕生口虏，乃知之。当今务在禁苛暴，止擅赋，力本农，修马复令，以补缺，毋乏武备而已。郡国二千石各上进畜马方略补边状，与计对。

汉武帝决意不再出军西域，将政策重心转移到恢复和发展经济上来，"禁苛暴，止擅赋，力本农"。又发出了"富民"的政治信号：

> 由是不复出军。而封丞相车千秋为富民侯，以明休息，思富养民也。①

《轮台诏》颁布的背景，是"巫蛊之祸"的教训已经为汉武帝所认识。② 汉武帝认真反思太子刘据政治主张的利与弊，于是利用汉王朝西域远征军战事失利的时机，开始了基本政策的转变。

征和四年（前89），他公开承认："朕即位以来，所为狂悖，使天下愁苦，不可追悔。"③ 又向臣民宣布，自今事有伤害百姓，糜费天下者，统统予以罢除！按照《汉书》卷九六下《西域传下》的说法，"末年遂弃轮台之地，而下哀痛之诏，岂非仁圣之所悔哉！"④ 汉武帝正式宣布当今政事，最要紧的应当在于"禁苛暴，止擅赋，力本农"，决意把行政重心转移到和平生产方面来。又封丞相田千秋为富民侯，以表明使百姓得以"休息"，"思富养民"的决心。

《新序·善谋下》肯定这一转变的意义："孝武皇帝自将师伏兵于马邑，诱致单于。单于既入塞，道觉之，奔走而去。其后交兵接刃，结怨连祸，相攻击十年，兵凋民劳，百姓空虚，道殣相望，樯车相属，寇盗满山，天下摇动。孝武皇帝后悔之。御史大夫桑弘羊请佃轮台。诏却曰：'当今之务，务在禁苛暴，止擅赋。今乃远西佃，非能以慰民也。朕不忍闻。'封丞相号曰富民侯，遂不复言兵事。国家以宁，继嗣以定。"

司马光在《资治通鉴》中分析"巫蛊之祸"及汉武帝挽回危局的措施时，曾经写道，汉武帝奢侈放纵，刑罚严酷，又频繁发动战争，使百姓不堪重负，以致奋起反抗。他的这些作为和秦始皇相差无几，然而为什么

---

① 《汉书》，第3912—3914页。
② 王子今：《汉武帝的政治思想和政治实践》，《祁连学刊》1992年第1期；《晚年汉武帝与巫蛊之祸》，《固原师专学报》1998年第5期。
③ 《资治通鉴》卷二二，第738页。
④ 《汉书》，第3929页。《太平御览》卷七九二引班固《西戎论》："孝武之代，图制匈奴，患其兼从西国，结党南羌，乃表河西，列四郡，开玉门，通西域，以断匈奴右臂，隔绝南羌、月氏，单于失援，由是远遁，而幕南无王庭。……自是之后，万里相奉，师旅之费，不可胜计，至于用度不足……人力屈财竭困之。加凶年群盗并起，自以末年遂弃轮台之地，而下哀痛之诏，岂非仁圣之所悔哉！"

秦王朝因此而亡，汉王朝却在汉武帝之后实现了昭宣中兴呢？汉武帝能够"受忠直之言，恶人欺蔽"，"晚而改过，顾托得人"，是主要原因之一。正是因为如此，他虽然犯有与亡秦同样的过失，却避免了亡秦覆灭的灾祸。[1] 所谓"受忠直之言，恶人欺蔽"，"晚而改过，顾托得人"，不仅反映出汉武帝个人的性格特征，也反映出西汉政治体制的进步，即与秦王朝僵冷而毫无弹性的行政制度不同，政府的重大政治缺误已经可以在一定程度上进行自我修补。

明代思想家李贽也称汉武帝晚年的这一历史变局为"天下大坏而得以无恙"，他曾经这样评价汉武帝的"轮台诏"："汉武惟此一诏可谢高帝、文帝"，"过天地之风雷，可不勇哉！"[2] 进行这样的基本政策的转变，确实是需要非凡的政治勇气和政治胆略的。

劳榦在为《创造历史的汉武帝》一书所写的序言中也说，"至于轮台之悔，以富民为天下权衡，民亦劳止，遂得休息。系铃解铃，同出一手，非有大智慧，大决断者，莫肯行焉，此亦与文过饰非者异矣"。[3]

"巫蛊之祸"这种在王朝都城的市中心发生的大规模流血事件，又以正规军武装平定政治动乱的情形，在历史上是绝无仅有的，而汉武帝在事后的处理方式，在历史上也是绝无仅有的。

中国古代帝王能够意识到自己的政治失误并且致力于扭转补救，已经是难能可贵的，其方式有许多种，一般情况下，往往尽管在实际上对失误有所纠正，然而在口头上对于失误却并不愿意公开承认。如汉武帝《轮台诏》这样"与文过饰非者异"，正式沉痛地向臣民公开承认自己的重大失误，在历史上是极其罕见的。

正如有的历史学家在分析"巫蛊之祸"前后的历史过程时所指出的："历史动向向我们昭示，汉武帝作为早期的专制皇帝，实际上是在探索统治经验，既要尽可能地发展秦始皇创建的专制主义中央集权的统一国家，又要力图不蹈亡秦覆辙。在西汉国家大发展之后继之以轮台罪己之诏，表

---

[1] 《资治通鉴》卷二二"汉武帝征和四年"："孝武穷奢极欲，繁刑重敛，内侈宫室，外事四夷，信惑神怪，巡游无度，使百姓疲敝，起为盗贼，其所以异于秦始皇无几矣。然秦以之亡，汉以之兴者，孝武能尊王之道，知所统守，受忠直之言，恶人欺蔽，好贤不倦，诛罚严明，晚而改过，顾托得人，此其所以有亡秦之失而免亡秦之祸乎！"（第747—748页）

[2] （明）李贽：《史纲评要》卷七，大通书局1975年版，第185页。

[3] 金惠：《创造历史的汉武帝》，台湾商务印书馆1984年版，第4页。

明汉武帝的探索获得了相当的成功。汉武帝罪己之诏虽然不能象所谓'禹汤罪己,其兴也勃焉'那样,臻汉室于鼎盛,毕竟挽回了将颓之局。不过,轮台诏能够奏效,是由于它颁行于局势有可挽回之际,而且有可挽回之方。""所以汉武帝虽然提供了专制帝王收拾局面的先例,而直到有清之末为止的王朝历史中,真能成功地效法汉武帝以'罪己'诏取得成效的皇帝,却不多见。"①

轮台,因《轮台诏》在历史上留下盛名。②

有学者说,"武帝太初元年(公元前104),西域诸国臣属于汉朝,汉政府开始在此常驻军队,同时在轮台、渠犁一带屯田。后来大司农桑弘羊提出在轮台一带大兴屯田的计划,因武帝晚年开拓雄心锐减而未能实现"。③ 以所谓"开拓雄心锐减"来解说这一重要的变化,显然过于简单化,不能说明历史的真实。

(四) 汉昭帝"田轮台"

汉昭帝时代,又采用桑弘羊的设计,再一次"田轮台"。《汉书》卷九六下《西域传下》中可以看到这样的记载:

> 初,贰师将军李广利击大宛,还过扜弥,扜弥遣太子赖丹为质于龟兹。广利责龟兹曰:"外国皆臣属于汉,龟兹何以得受扜弥质?"即将赖丹入至京师。昭帝乃用桑弘羊前议,以扜弥太子赖丹为校尉将军,田轮台,轮台与渠犁地皆相连也。龟兹贵人姑翼谓其王曰:"赖

---

① 田余庆:《论轮台诏》,《秦汉魏晋史探微》,中华书局1993年版,第51页。
② 《宋书》卷六四《何承天传》:"斯秦汉之末策,轮台之所悔也。"(第1076页)《宋书》卷八五《谢庄传》:"辞水空而南儴,去轮台而东洎。"(第2175页)《旧唐书》卷六二《李大亮传》:"孝武扬威远略,海内虚耗,虽悔轮台,追已不及。"(第2388—2389页)《旧唐书》卷八〇《褚遂良传》:"帝翻然追悔,情发于中,弃轮台之野,下哀痛之诏,人神感悦,海内乃康。向使武帝复用弘羊之言,天下生灵皆尽之矣。"(第2736页)《旧唐书》卷一一九《崔植传》:"迨至武帝,公私殷富,用能出师征伐,威行四方,钱至贯朽,谷至红腐。上务侈糜,资用复竭,末年税及舟车六畜,人不聊生,户口减半,乃下哀痛之诏,封丞相为富人侯。"(第3443页)《旧唐书》卷一四七《杜佑传》:"汉武因文、景之富,命将兴师,遂至户口减半,竟下哀痛之诏,罢田轮台。前史书之,尚嘉其先迷而后复。"(第3979—3980页)《明史》卷二〇三《潘埙传》:"汉武下轮台之诏,年已七十,犹为令主。"(第5368页)
③ 王红谊、惠富平、王思明:《中国西部农业开发史研究》,中国农业科学技术出版社2003年版,第44页。

第七章 匈奴与汉王朝对西域的争夺　　189

丹本臣属吾国,今佩汉印绶来,迫吾国而田,必为害。"王即杀赖丹,而上书谢汉,汉未能征。①

通过这段记述,我们可以得知,"田轮台"举动,实际上对更广大地域形成辐射扩散式的政治军事影响。"田轮台,轮台与渠犁地皆相连也。""龟兹贵人"已经感受到了"迫吾国而田"的威胁。所谓"必为害"者,除了直接的军事压力而外,又暗示汉王朝与匈奴对"西国"的争夺,可能导致对当地社会秩序的破坏。

《盐铁论·地广》可见文学对当时边疆政策的批评:"古者,天子之立于天下之中,县内方不过千里,诸侯列国,不及不食之地,《禹贡》至于五千里;民各供其君,诸侯各保其国,是以百姓均调,而繇役不劳也。今推胡、越数千里,道路回避,士卒劳罢。故边民有刎颈之祸,而中国有死亡之患,此百姓所以嚻嚻而不默也。夫治国之道,由中及外,自近者始。近者亲附,然后来远;百姓内足,然后恤外。故群臣论或欲田轮台,明主不许,以为先救近务及时本业也。故下诏曰:'当今之务,在于禁苛暴,止擅赋,力本农。'公卿宜承意,请减除不任,以佐百姓之急。今中国弊落不忧,务在边境。意者地广而不耕,多种而不耨,费力而无功,《诗》云:'无田甫田,维莠骄骄。'其斯之谓欤。"

大夫的回答,指出相关政策的确定,与"匈奴遁逃,因河、山以为防"的形势有关。文学进一步的辩论,又直接指责"逾蒙恬之塞,立郡县寇虏之地,地弥远而民滋劳","张骞通殊远,纳无用,府库之藏,流于外国"。②推想"昭帝乃用桑弘羊前议","田轮台",应当是经历过激烈辩争的。

屯田是汉王朝在西域维护控制能力的重要方式。有论著总结说,"西汉在西域屯田的地点有轮台、渠犁、伊循、车师前、北胥鞬、莎车、赤谷、姑墨等,尤以轮台、渠犁、车师前、赤谷为屯田重要场所。汉于西域屯田是经济措施,也有政治的和军事的性质,解决使者和驻军的食粮问题。由于屯田,当然也就由内地迁去一批汉人,带去汉族的耕作技术和农

---

① 《汉书》,第3916页。
② 《盐铁论校注》卷四,第201—209页。

具。这不能不对西域诸族的生产技术和经济发生影响。在今新疆地区出土的汉时铁犁,就是汉式的,由汉族传入的,与上述屯田有密切关系"。① 这样的分析,是符合历史事实的。

出土文献可以帮助我们认识和理解汉王朝在西域屯田的规模和形式。

罗布淖尔出土汉简可见屯田人员名籍。亦可见反映"守堤之卒"和"溉田之卒"劳作的简例。屯田基地水利经营的设置,在汉代遗址中依然有所存留。

有学者指出,"今焉耆、库车、罗布淖尔、婼羌附近都发现有不少汉代渠道的遗址。沙雅县境内有宽八米、深三米、长达一百多公里的汉代渠道以及农田遗迹和钱币"。"孔雀河北岸还见到过具有新疆地区特点的柳堤和渠道。米兰县发现有比较完整的汉代灌溉系统,沿着古代米兰河道修建了总闸、分水闸、干渠和支渠,有的支渠长达二公里。"② 这些迹象,可以帮助我们理解西域屯田基地引进内地农耕技术的情形。

汉昭帝之后,西域屯田更扩大了规模。有学者在总结汉武帝《轮台诏》之后的变化时指出,"后来经过昭帝、宣帝经营,轮台屯田大兴,远远超过原来的规划。从轮台东往车师前部(今吐鲁番)以及伊吾(今哈密)都分布着汉兵的屯田,甚至连伊循(今若羌)及莎车也辟为屯垦要地"。

这一趋势延续到东汉,"东汉仍然以军屯作为经营西域的根本,除车师前后部及伊吾主要屯区外,沿丝绸之路重要城廓③,无不为军屯之地。屯田士卒开渠灌溉,耕作播种采用内地先进经验,传统农艺也必然会为当地居民仿效和学习,从而促进了西域地区的农业开发"。④

(五) 关于渠犁屯田

《史记》卷一二三《大宛列传》说,自李广利伐大宛战事后,"仑头

---

① 田继周:《中国历代民族史·秦汉民族史》,社会科学文献出版社2007年版,第144—145页。
② 马国荣:《浅谈汉代西域的屯田》,《西域史论丛》第1辑,新疆人民出版社1985年版,第145—146页。
③ 今按:"城廓"应为"城郭"误排。
④ 王红谊、惠富平、王思明:《中国西部农业开发史研究》,第44—55页。

有田卒数百人，因置使者护田积粟，以给使外国者"。①《汉书》卷九六上《西域传上》则记载，轮台与渠犁同时形成了屯田据点："轮台、渠犁皆有田卒数百人，置使者校尉领护，以给使外国者。"②

《史记》只说"置使者护田积粟"，《汉书》则说"置使者校尉领护"，颜师古注："统领保护营田之事也。""以给使外国者"，颜师古注："收其所种五谷以供之。"

关于渠犁屯田始开于汉武帝时代，以及在汉宣帝时重开与扩大的史实，李炳泉曾经有所论证。他利用敦煌悬泉置汉简资料等出土文献提供的信息，对西汉西域渠犁屯田及其组织、管理系统进行了认真的研究，认为渠犁屯田的性质属于军屯，指出渠犁屯田是西汉在西域推行河西屯田经验的一次成功尝试，为汉代及以后历代王朝经略西域提供了可资参考的范式。③

（六）关于楼兰屯田

《汉书》卷九六上《西域传上》言鄯善国事："乃立尉屠耆为王，更名其国为鄯善，为刻印章，赐以宫女为夫人，备车骑辎重，丞相将军率百官送至横门外，祖而遣之。王自请天子曰：'身在汉久，今归，单弱，而前王有子在，恐为所杀。国中有伊循城，其地肥美，愿汉遣一将屯田积谷，令臣得依其威重。'于是汉遣司马一人、吏士四十人，田伊循以填抚之。其后更置都尉。伊循官置始此矣。"④

这是西域贵族自请汉军，出让"肥美"之地的明确例证。其目的，是以其"屯田积谷"希求"依其威重"，提升自身在西域的地位。

有简牍资料可以反映伊循屯田的组织和实施。⑤ 简文所见"伊循都尉"、"伊循农□"、"伊循卒史"以及"伊循城都尉大仓"等⑥，都可以

---

① 《史记》，第3179页。
② 《汉书》，第3873页。
③ 李炳泉：《西汉西域渠犁屯田考论》，《西域研究》2002年第1期。
④ 《汉书》，第3878页。
⑤ 李炳泉：《西汉西域伊循屯田考论》，《西域研究》2003年第2期。
⑥ 张德芳：《从悬泉汉简看楼兰（鄯善）同汉朝的关系》，《西域研究》2009年第4期；张俊民：《西汉楼兰、鄯善简牍资料钩沉》，《鲁东大学学报》（哲学社会科学版）2013年第4期。

在讨论楼兰屯田制度与效益时参考。

据《后汉书》卷四八《杨终传》，建初元年，"（杨终）上疏曰：'……自永平以来……加以北征匈奴，西开三十六国，频年服役，转输烦费。又远屯伊吾、楼兰、车师、戊己，民怀土思，怨结边域。'""书奏，肃宗下其章。"廷议出现争论。"终复上书曰：'……今伊吾之役，楼兰之屯，久而未还，非天意也。'帝从之，听还徙者，悉罢边屯。"① 可知东汉自汉明帝永平至汉章帝建初年间，"楼兰之屯"是历史真实。不过，即使自永平元年（58）即发起"远屯""楼兰"事，至建初元年（76）不过17年。据《后汉书》卷八八《西域传》："（永平）十六年，明帝乃命将帅，北征匈奴，取伊吾卢地，置宜禾都尉以屯田，遂通西域，于窴诸国皆遣子入侍。西域自绝六十五载，乃复通焉。明年，始置都护、戊己校尉。"② 又《后汉书》卷一九《耿恭传》："永平十七年冬，骑都尉刘张出击车师，请恭为司马，与奉车都尉窦固及从弟驸马都尉秉破降之。始置西域都护、戊己校尉，乃以恭为戊己校尉，屯后王部金蒲城，谒者关宠为戊己校尉，屯前王柳中城，屯各置数百人。"③ 则"永平"时代的"远屯"发生在永平十六年（73）至永平十七年（74），距离杨终上疏的建初元年（76）不过两三年。④ 所谓"久而未还"的"久"，如果理解为是相对而言，则"民怀土思，怨结边域"的说法显然缺乏说服力，似乎也不足以导致"帝从之，听还徙者"的实际效应。或许杨终上疏并非在建初元年，或许还有其他历史因由有待于我们发掘。

李宝通指出，《汉书》卷九六上《西域传上》所谓"其后更置都

---

① 《后汉书》，第1597—1598页。
② 同上书，第2909页。
③ 同上书，第720页。
④ 陈连庆《东汉的屯田制》说，"明帝永平十六年（73），窦固率兵伐北匈奴，击败呼衍王于天山，取伊吾卢地，置宜禾都尉以屯田，遂通西域，这是东汉屯田的开始。第二年，窦固又击破车师，汉朝恢复了在西域的统治机构，置西域都护和戊己校尉。都护坐镇焉耆，戊己校尉一屯车师后部金满城（今新疆维吾尔自治区奇台县），一屯前部的柳中城。戊己校尉以'开渠播种'为其职务的内容之一，所以柳中、金满都可视为屯田的据点。对于'杨终上疏请罢边屯'的时间，陈连庆写作"章帝建初之年（76）"。《东汉的屯田制》，《东北师范大学社会科学集刊》1957年第1期；收入《中国古代史研究——陈连庆教授学术论文集》，吉林文史出版社1991年版。"之年"或是"元年"的误植。

尉"，说明"屯田规模当又有扩大"，"直至晋初，楼兰屯戍的这种'积谷'、'镇抚'的基本职志仍几乎一脉相承"。[1]他认为，黄文弼于罗布泊北岸发现西汉木简的"土垠"遗址，应是汉军"屯戍活动之遗存"。其地点，也就是古籍所见之"居卢仓"，汉简所见之"居卢訾仓"。[2]"楼兰屯戍实扼西域咽喉门户，而居卢訾仓则为之提供了有力的经济支柱。"[3]

（七）匈奴"兼从西国"与汉王朝"通西国"、"安西国"

称西方部族、部族联盟或者国家政权为"西国"，是汉代习用语。《史记》卷二七《天官书》："（太白）出西至东，正西国吉。""正在西，西国胜。"[4]又《史记》卷一三〇《太史公自序》说卫青、霍去病传记主题：

> 直曲塞，广河南，破祁连，通西国，靡北胡。作《卫将军骠骑列传》第五十一。[5]

汉王朝的西域战略，本有"以分匈奴西方之援国"的意图。[6]正如陈序经所说，"汉武帝要攻破匈奴，除了准备用武力正面征讨外，还要联络西域诸国使匈奴失去援助，孤立匈奴，便于击败。匈奴曾置僮仆都尉去统治西域诸国，收赋税与利用西域诸国的人力物力与汉对抗，西汉王朝要击败匈

---

[1] 论者又说"东汉经营楼兰事迹不显"，"在《后汉书·西域传》中始终没有关于楼兰屯田的记载，甚至连'楼兰'之名也不见，与《汉书》形成鲜明的对照"。"这本身就令人怀疑：当时对于楼兰屯田恐怕没有给予足够的重视。究其原委，愚以为应与楼兰生态恶化有关。"（李宝通：《两汉楼兰屯戍源流述考》，《简牍学研究》第1辑，甘肃人民出版社1997年版，第226页；《索劢楼兰屯田时限试考》，《简牍学研究汇刊》第1辑"第一届简帛学术讨论会论文集"，台北：中国文化大学史学系、简帛学文教基金会筹备处2003年版；《敦煌索劢楼兰屯田时限探赜》，《敦煌研究》2002年第1期）

[2] 原注："居卢仓"见于《汉书》卷96下《西域传下》、《三国志》卷30注引《魏略·西戎传》。又引孟凡人说，土垠遗址是"'楼兰道'上诸烽燧的管理机构和大本营，同时它也是辛武贤欲积谷讨乌孙的居卢仓"。据孟凡人《楼兰新史》，光明日报出版社1990年版，第64页。李宝通认为孟凡人的意见"似较合理"。

[3] 李宝通：《两汉楼兰屯戍源流述考》，《简牍学研究》第1辑，第227页。

[4] 《史记》，第1324、1326页。

[5] 同上书，第3317页。

[6] 《史记》卷一一〇《匈奴列传》，第2913页。

奴，必须争取西域诸国，断匈奴右臂，这是一个很好的办法"。① "通西国"是汉王朝击败匈奴即"靡北胡"的重要战略步骤之一。

《旧唐书》卷八〇《褚遂良传》记载，唐太宗时，"既灭高昌，每岁调发千余人防遏其地"，褚遂良上疏："汉武负文、景之聚财，玩士马之余力，始通西域，初置校尉。军旅连出，将三十年。复得天马于宛城，采蒲萄于安息。而海内虚竭，生人失所，租及六畜，算至舟车，因之凶年，盗贼并起。搜粟都尉桑弘羊复希主意，遣士卒远田轮台，筑城以威西域。"② 其中"远田轮台，筑城以威西域"可与《汉书》卷九六下《西域传下》"远田轮台"，"稍筑列亭，连城而西，以威西国"对应。则褚遂良理解的"西国"，有可能就是"西域"。不过，汉代文献中的"西国"，有的是不能读作"西域"的。

"疆外之桀"③傅介子的著名故事中，"西国"似乎又显示出更具体的方位坐标。《汉书》卷七〇《傅介子传》记载："介子与士卒俱赍金币，扬言以赐外国为名。至楼兰，楼兰王意不亲介子，介子阳引去，至其西界，使译谓曰：'汉使者持黄金锦绣行赐诸国，王不来受，我去之西国矣。'即出金币以示译。译还报王，王贪汉物，来见使者。"④ 傅介子所谓"我去之西国矣"，应是指楼兰以西的国度。《三国志》卷二九《魏书·方技传·华佗》裴松之注引东阿王作《辩道论》："车师之西国。儿生，擘背出脾，欲其食少而弩行也。"⑤ 这里所谓"车师之西国"，可以与《汉书》卷七〇《傅介子传》"至其西界"曰"我去之西国矣"之"西国"作同样的理解。

汉王朝为了在与匈奴的战争中占据优势地位，试图在西方寻求同盟者。《史记》卷一二三《大宛列传》说："天子问匈奴降者，皆言匈奴破月氏王，以其头为饮器，月氏遁逃而常怨仇匈奴，无与共击之。汉方欲事灭胡，闻此言，因欲通使。道必更匈奴中，乃募能使者。"张骞就是在这样的背景下出使西域的。

---

① 陈序经：《匈奴史稿》，第253页。
② 《旧唐书》，第2736页。
③ 《汉书》卷一〇〇下《叙传下》，第4259页。
④ 《汉书》，第3002页。
⑤ 《三国志》，第806页。《后汉书》卷八二《方术列传下·甘始》李贤注引曹植《辩道论》："车师之西国，儿生劈背出脾，欲其食少而怒行也。"（第2750页）

第七章　匈奴与汉王朝对西域的争夺

当时西域的军事形势和民族关系相当复杂。"自博望侯开外国道以尊贵，其后从吏卒皆争上书言外国奇怪利害，求使。天子为其绝远，非人所乐往，听其言，予节，募吏民毋问所从来，为具备人众遣之，以广其道。来还不能毋侵盗币物，及使失指，天子为其习之，辄覆案致重罪，以激怒令赎，复求使。"帝王以特殊手段保证使团充备的人选，然而其素质却受到忽视。

于是，"使端无穷，而轻犯法"。出使活动身份较低的参与者也以积极的态度谋求进取。"其吏卒亦辄复盛推外国所有，言大者予节，言小者为副，故妄言无行之徒皆争效之。其使皆贫人子，私县官赍物，欲贱市以私其利外国。"

"汉使"在西域的表现导致诸国的轻视。"外国亦厌汉使人人有言轻重，度汉兵远不能至，而禁其食物以苦汉使。"汉使于是在窘迫的情境下相互攻击，与西域诸国也出现摩擦，甚至遭遇武装攻劫。"汉使乏绝积怨，至相攻击。而楼兰、姑师小国耳，当空道，攻劫汉使王恢等尤甚。而匈奴奇兵时时遮击使西国者。"使者于是多向汉武帝建议对西域诸国取攻击态势。"使者争遍言外国灾害，皆有城邑，兵弱易击。于是天子以故遣从骠侯破奴将属国骑及郡兵数万，至匈河水，欲以击胡，胡皆去。其明年，击姑师，破奴与轻骑七百余先至，虏楼兰王，遂破姑师。因举兵威以困乌孙、大宛之属。还，封破奴为浞野侯。王恢数使，为楼兰所苦，言天子，天子发兵令恢佐破奴击破之，封恢为浩侯。于是酒泉列亭鄣至玉门矣。"①

所谓"匈奴奇兵时时遮击使西国者"，体现出匈奴与汉王朝对"西国"的争夺。《汉书》卷九四上《匈奴传上》："马宏者，前副光禄大夫王忠使西国，为匈奴所遮，忠战死，马宏生得，亦不肯降。"② 也说到匈奴对"使西国者"的"遮击"。

而"西国""厌汉使"，"禁其食物以苦汉使"，甚至"攻劫汉使"等情形，也屡见于史籍记录。《汉书》卷七〇《傅介子传》说到"楼兰王安归尝为匈奴间，候遮汉使者"事，可知这种对汉王朝的蔑视和抗拒，是在匈奴特殊作用下出现的。而汉帝国民族交往努力的成功，也可以动员

---

① 《史记》，第3157、3171、3172页。
② 《汉书》，第3782页。

"西国"军队,组织统一的军事行动。如长罗侯常惠为了惩罚"龟兹国尝杀校尉赖丹","与吏士五百人俱至乌孙,还过,发西国兵二万人,令副使发龟兹东国二万人,乌孙兵七千人,从三面攻龟兹"。① 常惠在"西国"活动,往返经过河西地方的情形,在敦煌悬泉置汉代遗址出土简牍资料中有所反映。②

汉王朝交通"西国"、团结"西国"的行为,当时文书的正面表述称作"安西国"。《汉书》卷九六下《西域传下》写道:

> 匈奴闻车师降汉,发兵攻车师,(郑)吉、(司马)憙引兵北逢之,匈奴不敢前。吉、憙即留一候与卒二十人留守王,吉等引兵归渠犁。车师王恐匈奴兵复至而见杀也,乃轻骑奔乌孙,吉即迎其妻子置渠犁。东奏事,至酒泉,有诏还田渠犁及车师,益积谷以安西国,侵匈奴。吉还,传送车师王妻子诣长安,赏赐甚厚,每朝会四夷,常尊显以示之。于是吉始使吏卒三百人别田车师。得降者言,单于大臣皆曰"车师地肥美,近匈奴,使汉得之,多田积谷,必害人国,不可不争也"。果遣骑来击田者,吉乃与校尉尽将渠犁田士千五百人往田,匈奴复益遣骑来,汉田卒少不能当,保车师城中。匈奴将即其城下谓吉曰:"单于必争此地,不可田也。"围城数日乃解。后常数千骑往来守车师,吉上书言:"车师去渠犁千余里,间以河山,北近匈奴,汉兵在渠犁者势不能相救,愿益田卒。"公卿议以为道远烦费,可且罢车师田者。诏遣长罗侯将张掖、酒泉骑出车师北千余里,扬威武车师旁。胡骑引去,吉乃得出,归渠犁,凡三校尉屯田。

所谓"有诏还田渠犁及车师,益积谷以安西国,侵匈奴",是体现了最高执政集团的意图的。而匈奴对屯田基地"单于必争此地,不可田也"的态度,也是明朗的。《汉书》卷九六下《西域传下》对"田渠犁"的意义以及"渠犁田士"的作用有明确的记述。而《西域传上》关于汉武帝

---

① 《汉书》卷七〇《常惠传》,第 3004 页。
② 甘肃省文物考古研究所:《甘肃敦煌汉代悬泉置遗址发掘简报》、《敦煌悬泉汉简内容概述》、《敦煌悬泉汉简释文选》,《文物》2000 年第 5 期;张德芳:《〈长罗侯费用簿〉及长罗侯与乌孙关系考略》,《文物》2000 年第 9 期;王子今:《〈长罗侯费用簿〉应为〈过长罗侯费用簿〉》,《文物》2001 年第 6 期。

"西国"政策的记录中,往往是"轮台、渠犁"并称的,《西域传下》也说:"轮台与渠犁地皆相连也。"①

使汉王朝感受到威胁的匈奴对这一地区的经营,汉文史籍称之为"兼从西国"。马长寿指出:"汉书西域传称天山以南,'轮台(新疆轮台县以东),地广饶水草,有溉田五千顷以上,种五谷,与中国同时熟'。这些地区初被匈奴统治着,日逐王在那里置僮仆都尉,赋税诸国,取以富给。天山南路,如婼羌、鄯善、山国(库尔勒山中)、龟兹(库车县)、姑墨(拜城县西南)、莎车等国都产铁、铜等矿。有不少国家能冶铁,铸成箭、矛、刀、剑、甲等武器。这些武器对于匈奴国家的发展是绝对有利益的。而且天山南北路和昆仑山北麓,自古是中亚、南亚和东亚间商业交通要道,匈奴在其间设关卡,收商税,护送旅客,担保过山,都可以受到不少的报酬,有时并掠夺行商和马队的货物。这些事实都说明西域的物产和交通在匈奴经济中占相当重要的位置。""当时西域诸国皆役属于匈奴,而中亚的一些大国又与匈奴为与国。"② 这一情形如果不改变,对于汉王朝的发展"显然是不利的"。③

也有学者认为,"匈奴在汉北部边境全线失败后,其势力开始转移到其右部,更加强化了对西域的控制"。④ 又有研究者说:"匈奴因南下受阻,于是调转马头转向西北,向西域方面进军。""匈奴被迫向西迁徙后,越来越依靠西域,它不仅物质上有赖于西域,而且也把西域作为它反击汉方的战略基地",因而西域"成为双方的争夺重点"。⑤

《汉书》卷九六下《西域传下》以"赞曰"为概括方式的文字,是这样总结汉与匈奴对"西国"的争夺的:"孝武之世,图制匈奴,患其兼从西国,结党南羌,乃表河西,列四郡,开玉门,通西域,以断匈奴右臂,隔绝南羌、月氏。单于失援,由是远遁,而幕南无王庭。"⑥ 汉王朝的西域政策和匈奴的西域政策,都可以通过班固的这一分析得到说明。双方竞争的结局,是"汉朝与匈奴争夺西域七十多年,最终实现了断匈奴

---

① 《汉书》,第3923、3916页。
② 今按:西汉人所说的"西国",严格说来可能也是包括某些中亚国家的。
③ 马长寿:《北狄与匈奴》,第32—33页。
④ 宋超:《汉匈战争三百年》,第110页。
⑤ 王柏灵:《匈奴史话》,陕西人民出版社2004年版,第87—88页。
⑥ 《汉书》,第3928页。

'右臂'的战略目标"。① 考察相关史实，可以帮助我们理解汉与匈奴争夺西域的历史进程及其文化意义。②

五 汉匈西域战争中的"诅军"巫术

《汉书》卷九六上《西域传上》记载，西域地方起初为匈奴所控制："西域诸国大率土著，有城郭田畜，与匈奴、乌孙异俗，故皆役属匈奴。匈奴西边日逐王置僮仆都尉，使领西域，常居焉耆、危须、尉黎间，赋税诸国，取富给焉。"自汉武帝时"张骞始开西域之迹"，河西"列四郡"，西域"南道"打通，"匈奴不自安矣"。郑吉"号曰都护"，"僮仆都尉由此罢，匈奴益弱，不得近西域"。③ 如《汉书》卷一〇〇下《叙传下》所说："昭、宣承业，都护是立，总督城郭，三十有六，修奉朝贡，各以其职。"④ 而这种对西域地区的全面的稳定的控制，是经历了反复的民族交往与军事部署的竞争的。

汉王朝与匈奴争夺西域的战争，有曲折的过程和复杂的方式。史籍所见双方使用"诅军"巫术事，是军事史记录中罕见的情形，也成为历史人类学研究值得珍视的史料。透视其文化内质，可以获得有积极意义的发现。

讨论汉匈西域"诅军"史例，不仅涉及汉王朝处理边疆与民族问题的军事行政方式，也有益于深化对当时数术文化的理解。

（一）匈奴使巫"诅军事"

《汉书》卷九六下《西域传下》记载，汉武帝以轮台军屯基地前景的讨论为契机发表的"深陈既往之悔"的著名的"轮台诏"中⑤，有对派遣李广利出军远征导致挫败的深刻反省：

---

① 宋超：《汉匈战争三百年》，第118页。
② 王子今：《"远田轮台"之议与汉匈对"西国"的争夺》，《西域历史语言研究集刊》第2辑，科学出版社2009年版，第63—74页。
③ 《汉书》，第3872页。
④ 同上书，第4268页。
⑤ 参看田余庆《论轮台诏》，《秦汉魏晋史探微》（重订本），中华书局2004年版。

第七章　匈奴与汉王朝对西域的争夺

> 曩者，朕之不明，以军候弘上书言"匈奴缚马前后足，置城下，驰言'秦人，我匄若马'"，又汉使者久留不还，故兴遣贰师将军，欲以为使者威重也。古者卿大夫与谋，参以蓍龟，不吉不行。乃者以缚马书遍视丞相御史二千石诸大夫郎为文学者，乃至郡属国都尉成忠、赵破奴等，皆以"虏自缚其马，不祥甚哉！"或以为"欲以见强，夫不足者视人有余"。《易》之，卦得《大过》，爻在九五，匈奴困败。公车方士、太史治星望气，及太卜龟蓍，皆以为吉，匈奴必破，时不可再得也。又曰"北伐行将，于鬴山必克"。卦诸将，贰师最吉。故朕亲发贰师下鬴山，诏之必毋深入。今计谋卦兆皆反缪。……①

"我匄若马"，颜师古注："匄，乞与也。若，汝也。"《说文·亡部》："匄，气也。"段玉裁注："'匄'训'气'，亦分二义二音。《西域传》：'气匄亡所得。'此气求之义也。当去声。又曰：'我匄若马。'此气与之义也。当入声。""《通俗文》曰：'求愿曰匄。'则是求之曰'气匄'，因而与之亦曰'气匄'也。今人以物与人曰'给'，其实当用'匄'字。"②这里"气"即"乞"，而并非"氣"。③

汉武帝似乎以为"匈奴缚马前后足，置城下，驰言'秦人，我匄若马'"是一个重要的信号，其神秘的象征意义未可直接破解，于是咨询群臣，"以缚马书遍视丞相御史二千石诸大夫郎为文学者，乃至郡属国都尉成忠、赵破奴等"，然而御前讨论有不同的回应。所谓"皆以'虏自缚其马，不祥甚哉！'"或许体现了压倒多数的意见以为"不祥甚哉"，是预示战事不利的迹象。④ 不过，我们现在不清楚廷议时人们是依据怎样的分析得出"不祥甚哉"的判断的。

---

① 《汉书》，第3913页。
② 《说文解字注》，上海古籍出版社1981年版，第634—635页。
③ 《通典》卷一九一《边防七·西戎三》引作："匈奴缚马足，置城下，驰言：'秦人，我乞若马。'"（第5192页）
④ （宋）司马光《应诏言朝政阙失状》（熙宁七年四月十八日上）："汉武帝征伐四夷，中国虚耗，贼盗群起，又丧贰师之军，乃下哀痛之诏曰：'乃者以缚马书遍示丞相御史二千石诸大夫郎为文学者，皆以虏自缚其马，不祥甚哉。公车方士太史太卜皆以为吉。今计谋卦兆皆反谬，盖始寤公卿方士之诡谀，对不以诚，致误国事，有悔于心也。'"《传家集》卷四五，景印文渊阁《四库全书》本，台湾商务印书馆1983年版。

汉武帝这道诏书中，接着又明确说到匈奴"诅军"的方式：

> 重合侯得虏候者，言"闻汉军当来，匈奴使巫埋羊牛所出诸道及水上以诅军。单于遗天子马裘，常使巫祝之。缚马者，诅军事也"。①

完成"诅军"动作的，是"巫"。所谓"埋羊牛所出诸道及水上"，显然是"巫"在行施巫术。匈奴战俘提供的信息，还包括"单于遗天子马裘，常使巫祝之"，即通过赠予物所附加的巫术作用，以危害"天子"。这里又明确说到"缚马前后足"的意义："缚马者，诅军事也。"

有学者注意到，"有巫者，出兵必占吉凶"，是体现"匈奴之文化"的"法俗"。② 亦有匈奴史研究者在讨论"匈奴人的宗教意识"时指出，"在战争的时候，匈奴还相信各种巫术"。"缚马前后足以置城下，埋牛羊于军道及水上，都是巫术用于军事方面的表现。"③ 或说"即使胡巫用迷信方法对汉军设置障碍"。④

有人以为"埋羊牛所出诸道及水上"，在于"牛羊尸腐为病，以播疫病也"。⑤ 这样的分析，看起来似乎有一定道理。西藏的所谓"毁敌巫术（魘胜术）"有客观效果可能"播疫病"的方式："要使仇敌的家畜致病，巫师用血把要致病的那种家畜的名字写在从死后的良马尸身上剥下来的马皮上。写字用的血应该是死于畜疫的绵羊或母牛等的血。此后，巫师念诵相应的愿文，挥舞用婆罗门骨做成的普把橛。最后，把马皮投到仇敌的马

---

① 《汉书》，第3913页。
② 冯家昇：《匈奴民族及其文化》，《禹贡》半月刊7卷5期，1937年5月；1964年2月经修订收入林幹编《匈奴史论文集（1919—1979）》，第16、163页。
③ 陈序经：《匈奴史稿》，第92页。
④ 林幹：《匈奴史》，内蒙古人民出版社1977年版，第149页；《匈奴通史》，第174页。
⑤ 论者在"及得虏候者，乃言：缚马者匈奴诅军事也"句后写道："班书注：匈奴闻汉军来，使巫埋羊牛所出诸道及水上，以诅军。何按，牛羊尸腐为病，以播疫病也。"何新：《汉武帝年表及大事记》，《论中国历史与国民意识》，时事出版社2002年版，第428页。所谓"班书注"云云，据《资治通鉴》卷二二"汉武帝征和四年"文字，"得虏候者，乃言'缚马者匈奴诅军事也'"句后，胡三省注："据班《史》，匈奴闻汉军来，使巫埋羊、牛所出诸道及水上，以诅军。"（《资治通鉴》，第741页）论者用《资治通鉴》胡注，改"据班《史》"为"班书注"，而且似乎没有注意到所谓"闻汉军当来，匈奴使巫埋羊牛所出诸道及水上以诅军"，正出自《汉书》卷九六下《西域传下》载汉武帝"轮台诏"中。

厩里去。"① 而道路对于"播疫病"的作用，已经有学者曾经指出。② 而论者进一步的分析，如对所谓"巫埋羊牛"的理解："这些牛羊是被胡巫作过特殊毒化处理的'生化武器'。这是人类历史上见诸记载的第一代生化武器。"论者以为霍去病"早夭致死的病因"，也"很可能与匈奴的'生物战'有关"。"我们可以设想，匈奴将马匹和牛羊染上患病者的排泄或分泌物（即'诅'、'蛊'）后，将动物或动物尸体施放给汉军。汉军染病后，其排泄物又通过老鼠或家畜向内地反复传播。由此即引发了自公元 1 世纪至 4 世纪前后数百年间在中原地区反复发作的'伤寒'瘟疫。"③ 这样的"设想"，显然需要切实的论证。

人们自然还会想到，"匈奴使巫埋羊牛所出诸道及水上以诅军"的巫术动作，为什么是"埋"呢？而"埋"，通常其实是防止"播疫病"的举措。看来，对于这一问题的研究，还需要深刻的思考。

（二） 汉军"以方祠诅匈奴、大宛"

汉军对匈奴、大宛的战争行为，也曾经使用"诅军"方式。《史记》卷二八《封禅书》记载太初元年（前 104）事：

> 是岁，西伐大宛。蝗大起。丁夫人、雒阳虞初等以方祠诅匈奴、大宛焉。④

《汉书》卷二五下《郊祀志下》同样的记述，颜师古注引应劭曰亦有涉及"诅军"的解释：

---

① ［奥地利］勒内·德·内贝斯基·沃杰科维茨：《西藏的神灵和鬼怪》，谢继胜译，西藏人民出版社 1993 年版，第 575 页。
② 英国学者弗雷德里克·F. 卡特赖特和迈克尔·比迪斯在《疾病改变历史》一书中写道："较高程度的文明使人们拥有较高的生活水准和较全面、丰富的精神生活，但也带来了灾难。""小径变成了道路，旅行更方便、快捷，新的疾病也会通过这样的道路传播开来，侵袭没有相应抵抗力的居民。"（陈仲丹、周晓政译，山东画报出版社 2004 年版，第 3 页）
③ 何新：《匈奴对汉朝的生物战争及其历史后果》，《雄·汉武帝评传及年谱》，中国民主法制出版社 2008 年版，第 105—109 页。论者对"诅"和"蛊"的理解，似乎也值得商榷。
④ 《史记》，第 1402 页。

　　　　丁夫人，其先丁复，本越人，封阳都侯。夫人其后，以诅军
　　为功。①

"丁夫人"的"诅军"之术，很可能来自越巫文化传统。《史记》卷二八《封禅书》写道："是时既灭两越，越人勇之乃言：'越人俗鬼，而其祠皆见鬼，数有效。昔东瓯王敬鬼，寿百六十岁。后世怠慢，故衰耗。'乃令越巫立越祝祠，安台无坛，亦祠天神上帝百鬼，而以鸡卜。上信之，越祠鸡卜始用。"② 其事正在太初元年（前104）。《汉书》卷六《武帝纪》："（太初元年十一月）乙酉，柏梁台灾。""二月，起建章宫。"颜师古注引文颖曰："越巫名勇，谓帝曰越国有火灾即复大起宫室以厌胜之，故帝作建章宫。"③

汉武帝受"越人俗鬼"的影响，用"越巫"、"越祠"、"越祝祠"，体现出一种特殊的巫术借用、巫术兼用、巫术共用的理念。又《风俗通义》卷九《怪神》"世间多有狗作变怪"条下记载："武帝时迷于鬼神，尤信越巫。董仲舒数以为言，武帝欲验其道，令巫诅仲舒。"④ 越巫们"诅"的数术方式，看来汉武帝确实是欣赏的。"令巫诅仲舒"，是让巫进行一种能力测验。

所谓"雒阳虞初"，曾经与"丁夫人"合作，以随军方士的身份，共同用方术诅咒匈奴和大宛的军队。⑤

事实上，"胡巫"的技能，也曾经在汉地文化重心区域有较深刻的影响。⑥ 汉武帝"西伐大宛"战事中"丁夫人、雒阳虞初等以方祠诅匈奴、大宛焉"，也不能排除借用匈奴等草原部族巫术的可能。《汉书》卷九四上《匈奴传上》记载："贰师将军将出塞，匈奴使右大都尉与卫律将五千骑要击汉军于夫羊句山狭。贰师遣属国胡骑二千与战，虏兵坏散，死伤者数百人。汉军乘胜追北，至范夫人城，匈奴奔走，莫敢距敌。"关于"范夫人城"，颜师古注："应劭曰：'本汉将筑此城。将亡，其妻率余众完保

---

① 《汉书》，第1246页。
② 《史记》，第1399—1400页。
③ 《汉书》，第199页。
④ 参看王子今《两汉的"越巫"》，《南都学坛》2005年第1期。
⑤ 参看王子今《"雒阳虞初"事迹考》，《河洛史志》1996年第2期。
⑥ 参看王子今《西汉长安的"胡巫"》，《民族研究》1997年第5期。

之，因以为名也。'张晏曰：'范氏能胡诅者。'"①

有学者写道，"颜师古注引张晏曰：这范氏是个能'胡诅'的女人。可见这个城主范夫人原先也是个胡巫"。② 以为"能胡诅者"就一定是"胡巫"，其说未可从。范夫人作为"汉将"之妻自然未能轻易判断为汉人。而"范"姓及"范夫人"称谓都可以助证其族属应当并不是"胡"。

汉武帝对于危害自己的巫术深恶痛绝，然而对战争中的敌对方则亦不惜调动包括巫术在内的一切手段。宋代学者苏轼批评说："汉武帝恶巫蛊如仇雠，盖夫妇、君臣、父子之间，嗷嗷然不聊生矣。然《史记·封禅书》云：'丁夫人、洛阳虞初等以方祠诅匈奴、大宛。'已且为巫蛊，何以责臣下，此最可笑。"③

（三）关于"缚马""诅军"方式

对于"丁夫人、雒阳虞初等以方祠诅匈奴、大宛焉"，我们不能详知其细节，只能从"丁夫人"出身"越人"推想其巫术有可能应当归于"越巫"系统。而匈奴"缚马"即"缚马前后足"的"诅军"、"诅军事"方式，究竟有怎样的神秘主义文化内涵呢？

《唐律疏议》卷一八《贼盗》与法律内容中，可以看到涉及"系手缚足"情节的内容：

> 憎恶造厌魅
>
> 诸有所憎恶，而造厌魅及造符书咒诅，欲以杀人者，各以谋杀论减二等；于期亲尊长及外祖父母夫、夫之祖父母、父母，各不减。
>
> 【疏】议曰：所有憎嫌前人而造厌魅，厌事多方，罕能详悉，或图画形像，或刻作人身，刺心钉眼，系手缚足，如此厌胜，事非一绪；魅者，或假托鬼神，或妄行左道之类；或咒或诅，欲以杀人者：各以谋杀论减二等。若于期亲尊长及外祖父母、夫、夫之祖父母、父

---

① 《汉书》，第3779—3780页。
② 林幹：《匈奴史》，第150页；《匈奴通史》，第175页。
③ （宋）苏轼：《仇池笔记》卷上，景印文渊阁《四库全书》本。又《东坡志林》卷一："汉武讳巫蛊之事，疾之如仇雠。盖夫妇君臣父子之间，嗷嗷然不聊生矣。然《史记·封禅书》云：'丁夫人、雒阳虞初等以方祠诅匈奴、大宛。'已且为巫蛊之魁，何以责其下？此最可笑云。"景印文渊阁《四库全书》本。

母,各不减,依上条皆合斩罪。①

以"图画形像"、"刻作人身",予以象征性的残害,以求危及真身。这种方式,称作偶像伤害术。②而以偶像"系手缚足"的方式"厌胜",与"刺心钉眼"同样,也是要对"有所憎恶"者造成严重危害。然而"匈奴缚马前后足,置城下",显然并不是以所谓"我匈若马"作为危害对象的偶像。

对于腿足的危害,导致受害人无法行动。这种伤害,在中国古代巫术使用史中也是相当常见的情形。明人陆容《菽园杂记》卷八说,"云南孟密等夷有术,能以木换人手足骨。人初不觉,久之行远任重,即痛不能胜。有不信者,死之日剖股视之,果木也。"③清代学者袁枚在《子不语》中说到一则妖术夺人腿的故事。④清人张泓《滇南新语》写道:"元郡江外,以木易客腿,索财既足,始复其胫。否则木脱夔立矣。"⑤西藏的"毁敌巫术(魇胜术)"有这样的操作方式:"在一片纸上画一圆圈……在圆圈的中央画上代表被害者的男人或女人俑像,俑像的手脚画上厚重的铁链锁住。"巫师特别注重得到"对方的脚印土"、"十字路口取来的土"、"十字路口抱来的石块"这些与行走行为有关的物质作为巫术道具⑥,也值得注意。

彝族的巫术又有这样的形式:"请巫师'毕摩'将一只病死的牲畜腿骨和草人放在一起,指明仇家姓名,集合全家进行诅咒,然后将此骨与草人抛弃在仇人附近的路上或田野,仇人便会患病,慢慢死去。"⑦牲畜腿

---

① 刘俊文:《唐律疏议笺解》,中华书局1996年版,第1311页。
② 邓启耀:《中国巫蛊考察》,上海文艺出版社1999年版,第70页。
③ (明)陆容:《菽园杂记》,景印文渊阁《四库全书》本。
④ 《子不语》卷五"藏魂坛"条:"云贵臬使费邪术最盛。贵州臬使费元龙赴滇,家奴张姓,骑马上,忽大呼坠马,左腿失矣。费知妖人所为,张示云:能补张某腿者赏若干。随有老人至曰:'是某所为。张在省时,倚主人势,威福太过,故与为恶戏。'张亦哀求,老人解荷包,出一腿,小若虾蟆,呵气持咒,向张掷之,两足如初,竟领赏去。"(上海古籍出版社1986年版,第123—124页)
⑤ (清)张泓:《滇南新语》,中华书局1985年版,第29页。
⑥ [奥地利]勒内·德·内贝斯基·沃杰科维茨:《西藏的神灵和鬼怪》,谢继胜译,第572—573页。
⑦ 邓启耀:《中国巫蛊考察》,第92—93页。

足成为巫术道具的情形，还有《夷坚志》的"猪足符"故事，说猪蹄以符厌咒，可以致死。①

以上这些巫术方式，似乎都未能确切解说匈奴人"缚马"即"缚马前后足"的神秘意义。

也许"缚马"即"缚马前后足"的工具有某种神异力量。根据中国传统医学典籍中透露的信息，我们知道，古人对于缚马足的绳索，怀有某种神秘的意识。② 又有称毒蛇和鳄鱼一类恶毒生物为"马绊"者。③ 元人郑元佑《遂昌杂录》讲述了这样一个神异故事：

> 今嘉议大夫吏部尚书致仕许昌冯公，名梦弼，字士启。其始仕由八蕃云南宣慰司吏继辟掾湖广省。士启尝言，其在八蕃时，乘驿出向某所，最后至一驿。驿吏语以今夕晚矣，且"马绊"出在江上，不若毋行。士启漫不省，即选马亟行。行未三四十里，忽乌刺赤者急下马拜，跪伏，其言侏离，莫能晓，而其意则甚哀窘。士启问之，摇手意谓且死矣。于是士启亦下马祷之。曰："某万里远客，从吏遐方，

---

① （宋）洪迈《夷坚志》乙志卷六"猪足符"条："聂景言居衡阳，有细民欲举债，买猪蹄来献，聂受之，付厨作羹。庖婢举刀，破爪间，见小纸书符在其内，亟出告。使呼其人还之。人曰：'适从屠杌买来，方有求于君家，岂敢以符为厌咒？'复持与屠者，责谯之。屠者曰：'今旦方刲豕，安得有是？'取元直畀民，而自携归煮食，一家四人皆死。"（中华书局1981年版，第234页）

② 如《备急千金要方》卷六上"治鼻中生疮方"："烧故马绊末，敷鼻中。"〔（唐）孙思邈著，李景荣等校释：《备急千金要方校释》，人民卫生出版社2014年版，第215页〕《外台秘要方》卷二二"鼻生疮及䘌虫蚀方"："烧故马绊末傅之。"（华夏出版社1993年版，第418页）《普济方》卷五七说到"治鼻中生疮"的"马绊绳散"："用马绊绳一条，烧为灰，研细，罗以少掺上疮上。"《普济方》卷三七六"治小儿痫方"："右用将马绊绳煮洗儿。"（景印文渊阁《四库全书》本）《本草纲目》卷三八写道："马绊绳主治：煎水，洗水儿痫（苏恭），烧灰，掺鼻中疮（时珍）。"（人民卫生出版社2013年版，第1813页）

③ （明）曹学佺《蜀中广记》卷六〇《方物记·鳞介》："蛟之为物，不识其状。非有鳞鬣四足乎？或曰虺蝮蛟蝁，状如蛇。南僧说蛟如马蟥，即水蛭也。涎沫腥粘，掉尾缠人，而噬其血。蜀人号为'马绊蛇'。头如猫鼠，有一点白。汉州古城潭底有蛟，人伐之，乃跃于沙内，蟠蜿力困，里人谨噪以助，竟毙之，故见斯状。"同书卷七二《神仙记·川西道》："蜀王讨东川，岐陇之师赴援。乘锐深入，来届金堂江侧。江水泛涨，雷雨异常，遂不克济，师惊而遁。时方盛暑，探骑十余人入化中，见井而喜，系马解衣，将赴泉以浴。忽有马绊蛇腾涌而出，首如白虎，大若车轴，嘘气喷毒，势欲噬人。骑卒奔进而去。"（景印文渊阁《四库全书》本）

使有禄命,固不死无之敢迕死。"① 时月微明,睹一物如小屋大,竟衮入江水,腥风臭浪袭人。行数里许,乃问之乌剌赤,曰:"是之谓'马绊'。"问"'马绊'何物",摇手不敢对。三更后,至前驿。驿吏出迎,错愕曰:"是何大胆,敢越'马绊'来乎!"士启问"马绊",驿吏乃言:"此马黄精也,遇之者辄为所啖。"齐谐志怪而略此,于是乎书。②

"远客"行旅途中"遇之者辄为所啖"的"马黄精"被称作"马绊",体现出"马绊绳"有时具有精怪品性。注意到这一点,或许也可以为说明所谓"缚马者,诅军事也"的文化背景提供一种思路。"马绊绳"是应用于交通实践的器具,而古人的行旅生活,本来就充满了神秘意味。江绍原运用文化人类学思想和方法考察中国古代旅人遭遇的精灵鬼魅,揭示了相应的意识背景,主题正是"行路遭逢的神奸(和毒恶生物)"。③

汉武帝御前"丞相御史二千石诸大夫郎为文学者,乃至郡属国都尉成忠、赵破奴等"面对"缚马书",都说"虏自缚其马,不祥甚哉!"也许并不完全知晓匈奴人自谓"缚马者,诅军事也"的真实意义,但是由"不祥甚哉"的惊叹可知,这种特殊行为的震慑力量,实际上已经形成了。④

---

① 《说郛》卷四七下郑元佑《遂昌杂录》及《宋稗类钞》卷三〇引作"固不死无之敢逃死"。
② (元)郑元佑:《遂昌杂录》,景印文渊阁《四库全书》本。
③ 江绍原:《中国古代旅行之研究:侧重其法术的和宗教的方面》,上海文艺出版社1989年版。《抱朴子内篇·登涉》:"不知入山法者,多遇祸害。故谚有之曰:'太华之下,白骨狼藉。'……山无大小,皆有神灵。山大则神大,山小即神小也。入山而无术,必有患害,或被疾病及伤刺,及惊怖不安,或见光影,或闻异声,或令大木不风而自摧折,岩石无故而自堕落,打击煞人,或令人迷惑狂走,堕落坑谷,或令人遭虎狼毒虫犯。"又见《说郛》卷七四下葛洪《登涉符箓》。
④ 参看王子今《汉匈西域战争中的"诅军"巫术》,《西域研究》2009年第4期。

第八章

汉匈争夺背景下西域诸国的文化走向

一 "重译"现象与西域"译人"

汉文化扩张并与其他文化系统接触、冲突、交流、融合的过程中，实现不同语言系统间相互沟通的"译"，发挥了重要的作用。汉王朝行政系统有专门的"译官"。处于交通孔道的西域国家也有专业的"译"。西北汉简资料对"译人"的活动也有反映。《说文·言部》："译，传译四夷之言者。"与"大一统"的政治追求相关，汉文化在实现扩张的进程中，历史记录可见所谓"重译"现象。相关问题的研究，是汉代边疆史、民族史和军事史研究的重要课题。而《后汉书》卷八六《西南夷传·莋都夷》所见白狼王唐菆等"作诗三章"，注家作"华言"、"夷言"对照[1]，或以为"重译"的实例。

"译人"即承担语言转译的专门人员[2]，在汉王朝与匈奴争夺西域控制权的历史过程中有突出的表现。"译人"们以西域为舞台的活跃表演，成为考察汉代边疆与民族问题必须予以重视的历史文化现象。当时复杂的民族关系及历史语言背景，决定了"译人"作用的重要。西域多民族文化因匈奴和汉民族的介入而导致的历史变化，通过"译人"的推动而实现。汉与匈奴以及西域政权民族事务与行政事务、经济事务处理方式的若干特点，也可以由"译人"的活动得以说明。西域"译人"的贡献，亦充实了中国翻译史的早期记录。

---

[1] 《后汉书》，第2855页。
[2] "译人"称谓较早见于《三国志》卷三〇《魏书·东夷传·扶馀》："译人传辞，皆跪手据地窃语。"（第841页）应可看作秦汉时期相同身份的共同称谓。

（一）汉儒对武丁时代和周公时代"重译"传说的追忆

按照儒学政治文化理念，德治的成功和礼乐的传布，可以致使远人归心，通过辗转翻译的方式实现文化认同。这种方式，曾经称作"重译"。"重译"的说法，始于汉代。

《尚书大传》卷二写道："武丁内反诸己，以思先王之道三年，辩发重译至者六国。"《尚书大传》卷三说："成王时""有越裳氏重译而来"。"交趾之南有越裳国。周公居摄六年，制礼作乐，天下和。越裳氏以三象重译而献白雉。曰道路悠远，山川阻深，音使不通，故重译而朝。"郑玄解释说："重译，欲其转相晓也。"①

又如《新语》卷上《无为》："周公制作礼乐，郊天地，望山川，师旅不设，刑格法悬，而四海之内，奉供来臻，越裳之君，重译来朝。"《新语》卷下《明诫》："周公躬行礼义，郊祀后稷，越裳奉贡重译而臻②，麟凤草木缘化而应。"《韩诗外传》卷五也说到"成王之时""有越裳氏重九译而至"故事，所谓"道路悠远，山川幽深，恐使人之未达也，故重译而来"，见于"译"和周公的对话。《韩诗外传》卷八："夫贤君之治也，温良而和，宽容而爱，刑清而省，喜赏而恶罚。移风崇教，生而不杀，布惠施恩，仁不偏与。不夺民力，役不逾时，百姓得耕，家有收聚，民无冻馁，食无腐败。工不造无用，雕文不粥于肆。斧斤以时入山林，国无佚士，皆用于世。黎庶欢乐衍盈，方外远人归义，重译执贽，故得风雨不烈。"③

《盐铁论》卷八《世务》载文学言："《春秋》'王者无敌'，言其仁厚，其德美，天下宾服，莫敢交也。德行延及方外，舟车所臻，足迹所及，莫不被泽。蛮、貊异国，重译自至。方此之时，天下和同，君臣一德，外内相信，上下辑睦。兵设而不试，干戈蔽藏而不用。"④ 又《说苑》卷一《君道》："高宗者武丁也，高而宗之，故号高宗。成汤之后，先王道缺，刑法违犯，桑穀俱生乎朝，七日而大拱。武丁召其相而问焉。其相

---

① （清）孙之騄辑：《尚书大传》，景印文渊阁《四库全书》本。
② 宋翔凤《新语校本》依《治要》作"越裳奉贡而至"。王利器《新语校注》从之（中华书局1986年版，第160页）。
③ （汉）韩婴撰，许维遹校注：《韩诗外传校释》，中华书局1980年版，第180、291—292页。
④ 《盐铁论校注》卷八，第508页。

曰：'吾虽知之，吾弗得言也，闻诸祖己，桑穀者，野草也，而生于朝，意者国亡乎？'武丁恐骇，饬身修行，思先王之政，兴灭国，继绝世，举逸民，明养老之礼。三年之后，蛮夷重译而朝者七国。此之谓存亡继绝之主。是以高而尊之也。"《说苑》卷一〇《敬慎》引孔子语也出现有关"重译"的内容："至殷王武丁之时，先王道缺，刑法弛，桑穀俱生于朝，七日而大拱。工人占之曰：'桑穀者野物也，野物生于朝，意朝亡乎？'武丁恐骇，侧身修行，思昔先王之政，兴灭国，继绝世，举逸民，明养老之道。三年之后，远方之君重译而朝者六国。此迎天之时，得祸反为福也。"《说苑》卷一八《辨物》也写道："成王时，有三苗贯桑而生，同为秀为一，大几盈车，民得而上之成王。成王问周公，此何也？周公曰：'三苗同秀为一，意天下其和而为一乎？'后三年，则越裳氏重译而朝，曰：'道路悠远，山川阻深，恐一使之不通，故重三译而来朝也。'"①

《新序》卷二《杂事二》："昔者唐虞，崇举九贤，布之于位而海内大康，要荒来宾，麟凤在郊。商汤用伊尹而文武用太公、闳夭，成王任周召而海内大治，越裳重译，祥瑞并降，遂安千载，皆由任贤之功也。"或以为："重译者，语言不通，经再译而后得达也。重当作緟，经传多省作重。"②《说文·糸部》："緟，增益也。"段玉裁注："增益之曰緟，经传统叚重为之，非字之本。"③《汉书》卷一六《高惠高后文功臣表》："周封八百，重译来宾。"④《风俗通义·十反》也说："越裳重九译献白雉，周公荐陈祖庙，曰：'先人之德。'"⑤

汉代人笔下的武丁时代和周公时代的"重译"传说，是一段历史的记忆遗存，还是一种理想的托古形式？值得今天的人们思考。

三代"重译"故事，一言武丁时事，一言成王之时代周公"居摄"时事，都出自《尚书大传》。而随即诸多儒学论著都纷纷以此作为"德至八方"、"天下和平"的标志。

---

① （汉）刘向撰，向宗鲁校证：《说苑校证》，中华书局1987年版，第21—22、248、457—458页。
② （汉）刘向编著，石光瑛校释，陈新整理：《新序校释》，中华书局2009年版，第149—155页。
③ 《说文解字注》，第655页。
④ 颜师古注："重译谓越裳氏也。"（第529页）
⑤ （汉）应劭撰，王利器校注：《风俗通义校注》卷五，中华书局1981年版，第222页。

王利器《新语校注》引唐晏曰："按越裳之重译来朝，首见此书，《史记》、《韩诗》、《说苑》在此后。"据王利器引录，《后汉书·南蛮传》："交趾之南有越裳国。周公居摄六年，制礼作乐，天下和平，越裳以三象重译而献白雉，曰：'道路悠远，山川阻深，音使不通，故重译而朝。'成王以归周公，公曰：'德不加焉，则君子不飨其质；政不施焉，则君子不臣其人。吾何以获此赐也！'其使请曰：'吾受命吾国之黄耇，曰：久矣，天之无烈风雷雨，意者，中国有圣人乎？有则盍往朝之。'周公乃归之于王。"注云："事见《尚书大传》。"王利器案："《文选》应吉甫《晋武帝华林园集》诗：'越裳重译。'注：'《尚书大传》曰：成王之时，越裳重译而来朝，曰：道路悠远，山川阻深，恐使之不通，故重三译而朝也。郑玄曰：欲其转相晓也。'寻《韩诗外传》五、《白虎通·封禅》篇、《说苑·辨物》篇俱载此事，盖皆本《尚书大传》为说也。"① 今按：《白虎通》卷下《封禅》："德至八方，则祥风至，佳气时喜，钟律调，音度施，四夷化，越裳贡。"又说："成王之时有三苗异亩而生，同为一穟，大几盈车，长几充箱。民有得而上之者。成王召周公而问之。公曰：'三苗为一穟，天下当和为一乎？'后果有越裳氏重九译而来矣。"②

　　显然，"重译"传说是汉儒渲染先古圣王政治功绩的重要节目。而汉儒艳称"重译"事，自有当时行政理念、民族心态、国家意识在发生作用。

　　王利器引录《后汉书》卷八六《南蛮传》所谓"其使请曰"，《韩氏外传》卷五《说苑》卷一八《辨物》等均作"译曰"③，可知"译"和"使"的关系。史籍亦可见承担传译职能的使者称"译使"的情形。如《汉书》卷二八下《地理志下》："船行可二月，到日南、象林界云。黄支之南，有已程不国，汉之译使自此还矣。"④ 《后汉书》卷八七《西羌传·滇良》："迷吾既杀傅育，狃忕边利。章和元年，复与诸种步骑七千人入金城塞。张纡遣从事司马防将千余骑及金城兵会战于木乘谷，迷吾兵败走，因译使欲降，纡纳之。"⑤ 《三国志》卷一一《魏书·田畴传》：

---

① 《新语校注》，第61页。
② （清）陈立撰：《白虎通疏证》，中华书局1994年版，第285、287页。
③ 《绎史》卷二五、《通志》卷三下同。
④ 《汉书》，第1671页。
⑤ 《后汉书》，第2882页。

"北边翕然服其威信,乌丸、鲜卑并各遣译使致贡遗,畴悉抚纳,令不为寇。"① 前引"恐一使之不通,故重三译而来朝"的说法也指示了"译""使"身份往往重叠的关系。而"译"在文化沟通和文化交往中的特殊作用,也可以显现。

(二)关于"九译"

所谓"重三译"的强化形式,又有所谓"重九译"。如前引《韩氏外传》卷五、《白虎通》卷下《封禅》及《风俗通义·十反》。又如《史记》卷一二三《大宛列传》记载,汉武帝听取张骞汇报之后,"天子既闻大宛及大夏、安息之属皆大国,多奇物,土著,颇与中国同业,而兵弱,贵汉财物;其北有大月氏、康居之属,兵强,可以赂遗设利朝也。且诚得而以义属之,则广地万里,重九译,致殊俗,威德遍于四海。天子欣然,以骞言为然……"对于所谓"重九译",张守节《正义》:"言重重九遍译语而致。"②《汉书》卷六四下《贾捐之传》载贾捐之言:"越裳氏重九译而献。"颜师古注引晋灼曰:"远国使来,因九译言语乃通也。"③

类似的说法,又有"累九译"。贾谊《新书》卷一〇《礼容语下》:"文王有大德而功未就,武王有大功而治未成。及成王承嗣,仁以临民,故称'昊天'焉。不敢怠安,蚤兴夜寐,以继文王之业。布文陈纪,经制度,设牺牲,使四海之内,懿然葆德。各遵其道,故曰有成。承顺武王之功,奉扬武王之德,九州之民,四荒之国,歌谣文武之烈,累九译而请朝,致贡职以供祀。"④ 或说"累译"。《后汉书》卷八六《南蛮西南夷列传》:"论曰:汉氏征伐戎狄,有事边远,盖亦与王业而终始矣,至于倾没疆垂,丧师败将者,不出时岁,卒能开四夷之境,款殊俗之附。若乃文约之所沾渐,风声之所周流,几将日所出入处也。著自山经、水志者,亦略及焉。虽服叛难常,威泽时旷,及其化行,则缓耳雕脚之伦,兽居鸟语之类,莫不举种尽落,回面而请吏,陵海越障,累译以内属焉。"⑤ "累译"和"重译",语义是接近的。贾谊曾经说到"累数译"。《新书》卷

---

① 《三国志》,第341页。
② 《史记》,第3166—3167页。
③ 《汉书》,第2831—2832页。
④ 《新书校注》,第379页。
⑤ 《后汉书》,第2860页。

五《保傅》："夫胡越之人，生而同声，嗜欲不异，及其长而成俗也，累数译而不能相通，行有虽死而不相为者，则教习然也。"① 所谓"累数译"可以和"累九译"对照理解。

又有直说"九译"以强化"重译"之所谓"重"，即"重重九遍译语而致"，"因九译言语乃通"的情形。

据《汉书》卷一九上《百官公卿表上》，"典属国，秦官，掌蛮夷降者。武帝元狩三年昆邪王降，复增属国，置都尉、丞、候、千人。属官，九译令。成帝河平元年省并大鸿胪"。② 负责民族关系与外事往来的官僚体系中有"九译令"。有学者讨论大鸿胪属官有"译官"："和典属国的属官九译令一样，顾名思义，就是适应所谓蛮夷与内地语言不通的需要而设立的翻译官。王先谦《汉书补注》说：'《尚书大传》：周成王时，越裳氏重九译而献白雉，故以名官。'《汉书·儒林传》记载，周堪曾在宣帝时为译官令。"③ 汉王朝行政体系中有"译官"、"译令"、"译长"，就官职设置中对"译人"的重视，可以专文讨论。我们在这里更为注意的，是中央行政机构有"九译令"职称，研究者自然会联想到"越裳氏重九译而献白雉"的历史故事。

《文选》卷三张衡《东京赋》："惠风广被，泽洎幽荒。北爕丁令，南谐越裳。西包大秦，东过乐浪。重舌之人九译，金稽首而来王。"薛综注："重舌，谓晓夷狄语者。九译，九度译言始至中国者也。"李善注："《国语》曰：夫戎狄坐诸门外，而使舌人体委与之。韦昭曰：舌人能达异方之志，象胥之官也。"④ 所谓"舌人"，就是在不同民族间实现语言沟通的"译人"。又马融《广成颂》："明德曜乎中夏，威灵畅乎四荒，东邻浮巨海而入享，西旅越葱领而来王，南徼因九译而致贡，朔狄属象胥而来同。"对于"九译"，李贤的解释是："九译为九重译语而通中国也。"而"象胥"是与"译"对应的身份，也是译者。李贤注："《周礼》：'象胥掌蛮、夷、戎、翟之国，使传王之言而谕说焉，以和亲之。'郑注云：'通夷狄之言者曰象胥，其有才智者也。此类之本名，东方曰寄，南方曰

---

① 《新书校注》，第186页。
② 《汉书》，第735页。
③ 安作璋、熊铁基：《秦汉官制史稿》，齐鲁书社2007年版，第163页。
④ 《六臣注文选》，第78—79页。

象，西方曰狄鞮，北方曰译。此官正为象者，周始有南越重译来贡献，是以名通言语之官为象胥。"① 对于"舌人"、"象胥"，以及"寄"、"象"、"狄鞮"、"译"等称谓，可以专文讨论。

（三）汉史"重译"记录

汉代史籍中确有关于"重译"的实际记录。

《汉书》卷一二《平帝纪》："元始元年春正月，越裳氏重译献白雉一，黑雉二，诏使三公以荐宗庙。"② 然而据《汉书》卷九九上《王莽传上》记载，这是模仿"周成白雉之瑞"有意制作的政治文化象征："始，风益州令塞外蛮夷献白雉，元始元年正月，莽白太后下诏，以白雉荐宗庙。"太后诏有"化流海内，远人慕义，越裳氏重译献白雉"语。③ 据《后汉书》卷八六《南蛮传》："逮王莽辅政，元始二年，日南之南黄支国来献犀牛。凡交阯所统，虽置郡县，而言语各异，重译乃通。"④ 交阯地方尚且"重译乃通"，则"日南之南黄支国"更为遥远。然而我们不知道元始二年（2）的这次外事往来是否与"风益州令塞外蛮夷献白雉"属于类似的性质。

《后汉书》卷四《和帝纪》还写道："（永元）九年春正月，永昌徼外蛮夷及掸国重译奉贡。"⑤《后汉书》卷八《灵帝纪》："（熹平二年）冬十二月，日南徼外国重译贡献。"⑥"（光和）六年春正月，日南徼外国重译贡献。"⑦ 汉献帝策命曹操为魏公，肯定其诸多功绩，包括"鲜卑、丁零，重译而至"。⑧

据《后汉书》卷二五《鲁恭传》，汉和帝时鲁恭上疏说："覆被远方，

---

① 《后汉书》卷六〇上《马融列传上》，第1967—1968页。
② 《汉书》，第348页。
③ 同上书，第4046、4047页。
④ 《后汉书》，第2836页。
⑤ 同上书，第183页。又《后汉书》卷八六《西南夷传·哀牢》："（永元）九年，徼外蛮及掸国王雍由调遣重译奉国珍宝。"（第2851页）
⑥ 《后汉书》，第335页。又《后汉书》卷八六《南蛮传》："熹平二年冬十二月，日南徼外国重译贡献。"（第2839页）
⑦ 《后汉书》，第347页。又《后汉书》卷八六《南蛮传》："（光和）六年，日南徼外国复来贡献。"（第2839页）
⑧ 《三国志》卷一《魏书·武帝纪》，第38页。

夷狄重译而至矣。"① 杜笃《论都赋》也写道："方躬劳圣思，以率海内，厉抚名将，略地疆外，信威于征伐，展武乎荒裔。若夫文身鼻饮缓耳之主，椎结左衽钁锅之君，东南殊俗不羁之国，西北绝域难制之邻，靡不重译纳贡，请为藩臣。上犹谦让而不伐勤。意以为获无用之虏，不如安有益之民；略荒裔之地，不如保殖五谷之渊；远救于已亡，不若近而存存也。"② 这些表述，也反映了人们对民族关系和外域交往关系中类似现象的理解，是可以与先古圣王的政治成功相类比的。

"重译"一语的使用，并非局限于最高等级的政治表述之中。《隶续》卷一一《武都太守耿勋碑》："又开故道铜官，铸作钱器，兴利无极，外羌且……（有阙文）等，怖威悔恶，重译乞降。"③ 也体现"重译"一语在汉代不同层次政治生活中出现的普遍。

《后汉书》卷八六《西南夷传·莋都传》记载，"莋都夷者，武帝所开，以为莋都县。其人皆被发左衽，言语多好譬类，居处略与汶山夷同。土出长年神药，仙人山图所居焉。元鼎六年，以为沈黎郡。至天汉四年，并蜀为西部，置两都尉，一居旄牛，主徼外夷。一居青衣，主汉人。永平中，益州刺史梁国朱辅，好立功名，慷慨有大略。在州数岁，宣示汉德，威怀远夷。自汶山以西，前世所不至，正朔所未加。白狼、槃木、唐菆等百余国，户百三十余万，口六百万以上，举种奉贡，称为臣仆。"朱辅上疏："臣闻《诗》云：'彼徂者岐，有夷之化。'传曰：'岐道虽僻，而人不远。'诗人诵咏，以为符验。今白狼王唐菆等慕化归义，作诗三章。路经邛来大山零高坂，峭危峻险，百倍岐道。襁负老幼，若归慈母。远夷之语，辞意难正。草木异种，鸟兽殊类。有犍为郡掾田恭与之习狎，颇晓其言，臣辄令讯其风俗，译其辞语。今遣从事史李陵与恭护送诣阙，并上其乐诗。昔在圣帝，舞四夷之乐；今之所上，庶备其一。"于是，"帝嘉之，事下史官，录其歌焉"。

李贤注："《东观记》载其歌，并载夷人本语，并重译训诂为华言，今范史所载者是也。今录《东观》夷言，以为此注也。"④ 可知经"犍为

---

① 《后汉书》，第876页。
② 《后汉书》卷八〇上《文苑列传上·杜笃》，第2607页。
③ 中华书局1986年版，第393页。又如《隶释》卷一九《魏修孔子庙碑》："洪声登假，神祇来和。休征杂沓，瑞我邦家。内光区域，外被荒遐。殊方重译，抟拊扬歌。"（第191页）
④ 《后汉书》，第2854—2855页。

第八章 汉匈争夺背景下西域诸国的文化走向 215

郡掾田恭""译其辞语"的"白狼王唐菆等"所作歌诗,是被看作"重译训诂"的遗存的。由此亦可推知"重译"之所谓"重",即"重重九遍译语而致","因九译言语乃通"者,有时不免夸张。

我们看到的《后汉书》卷八六《西南夷传·莋都传》中保留的这组歌诗,有"夷人本语"即"夷言"与"华言"的对照:

《远夷乐德歌诗》曰:

大汉是治,堤官隗构。与天合意,魏冒逾糟。吏译平端,闰驿刘脾。不从我来,旁莫支留。闻风向化,微衣随旅。所见奇异,知唐桑艾。多赐缯布,邪毗糕䋺。甘美酒食,推潭仆远。昌乐肉飞,拓拒苏便。屈申悉备,局后仍离。蛮夷贫薄,偻让龙洞。无所报嗣,莫支度由。愿主长寿,阳雒僧鳞。子孙昌炽,莫穉角存。

《远夷慕德歌诗》曰:

蛮夷所处,偻让皮尼。日入之部,且交陵悟。慕义向化,绳动随旅。归日出主,路旦拣雒。圣德深恩,圣德渡诺。与人富厚,魏菌度洗。冬多霜雪,综邪流藩。夏多和雨,莋邪寻螺。寒温时适,藐浔泸漓。部人多有,菌补邪推。涉危历险,辟危归险。不远万里,莫受万柳。去俗归德,术迭附德。心归慈母,仍路孳摸。

《远夷怀德歌》曰:

荒服之外,荒服之仪。土地硗埆,犁籍怜怜。食肉衣皮,阻苏邪犁。不见盐谷,莫砀麤沐。吏译传风,闰译传微。大汉安乐,是汉夜拒。携负归仁,踪优路仁。触冒险陕,雷折险龙。高山岐峻,伦狼藏幢。缘崖磻石,扶路侧禄。木薄发家,息落服淫。百宿到洛,理历髭雒。父子同赐,捕茝菌毗。怀抱匹帛,怀橐匹漏。传告种人,传室呼敕。长愿臣仆,陵阳臣仆。①

其中"洛"与"雒"作为地名,自然音译。"仁"、"德"、"圣德"、"荒

---

① 《后汉书》,第2856—2857页。

服"、"臣仆"这些"华言"中的政治文化术语，看来已经被"夷言"吸收。而"危"、"险"、"万"、"怀"，特别是"译"、"传"等，"夷言"与"华言"的一致，引人注目。而"华言""慈母"，"夷言"作"孥摸"，音声之近，也是很有意思的。《远夷乐德歌诗》中"华言""大汉是治"，"夷言"作"堤官隗构"。而《远夷怀德歌》中"华言""大汉安乐"，"夷言"作"是汉夜拒"。同是"大汉"，而所译不同，也值得思索。

如果从正面肯定的角度将"重译"得到推崇这一现象理解为民族文化发育过程中必要的自尊和自信，也许是只看到了问题的一面。"重译"在历史文献中的出现，相当多的情形是作为宣传用语使用。我们看到的更多的有关"重译""九译"的文字，是对汉帝国文化扩张成就的赞许和宣扬。如庄青翟、张汤奏言所谓"显慈孝之行，广贤能之路。内重译而朝，泽及方外"①，太史公所谓"泽流罔极，海外殊俗，重译款塞，请来献见者，不可胜道"②，都体现了这一现象与"泽及方外"、"泽流罔极"的关系。

我们看到的"重译"的意义，不仅是"修行""任贤"，"存亡继绝"，"布惠施恩"，"师旅不设，刑格法悬"，"制礼作乐"或者"制作礼乐"等"贤君之治"在不同层次的"德美"表现，而更强调其空间影响至于"广地万里"，也就是"外内相信"，"要荒来宾"，"德行延及方外"，"威德遍于四海"，"方外远人归义"，"开四夷之境，款殊俗之附"，使得文化影响征服了"九州之民，四荒之国"。这正是汉代文化扩张实现空前规模的情形。人们说到"重译"，是以对"大一统"政治的认同为重要意识背景的。"大一统"理想的表述往往强调"天下"的一同。相关的文字，我们读到和"重译"往往并说的"天下和"，"天下和同"，"天下其和而为一"，"天下宾服"，等等。

在理解汉代"大一统"意识成熟和普及的文化条件的基础上关注"重译"现象，应当是适宜的。

在汉代有关"重译"的言论中，又有推崇三代德行远方的成功而以古非今的意见。如《盐铁论》卷七《崇礼》载贤良语，批评当世民族关系理念"殆与周公之待远方殊"，其中说到"重译"。论者指出："昔周公处谦以卑士，执礼以治下天下，辞越裳之贽，见恭让之礼也；既，与人文

---

① 《史记》卷六〇《三王世家》，第2109页。
② 《史记》卷一三〇《太史公自序》。张守节《正义》："重译，更译其言也。"（第3299页）

王之庙,是见大孝之礼也。目睹威仪干戚之容,耳听清歌《雅》、《颂》之声,心充至德,欣然以归,此四夷所以慕义内附,非重译狄鞮来观猛兽熊罴也。"① 这里的"重译狄鞮",大致只有技术层面的涵义。论者追求的是所谓"四夷""慕义内附","心充至德,欣然以归"的更高层次的文化征服。而对所谓"重译狄鞮来观猛兽熊罴"的批评②,其实并不影响我们对汉代与"重译"相关的文化现象的总体认识。③

(四) 西域"重译"现象

据《史记》卷一一七《司马相如列传》记载:"相如为郎数岁,会唐蒙使略通夜郎西僰中,发巴蜀吏卒千人,郡又多为发转漕万余人,用兴法诛其渠帅,巴蜀民大惊恐。上闻之,乃使相如责唐蒙,因喻告巴蜀民以非上意。檄曰:告巴蜀太守:蛮夷自擅不讨之日久矣,时侵犯边境,劳士大夫。陛下即位,存抚天下,辑安中国。然后兴师出兵,北征匈奴,单于怖骇,交臂受事,诎膝请和。康居西域,重译请朝,稽首来享。移师东指,闽越相诛。右吊番禺,太子入朝。南夷之君,西僰之长,常效贡职,不敢怠堕,延颈举踵,喁喁然皆争归义,欲为臣妾,道里辽远,山川阻深,不能自致。夫不顺者已诛,而为善者未赏,故遣中郎将往宾之,发巴蜀士民

---

① 《盐铁论校注》卷七,第483页。
② 《盐铁论》卷七《崇礼》载录贤良曰:"王者崇礼施德,上仁义而贱怪力,故圣人绝而不言。孔子曰:'言忠信,行笃敬,虽蛮、貊之邦,不可弃也。'今万方绝国之君奉赞献者,怀天子之盛德,而欲观中国之礼仪,故设明堂、辟雍以示之,扬干戚、昭《雅》、《颂》以风之。今乃以玩好不用之器,奇虫不畜之兽,角抵诸戏,炫耀之物陈夸之,殆与周公之待远方殊。"(第437页)《汉书》卷九六下《西域传下》:"设酒池肉林以飨四夷之客,作《巴俞》都卢、海中《砀极》、漫衍鱼龙、角抵之戏以观视之。"类似情形在盐铁会议以后依然存在。元康二年,"天子自临平乐观,会匈奴使者、外国君长大角抵,设乐而遣之"(第3928、3905页)。又《后汉书》卷八五《东夷列传·夫馀》:"顺帝永和元年,其王来朝京师,帝作黄门鼓吹、角抵戏以遣之。"(第2812页)《后汉书》卷八九《南匈奴列传》:"遣行中郎将持节护送单于归南庭。诏太常、大鸿胪与诸国侍子于广阳城门外祖会,飨赐作乐,角抵百戏。"(第2963页)所谓"重译狄鞮来观猛兽熊罴",应是指与《汉书》卷八七下《扬雄传下》的记载类似的情形:"明年,上将大夸胡人以多禽兽,秋,命右扶风发民入南山,西自褒斜,东至弘农,南驱汉中,张罗罔罝罦,捕熊罴豪猪虎豹狖玃狐菟麋鹿,载以槛车,输长杨射熊馆。以罔为周陆,纵禽兽其中,令胡人手搏之,自取其获,上亲临观焉。"(第3557页)是为在民族交往和外事交往中表现出虚荣心的典型例证。
③ 参看王子今《"重译":汉代民族史与外交史中的一种文化现象》,《河北学刊》2010年第4期。

各五百人，以奉币帛，卫使者不然，靡有兵革之事，战斗之患。今闻其乃发军兴制，惊惧子弟，忧患长老，郡又擅为转粟运输，皆非陛下之意也。当行者或亡逃自贼杀，亦非人臣之节也。"① 其中说到北边战事的胜利以及开通西域道路取得的成就：

> 陛下即位，存抚天下，辑安中国。然后兴师出兵，北征匈奴，单于怖骇，交臂受事，诎膝请和。康居西域，重译请朝，稽首来享。

"康居西域，重译请朝，稽首来享"句，表现出汉文化向西域扩张的顺利，而西域诸国倾心中原文化的表现，也得以宣传。

有关东汉时期西域历史的文献记述中也可以看到明确的"重译"记录。如《后汉书》卷八八《西域传》：

> （和帝永元）六年，班超复击破焉耆，于是五十余国悉纳质内属。其条支、安息诸国至于海濒四万里外，皆重译贡献。②

《后汉书》卷四《和帝纪》以"论曰"的形式总结：

> 自中兴以后，逮于永元，虽颇有弛张，而俱存不扰，是以齐民岁增，闻土世广。偏师出塞，则漠北地空；都护西指，则通译四万。岂其道远三代，术长前世？将服叛去来，自有数也？

所谓"至于海濒四万里外，皆重译贡献"，被概括为"通译四万"。李贤注："《西域传》曰：'班超定西域五十余国，皆降服，西至海濒，四万里，皆重译贡献。'"③ "译"对于中土和西域的联系，曾经发挥了显著的历史文化作用。④

---

① 《史记》，第3044页。
② 《后汉书》，第2910页。
③ 同上书，第195页。
④ 参看王子今《"重译"：汉代民族史与外交史中的一种文化现象》，《河北学刊》2010年第4期。

(五) 汉朝的"译官"

所谓"都护西指,则通译四万",体现"译"服务于汉文化传播的情形。

《汉书》卷一九上《百官公卿表上》说到中央职官机构设置,可见负责"译"的专职官员:

> 典客,秦官,掌诸归义蛮夷,有丞。景帝中六年更名大行令,武帝太初元年更名大鸿胪。属官有行人、译官、别火三令丞及郡邸长丞。

负责外事与民族关系的"典客"即"大鸿胪"属官有"译官",应是根据职务需要设置。又"典属国"也有专职译官:

> 典属国,秦官,掌蛮夷降者。武帝元狩三年昆邪王降,复增属国,置都尉、丞、候、千人。属官,九译令。成帝河平元年省并大鸿胪。①

"九译令"职任,体现民族事务和外域关系的复杂性。清《历代职官表》卷一《礼部会同四译馆》:"四译馆即汉之译官令、九译令,当为周'象胥'之职。而今之馆卿寔兼此二职者也。"② 这种"译官"机构,是大一统王朝不能忽略的行政设置。

曾经任"译官令"的周堪身为著名儒学学者,生徒在西汉末年学界和政界都有显赫的影响。③

---

① 《汉书》,第 130、135 页。
② (清) 黄本骥:《历代职官表》,上海古籍出版社 1980 年版,第 50 页。
③ 《汉书》卷八八《儒林传·周堪》:"周堪字少卿,齐人也。与孔霸俱事大夏侯胜。霸为博士。堪译官令,论于石渠,经为最高,后为太子少傅,而孔霸以太中大夫授太子。及元帝即位,堪为光禄大夫,与萧望之并领尚书事,为石显等所谮,皆免官。望之杀,上愍之,乃擢堪为光禄勋,语在刘向传。堪授牟卿及长安许商长伯。牟卿为博士。霸以帝师赐爵号褒成君,传子光,亦事牟卿,至丞相,自有传。由是大夏侯有孔、许之学。商善为算,著《五行论历》,四至九卿,号其门人沛唐林子高为德行,平陵吴章伟君为言语,重泉王吉少音为政事,齐炔钦幼卿为文学。王莽时,林、吉为九卿,自表上师冢,大夫博士郎吏为许氏学者,各从门人,会车数百两,儒者荣之。钦、章皆为博士,徒众尤盛。"(第 3604—3605 页)

匈奴单于来朝，与汉帝的会见有"译"作为对话交流的中介。《汉书》卷九三《佞幸传·董贤》记载：

> 匈奴单于来朝，宴见，群臣在前。单于怪贤年少，以问译，上令译报曰："大司马年少，以大贤居位。"单于乃起拜，贺汉得贤臣。[①]

这里所谓"译"，应当是"译官"、"九译令"属员。王莽执政，改换匈奴单于印，导致与匈奴关系的激变。《汉书》卷九四下《匈奴传下》记载了这一基于民族虚荣意识的特殊行为的细节："王莽之篡位也，建国元年，遣五威将王骏率甄阜、王飒、陈饶、帛敞、丁业六人，多赍金帛，重遗单于，谕晓以受命代汉状，因易单于故印。故印文曰'匈奴单于玺'，莽更曰'新匈奴单于章'。将率既至，授单于印绶，诏令上故印绶。单于再拜受诏。译前，欲解取故印绶，单于举掖授之。左姑夕侯苏从旁谓单于曰：'未见新印文，宜且勿与。'单于止，不肯与。请使者坐穹庐，单于欲前为寿。五威将曰：'故印绶当以时上。'单于曰：'诺。'复举掖授译。"这里的"译"，应是跟随王骏等往匈奴执行使命的来自中央"译官"的译员。

王莽始建国三年（11），"西域都护但钦上书言匈奴南将军右伊秩訾将人众寇击诸国。莽于是大分匈奴为十五单于，遣中郎将蔺苞、副校尉戴级将兵万骑，多赍珍宝至云中塞下，招诱呼韩邪单于诸子，欲以次拜之。使译出塞诱呼右犁汗王咸、咸子登、助三人，至则胁拜咸为孝单于，赐安车鼓车各一，黄金千斤，杂缯千匹，戏戟十；拜助为顺单于，赐黄金五百斤；传送助、登长安"。[②] 这里"使译出塞诱呼右犁汗王咸、咸子登、助三人"的"译"，应当也是同样身份。

《汉书》卷二八下《地理志下》总结南洋航路的通行："自日南障塞、徐闻、合浦船行可五月，有都元国；又船行可四月，有邑卢没国；又船行可二十余日，有谌离国；步行可十余日，有夫甘都卢国。自夫甘都卢国船行可二月余，有黄支国，民俗略与珠厓相类。其州广大，户口多，多异物，自武帝以来皆献见。有译长，属黄门，与应募者俱入海市明珠、璧流

[①] 《汉书》，第3737页。
[②] 同上书，第3820—3821、3823页。

离、奇石异物,赍黄金杂缯而往。所至国皆禀食为耦,蛮夷贾船,转送致之。亦利交易,剽杀人。又苦逢风波溺死,不者数年来还。大珠至围二寸以下。平帝元始中,王莽辅政,欲耀威德,厚遗黄支王,令遣使献生犀牛。自黄支船行可八月,到皮宗;船行可二月,到日南、象林界云。黄支之南,有已程不国,汉之译使自此还矣。"① 南至"黄支国""自武帝以来皆献见"。所谓"有译长,属黄门,与应募者俱入海市明珠、璧流离、奇石异物,赍黄金杂缯而往",以及"黄支之南,有已程不国,汉之译使自此还矣"所说的"译长"、"译使",都通过"译"的功用,为汉代海外文化交流作出了特殊的贡献。

(六) 西域"导译"、"译道"

《史记》卷一二三《大宛列传》写道,"(张骞)居匈奴中,益宽,骞因与其属亡乡月氏,西走数十日至大宛。大宛闻汉之饶财,欲通不得,见骞,喜,问曰:'若欲何之?'骞曰:'为汉使月氏,而为匈奴所闭道。今亡,唯王使人导送我。诚得至,反汉,汉之赂遗王财物不可胜言。'大宛以为然,遣骞,为发导绎,抵康居。"所谓"为发导绎",司马贞《索隐》:"为发道驿抵康居。发道,谓发驿令人导引而至康居也。导音道。抵,至也。"② 对于"道驿",张照《史记》卷一二三《考证》说:"《大宛列传》'为发导驿抵康居',凌稚隆曰:按'导驿'二字,观后书'乌孙发导译送骞还',则此'驿'亦当作'译'。"③

《大宛列传》又说,张骞从西域返回时,"骞因分遣副使使大宛、康居、大月氏、大夏、安息、身毒、于寘、扜罙及诸旁国。乌孙发导译送骞还,骞与乌孙遣使数十人,马数十匹报谢,因令窥汉,知其广大"。④ 所谓"导译",应当指向导和译人,或者一身二任。《资治通鉴》卷一八"汉武帝元朔三年"胡三省注: "导者,引路之人;译者,传言之人

---

① 《汉书》,第 1671 页。
② 《史记》,第 3158 页。
③ 文渊阁《四库全书》本。类同情形,又有《汉书》卷七〇《傅介子传》"出金币以示译"(第 3002 页),《汉纪》卷一六"元凤四年"作"多出金币以示其驿使"(中华书局 2002 年版,第 284 页)。
④ 《史记》,第 3169 页。

也。"① 由所谓"乌孙发导译送骞还",可知其身份应是乌孙籍人。《汉书》卷六一《张骞传》言出使经历,写道:

> 居匈奴西,骞因与其属亡乡月氏,西走数十日至大宛。大宛闻汉之饶财,欲通不得,见骞,喜,问欲何之。骞曰:"为汉使月氏而为匈奴所闭道,今亡,唯王使人道送我。诚得至,反汉,汉之赂遗王财物不可胜言。"大宛以为然,遣骞,为发译道,抵康居。康居传致大月氏。

其中"唯王使人道送我",颜师古注:"道读曰导。"《张骞传》又记载:

> 骞即分遣副使使大宛、康居、月氏、大夏。乌孙发译道送骞,与乌孙使数十人,马数十匹,报谢,因令窥汉,知其广大。

"乌孙发译道送骞",颜师古注:"道读曰导。"②"发译道"的"译道",就是《史记》卷一二三《大宛列传》所说的"导译"。这些"导译"或"译道",来到了汉地,领略了汉文化的"广大"。

(七) 西域列国的"译长"

《汉书》卷九六《西域传》介绍西域列国国情时,说到"译长"这种特殊身份在行政体系中的地位。各国"王治"某城及"去阳关"若干里、"去长安"若干里等政治地理和交通地理信息可以略去,我们看到"户"、"口"、"胜兵"数字和职官构成。如《西域传上》(见表8-1):

表8-1

国名	户	口	胜兵	职官
鄯善国	1570	14100	2912	辅国侯、却胡侯、鄯善都尉、击车师都尉、左右且渠、击车师君各一人,译长二人

---

① 《资治通鉴》,第611页。
② 《汉书》,第2688、2692页。

第八章　汉匈争夺背景下西域诸国的文化走向

续表

国名	户	口	胜兵	职官
且末国	230	1610	320	辅国侯、左右将、译长各一人
精绝国	480	3360	500	精绝都尉、左右将、译长各一人
扜弥国	3340	20040	3540	辅国侯、左右将、左右都尉、左右骑君各一人，译长二人
于阗国	3300	19030	2400	辅国侯、左右将、左右骑君、东西城长、译长各一人
皮山国	500	3500	500	左右将、左右都尉、骑君、译长各一人
莎车国	2339	16373	3049	辅国侯、左右将、左右骑君、备西夜君各一人，都尉二人，译长四人
疏勒国	1510	18647	2000	疏勒侯、击胡侯、辅国侯、都尉、左右将、左右骑君、左右译长各一人

无论户口多少，"译长"职任是必须设置的。"译长"似乎总是列在职官的最低等级。又《汉书》卷九六下《西域传下》（见表8-2）：

表8-2

国名	户	口	胜兵	职官
姑墨国	3500	24500	4500	姑墨侯、辅国侯、都尉、左右将、左右骑君各一人，译长二人
温宿国	2200	8400	1500	辅国侯、左右将、左右都尉、左右骑君、译长各二人
龟兹国	6970	81317	21076	大都尉丞、辅国侯、安国侯、击胡侯、却胡都尉、击车师都尉、左右将、左右都尉、左右骑君、左右力辅君各一人，东西南北部千长各二人，却胡君三人，译长四人
乌垒	110	1200	300	城都尉、译长各一人
尉犁国	1200	9600	2000	尉犁侯、安世侯、左右将、左右都尉、击胡君各一人，译长二人

续表

国名	户	口	胜兵	职官
危须国	700	4900	2000	击胡侯、击胡都尉、左右将、左右都尉、左右骑君、击胡君、译长各一人
焉耆国	4000	32100	6000	击胡侯、却胡侯、辅国侯、左右将、左右都尉、击胡左右君、击车师君、归义车师君各一人，击胡都尉、击胡君各二人，译长三人
卑陆国	227	1387	422	辅国侯、左右将、左右都尉、左右译长各一人
卑陆后国	462	1137	350	辅国侯、都尉、译长各一人，将二人
郁立师国	190	1445	331	辅国侯、左右都尉、译长各一人
单桓国	27	194	45	辅国侯、将、左右都尉、译长各一人
蒲类后国	100	1070	334	辅国侯、将、左右都尉、译长各一人
劫国	99	500	115	辅国侯、都尉、译长各一人
山国	450	5000	1000	辅国侯、左右将、左右都尉、译长各一人
车师前国	700	6050	1865	辅国侯、安国侯、左右将、都尉、归汉都尉、车师君、通善君、乡善君各一人，译长二人
车师后国	595	4774	1890	击胡侯、左右将、左右都尉、道民君、译长各一人

"户"、"口"、"胜兵"数字可以说明部族、部族联盟和国家的规模。24国中，14国户数不过数百：且末国（230），精绝国（480），皮山国（500），乌垒（110），危须国（700），卑陆国（227），卑陆后国（462），郁立师国（190），单桓国（27），蒲类后国（100），劫国（99），山国（450），车师前国（700），车师后国（595）。也就是说，很可能不足汉地较大乡间聚落户口数字的这些政权，都有"译长"设置。最极端的例子，"单桓国"只有"户二十七"，也置有"译长"。"译长"在西域诸国职官机构中，都有比较重要的地位。

现在尚不能排除"译长"类同于"译官"的长官，即"译人"的首领的可能。我们看到"译长一人"、"译长二人"、"译长三人"、"译长四人"的直接记述，推想"译长"之下，译员的人数可能还要多一些。

《汉书》卷九六下《西域传下》写道："最凡国五十。自译长、城长、君、监、吏、大禄、百长、千长、都尉、且渠、当户、将、相至侯、王，皆佩汉印绶，凡三百七十六人。而康居、大月氏、安息、罽宾、乌弋之属，皆以绝远不在数中，其来贡献则相与报，不督录总领也。"①《资治通鉴》卷三五"汉哀帝元寿二年"记载："春正月，匈奴单于及乌孙大昆弥伊秩靡皆来朝，汉以为荣。是时西域凡五十国，自译长至将相侯王皆佩汉印绶，凡三百七十六人。"胡三省注："译长之官，西域诸国皆有之。所以通其国之语言于中国。"② 按前引《汉书》卷九六《西域传》记载，诸国"译长"凡三十九人，占"三百七十六人"的 10.37%。总人数虽然不多，却是非常重要的官职。据"自译长、城长、君、监、吏、大禄、百长、千长、都尉、且渠、当户、将、相至侯、王"诸等次计十五级，最低等的"译长"所占比率之高，是引人注目的。

（八）傅介子故事中的楼兰"译"

傅介子以使者身份刺杀楼兰王故事，在汉王朝民族关系史上书写了重要的一页，对于后来立功绝域者亦有榜样性的影响。《汉书》卷七〇《傅介子传》记载：

> 介子与士卒俱赍金币，扬言以赐外国为名。至楼兰，楼兰王意不亲介子，介子阳引去，至其西界，使译谓曰："汉使者持黄金锦绣行赐诸国，王不来受，我去之西国矣。"即出金币以示译。译还报王，王贪汉物，来见使者。介子与坐饮，陈物示之。饮酒皆醉，介子谓王曰："天子使我私报王。"王起随介子入帐中，屏语，壮士二人从后刺之，刃交胸，立死。其贵人左右皆散走。介子告谕以"王负汉罪，天子遣我来诛王，当更立前太子质在汉者。汉兵方至，毋敢动，动，灭国矣！"③

其中明确有"使译谓曰……"，"出金币以示译"，"译还报王"等情节。《汉纪》卷一六"元凤四年"作"多出金币以示其驿使"。"译"或误写为"驿"，已见前引凌稚隆说《史记》卷一二三《大宛列传》"导驿"应

---

① 《汉书》，第3928页。
② 《资治通鉴》，第1123页。
③ 《汉书》，第3002页。

即"导译"。《资治通鉴》卷二三"汉昭帝元凤四年"据《汉书》,作"即出金币以示译,译还报王"。《太平御览》卷七七七引《汉书》写作:"即出金币以示译者,译者还报王",可知"译"就是"译者"。由所谓"译还报王",可推知"译"的楼兰人身份。

其实,后来"介子谓王曰……","入帐中,屏语",以及刺杀楼兰王后"介子告谕""其贵人左右"等事,都应当是通过"译"进行的。"译"即"译者"很可能在傅介子等刺死楼兰王时身在现场。

(九) 西域国家"给使者"、"导译"的接待压力

所谓"导译"或"译道",作为西域诸国通过语言传译便利文化交流的必要的设置。这种专业人员主要服务于汉地来使的性质,也造成西域诸国比较沉重的压力。据《汉书》卷九六下《西域传下》记载:

> 至莽篡位,建国二年,以广新公甄丰为右伯,当出西域。车师后王须置离闻之,与其右将股鞮、左将尸泥支谋曰:"闻甄公为西域太伯,当出,故事给使者牛羊谷刍茭,导译,前五威将过,所给使尚未能备。今太伯复出,国益贫,恐不能称。"欲亡入匈奴。戊己校尉刀护闻之,召置离验问,辞服,乃械致都护但钦在所埒娄城。置离人民知其不还,皆哭而送之。至,钦则斩置离。置离兄辅国侯狐兰支将置离众二千余人,驱畜产,举国亡降匈奴。①

包括"给使者"、"导译"在内的接待负担,形成西域国家"恐不能称"的压力,竟然最终导致车师后国贵族"欲亡入匈奴"。在汉王朝强大的军事压力下,车师后王"须置离"被斩杀,其兄狐兰支将众"举国亡降匈奴"。

这是"译"影响西域民族关系形势的另一种例证。

狐兰支"亡降匈奴"后,又与匈奴组成联军一同进扰西域。《汉书》卷九四下《匈奴传下》:"狐兰支与匈奴共入寇,击车师,杀后成长,伤都护司马,复还入匈奴。"因"导译"负担引起的连锁反应其实是相当严重的:"时戊己校尉史陈良、终带、司马丞韩玄、右曲候任商

---

① 《汉书》,第3925—3926页。

等见西域颇背叛，闻匈奴欲大侵，恐并死，即谋劫略吏卒数百人，共杀戊己校尉刀护，遣人与匈奴南犁汗王南将军相闻。匈奴南将军二千骑入西域迎良等，良等尽胁略戊己校尉吏士男女二千余人入匈奴。玄、商留南将军所，良、带径至单于庭，人众别置零吾水上田居。单于号良、带曰乌桓都将军，留居单于所，数呼与饮食。"陈良等人叛降匈奴，导致了西域军力对比的变化。"西域都护但钦上书言匈奴南将军右伊秩訾将人众寇击诸国。莽于是大分匈奴为十五单于，遣中郎将蔺苞、副校尉戴级将兵万骑，多赍珍宝至云中塞下，招诱呼韩邪单于诸子，欲以次拜之。使译出塞诱呼右犁汗王咸、咸子登、助三人，至则胁拜咸为孝单于，赐安车鼓车各一，黄金千斤，杂缯千匹，戏戟十；拜助为顺单于，赐黄金五百斤；传送助、登长安。莽封苞为宣威公，拜为虎牙将军；封级为扬威公，拜为虎贲将军。"王莽的举措，显示北边东部汉王朝的优势地位也难以维持。而匈奴贵族对王莽的封赐竟然拒绝。"单于闻之，怒曰：'先单于受汉宣帝恩，不可负也。今天子非宣帝子孙，何以得立？'遣左骨都侯、右伊秩訾王呼卢訾及左贤王乐将兵入云中益寿塞，大杀吏民。是岁，建国三年也。"

因"给使者"、"导译"等接待负担致使狐兰支将众"举国亡降匈奴"的后续事变中，也可以看到"译"的活动："使译出塞诱呼右犁汗王咸、咸子登、助三人，至则胁拜咸为孝单于，赐安车鼓车各一，黄金千斤，杂缯千匹，戏戟十；拜助为顺单于，赐黄金五百斤；传送助、登长安。"① 不过，这些活动与西域方向没有直接关系，不属于我们现在讨论的对象。②

二 河西汉简所见西域史信息

简牍的发掘、收存、保护和研究有力地推动了历史学的进步。简牍资料已经成为上古史研究不可以忽视的信息来源。河西汉简包容丰富内涵，其中也有反映西域历史文化的资料。

---

① 《汉书》，第3822—3823页。
② 参看王子今、乔松林《"译人"与汉代西域民族关系》，《西域研究》2013年第1期。

（一）河西汉简西域史料

敦煌汉简涉及"西域"列国简例，反映了"西域"地方与汉王朝的密切联系。例如：

乌孙　88　90　620　1915　1906；

鄯善　46　114　460　513　1436；

车师　69　72　74　79　84　85　86　88　89A　108　112　113　119　133　241　460　892　1926，1935；

龟兹　108；

姑墨　91；

焉耆　50　65　92　98　119　149　460；

尉梨　94　129；

大月氏　1328；

莎车　1927。

这样的统计一定是不完全的。如简1915"乌孙小昆弥使者雨墨囗"①，又居延汉简387.19，562.27"皇帝陛下车骑将军下诏书曰乌孙小昆弥乌"②，《汉书》卷八《宣帝纪》："匈奴数侵边，又西伐乌孙。乌孙昆弥及公主因国使者上书……"颜师古注："昆弥，乌孙王之号也。"③《汉书》卷七〇《段会宗传》："小昆弥安日前为会宗所立。"④《后汉书》卷四七《班超传》李贤注："《前书》曰，乌孙国王先号昆莫，名猎骄靡，后书昆弥云。后代取'昆'字，靡弥声相近，音有轻重耳。昆莫既死，子孙争国，汉令立元贵靡为大昆弥，乌就屠为小昆弥，赐印绶，故有大小昆弥之号焉。"⑤ 如此则敦煌简486"小昆弥卑爰疐和亲共治国大善若不相信内计未"，也应当是涉及乌孙的简例。

又如居延汉简：

---

① 《敦煌汉简》，释文第293页。
② 谢桂华、李均明、朱国炤：《居延汉简释文合校》，文物出版社1987年版，第548页。
③ 《汉书》，第243—244页。
④ 同上书，第3030页。
⑤ 《后汉书》，第1578页。

皇帝陛下车骑将军下诏书曰乌孙小昆弥乌（387.19，562.27）

也值得乌孙史研究者重视。

（二）"降归义乌孙女子"及其他称谓

敦煌出土简牍中，可以看到关于乌孙人"归义"的简例：

车师侯伯与妻子人民黍十黍人愿降归德钦将伯等及乌孙归义（88）
五校吏士妻子议遣乌孙归义侯疌清子女到大煎都候鄣（90）
降归义乌孙女子
□复幂献驴一匹骓牡
两抜齿二岁封颈以
敦煌王都尉章　293（1906）①

其中"降归义乌孙女子"的说法，既言"降"，又言"归义"，特别值得民族关系史学者注意。

从汉简涉及民族关系的简文所见称谓看，罗布淖尔汉简所谓"乌孙寇"（3）②、敦煌汉简所谓"焉耆虏"（50，149）都显示敌对关系。而"鄯善民"（513）称谓则是平和状态的体现。

此外，"胡人"（557）以及"□知何国胡"（698）称谓，则不知国别族属。"虏人"（775），则很可能是对外族人包括西域人的通行称谓，《后汉书》卷三一《廉范传》："故事，虏人过五千人，移书傍郡。"刘攽《东汉书刊误》："按：文上'人'当作'入'。"③《太平御览》卷三三五引《后汉书》："故事，虏入度五千人，乃移书傍郡求助。"《后汉纪》卷九："故事，虏人入塞过五千人，移书旁郡，救至乃出。"④可见，"虏

---

① 《敦煌汉简》，释文第214、293页。
② 《疏勒河流域出土汉简》附录，第98页。
③ （清）王先谦：《后汉书集解》卷三一，第389页。
④ （晋）袁宏撰，周天游校注：《后汉纪校注》，天津古籍出版社1987年版，第261—262页。

人"就是"虏"。

汉镜铭文可见"□□作镜大毋伤巧工刻之成文章朝藏再重韦□□上有虏人居中央子孙大□□□□",可见"虏人"并不一定统统理解为蔑称。

(三) 汉简所见西域使团

作为民族关系史的重要资料,敦煌汉简可见接待西域使者的内容。如:

大朋=属禹一食西域大月氏副使者　　　　卩 (1328)[①]

又有前引"乌孙小昆弥使者雨墨"(1915)及罗布淖尔汉简"龟兹王使者二☒"(12)。

敦煌悬泉置汉简关于西域使节的活动,有更密集的记录遗存。以胡平生、张德芳《敦煌悬泉汉简释粹》中第四部分"使节往来与周边关系类"举例,涉及西域鄯善、大月氏、疏勒、大宛、山国、乌孙、莎车、于阗、康居、精绝、渠勒、扜弥等诸国。如:

鄯善王副使者卢匿等(Ⅰ0116②:15);
大月氏使者(Ⅱ0214①:126);
踈(疏)勒王子(Ⅱ0216③:137);
大宛贵人乌莫塞(Ⅱ0214②:126);
鄯善王副使姑虒、山王副使乌不脓(Ⅱ0214②:78);
乌孙、莎车王使者四人,贵人十七(Ⅰ0309③:20A);
于阗王以下千七十四人(Ⅰ0309③:134);
大宛使者侯陵(Ⅱ0114④:57A);
康居诸国客(Ⅱ0114④:277);
精绝王诸国客凡四百七十人(Ⅱ0115①:114);
于阗王诸国客(Ⅱ0216②:54);
大月氏、大宛、踈(疏)勒、于阗、莎车、渠勒、精绝、扜弥

---

① 《敦煌汉简》,第270页。

王使者十八人，贵人□人（Ⅰ0309③：97）；

右大将副使屈俄子，左都尉副使胡奴殊子，贵人病籍子，□□□□□□子，姑墨副使少卿子，贵人子王子，危须副使顷□出子，•左大将使者妻跗力子，乌垒使者驹多子•……子，侍子贵人屋贝卿子（Ⅴ1410③：57A）；

子云，容，□偿，足危，长生，始成子，乌黑子，黑犯子，曰……日中（Ⅴ1410③：57B）；

乌孙小昆弥使（Ⅰ0110②：33）；

乌孙大昆弥副使者薄侯、左大将掾使敞单（Ⅱ0214②：385）；

乌孙大昆弥、大月氏所……（Ⅴ1712⑤：1）；

乌孙大昆弥使者三人（Ⅴ1611③：118）；

乌孙小昆弥使者知适等三人（Ⅴ1509②：4）；

乌孙客（Ⅱ0114③：454）；

大昆弥左大将（Ⅳ0317③：1）；

昆弥使者（Ⅰ0114①：70）；

昆弥（Ⅱ0114④：53）；

乌孙归义侯侍子（Ⅰ0116：S.4）；

车师王、乌孙诸国客（Ⅱ0113③：122）；

乌孙右大将副使多巾鞬、王孙……（Ⅴ1311③：28）；

乌孙贵姑代（Ⅱ0314②：355）。[1]

出土的《康居王使者册》内容涉及康居王、苏䪻王、姑墨王使者"奉献橐佗"因收验问题与地方行政人员发生纠纷事。简册内容为：

康居王使者杨伯刀、副扁阗，苏䪻王使者、姑墨副沙囷、即贵人为匿等皆叩头自言，前数为王奉献橐佗入敦煌（Ⅱ0216②：877）；

关县次赎食至酒泉昆归官，太守与杨伯刀等杂平直肥瘦。今杨伯刀等复为王奉献橐佗入关，行直次（Ⅱ0216②：878）；

食至酒泉，酒泉太守独与吏直畜，杨伯刀等不得见所献橐佗。姑墨为王献白牡橐佗一匹，牝二匹，以为黄，及杨伯刀（Ⅱ0216②：

---

[1] 胡平生、张德芳：《敦煌悬泉汉简释粹》，上海古籍出版社2001年版，第103—174页。

879）；

  等献橐佗皆肥，以为瘦，不如实，冤。（Ⅱ0216②：880）
  永光五年六月癸酉朔癸酉，使主客部大夫谓侍郎，当移敦煌太守，书到验问言状。事当奏闻，毋留，如律令。（Ⅱ0216②：881）
  七月庚申，敦煌太守弘、长史章、守部候修仁行丞事，谓县，写移书到，具移康居苏𣞎王使者杨伯刀等数橐佗食用谷数，会月廿五日、如律令。/掾登、属建、书佐政光。（Ⅱ0216②：882）
  七月壬戌，效谷守长合宗，守丞、敦煌左尉忠谓置，写移书到，具写传马止不食谷，诏书报会月廿三日，如律令。/掾宗、啬夫辅。（Ⅱ0216②：883）[①]

  显然，这样的简册可以更具体、更完整地反映当时汉王朝与西域诸国维护正常交往联系的方式。有研究者发现，悬泉置出土汉简中另有若干简例内容与这一简册有密切关系。[②]
  其他与这种活动有关的简例，如"丞相属王彭，护乌孙公主及将军、贵人、从者"（Ⅴ1412③：100），"使乌孙长罗侯惠"（Ⅴ1311③：315）[③]等，反映汉王朝派出使团成员的事迹，亦自有重要的史料价值。

三　汉匈西域争夺背景下龟兹的交往取向

  两汉时期，即大致自公元前2世纪至公元2世纪前后，是西域与中原实现了正式文化联系的重要的历史阶段。实际上在汉帝国正式介入西域行政之前，北方草原游牧族匈奴的势力已经进入西域地区。匈奴以强大的军事实力试图控制西域，其机动性和进取性甚强的文化特征也对西域地区形成了强烈的影响。
  汉与匈奴对西域控制权的争夺，是两汉时期西域史的主线。
  匈奴对西域的经营，既重视武功，也关注文化；既利用军事威势，

---

  ① 胡平生、张德芳：《敦煌悬泉汉简释粹》，第118—119页。
  ② 郝树声：《简论敦煌悬泉汉简〈康居王使者册〉及西汉与康居的关系》，《敦煌研究》2009年第1期。
  ③ 《敦煌悬泉汉简释粹》，第138、142页。

也借助和亲手段；既体现于经济掠取，也不忽略产业开发。匈奴对西域的经营，实际上也成为西域文化融汇于中国主流文化的重要条件之一。

在这样的背景下，西域文化发展表现出自己的个性。这一时期西域地方民族文化的相互冲突、撞击和融汇，构成了中国文化史的多彩断面。在汉王朝与匈奴争夺西域的竞争中，龟兹曾经表现出重要的作用。分析龟兹贵族在复杂情势下采取的交往形式，对于认识汉代边疆史、民族关系史和西域开发史，以及新疆地方史的演进，都有重要的意义。

（一）西汉时期：汉匈西域争夺与龟兹交往史

《汉书》卷九六上《西域传上》说西域形势："西域以孝武时始通，本三十六国，其后稍分至五十余，皆在匈奴之西，乌孙之南。南北有大山，中央有河，东西六千余里，南北千余里。东则接汉，陿以玉门、阳关，西则限以葱岭。其南山，东出金城，与汉南山属焉。"所谓"其后稍分至五十余"，颜师古注："司马彪《续汉书》云至于哀、平，有五十五国也。""本三十六国，其后稍分至五十余"者，不排除若干原有部族国家稍后进入汉人视野的可能。这段文字，一说"皆在匈奴之西"，一说"东则接汉"，看起来似有矛盾，其实是陈明了汉武帝时代前后的形势变化。

《汉书》卷九六上《西域传上》关于西域诸国与匈奴的交往与军事关系，有这样的表述：

> 西域诸国大率土著，有城郭田畜，与匈奴、乌孙异俗，故皆役属匈奴。匈奴西边日逐王置僮仆都尉，使领西域，常居焉耆、危须、尉黎间，赋税诸国，取富给焉。

所谓"役属匈奴"，颜师古注："服属于匈奴，为其所役使也。"[1] 西域地方诸国主要倾向"土著"，"有城郭田畜"，应以农耕为主体经济形式，本来与汉地生产方式接近，而"与匈奴、乌孙异俗"，但是却"役属匈奴"，或说"服属于匈奴，为其所役使"，是由于不能抵抗匈奴强大军事压力的

---

[1] 《汉书》，第3871、3872页。

缘故。

汉帝国对西域的影响，表现于汉武帝时代战胜匈奴，特别是在全面据有河西，列置四郡之后：

> 汉兴至于孝武，事征四夷，广威德，而张骞始开西域之迹。其后骠骑将军击破匈奴右地，降浑邪、休屠王，遂空其地，始筑令居以西，初置酒泉郡，后稍发徙民充实之，分置武威、张掖、敦煌，列四郡，据两关焉。自贰师将军伐大宛之后，西域震惧，多遣使来贡献，汉使西域者益得职。于是自敦煌西至盐泽，往往起亭，而轮台、渠犁皆有田卒数百人，置使者校尉领护，以给使外国者。①

汉文化的影响扩张至西域，是通过战胜匈奴的军事形式实现的。此后"贰师将军伐大宛"，形成了真正的威慑，致使"西域震惧，多遣使来贡献"。"于是自敦煌西至盐泽，往往起亭，而轮台、渠犁皆有田卒数百人，置使者校尉领护"，"亭"这种驿传系统得到屯田设置的保障，使西域和内地的关系密切起来。这一历史变化，影响了西域形势，也影响了龟兹民族交往史的走向。

汉宣帝时代，汉以空前的强势基本排除了匈奴对西域的控制。然而这一情形又曾经出现反复。

据汉文史籍记载，龟兹人曾经"杀汉使者"，随后"服罪"②；又曾"杀校尉赖丹"③，"神爵中，匈奴乖乱，日逐王先贤掸欲降汉……吉发渠黎、龟兹诸国五万人迎日逐王"④，龟兹武装成为汉军事力量的附属。据《汉书》卷九六下《西域传下》，渠黎"胜兵百五十人"，龟兹"胜兵二万一千七十六人"。可知郑吉调发的"渠黎、龟兹诸国五万人"中，龟兹部队应是主力。

西汉晚期，龟兹与汉王朝保持着较密切的关系。"成、哀帝时往来尤数，汉遇之亦甚亲密。"汉成帝阳朔年间任西域都护的段会宗，曾经在龟

---

① 《汉书》卷九六上《西域传上》，第3873页。
② 《汉书》卷七〇《傅介子传》，第3001页。
③ 《汉书》卷七〇《常惠传》，第3004页。
④ 《汉书》卷七〇《郑吉传》，第3005页。

兹接受西域贵族往谒。龟兹成为汉帝国控制西域的重要据点。《汉书》卷七〇《段会宗传》:"会宗既出。诸国遣子弟郊迎。小昆弥安日前为会宗所立,德之,欲往谒,诸翖侯止不听,遂至龟兹谒。城郭甚亲附。"所谓"城郭甚亲附",颜师古注:"谓城郭诸国。"①

两汉之际,中原王朝在西域地方的文化影响又出现历史性的转折。

王莽时代,西域与中原关系恶化,中原军官李崇在极其被动的情况下,"收余士,还保龟兹"。数年后新莽败亡,李崇从政治舞台消失,"西域因绝"。② 龟兹成为中原王朝控制西域的最后的据点。

(二) 从"龟兹攻没都护"到都护班超"居龟兹"

《后汉书》卷八八《西域传》说:"王莽篡位,贬易侯王,由是西域怨叛,与中国遂绝,并复役属匈奴。匈奴敛税重刻,诸国不堪命,建武中,皆遣使求内属,愿请都护。光武以天下初定,未遑外事,竟不许之。"③ 莎车贵族曾经拥有主导西域形势的实力。"会匈奴衰弱,莎车王贤诛灭诸国,贤死之后,遂更相攻伐。小宛、精绝、戎庐、且末为鄯善所并。渠勒、皮山为于寘所统,悉有其地。郁立、单桓、孤胡、乌贪訾离为车师所灭。后其国并复立。"而匈奴稍强,又曾经胁迫西域诸国进犯汉地,"永平中,北虏乃胁诸国共寇河西郡县,城门昼闭"。汉明帝策动了远征匈奴的战事,"(永平)十六年,明帝乃命将帅,北征匈奴,取伊吾卢地,置宜禾都尉以屯田,遂通西域,于寘诸国皆遣子入侍。西域自绝六十五载,乃复通焉。明年,始置都护、戊己校尉"。

---

① 《汉书》,第3030页。
② 《汉书》卷九六下《西域传下》:"天凤三年,乃遣五威将王骏、西域都护李崇将戊己校尉出西域,诸国皆郊迎,送兵谷。焉耆诈降而聚兵自备。骏等将莎车、龟兹兵七千余人,分为数部入焉耆,焉耆伏兵要遮骏。及姑墨、尉黎、危须国兵为反间,还共袭击骏等,皆杀之。唯戊己校尉郭钦别将兵,后至焉耆。焉耆兵未还,钦击杀其老弱,引兵还。莽封钦为剼胡子。李崇收余士,还保龟兹。数年莽死,崇遂没,西域因绝。"(第3927—3928页)
③ 《后汉书》,第2909页。《后汉书》卷八八《西域传》还记载:"(建武)二十二年,贤知都护不至,遂遗鄯善王安书,令绝通汉道。安不纳而杀其使。贤大怒,发兵攻鄯善。安迎战,兵败,亡入山中。贤杀略千余人而去。其冬,贤复攻杀龟兹王,遂兼其国。鄯善、焉耆诸国侍子久留敦煌,愁思,皆亡归。鄯善王上书,愿复遣子入侍,更请都护。都护不出,诚迫于匈奴。天子报曰:'今使者大兵未能得出,如诸国力不从心,东西南北自在也。'于是鄯善、车师复附匈奴,而贤益横。"(第2924页)王先谦《后汉书集解》以为"东西南北自在也"当作"东西南北自任也"。

然而，随着汉明帝执政时期结束，汉帝国对西域的控制权再次被否定，而以军事形式挑战汉人的就有龟兹贵族。"及明帝崩，焉耆、龟兹攻没都护陈睦，悉覆其众，匈奴、车师围戊己校尉。"① 《后汉书》卷二《明帝纪》的记载是，六月，"焉耆、龟兹攻西域都护陈睦，悉没其众。北匈奴及车师后王围戊己校尉耿恭。秋八月壬子，帝崩于东宫前殿"。②

章和时代，据《后汉书》卷八八《西域传》记载，"建初元年春，酒泉太守段彭大破车师于交河城。章帝不欲疲敝中国以事夷狄，乃迎还戊己校尉，不复遣都护。二年，复罢屯田伊吾，匈奴因遣兵守伊吾地。时军司马班超留于寘，绥集诸国。和帝永元元年，大将军窦宪大破匈奴。二年，宪因遣副校尉阎槃将二千余骑掩击伊吾，破之。三年，班超遂定西域，因以超为都护，居龟兹。复置戊己校尉，领兵五百人，居车师前部高昌壁，又置戊部候，居车师后部候城，相去五百里。六年，班超复击破焉耆，于是五十余国悉纳质内属"。③ 所谓"班超遂定西域，因以超为都护，居龟兹"，显现出龟兹在西域控制中的重要地位。

班超"定西域"与"居龟兹"的关系，可以通过以下更详细的历史记录得以说明：

班超经营西域时代，"时龟兹王建为匈奴所立，倚恃虏威，据有北道，攻破疏勒，杀其王，而立龟兹人兜题为疏勒王"。班超至疏勒，"悉召疏勒将吏，说以龟兹无道之状，因立其故王兄子忠为王，国人大悦"。成功争取疏勒，"疏勒由是与龟兹结怨"。班超说："今拘弥、莎车、疏勒、月氏、乌孙、康居复愿归附，欲共并力破灭龟兹，平通汉道。若得龟兹，则西域未服者百分之一耳。"可知龟兹地位的重要。经过艰苦努力，"莎车遂降，龟兹等因各退散，自是威震西域"。"明年，龟兹、姑墨、温宿皆降，乃以超为都护。""超居龟兹它干城。"于是，"西域唯焉耆、危须、尉犁以前没都护，怀二心，其余悉定"。此后，"超遂发龟兹、鄯善等八国兵合七万人，及吏士贾客千四百人讨焉耆"。"于是西域五十余国悉皆纳质内属焉。"④

---

① 《后汉书》，第 2909 页。
② 同上书，第 123 页。
③ 同上书，第 2909—2910 页。
④ 《后汉书》卷四七《班超传》，第 1574—1582 页。

龟兹再次成为汉王朝控制西域的重心所在。龟兹军人也被班超编发在自己的军事力量之中。而龟兹军人的作用，影响了"西域五十余国"对东汉王朝的态度。

（三）说"龟兹数反复"

面对匈奴和汉王朝处于敌对状态的特殊背景和复杂情境，在大国夹缝之中，龟兹贵族在维护国家利益的原则下，往往采取较灵活的策略。《汉书》卷九六上《西域传上》所见楼兰王就汉王朝责难的对答，所谓"小国在大国间，不两属无以自安"①，说明了这种态度的合理性。对于相关历史现象，我们也许应当予以基于"温情"的理解。②

以《汉书》卷七〇《傅介子传》记载傅介子经历的故事为例："傅介子，北地人也，以从军为官。先是龟兹、楼兰皆尝杀汉使者，语在《西域传》。至元凤中，介子以骏马监求使大宛，因诏令责楼兰、龟兹国。介子至楼兰，责其王教匈奴遮杀汉使：'大兵方至，王苟不教匈奴，匈奴使过至诸国，何为不言？'王谢服，言'匈奴使属过，当至乌孙，道过龟兹'。介子至龟兹，复责其王，王亦服罪。介子从大宛还到龟兹，龟兹言：'匈奴使从乌孙还，在此。'介子因率其吏士共诛斩匈奴使者。还奏事，诏拜介子为中郎，迁平乐监。介子谓大将军霍光曰：'楼兰、龟兹数反复而不诛，无所惩艾。介子过龟兹时，其王近就人，易得也，愿往刺之，以威示诸国。'大将军曰：'龟兹道远，且验之于楼兰。'于是白遣之。"③傅介子竟以派出使节的身份刺杀楼兰王，封为义阳侯。

龟兹迎合匈奴，"尝杀汉使者"，当汉使"责其王"时，"王亦服罪"。在傅介子从大宛回程经过龟兹时，龟兹提供了"匈奴使从乌孙还，在此"的信息，致使"介子因率其吏士共诛斩匈奴使者"。

龟兹亲汉的态度，却不能得到傅介子这样的"以勇略""有功迹者"汉使的宽容，致使生"过龟兹时，其王近就人，易得也，愿往刺之，以威示诸国"之议。虽然最终"傅介子持节使诛斩楼兰王安归首，县之北

---

① 《汉书》，第3877页。
② 钱穆说："对其本国已往历史略有所知者，尤必附随一种对其本国已往历史之温情与敬意。"《国史大纲》（修订本），商务印书馆1994年版，第1页。
③ 《汉书》，第3001—3002页。

阙",傅介子本人的建议,却原本是往刺龟兹王,"以威示诸国"。霍光的决策,因"龟兹道远",而遣之楼兰。傅介子"告喻"楼兰国民谓"王负汉罪,天子遣我来诛王"。汉昭帝诏书:"楼兰王安归尝为匈奴间,候遮汉使者,发兵杀略卫司马安乐、光禄大夫忠、期门郎遂成等三辈,及安息、大宛使,盗取节印献物,甚逆天理。"① 通过"介子谓大将军霍光曰:'楼兰、龟兹数反复而不诛,无所惩艾。'"可以推知从汉王朝的政治视角考察,龟兹王与楼兰王可能负有同样的罪责。

《汉书》卷七〇《常惠传》写道,汉宣帝本始二年(前72),"汉大发十五万骑,五将军分道出"击匈奴。"以惠为校尉,持节护乌孙兵。昆弥自将翕侯以下五万余骑从西方入至右谷蠡庭,获单于父行及嫂居次,名王骑将以下三万九千人,得马牛驴骡橐佗五万余匹,羊六十余万头,乌孙皆自取卤获。""时汉五将皆无功,天子以惠奉使克获,遂封惠为长罗侯。"又"复遣惠持金币还赐乌孙贵人有功者",曾经跟随苏武出使匈奴,具有丰富外事和民族事务经验且对匈奴军政方式有一定了解的常惠却提出了进一步控制西域的建议:"惠因奏请龟兹国尝杀校尉赖丹,未伏诛,请便道击之,宣帝不许。"然而,霍光却发布了与帝命有所区别的指示:"大将军霍光风惠以便宜从事。"颜师古注:"言至前所专命而行也。"实际上可以理解为特别的授权。

常惠于是对龟兹实行了军事惩罚:

> 惠与吏士五百人俱至乌孙,还过,发西国兵二万人,令副使发龟兹东国二万人,乌孙兵七千人,从三面攻龟兹,兵未合,先遣人责其王以前杀汉使状。王谢曰:"乃我先王时为贵人姑翼所误耳,我无罪。"惠曰:"即如此,缚姑翼来,吾置王。"王执姑翼诣惠,惠斩之而还。②

同一史事,《汉书》卷九六下《西域传下》记载:"宣帝时,长罗侯常惠

---

① 颜师古注:"晋灼曰:'此安息、大宛远遣使献汉,而楼兰王使人盗取所献之物也。'师古曰:'节及印,汉使者所赍也。献物,大宛等使所献也。楼兰既杀汉使,又杀诸国使者。'"(第3002页)

② 《汉书》,第3004页。

使乌孙还，便宜发诸国兵，合五万人攻龟兹，责以前杀校尉赖丹。龟兹王谢曰：'乃我先王时为贵人姑翼所误，我无罪。'执姑翼诣惠，惠斩之。"①从常惠奏请击龟兹时所谓"龟兹国尝杀校尉赖丹"及"遣人责其王以前杀汉使状"，"责以前杀校尉赖丹"情形，可知其"数反复"的表现，与楼兰王"尝为匈奴间，候遮汉使者，发兵杀略卫司马安乐、光禄大夫忠、期门郎遂成等三辈，及安息、大宛使，盗取节印献物"还是有所不同。

赖丹本西域人，曾经以杆弥太子的身份为质于龟兹。但是被杀害时，已经具有汉王朝校尉将军的身份。②

然而在常惠大兵压境的情况下，龟兹贵族还是为"数反复"的交往态度付出了代价。③

（四）关于"驴非驴，马非马"

在西汉时期，西域民族关系曾经以和亲作为维系方式。《汉书》卷九六下《西域传下》记载，乌孙"与汉通"，"使使献马，愿得尚汉公主，为昆弟"。"汉元封中，遣江都王建女细君为公主，以妻焉。赐乘舆服御物，为备官属宦官侍御数百人，赠送甚盛。乌孙昆莫以为右夫人。匈奴亦遣女妻昆莫，昆莫以为左夫人。"昆莫身边"右夫人"、"左夫人"并列，体现出乌孙与汉、匈奴的微妙关系。"昆莫年老，欲使其孙岑陬尚公主。公主不听，上书言状，天子报曰：'从其国俗，欲与乌孙共灭胡。'岑陬遂妻公主。昆莫死，岑陬代立。""岑陬尚江都公主，生一女少夫。公主死，汉复以楚王戊之孙解忧为公主，妻岑陬。岑陬胡妇子泥靡尚小，岑陬且死，以国与季父大禄子翁归靡，曰：'泥靡大，以国归之。'"④岑陬同样有"胡妇"，且指示其子成年后可以继承行政权力。复杂的姻亲关系，可能是西域不少国家交往形式的特点。我们看到《汉书》明确记载，龟

---

① 《汉书》，第3916页。
② 龟兹杀校尉赖丹事，见《汉书》卷九六下《西域传下》："初，贰师将军李广利击大宛，还过杆弥，杆弥遣太子赖丹为质于龟兹。广利责龟兹曰：'外国皆臣属于汉，龟兹何以得受杆弥质？'即将赖丹入至京师。昭帝乃用桑弘羊前议，以杆弥太子赖丹为校尉将军，田轮台，轮台与渠犁地皆相连也。龟兹贵人姑翼谓其王曰：'赖丹本臣属吾国，今佩汉印绶来，迫吾国而田，必为害。'王即杀赖丹，而上书谢汉，汉未能征。"（第3916页）
③ 悬泉置简有关于常惠往来西域的资料，可参看胡平生、张德芳《敦煌悬泉汉简释粹》。
④ 《汉书》，第3903—3904页。

兹王绛宾娶乌孙领袖翁归靡女儿为妻。而这位龟兹王后的母亲，就是"楚主解忧"。①

这位女子，竟然是在"来至京师学鼓琴"回程中被龟兹王截留的。"时乌孙公主遣女来至京师学鼓琴，汉遣侍郎乐奉送主女，过龟兹。龟兹前遣人至乌孙求公主女，未还。会女过龟兹，龟兹王留不遣，复使使报公主，主许之。后公主上书，愿令女比宗室入朝，而龟兹王绛宾亦爱其夫人，上书言得尚汉外孙为昆弟，愿与公主女俱入朝。元康元年，遂来朝贺。王及夫人皆赐印绶。夫人号称公主，赐以车骑旗鼓，歌吹数十人，绮绣杂缯琦珍凡数千万。留且一年，厚赠送之。后数来朝贺，乐汉衣服制度，归其国，治宫室，作徼道周卫，出入传呼，撞钟鼓，如汉家仪。外国胡人皆曰：'驴非驴，马非马，若龟兹王，所谓骡也。'"②"龟兹王绛宾"所爱的有50%汉家血统，并且在长安接受音乐教育的夫人，得"号称公主"，具有"比宗室入朝"的地位。因这位女子的作用，龟兹贵族当时应已受到汉文化的深刻影响。所谓"乐汉衣服制度"、"如汉家仪"者，体现出对中原文明的倾慕，在礼仪制度方面对汉文化全面的模仿和复制。

所谓"驴非驴，马非马，若龟兹王，所谓骡也"，体现龟兹文化面貌因汉文化的熏陶而改观。"驴非驴，马非马"后来成为习用语。对于这句话的理解，宋人罗愿《尔雅翼》卷二二《释兽五》："言其不纯一尔。"又《太平御览》卷九○一引《汉书》曰："高昌性难伏，乃作歌曰：驴非驴，马非马。言高昌似骡也。"所谓"不纯一"，指出了不同文化汇合交融的形式。所谓"性难伏"，虽未知所出，也形容其自在的文化个性依然得以坚持。

所谓"数来朝贺，乐汉衣服制度"，宫廷建筑及礼法秩序"如汉家仪"，显现了汉文化的影响。"绛宾死，其子丞德自谓汉外孙，成、哀帝时往来尤数，汉遇之亦甚亲密。"可能正是在这一时期，龟兹与汉王朝更

---

① 《汉书》卷九六下《西域传下》："翁归靡既立，号肥王，复尚楚主解忧，生三男两女：长男曰元贵靡；次曰万年，为莎车王；次曰大乐，为左大将；长女弟史为龟兹王绛宾妻；小女素光为若呼翕侯妻。"颜师古注："弟史、素光皆女名。"（第3904—3905页）余太山《〈汉书·西域传〉要注》："万年为莎车王、弟史为龟兹王，可见乌孙对于邻国影响之一斑。"（《两汉魏晋南北朝正史西域传要注》，第159页）今按："弟史为龟兹王"，应为"弟史为龟兹王妻"。

② 《汉书》卷九六下《西域传下》，第3916—3917页。

为靠近，而与匈奴取敌对态势，其官制甚至出现"击胡"、"却胡"名号。① 龟兹王"驴非驴，马非马"的故事，说明文化浸濡的作用可能超越强力的威慑和武装的征服。中国近现代历史的特殊环境，使得一些人的历史意识长期浸濡于暴力崇拜的文化氛围之中。回顾历史，似乎应当对文化看似软柔，然而久韧的影响力予以充分的重视。

汉代曾经吸收外来文化的积极因素，在若干方面实现了汉文化内容的充实和水准的提升，其中包括输入西方"奇畜"以促进运输动力和生产动力的开发。《盐铁论》卷一《力耕》："骡驴馲驼，衔尾入塞。驒騱騵马，尽为我畜。"② 驴，乃至骡的引入，对于内地社会生产和社会生活形成了重要的影响。关注这一现象，自然应当由"驴非驴，马非马，若龟兹王，所谓骡也"俗语考虑到龟兹等西域地方作为驴骡引入原生地的情形。

（五）上郡"龟兹"考议

据《汉书》卷二八下《地理志下》，上郡属县有名"龟兹"者：

> 龟兹，属国都尉治。有盐官。

颜师古注："龟兹国人来降附者，处之于此，故以名云。"③ 王先谦《汉书补注》："先谦曰：'上郡属国归义降胡见《冯奉世传》。有盐池为民利见《后书·西羌传》。《续志》：后汉因。《一统志》：故城榆林县北。'"④《续汉书·郡国志五》称上郡"龟兹属国"。⑤《水经注》卷三《河水》："奢延水又东合交兰水。水出龟兹县交兰谷，东南流注奢延水。""帝原水西北出龟兹县，东南流。县因处龟兹降胡著称。"⑥

---

① 据《汉书》卷九六下《西域传下》介绍龟兹官职："大都尉丞、辅国侯、安国侯、击胡侯、却胡都尉、击车师都尉、左右将、左右都尉、左右骑君、左右力辅君各一人，东西南北部千长各二人，却胡君三人，译长四人。"（第3911页）
② 《盐铁论校注》，第28页。（宋）程大昌《演繁露》卷五《市马》引作"驴骡骆驼，可使衔尾入塞"，景印文渊阁《四库全书》本。
③ 《汉书》，第1617页。
④ （清）王先谦：《汉书补注》，第804页。
⑤ 《后汉书》，第3524页。
⑥ 《水经注校证》，第84页。

谭其骧主编《中国历史地图集》标示，上郡龟兹的位置大致在今陕西榆林北，县治在帝原水（今无定河上游榆林河）东侧。①

《汉书》卷七〇《郑吉传》记载："神爵中，匈奴乖乱，日逐王先贤掸欲降汉，使人与吉相闻。吉发渠黎、龟兹诸国五万人迎日逐王，口万二千人、小王将十二人随吉至河曲，颇有亡者，吉追斩之，遂将诣京师。汉封日逐王为归德侯。"② 所谓"渠黎、龟兹诸国五万人"的集结和调用，有押解或说押送匈奴降人的作用。似未可排除此次接纳匈奴日逐王降众的军事行动中，龟兹等国被借用的军事力量也辗转来到内地，并得以安置的可能。而为"渠黎、龟兹诸国五万人"参与监护的匈奴降众，也有可能部分"处之于此"。

上郡有"户十万三千六百八十三，口六十万六千六百五十八，县二十三"。如简单平均，县均户4508，口26376。于此安置"龟兹国人来降附者"，这样的人口数已经相当可观。估计不大可能全数都是"龟兹国人来降附者"。据《汉书》卷九六下《西域传下》，龟兹"户六千九百七十，口八万一千三百一十七，胜兵二万一千七十六人"，即使龟兹军队大部被调发受降，并全数远行内地"来降附"，也不能充实我们估算的上郡龟兹县人口。

《汉书》卷二八下《地理志下》上郡"龟兹"与《续汉书·郡国志五》上郡"龟兹属国"的文化地理内涵尚不十分明确，但是仍可以作为说明龟兹与内地文化联系的一项重要的补充证据。

上郡"龟兹"是目前所见用西域国名命名汉地县的唯一一例，可以看作地名学史上值得思索的现象。说明上郡"龟兹"的人口构成和文化地理定位，是尚待进一步探索的重要课题。工作的深入，可能需更多地依赖考古工作的新收获，包括发掘和人类学的鉴定。③

---

① 谭其骧主编：《中国历史地图集》第2册，第17—18页。

② 《汉书》，第3005—3006页。《郑吉传》所谓日逐王部"口万二千人"，《汉书》卷八《宣帝纪》作"匈奴日逐王先贤掸将人众万余来降"（第262页）。

③ 参看王子今《汉匈西域争夺背景下的龟兹外交》，《龟兹学研究》第5辑，新疆大学出版社2012年版。

附论一

前张骞的丝绸之路与西域史的匈奴时代

考古工作的收获已经证明,在张骞之前,中原经过西北地方与外域的文化通路早已发挥着促进文化沟通、文化交流、文化融汇的历史作用。汉人所谓"西域",曾经对丝绸之路的文化功用有过重要的贡献。匈奴作为北方草原的强势军事实体,在冒顿时代进入空前强盛的时期。在这一历史阶段中,匈奴的作为影响着中国史和东方史的进程。正如有的学者所指出的,"匈奴人创造了最初的游牧国家政治、经济、文化和生活模式,他们影响和决定了中亚地区许多民族的命运,与中原王朝、西域各族及北方诸古老部族发生过频繁密切的接触,在他们的历史和文化中留下了深刻的烙印"。[①] 据《史记》卷一一〇《匈奴列传》记载"单于遗汉书曰",匈奴在"夷灭月氏"之后,曾经控制了西域地方:"定楼兰、乌孙、呼揭及其旁二十六国,皆以为匈奴。诸引弓之民,并为一家。"[②] 考察丝绸之路的早期作用,不能回避西域地方曾经"皆以为匈奴"的历史事实。

(一) 早期中西交通的西域路段

远古时代的中西文化交流,从早期陶器、青铜器的器型和纹饰已经可以发现有关迹象。西域地方海贝的流入和美玉的输出,都是早期交通联系之空间幅面超出人们想象的非常典型的事例。原产于西亚和中亚的一些畜产,亦可能经由西域地方传入中土。[③] 中原人通过"西戎"实现了这样的往来。有学者指出:"'西戎'与新疆、中亚、南亚之间,相隔遥远",

---

① 马利清:《原匈奴、匈奴历史与文化的考古学探索》,第39页。
② 《史记》,第2896页。
③ 王子今:《李斯〈谏逐客书〉"駃騠"考论——秦与北方民族交通史个案研究》,《人文杂志》2013年第2期。

"'西戎'与西方的贸易等等交往，或许是通过匈奴、羌、月氏那样的人群为'中介'而进行"。①

　　《左传·昭公十二年》说到周穆王"周行天下"的事迹。出于汲冢的《竹书纪年》也有关于周穆王西征的明确记载。今本《竹书纪年》卷下："十七年，王西征昆仑丘，见西王母。"② 司马迁在《史记》卷五《秦本纪》写道："造父以善御幸于周缪王，得骥、温骊、骅骝、騄耳之驷，西巡狩，乐而忘归。"③《史记》卷四三《赵世家》也说："缪王使造父御，西巡狩，见西王母，乐之忘归。"④ 与《竹书纪年》同出于汲冢的《穆天子传》，记载周穆王"命驾八骏之乘"，"造父为御"，"驰驱千里"⑤，以及"天子西征"，"至于西王母之邦"，"天子觞西王母于瑶池之上，西王母为天子谣"等事迹。⑥ 对于周穆王"西征"行迹，有不同的说法。有以为西王母活动于青海的认识。⑦ 或说周穆王所至昆仑即今阿尔泰山。⑧ 或

---

① 史党社：《从考古发现谈前丝路的一些问题》，《秦始皇帝陵博物院》2014 年（总第 4 辑），陕西人民出版社 2014 年版，第 295 页。

② 同条又有"其年，西王母来朝，宾于昭宫"的文字。此前则《竹书纪年》卷上记载："（帝舜有虞氏）九年，西王母来朝。"（梁）沈约注："西王母之来朝，献白环玉玦。"（明）胡应麟《少室山房笔丛》卷三三《三坟补逸上》："虞九年，西王母来朝。沈约注：'西王母来朝，贡白环玉玦。'西王母已见于此，不始周穆也。以余考之，盖亦外国之君，若上文渠蒐、僬侥及下息慎、玄都类耳。《穆天子传》所交外国之君甚众，不止一西王母。"（上海书店出版社 2001 年版，第 329 页）

③ 《史记》，第 175 页。

④ 同上书，第 1179 页。

⑤ 《太平御览》卷八九六引《穆天子传》。

⑥ 《穆天子传》卷二、卷三，文渊阁《四库全书》本。对于《穆天子传》的性质，历来存在不同的认识。文献学家或归入"起居注类"，或列入"别史类"或者"传记类"之中。大致都看作历史记载。然而清人编纂的《四库全书》却又将其改隶"小说家类"。不过，许多学者注意到《穆天子传》中记录的名物制度一般都与古代礼书的内容大致相合，因此认为内容基本可信。可能正是出于这样的考虑，《四部丛刊》和《四部备要》仍然把《穆天子传》归入"史部"之中。

⑦ 《汉书》卷二八下《地理志下》：金城郡临羌县，"西北至塞外，有西王母石室、仙海、盐池。北则湟水所出，东至允吾入河，西有须抵池，有弱水、昆仑山祠"（第 1611 页）。"太史公曰：《禹本纪》言河出昆仑。昆仑其高二千五百余里，日月所相避隐，为光明也。其上有醴泉、瑶池。"（《史记》卷一二三《大宛列传》，第 3179 页）

⑧ 余太山说："穆天子西征的目的地是'昆仑之丘'"，"《穆天子传》所见昆仑山应即今阿尔泰山，尤指其东端。"又指出："《穆天子传》所载自然景观和人文、物产与欧亚草原正相符合"（《早期丝绸之路文献研究》，商务印书馆 2013 年版，第 6、8 页）。

说周穆王所至"玄池"即"咸海"。而《穆天子传》随后说到的"苦山"、"黄鼠山"等，则更在其西。① 或说西王母所居在"条支"。② 也有学者认为，周穆王已经到达了波兰平原。③ 尽管对周穆王西征抵达的地点存在争议④，但是这位周天子曾经经历西域地方，是许多学者所认同的。

在阿尔泰地区发现的公元前5世纪的贵族墓中曾经出土中国丝织品。巴泽雷克5号墓出土了有凤凰图案的刺绣和当地独一无二的四轮马车。车辆的形制和刺绣的风格，都表明来自中国。在这一地区公元前4世纪至前3世纪的墓葬中，还出土了有典型关中文化风格的秦式铜镜。⑤ 许多古希腊雕塑和陶器彩绘人像表现出所着衣服细薄透明，因而有人推测公元前5世纪中国丝绸已经为希腊上层社会所喜好。不过，这些现象当时似乎并没有进入中国古代史学家的视野，因而在中国正史的记录中，汉代外交家张骞正式开通丝绸之路的事迹，被誉为"凿空"。⑥

严文明曾经总结新疆青铜时代以后的历史文化演进。他说："新疆各青铜文化的居民大体都是不同类型的欧罗巴人种，蒙古人种只进到东疆的哈密地区。哈密天山北路文化就是两大人种和两种文化会聚所产生的一种复合文化。进入早期铁器时代，情况似乎发生了逆转。与带耳罐文化系统有较多联系的高颈壶文化系统占据了全疆的大部分地区，蒙古人种也逐渐向西移动；而与筒形罐文化系统关系密切的圜底釜文化系统则仅见于帕米

---

① 对于《穆天子传》中"天子西征至于玄池"的文句，刘师培解释说，"玄池"就是今天位于哈萨克斯坦和乌兹别克斯坦之间的咸海。
② 《史记》卷一二三《大宛列传》："传闻条枝有弱水、西王母，而未尝见。"（第3163—3164页）
③ 顾实推定，周穆王出雁门关，西至甘肃，入青海，登昆仑，走于阗，登帕米尔山，至兴都库什山，又经撒马尔罕等地，入西王母之邦，即今伊朗地方。又行历高加索山，北入欧洲大平原。在波兰休居三月，大猎而还。顾实认为，通过穆天子西行路线，可以认识上古时代亚欧两大陆东西交通之孔道已经初步形成的事实（《穆天子传西征讲疏·读穆传十论》，中国书店1990年版，第24页）。
④ 这样的认识是有道理的："在汉文典籍中，西王母多被置于极西之地。""《穆天子传》和后来的《史记》等书一样，将西王母位置于当时所了解的最西部。"（余太山：《早期丝绸之路文献研究》，第15页）有学者注意到"西王母之邦由东向西不断推进的过程"，指出："这一过程恰好与我国对西方世界认识水平加强的过程相一致，是我国对西方世界认识水平加深的一种反映。"（杨共乐：《早期丝绸之路探微》，北京师范大学出版社2011年版，第42页）
⑤ ［苏联］C. H. 鲁金科：《论中国与阿尔泰部落的古代关系》，《考古学报》1957年第2期。
⑥ 王子今：《秦汉边疆与民族问题》，第451—452页。

尔一小块地方。尔后随着匈奴文化和汉文化影响的加强,新疆各地文化之间的交流更为频繁,作为东西文化交流通道的作用也日益显现出来。早先是西方的青铜文化带着小麦、绵羊和冶金技术。不久又赶着马匹进入新疆,并且继续东进传入甘肃等地;东方甘肃等地的粟和彩陶技术也传入新疆,甚至远播中亚。这种交互传播的情况后来发展为著名的丝绸之路。"①在来自"东方"的文化影响"远播中亚",即"匈奴文化和汉文化影响"的向西传布的历史过程中,匈奴人曾经先行一步。

总结和说明丝绸之路史,考察"随着匈奴文化和汉文化影响的加强,新疆各地文化之间的交流更为频繁,作为东西文化交流通道的作用也日益显现出来"的历史过程是必要的。其中"匈奴文化……影响的加强"的作用,看来尤其重要。

(二) 冒顿自强与匈奴兼并"楼兰、乌孙、呼揭及其旁二十六国"

正当中原政治史进入战国秦汉重要转折时期,冒顿作为在北方草原地方崛起的匈奴英雄,不仅在匈奴史上有重要地位,在中国史、东方史乃至世界史上也有重要的地位。司马迁在《史记》卷一一〇《匈奴列传》中生动地记述了冒顿身世。通过以"鸣镝"为令"习勒其骑射","射其爱妻","射单于善马",又"射头曼",全数诛杀亲族大臣"不听从者",遂"自立为单于",以铁血强势树立政治权威的故事,冒顿的残厉和果决得到鲜明的体现。②

---

① 严文明:《〈新疆的青铜时代和早期铁器时代文化〉序一》,韩建业:《新疆的青铜时代和早期铁器时代文化》,第1页。

② 《史记》卷一一〇《匈奴列传》:"单于有太子名冒顿。后有所爱阏氏,生少子,而单于欲废冒顿而立少子,乃使冒顿质于月氏。冒顿既质于月氏,而头曼急击月氏。月氏欲杀冒顿,冒顿盗其善马,骑之亡归。头曼以为壮,令将万骑。冒顿乃作为鸣镝,习勒其骑射,令曰:'鸣镝所射而不悉射者,斩之。'行猎鸟兽,有不射鸣镝所射者,辄斩之。已而冒顿以鸣镝自射其善马,左右或不敢射者,冒顿立斩不射善马者。居顷之,复以鸣镝自射其爱妻,左右或颇恐,不敢射,冒顿又复斩之。居顷之,冒顿出猎,以鸣镝射单于善马,左右皆射之。于是冒顿知其左右皆可用。从其父单于头曼猎,以鸣镝射头曼,其左右亦皆随鸣镝而射杀单于头曼,遂尽诛其后母与弟及大臣不听从者。冒顿自立为单于。"(第2888页) [日] 白鸟库吉《蒙古民族起源考》曾说"冒顿"的意义是"圣",又指出有"猛勇"涵义。陈序经指出:"冒顿是一个勇敢的人,所以'冒顿'象征猛勇的意义,是很可能的。"(陈序经:《匈奴史稿》,第187页)

冒顿随即控制匈奴各部族，并且施行对外的扩张。"遂东袭击东胡。东胡初轻冒顿，不为备。及冒顿以兵至，击，大破灭东胡王，而虏其民人及畜产。既归，西击走月氏，南并楼烦、白羊河南王。悉复收秦所使蒙恬所夺匈奴地者，与汉关故河南塞，至朝㮚、肤施，遂侵燕、代。是时汉兵与项羽相距，中国罢于兵革，以故冒顿得自强，控弦之士三十余万。""后北服浑庾、屈射、丁零、鬲昆、薪犁之国。于是匈奴贵人大臣皆服，以冒顿单于为贤。"① 马长寿说，"匈奴在冒顿领导下征服了北方的浑窳、屈射、丁零、鬲昆、新犁等部落和部落联盟。这些部落和部落联盟大部分是以游牧和射猎为生的。他们拥有广大而肥沃的牧场和森林，具有各式各样的生产工具和生产技术，对于匈奴奴隶主的经济发展有很大的利益，所以草原的贵族大人们都对冒顿单于竭诚拥护，拥护他建立一个以奴隶所有制为主要制度的国家"。② 余英时记述，"冒顿是一个杰出的有能力而且有活力的领袖，在短短数年之内，他不但成功地在各个匈奴部落之间实现了前所未有的统一，而且几乎向所有方面扩展他的帝国"。"冒顿不但基本完成了他的新草原联合体的领土扩张，而且已经巩固了他对所有匈奴部落以及被征服民族的个人统治。"③ 在"汉兵与项羽相距，中国罢于兵革"的时代，"冒顿得自强"的历史事实，可以理解为与项羽、刘邦等大致同时，另一位草原游牧族英雄在特殊时代条件下的崛起。有的学者以为，"冒顿单于的发迹是首可歌可泣史诗"，体现出"不同寻常的领导天才"，"伟大的游牧领袖——冒顿继位为匈奴第二代单于，从此揭开了统一北亚细亚游牧世界，以及创造草原上空前惊天动地事业的幕帷"。论者称冒顿的事业，是"中国历史上最出色的草原英雄之一"实现了"北亚细亚最早的统一"。④ 认识冒顿的业绩，应当特别注意他对草原交通条件的成功建设。

正是因为匈奴的强盛，汉帝国承受的外来军事压力主要来自北边，即

---

① 《史记》卷一一〇《匈奴列传》，第2893页。
② 马长寿：《北狄与匈奴》，第24页。
③ 余英时：《汉朝的对外关系》，[英]崔瑞德、[英]鲁惟一主编《剑桥中国秦汉史：公元前221年至公元220年》，杨品泉等译，第363、364页。
④ 姚大中：《古代北西中国》，第66—68页。

《盐铁论·击之》所谓"边城四面受敌，北边尤被其苦"①，而汉帝国对外交往的主要方向也经由北边。汉帝国军事与行政的主要注意力亦长期凝聚于北边。社会上下对北边皆多关切。② 另一方面，通过对北边的经营，通过抗击匈奴又"乘奔逐北"③，"北挫强胡"④，"北略河外，开路匈奴之乡"⑤，"长驱六举，电击雷震；饮马翰海，封狼居山；西规大河，列郡祁连"⑥，汉帝国显示了军事威势，扩张了文化影响。不过这是后来的事情。此前冒顿曾经有"质于月氏"的经历。据说"冒顿既质于月氏，而头曼急击月氏"，于是"月氏欲杀冒顿"。冒顿对月氏国情应当有一定了解。据陈序经说，"冒顿曾为质于月氏，对于月氏的虚实情况，想必有所了解，他估计自己力量能胜月氏，所以才决定用兵"。⑦ 我们还应当注意到，此所谓"西击走月氏"，体现冒顿向西方扩展势力范围的欲求。冒顿往来于不同部族联盟之间的亲身实践，应当有益于他对草原军事交通的重视。

所谓"定楼兰、乌孙、呼揭及其旁二十六国，皆以为匈奴"事，见于《史记》卷一一〇《匈奴列传》载"单于遗汉书"。所谓"皆以为匈奴"语义，似接近匈奴对这一地区的全面征服。然而由于这只是冒顿自言，其历史真实度，可能还需要认真分析。但当时西域形势，就汉与匈奴的影响力而言，大体可以说是"汉朝与西域之间的交通为匈奴阻隔，西域尽为匈奴掌治"。⑧ 汉与西域的"交通"为匈奴"阻隔"了，但是匈奴与西域的"交通"则得以空前畅通，东西交通于是出现了新的局面。

据《史记》卷一一〇《匈奴列传》，匈奴单于致汉王朝的外交文书言

---

① 《盐铁论校注》卷七，第471页。

② 正如余英时所说，"汉代政治家在他们的外交政策形成过程中面对的第一个强敌，是北方草原帝国匈奴。那个时代的大部分岁月中匈奴问题是汉代中国世界秩序的中心问题"（《汉朝的对外关系》，《剑桥中国秦汉史：公元前221年至公元220年》，第362页）。

③ 《盐铁论校注》卷八《诛秦》，第488页。

④ 《盐铁论校注》卷八《结和》，第481页。

⑤ 《盐铁论校注》卷一《复古》，第79页。

⑥ 《汉书》卷一〇〇《叙传下》，第4254页。

⑦ 陈序经：《匈奴史稿》，第193页。

⑧ 邵台新：《汉代对西域的经营》，第44页。今按：说"秦朝武功虽盛，势力尚未抵及西域"，"至汉文帝时，西域之地仍在匈奴控制之下"，是合理的。然而绝对否定中原与西域的早期联系，以为"在汉武帝之前，中国与西域并无往来"（《汉代对西域的经营》，第43页），似有不妥。参看王子今《穆天子神话和早期中西交通》，《学习时报》2001年6月11日。

及汉文帝时匈奴控制西域情形，是这样表述的："单于遗汉书曰：'天所立匈奴大单于敬问皇帝无恙。前时皇帝言和亲事，称书意，合欢。汉边吏侵侮右贤王，右贤王不请，听后义卢侯难氏等计，与汉吏相距，绝二主之约，离兄弟之亲。皇帝让书再至，发使以书报，不来，汉使不至，汉以其故不和，邻国不附。今以小吏之败约故，罚右贤王，使之西求月氏击之。以天之福，吏卒良，马强力，以夷灭月氏，尽斩杀降下之。定楼兰、乌孙、呼揭及其旁二十六国，皆以为匈奴。诸引弓之民，并为一家。北州已定，愿寝兵休士卒养马，除前事，复故约，以安边民，以应始古，使少者得成其长，老者安其处，世世平乐。未得皇帝之志也，故使郎中系雩浅奉书请，献橐他一匹，骑马二匹，驾二驷。皇帝即不欲匈奴近塞，则且诏吏民远舍。使者至，即遣之。'以六月中来至薪望之地。书至，汉议击与和亲孰便。公卿皆曰：'单于新破月氏，乘胜，不可击。且得匈奴地，泽卤，非可居也。和亲甚便。'汉许之。"关于"楼兰"，裴骃《集解》引徐广曰："一云'楼湟'。"张守节《正义》："《汉书》云鄯善国名楼兰，去长安一千六百里也。"关于"乌孙、呼揭"，张守节《正义》："二国皆在瓜州西北。乌孙，战国时居瓜州。"[1]《汉书》卷九四上《匈奴传上》："楼兰、乌孙、呼揭及其旁二十六国皆已为匈奴。"颜师古注："皆入匈奴国也。"[2]

对于冒顿"定楼兰、乌孙、呼揭及其旁二十六国，皆以为匈奴"的自我炫耀，匈奴史学者或信以为实。陈序经认为："乌孙在冒顿时，也在敦煌祁连间与月氏为邻。楼兰即后来的鄯善，在月氏之西。呼揭应在匈奴之西，丁令之西北，坚昆之东南，月氏乌孙之西北。匈奴除了征服这类国家之外，还征服了其旁二十六国，这等于说西域大部分的国家，都役属于匈奴了。《汉书》卷九十六上《西域传》上说：西域本三十六国。若把月氏、乌孙、楼兰、呼揭加上其旁二十六国已经有三十国。《汉书》卷七十《傅常郑甘陈段传》说：'西域诸国本属匈奴也'，就是这个意思。"[3] 林幹《匈奴历史年表》在"公元前一七四年，汉文帝六年，匈奴冒顿单于

---

[1] 《史记》，第2896页。

[2] 《汉书》，第3757页。

[3] 陈序经：《匈奴史稿》，第193页。

三十六年，老上单于元年"条下也写道："匈奴灭月氏，定楼兰（在今甘肃若羌县）、乌孙（当时在今甘肃祁连、敦煌间）及其旁二十六'国'。"① 今按，据《汉书》卷九四上《匈奴传上》，"至孝文即位，复修和亲。其三年夏，匈奴右贤王入居河南地为寇，于是文帝下诏曰：'汉与匈奴约为昆弟，无侵害边境，所以输遗匈奴甚厚。今右贤王离其国，将众居河南地，非常故。往来入塞，捕杀吏卒，驱侵上郡保塞蛮夷，令不得居其故。陵轹边吏，入盗，甚骜无道，非约也。其发边吏车骑八万诣高奴，遣丞相灌婴将击右贤王。'右贤王走出塞，文帝幸太原。是时，济北王反，文帝归，罢丞相击胡之兵。其明年，单于遗汉书曰……"② 是冒顿致书汉文帝，时在汉文帝四年（前176）。余英时说，"公元前177年，匈奴已成功地迫使张掖地区（甘肃）的月氏完全归附于它，制服了从楼兰（公元前77年易名鄯善，罗布泊之西；车尔成）到乌孙（位于塔里木盆地的伊犁河谷）的西域大多数小国，从那时起，匈奴能够利用西域的广大的自然和人力资源。这个地区对草原帝国来说是如此重要，以致被称为匈奴的'右臂'"。③ 余英时"公元前177年"说，应据汉文帝四年推定。今按："车尔成"，韩复智主译本作"车臣"。"乌孙（位于塔里木盆地的伊犁河谷）"，韩复智主译本作"乌孙（在塔里木盆地北部的伊犁河谷内）"。④ 关于伊犁河谷和塔里木盆地的位置关系表述有误。"车尔成"，应与经且末北流的车尔臣河有关。冯承钧原编、陆峻岭增订《西域地名》（增订本）："Charchan 车尔成，今新疆且末县，《前汉书》且末国……"⑤

对于这一时期匈奴对西域的控制，有学者分析说，"冒顿在逐走月氏、兼定乌孙的同时，也征服了位于阿尔太山南麓的呼揭国。对于呼揭，后来匈奴置有'呼揭王'镇守该处。而自呼揭居地往西，经由巴尔喀什

---

① 林幹：《匈奴历史年表》，第10—11页。
② 《汉书》，第3756页。
③ 余英时：《汉朝的对外关系》，《剑桥中国秦汉史：公元前221年至220年》，第385—386页。
④ Denis Twitchett, Michael Loewe 编：《剑桥中国史》第1册《秦汉篇　前221—220》，韩复智主译，第467页。
⑤ 冯承钧原编，陆峻岭增订：《西域地名》（增订本），中华书局1980年版，第19页。

湖北岸，可以抵达康居国的领土。早在大月氏被乌孙逐出伊犁河、楚河流域时，康居国已经'东羁事匈奴'，可见匈奴和康居的联系主要是通过前文所述《穆天子传》描述的道路实现的。由于离匈奴本土毕竟很远，康居'羁事匈奴'也许是比较松弛的"。西域其他国度的情形其实也大体类似。"至于楼兰，匈奴采取派驻督察的方式加以控制。由于楼兰离匈奴较远，匈奴对楼兰及其以西诸国的控制也是比较宽松的。"[①]

应当指出，陈序经所谓"《汉书》卷七十《傅常郑甘陈段传》说：'西域诸国本属匈奴也'"，原文作"西域本属匈奴"，见《汉书》卷七〇《陈汤传》："建昭三年，汤与延寿出西域。汤为人沈勇有大虑，多策谋，喜奇功，每过城邑山川，常登望。既领外国，与延寿谋曰：'夷狄畏服大种，其天性也。西域本属匈奴，今郅支单于威名远闻，侵陵乌孙、大宛，常为康居画计，欲降服之。如得此二国，北击伊列，西取安息，南排月氏、山离乌弋，数年之间，城郭诸国危矣。且其人剽悍，好战伐，数取胜，久畜之，必为西域患。郅支单于虽所在绝远，蛮夷无金城强弩之守，如发屯田吏士，驱从乌孙众兵，直指其城下，彼亡则无所之，守则不足自保，千载之功可一朝而成也。'延寿亦以为然。"[②] 其后有陈汤等矫制击杀郅支单于的非常行为。

陈汤所谓"西域本属匈奴"，是发表于汉元帝建昭三年（前36）的言辞，很可能是指汉武帝之前的形势，即"僮仆都尉"经营西域时代情形，似并非陈说汉文帝执政时代的西域政治局面。

（三）"诸引弓之民，并为一家"

冒顿在致汉文帝书中自豪地声称："诸引弓之民，并为一家。"《盐铁论·伐功》出自"文学"之口，竟然也有相同的话："……其后匈奴稍强，蚕食诸侯，故破走月氏，因兵威徙小国，引弓之民，并为一家，一

[①] 余太山主编：《西域通史》，第48—49页。所谓"前文所述《穆天子传》描述的道路"，应即由河套地区西行的道路："再往西，越过阿尔太山中段某个山口，到达额尔齐斯河上游：这里有一处宜于畜牧的平原……旅程由此再往西，就来到了西王母之国，也就是来到了当时中国人心目中的极西之地。所传西王母之国的瑶池，有可能便是神话了的斋桑泊，西王母之国则可能相当或相邻于希罗多德所传阿里马斯普人的居地。"（第47页）

[②]《汉书》，第3010页。

意同力，故难制也。"① 对于"引弓之民，并为一家"的说法是否可以据以作出当时匈奴曾经全面控制西域的历史判断，还可以讨论。

《史记》、《汉书》可见"引弓之民"语例。《史记》卷二七《天官书》写道："其西北则胡、貉、月氏诸衣旃裘引弓之民，为阴；阴则月、太白、辰星；占于街北，昴主之。"裴骃《集解》："韦昭曰：'秦、晋西南维之北为阴，犹与胡、貉引弓之民同，故好用兵。'"②《汉书》卷二六《天文志》也说："其西北则胡、貉、月氏旃裘引弓之民，为阴，阴则月、太白、辰星，占于街北，昴主之。"颜师古注："孟康曰：'秦、晋西南维之北为阴，与胡、貉引弓之民同，故好用兵。'"③ 这里所谓"引弓之民"，指西北少数族"胡、貉、月氏"等。《汉书》卷五四《李陵传》载司马迁为李陵辩护之辞："陵提步卒不满五千，深輮戎马之地，抑数万之师，虏救死扶伤不暇，悉举引弓之民共攻围之。转斗千里，矢尽道穷，士张空拳，冒白刃，北首争死敌，得人之死力，虽古名将不过也。"④ 这里所谓"引弓之民"，只是指匈奴军民。

汉时所谓"引弓之民"，大致是指以射猎为主要营生手段的草原游牧族。而西域诸国中多数政治实体的主体经济形式与此不同。《汉书》卷九六上《西域传上》所谓"西域诸国大率土著，有城郭田畜，与匈奴、乌孙异俗"⑤，指出了他们与"引弓之民"的区别。也许从这一角度理解后来汉王朝控制西域对于丝绸之路通行安全和稳定的意义，是有益的。

从现有资料看，冒顿所谓"定楼兰、乌孙、呼揭及其旁二十六国，皆以为匈奴"，似未可理解为当时匈奴已经全面控制了西域，"西域大部分的国家，都役属于匈奴了"。当时的西域政治地图当据《史记》卷一二三《大宛列传》的记载予以理解："楼兰、姑师，邑有城郭，临盐泽。盐泽去长安可五千里。匈奴右方居盐泽以东，至陇西长城南，接羌，鬲汉道焉。"这一事实对于世界历史的进程其实意义十分重要。所谓"鬲汉道

---

① 《盐铁论校注》卷八，第495页。
② 《史记》，第1347页。
③ 《汉书》，第1289页。
④ 同上书，第2456页。
⑤ 同上书，第3872页。

焉",亦指出了交通史的真实面貌。

如姚大中所说,"(冒顿)再向西,又压迫中亚细亚游牧民族与塔里木盆地三十多个沃洲国家全行归于匈奴支配之下[①],势力急速自吉尔吉斯草原伸向咸海、里海,并控制了东—西文明地带间的交通路,而建立起世界史上空前煊赫的第一个游牧大帝国。当时中国史书对匈奴这种西方支配势力的说明是:自乌孙以西至安息,匈奴使者只需凭单于一纸证明,便可以在任何地区接受招待和自由取得所需马匹,任何国家不敢违抗命令(见《史记·大宛列传》)。[②] 欧亚大陆北方最早一次的游牧大同盟于是成立,而成立这个游牧大帝国所费时间,则数年间一气呵成"。[③] 值得注意的是,所谓"控制了东—西文明地带间的交通路","匈奴使者只须凭单于一纸证明,便可以在任何地区接受招待和自由取得所需马匹",强调了东西交通条件形成了新的形势。

冒顿自称"诸引弓之民,并为一家",很可能只是反映了"夷灭月氏,尽斩杀降下之"的军事成功。这样的成功,自然可以对西域多数国家产生强大的威慑力。所谓"皆以为匈奴","皆已为匈奴",应当是对这种军事霸权的服从,不应当如颜师古注所说,简单地理解为"皆入匈奴国也"。正如马长寿所说,"如西域三十六国,汉书西域传记载:'西域诸国,大率土著,有城郭田畜,与匈奴、乌孙异俗,故皆役属匈奴。'由于西域人民的语言、风土与匈奴不同,又由于他们是城郭田畜经济,所以匈奴不能把西域的城郭搬到草原上来,而只能在西域的中心地区设立'僮仆都尉',对各小国人民进行一种'敛税

---

① 姚说"沃洲",即通常所谓"绿洲"。有学者讨论丝绸之路的文化特征,这样写道:"与欧亚草原之路、海上丝绸之路相对而言,这条道路被称为绿洲之路。在这条道路上要经过许多浩瀚沙漠,而在广袤的沙漠里点缀着无数的天然绿洲,形成许多绿洲国家,为过往行人和畜群提供休息的场所。一块块绿洲形成交通网络的联结点,无数的点形成一条贯穿欧亚大陆的交通线,从而形成东西方经济和文化交流的大动脉。因此,这条路线得名'绿洲之路'。丝绸贸易是绿洲道路上商业交流的大动脉,通常所谓'丝绸之路'就是指这条绿洲路。"(石云涛:《三至六世纪丝绸之路的变迁》,第61页)

② 今按:《史记》卷一二三《大宛列传》原文为:"自乌孙以西至安息,以近匈奴,匈奴困月氏也,匈奴使持单于一信,则国国传送食,不敢留苦。"(第3173页)而所谓"单于一信"在纸作为书写材料尚未得到普及之前,似不宜直解为"单于一纸证明"。

③ 姚大中:《古代北西中国》,第68页。

重刻'的赋役制度"。①

《汉书》卷九六下《西域传下》："西域诸国，各有君长，兵众分弱，无所统一，虽属匈奴，不相亲附。匈奴能得其马畜旃罽，而不能统率与之进退。"②安作璋以为可以理解为西域各族"对匈奴离心离德，不愿顺从"。③匈奴对西域的奴役，未能实现人心的征服。所谓"属匈奴"者，有时体现为"羁"的关系。④而这种关系，也是有动态变化的。⑤

（四）匈奴强势与西域文化发展进程

有学者指出，今天的新疆地区，和欧亚大陆许多地方一样，也存在"青铜时代"和"早期铁器时代"这样两个前后相继的时代。⑥或求简便而采用"新疆金属时代"的说法。⑦"早期铁器时代的下限，一般认为应在公元前2世纪张骞通西域以后，或者大致在公元前后。"⑧匈奴军事强权对西域地方文化形态和文化方向施行强劲的影响，正是在这一时期。

研究者指出，"早期铁器时代偏晚阶段（第三阶段），游牧文化在全疆进一步深入、普及，基本看不到不同文化系统在新疆对峙的局面"，"该阶段文化在全疆范围普遍存在趋同态势"，这正与冒顿所谓"诸引弓之民，并为一家"构成一致。论者以为，"这与游牧文化在全疆的深入、普及，与骑马民族迅捷的交流方式，更与汉文化、匈奴文化自东向西的强烈渗透都有关系"。这样的分析是有道理的。研究者写道，于是，"汉文化、匈奴文化的影响则日渐加强，并最终与新疆土著文化融为一体"。

---

① 马长寿：《北狄与匈奴》，第29页。今按："敛税重刻"语见《后汉书》卷八八《西域传》言两汉之际事："（西域）哀平间，自相分割为五十五国。王莽篡位，贬易侯王，由是西域怨叛，与中国遂绝，并复役属匈奴。匈奴敛税重刻，诸国不堪命，建武中，皆遣使求内属，愿请都护。光武以天下初定，未遑外事，竟不许之。"（第2909页）

② 《汉书》，第3930页。

③ 安作璋：《两汉与西域关系史》，第9页。

④ 如《史记》卷一二三《大宛列传》言康居"国小，南羁事月氏，东羁事匈奴"。（第3161页）

⑤ 如《史记》卷一二三《大宛列传》言乌孙"故服匈奴，及盛，取其羁属，不肯往朝会焉"（第3161页）。

⑥ 陈戈：《关于新疆地区的青铜时代和早期铁器时代文化》，《考古》1990年第4期。

⑦ 陈戈：《新疆远古文化初论》，《中亚学刊》第4辑，北京大学出版社1995年版，第5—72页。

⑧ 韩建业：《新疆的青铜时代和早期铁器时代文化》，第1页。

"在这一整合过程中,先是西端的伊犁河流域文化表现活跃、影响广泛,后是东方的汉、匈文明因素日渐西及。新疆的早期铁器时代文化最终与汉文化、匈奴文化融为一体,形成尼雅遗存所代表的特色鲜明的东汉魏晋时期文化。正是在此背景下才出现了贯通东、西方两大文化系统的丝绸之路。"[1]

认识"日渐加强"的"汉文化、匈奴文化的影响","汉文化、匈奴文化自东向西的强烈渗透"以及所谓"汉、匈文明因素日渐西及"的过程时,当然不宜忽略"匈奴文化"的影响更早并且在前期更为强劲的历史事实。

有的学者对这一历史趋向进行了这样的表述:"随着匈奴文化和汉文化影响的加强,新疆各地文化之间的交流更为频繁,作为东西文化交流通道的作用也日益显现出来。"[2] 在分析这一时期西域文化的发展进程时,将"匈奴文化"影响置于"汉文化影响"之前,是比较合适的处理方式。

(五) 匈奴控制西域通路

所谓"匈奴文化自东向西的强烈渗透",以及匈奴文明因素"日渐西及",均先于汉文化。这正是因为匈奴较早控制了西域通路。

有学者认为,对乌孙的控制,是匈奴打通西域道路的重要环节。《史记》卷一二三《大宛列传》记载张骞对汉武帝介绍匈奴与乌孙的关系:"臣居匈奴中,闻乌孙王号昆莫,昆莫之父,匈奴西边小国也。匈奴攻杀其父,而昆莫生弃于野。乌嗛肉蜚其上,狼往乳之。单于怪以为神,而收长之。及壮,使将兵,数有功,单于复以其父之民予昆莫,令长守于西域。昆莫收养其民,攻旁小邑,控弦数万,习攻战。单于死,昆莫乃率其众远徙,中立,不肯朝会匈奴。匈奴遣奇兵击,不胜,以为神而远之,因羁属之,不大攻。"[3] 乌孙昆莫曾经为匈奴"令长守于西域",后来方"中立,不肯朝会匈奴"。《汉书》卷六一《张骞传》的记载较为详尽:"臣居匈奴中,闻乌孙王号昆莫。昆莫父难兜靡本与大月氏俱在祁连、焞

---

[1] 韩建业:《新疆的青铜时代和早期铁器时代文化》,第121、122页。
[2] 严文明:《〈新疆的青铜时代和早期铁器时代文化〉序一》,韩建业《新疆的青铜时代和早期铁器时代文化》,第1页。
[3] 《史记》,第3168页。

煌间，小国也。大月氏攻杀难兜靡，夺其地，人民亡走匈奴。子昆莫新生，傅父布就翎侯抱亡置草中，为求食，还，见狼乳之，又乌衔肉翔其旁，以为神，遂持归匈奴，单于爱养之。及壮，以其父民众与昆莫，使将兵，数有功。时，月氏已为匈奴所破，西击塞王。塞王南走远徙，月氏居其地。昆莫既健，自请单于报父怨，遂西攻破大月氏。大月氏复西走，徙大夏地。昆莫略其众，因留居，兵稍强，会单于死，不肯复朝事匈奴。匈奴遣兵击之，不胜，益以为神而远之。"①

《汉书》记载所增益的信息，说到乌孙军攻破大月氏事："时，月氏已为匈奴所破，西击塞王。塞王南走远徙，月氏居其地。昆莫既健，自请单于报父怨，遂西攻破大月氏。大月氏复西走，徙大夏地。昆莫略其众，因留居，兵稍强……"② 战事的爆发，有乌孙昆莫"自请单于"的情节。亲匈奴的乌孙"留居"大月氏国旧地，使得西域形势发生了重大变化。余太山主编《西域通史》这样总结这一历史过程："乌孙原来是游牧于今哈密附近的一个小部落，一度役属月氏。前177或前176年匈奴大举进攻月氏时，西向溃逃的月氏人冲击乌孙的牧地，杀死了乌孙昆莫（王）难兜靡。乌孙余众带着新生的难兜靡之子猎骄靡投奔匈奴，冒顿单于收养了猎骄靡。猎骄靡成年后，匈奴人让他统率乌孙旧部，镇守故地，也参加一些匈奴的军事活动。约前130年，匈奴军臣单于（前161—126年）③ 指使猎骄靡率所部乌孙人征伐大月氏。乌孙大获全胜，占领了伊犁河、楚河流域；并在后来逐步向东方扩张，终于成为西域大国。虽然自军臣单于去世后，乌孙便'不肯复朝事匈奴'，但在一段很长时期内一直羁属匈奴，故不妨认为匈奴假手乌孙实现了向伊犁以远发展的目的。"④ 论者忽略了"昆莫既健，自请单于报父怨，遂西攻破大月氏"中"自请"的情节，而以"指使"强调了匈奴的主动意识。确实，从西域历史的这一走向来说，匈奴确实因此"实现了向伊犁以远发展的目的"，局势发展为匈奴的扩张提供了新的条件。

余太山主编《西域通史》又写道："通过乌孙，匈奴间接控制了从伊

---

① 《汉书》，第2691—2692页。
② 同上书，第2692页。
③ 今按：应作"前161—前126年"。
④ 余太山主编：《西域通史》，第49页。

犁河流域西抵伊朗高原的交通线：'自乌孙以西至安息，以近匈奴，匈奴困月氏也，匈奴使持单于一信，则国国传送食，不敢留苦。'① 这种形势对匈奴的强盛自然是十分有利的。"② 匈奴控制"从伊犁河流域西抵伊朗高原的交通线"表现的"强盛"，应当从世界史的视角进行理解。

汉王朝与匈奴对西域的争夺，其实在某种意义上主要是对这种"交通线"的控制权的争夺。

历史文献记载了有关匈奴起初实行对西域实行控制和奴役的信息。典型的文字，即《汉书》卷九六上《西域传上》："西域诸国大率土著，有城郭田畜，与匈奴、乌孙异俗，故皆役属匈奴。匈奴西边日逐王置僮仆都尉，使领西域，常居焉耆、危须、尉黎间，赋税诸国，取富给焉。"③ "僮仆"语义，在战国秦汉时期有特殊的社会文化背景。有的辞书解释"僮仆都尉"称谓即强调对西域各国的奴役："匈奴单于国在西域设置的官员，'僮仆'即指奴隶，僮仆部尉的职责是统管西域各国，从官名可知，匈奴将西域各国居民视为奴隶。"④

"赋税诸国，取富给焉"属于经济掠夺行为，但并非匈奴对汉地通常施行的突发式或季节式的掠夺，而具有了制度化的性质。这种经济关系，或许可以理解为体现了匈奴对外在经济实体进行控制和剥夺的方式的一种提升。另一方面，"赋税"又是国家行政管理的基本制度。既说"赋税诸国"，体现出匈奴实际上已经通过行政方式实施了对西域地方经济的有效控制。匈奴骑兵对汉地等农耕区的侵犯，其实并不仅仅追求闪击式的劫掠和短暂的占领。他们理想的征服形式，应当是这种"役使"和"赋税"。"匈奴西边日逐王"对西域的控制，或许可以说实现了游牧族军事势力征服农耕区与农牧交错区的最完满的境界。这种"役属"形式，可以说是汉帝国北边农耕族与游牧族关系中比较特殊的情形。⑤

匈奴"赋税诸国"，除得到农产品外，也应当取得矿产、手工业制品和其他物产。在匈奴控制西域的形势下，当地商贸活动依然发挥着活跃经

---

① 原注：《史记·大宛列传》。
② 余太山主编：《西域通史》，第49—50页。
③ 《汉书》，第3872页。
④ 刘维新主编：《新疆民族辞典》，第41页。
⑤ 参看王子今《匈奴"僮仆都尉"考》，《南都学坛》2012年第4期；《论匈奴僮仆都尉"领西域""赋税诸国"》，《石家庄学院学报》2012年第4期。

济和沟通文化的作用。西域商贸的正常运行和发展的方向，在一定程度上得到匈奴的支持和鼓励。这是因为匈奴久有"乐关市"[①]，即重视商业联系以丰富自身经济生活的传统，也因为匈奴由此可以得到实际的经济利益。

正如林幹所指出的，"匈奴族十分重视与汉族互通关市。除汉族外，匈奴与羌族经常发生商业交换；对乌桓族和西域各族也发生过交换"。此说匈奴"和西域各族也发生过交换"，在另一处则说，"匈奴还可能和西域各族发生交换"。一说"发生过交换"，一说"可能""发生交换"，似乎存在矛盾。然而论者可以给我们有益启示的如下判断则是确定的："（匈奴）并通过西域，间接和希腊人及其他西方各族人民发生交换。"[②] 这一时期丝路商道的形势，有的学者作过这样的分析，"匈奴人……企图控制西域商道，独占贸易权益"。"越来越强的贪欲，使他们亟欲控制商道，垄断东西贸易，以取得暴利。"[③] 有学者以为，"匈奴贵族""做着丝绸贸易"，"匈奴人""进行丝绸贸易"，或说"丝绢贸易"。亦有关于"当时匈奴贵族向西方贩运的丝绸的道路"的分析。[④] 然而这些论说，现在看来，似乎缺乏确切的史料的支持。"匈奴人"在西域及邻近地方"进行丝绸贸易"、"丝绢贸易"的经济行为如果得到证实，当然可以推进匈奴史和西域史的认识。匈奴在西域"赋税诸国，取富给焉"，此所谓"赋税"是不是也包括商业税呢？从许多迹象考虑，匈奴对西域诸国的经济控制，应当包括对当地商业经营利润的超经济强制方式的盘剥。马长寿曾经写道："天山南北路和昆仑山北麓，自古是中亚、南亚和东亚间商业交通要道，匈奴在其间设关卡，收商税，护送旅客，担保过山，都可以受到不少的报酬。"[⑤]

对于西域诸国在匈奴控制背景下的生存方式，以及匈奴对西域经济收益的依赖程度，有学者作如下分析："事实上，新疆沃洲对于匈奴……几

---

① 《史记》卷一一〇《匈奴列传》，第2905页。
② 林幹：《匈奴通史》，第3、146—147页。
③ 殷晴：《丝绸之路与西域经济——十二世纪前新疆开发史稿》，第111页。
④ 苏北海：《汉、唐时期我国北方的草原丝路》，张志尧主编《草原丝绸之路与中亚文明》，第28页。
⑤ 马长寿还说，"（匈奴）有时并掠夺行商和马队的货物"。并指出，"这些事实都说明西域的物产和交通在匈奴经济中占相当重要的位置"（《北狄与匈奴》，第32页）。

乎已是他们最主要的物资综合补给站。"这种"补给",包括可观的"商业利润"。论者指出:"僮仆都尉驻准噶尔盆地直通塔里木盆地的天山南麓焉耆、危须、尉犁三个小国之间,征发三十六国亘于农、牧、工、矿各方面的产品,以及草原大道之外的沃洲大道上商业利润,构成匈奴经济面不可缺的一环节。惟其如此而当以后新疆统治权自匈奴转移到汉朝,匈奴立即会陷入经济困境,步上衰运。"① 匈奴"征发"西域的物资,包括"亘于农、牧、工、矿各方面的产品"以及"三十六国"的"商业利润",是可信的。不过,是否来自西域的经济收益会影响匈奴经济的主流,以致一旦丧失,"匈奴立即会陷入经济困境,步上衰运",还需要确切的考察才能说明。匈奴在西域所获利益中"商业利润"占有怎样的比重,也需要论证。但是在物产丰足、商业繁盛的西域地方,匈奴以军事强权剥夺其"商业利润"的可能性,应是没有疑义的。对于"商业利润"的利益追求,可能会促使匈奴在西域的军事行政势力对商贸取积极支持和鼓励的政策。

(六) 活跃的西域"贾胡"

西域商人曾经有非常活跃的历史表演。如《后汉书》卷八九《南匈奴传》记载:"(建武)二十八年,北匈奴复遣使诣阙,贡马及裘,更乞和亲,并请音乐,又求率西域诸国胡客与俱献见。"② "西域诸国胡客"和匈奴使团同行"与俱献见",值得我们注意。此外,又有《后汉书》卷四七《班超传》的说法:"超遂发龟兹、鄯善等八国兵合七万人,及吏士贾客千四百人讨焉耆。"③ 可知西域"贾客"亦参与战争。有学者以"游牧民族商业化的倾向,也就愈益显著"的说法概括匈奴对"贸易权益"的追求。④ 其实西域诸国可能更突出地体现出"商业化的倾向"。

《后汉书》卷五一《李恂传》写道:"复征拜谒者,使持节领西域副校尉。西域殷富,多珍宝,诸国侍子及督使贾胡数遗恂奴婢、宛马、金

---

① 姚大中:《古代北西中国》,第76页。
② 《后汉书》,第2946页。《太平广记》卷四〇二《鬻饼胡》:"……但知市肆之间,有西国胡客至者,即以问之,当大得价。生许之。……将出市,无人问者。已经三岁,忽闻新有胡客到城,因以珠市之。"可知"胡客"多是"贾胡"。
③ 《后汉书》,第1581页。
④ 殷晴:《丝绸之路与西域经济——十二世纪前新疆开发史稿》,第111页。

银、香、罽之属，一无所受。"① 所谓"贾胡数遗""奴婢、宛马、金银、香、罽之属"，应是一种贿赂行为。也许这种行为曲折体现了匈奴占领时期特殊经济形式的历史惯性。"贾胡"身份，应是西域商人。李贤注："贾胡，胡之商贾也。"西汉中期，即有西域商人活跃于北边的史实记录。如陈连庆所说，"在中西交通开通之后，西域贾胡迅即登场"。② 以敦煌汉简为例，所见乌孙人（88，90，1906），车师人（88），"☐知何国胡"（698）③，等等，未可排除来自西域的商人的可能。《后汉书》卷八八《西域传》篇末有以"论曰"形式发表的对于西域问题的总结性文字，其中说到"商胡贩客"："论曰：西域风土之载，前古未闻也。汉世张骞怀致远之略，班超奋封侯之志，终能立功西遐，羁服外域。自兵威之所肃服，财赂之所怀诱，莫不献方奇，纳爱质，露顶肘行，东向而朝天子。故设戊己之官，分任其事；建都护之帅，总领其权。先驯则赏籯金而赐龟绶，后服则系头颡而衅北阙。立屯田于膏腴之野，列邮置于要害之路。驰命走驿，不绝于时月；商胡贩客，日款于塞下。"④

对于马援南征进击迟缓以致"失利"的指责，有"类西域贾胡，到一处辄止"的说法。⑤ 李贤解释说："言似商胡，所至之处辄停留。"《马援传》说"西域贾胡"，李贤注称"言似商胡"，可知"商胡"和"贾胡"其实并没有严格的区别。

通过汉文史籍中"西域贾胡"的表现，可以说明西域商业传统的特征，而对于匈奴控制西域时期的商业政策，也可以得到深入理解的条件。⑥

---

① 《后汉书》，第1683页。
② 陈连庆：《汉唐之际的西域贾胡》，《中国古代史研究：陈连庆教授学术论文集》。
③ 吴礽骧、李永良、马建华释校：《敦煌汉简释文》，第9、202、71页。
④ 《后汉书》，第2931页。
⑤ 《后汉书》卷二四《马援传》，第844页。
⑥ 参看王子今《匈奴控制背景下的西域贸易》，《社会科学》2013年第2期。

附论二

说索劢楼兰屯田射水事

《水经注·河水二》记载行贰师将军索劢屯田楼兰主持"横断注滨河"水利工程时,因"水奋势激,波陵冒堤",以"列阵被杖,鼓噪讙叫,且刺且射"方式厌服水势的故事。索劢射水,可以看作历代类似行为较早的实例。后世"射潮"、"射涛"事,应由此探索其早期渊源。讨论具有巫术色彩的射水方式的形成背景,应考虑"射"的技术渊源的民族文化基因,关注"胡人善射"[1]、"胡骑""善射"[2]历史记录所体现的草原"引弓之民"[3]的生存本能和基本技艺。

(一)《水经注》索劢功绩

《水经注·河水二》可见有关西域屯田水利工程的记载,其中除提供农耕史、水利史诸信息外,也有涉及意识背景的内容:

> 注滨河又东径鄯善国北,治伊循城,故楼兰之地也。楼兰王不恭于汉,元凤四年,霍光遣平乐监傅介子刺杀之,更立后王。汉又立其前王质子尉屠耆为王,更名其国为鄯善。百官祖道横门,王自请天子曰:"身在汉久,恐为前王子所害。国有伊循城,土地肥美,愿遣将屯田积粟,令得依威重。"遂置田以镇抚之。敦煌索劢,字彦义,有才略,刺史毛奕表行贰师将军,将酒泉、敦煌兵千人,至楼兰屯田。起白屋,召鄯善、焉耆、龟兹三国兵各千,横断注滨河。

---

[1] 《史记》卷一二三《大宛列传》,第3159页。
[2] 《后汉书》卷四二《光武十王列传·中山简王焉》,第1449页。
[3] 《史记》卷一一〇《匈奴列传》,第2896页。

工程进行至拦洪坝合龙时，遇到险情。水势汹涌，漫上高堤。索劢镇定英勇，有特别的表现：

> 河断之日，水奋势激，波陵冒堤。劢厉声曰："王尊建节，河堤不溢。王霸精诚，呼沱不流。水德神明，古今一也。"劢躬祷祀，水犹未减，乃列阵被杖，鼓噪讙叫，且刺且射。大战三日，水乃回减，灌浸沃衍，胡人称神。

"横断注滨河"工程的完成，实现了灌溉效能，成就了索劢的功绩：

> 大田三年，积粟百万，威服外国。

据《水经注·河水二》，"其水东注泽，泽在楼兰国北扜泥城。其俗谓之东故城，去阳关千六百里，西北去乌垒千七百八十五里，至墨山国千八百六十五里，西北去车师千八百九十里。土地沙卤少田，仰谷旁国。国出玉，多葭苇、柽柳、胡桐、白草。国在东垂，当白龙堆，乏水草，常主发导，负水担粮，迎送汉使，故彼俗谓是泽为牢兰海也"。[1]

所谓"牢兰海"，应当就是"蒲昌海"。《史记》卷一二三《大宛列传》张守节《正义》引《括地志》云："'蒲昌海'一名'辅日海'，亦名'穿兰'，亦名'临海'。在沙州西南。玉门关在沙州寿昌县西六里。"[2] "穿兰"应即"牢兰"异写。《河源纪略》卷三四《杂录三·罗布淖尔境》引《括地志》即写道："'蒲昌海'一名'辅日海'，亦名'牢兰海'，亦名'临海'。在沙州西北。"《河源纪略》的编写者注明："见《史记·大宛传》《正义》。"[3]

"灌浸沃衍"于"屯田积粟"意义重大。而索劢令水"回减"采用的"且刺且射"方式，尤其值得我们注意。

---

[1] 《水经注校证》，第37页。
[2] 《史记》，第3160页。
[3] （清）纪昀：《河源纪略》，景印文渊阁《四库全书》本。

（二） 索劢事迹真实性探考

《水经注·河水二》相关记载"敦煌索劢"句后，清人沈炳巽引何氏云："索劢事他无所考，疑其上有脱文。"① "刺史毛奕表行贰师将军"句后，清人赵一清引全氏曰："贰师之官，后汉所无。且其时刺史秩卑，不得表行将军也。"又引何氏曰："其事无可考。"②

所谓"全氏曰"，即清代学者全祖望考校《水经注》文字时，就索劢事迹提出的全面否定的判断："范《史》、袁《纪》俱不载，予直以为诬。范、袁与西域事不为不详，索劢之功如此，即无专传，不应竟不见于其他纪传中。况'贰师'者，以李广利征大宛，欲破其贰师城而因以名之也。广利之后，终西京之世，未尝复有任贰师将军者，东京安得复置之乎？屯田楼兰，而以大宛之地名其官，则妄矣。且将军官尊，岂刺史所得表行？皆燕说也。"所谓"诬"，所谓"妄矣"，所谓"燕说也"，断语十分严厉。

据清人储大文《存研楼文集》卷八《杂著·取道》引唐代地理书《皇华四达记》："冻凌山在于阗西南七百里，繇于阗东经图伦碛达且末镇千六百里，又七百里达鄯善。为晋行贰师将军索劢召鄯善、焉耆、龟兹三国兵横断注滨河，大田积谷百万地。"则取信《水经注》说。据宋郑樵《通志》卷六六《艺文略·地理》："《皇华四达记》十卷，贾耽撰。"又宋洪迈《容斋续笔》卷一〇"舆地道里误"条："唐贾耽《皇华四达记》所纪中都至外国尤为详备。"都肯定《皇华四达记》是严肃的地理学论著。

《水经注》言索劢事迹虽不能得到其他史籍的验证，但所述情节的历史合理性，使得其记载亦未可轻易否定。

陈连庆曾就此有所讨论："何义门定为东汉时事。③ 黄文弼先生罗布淖尔考古记引此证明汉代曾在楼兰屯田④，但又认为东汉一朝'楼兰故地不设官寺'，则又似以此事为西汉时事。⑤ 今按王尊为西汉末年人，《汉书》卷七十七有传；王霸东汉初年人，《后汉书》卷五十有传，则《水经

---

① （清）沈炳巽：《水经注集释订讹》卷二《河水二》。据《水经注集释订讹》"凡例"，"何氏"即何焯（"长洲何义门"先生）。所谓"何氏曰"，"从其后人假先生手批之本采入"。
② （清）赵一清：《水经注释》卷二《河水二》。
③ 原注：据《合校水经注》卷2所引。
④ 原注：《罗布淖尔考古记》，第112页。
⑤ 原注：《罗布淖尔考古记》，第63页。

注》所记自非西汉时事,结合杨终上疏观之①,本文所记实为明章时代的屯田无疑。"② 李宝通对于魏晋南北朝时代西北屯田予以重视③,又曾经讨论蜀汉对楼兰的经营。④ 就索劢事迹,他对全祖望曾发表"此是后汉事"之说提出驳议,也不同意陈连庆言"明章时代"的意见,认为"索劢屯田事并非发生于东汉时期,范《史》、袁《纪》自然无从记载"。论者又讨论了"魏末晋初遣出'行贰师将军'之可能",亦列举史料,证明"毛奕以刺史身份而表索劢'行贰师将军',在魏晋之际应是完全可行的"。对于所谓"大田三年",论者也发现了楼兰简纸文书中的对应信息,推定索劢屯田应在"嘉平四年"。索劢在楼兰经历景平五年、正元元年、正元二年,"前后恰好整整三年"。⑤

(三) 王尊王霸故事:人文与水文

索劢所说"王尊建节,河堤不溢;王霸精诚,呼沱不流"事,见于《汉书》和《后汉书》。

《汉书》卷七六《王尊传》记载:"……天子复以尊为徐州刺史,迁东郡太守。久之,河水盛溢,泛浸瓠子金堤,老弱奔走,恐水大决为害。尊躬率吏民,投沈白马,祀水神河伯。尊亲执圭璧,使巫策祝,请以身填金堤,因止宿,庐居堤上。吏民数千万人争叩头救止尊,尊终不肯去。及水盛堤坏,吏民皆奔走,唯一主簿泣在尊旁,立不动。而水波稍却回还。吏民嘉壮尊之勇节,白马三老朱英等奏其状。下有司考,皆如言。于是制诏御史:'东郡河水盛长,毁坏金堤,未决三尺,百姓惶恐奔走。太守身

---

① 今按:杨终上疏,即《后汉书》卷四八《杨终传》记载,"建初元年……上疏曰:'……自永平以来……加以北征匈奴,西开三十六国,频年服役,转输烦费。又远屯伊吾、楼兰、车师、戊己,民怀土思,怨结边域。'……复上书曰:'……今伊吾之役,楼兰之屯,久而未还,非天意也。'帝从之,听还徙者,悉罢边屯"(第1597—1598页)。

② 陈连庆:《东汉的屯田制》,《东北师范大学社会科学集刊》1957年第1期;收入《中国古代史研究:陈连庆教授学术论文集》。

③ 李宝通:《试论魏晋南北朝西北屯田的历史作用》,《简牍学研究》第2辑,甘肃人民出版社1998年版,第244—253页。

④ 李宝通:《蜀汉经略楼兰史脉索隐》,《简牍学研究》第2辑,第254—261页。

⑤ 李宝通:《两汉楼兰屯戍源流述考》,《简牍学研究》第1辑,甘肃人民出版社1997年版,第179—183页;《敦煌索劢楼兰屯田时限探赜》,《敦煌研究》2002年第1期;《索劢楼兰屯田时限试考》,《简牍学研究汇刊》第1辑"第一届简帛学术讨论会论文集",中国文化大学史学系、简帛学文教基金会筹备处,2003年。

当水冲，履咫尺之难，不避危殆，以安众心，吏民复还就作，水不为灾，朕甚嘉之。秩尊中二千石，加赐黄金二十斤。'"①

据《后汉书》卷二〇《王霸传》，"……光武即南驰至下曲阳。传闻王郎兵在后，从者皆恐。及至虖沱河，候吏还白河水流澌，无船，不可济。官属大惧。光武令霸往视之。霸恐惊众，欲且前，阻水，还即诡曰：'冰坚可度。'官属皆喜。光武笑曰：'候吏果妄语也。'遂前。比至河，河冰亦合，乃令霸护度，未毕数骑而冰解。光武谓霸曰：'安吾众得济免者，卿之力也。'霸谢曰：'此明公至德，神灵之祐，虽武王白鱼之应，无以加此。'光武谓官属曰：'王霸权以济事，殆天瑞也。'以为军正，爵关内侯"。②

这两则索劢以为反映"水德神明"的故事，体现了汉代人相信"水神河伯""神灵之祐"的意识。索劢承袭了这样的理念，而王尊之"勇节"，王霸之"权以济事"，则说明了人的行为与江河水情的关系。

所谓"王尊建节，河堤不溢；王霸精诚，呼沱不流"，都说到人文条件影响水文条件的情形。其中虽然有"水神""天瑞"的作用，人的表现，也显现出非常重要的意义。

有学者又曾指出，"表面看来，索劢祷词中所引先例为二人，但实际上应为三人"。"《后汉书·耿恭传》载恭屯金蒲的第二年，遭北匈奴攻击，转据疏勒城，乏水"，于是有如下记载："恭仰叹曰：'闻昔贰师将军拔佩刀刺山，飞泉涌出；今汉德神明，岂有穷哉！'还整衣服向井再拜，为吏士祷。有顷，水泉奔出。"论者又写道："明人朱谋㙔《水经注笺》已指出，索劢的'水德神明'即本自耿恭的'汉德神明'。③王尊、王霸、耿恭三人所祷，皆与水有关。索劢在祷祀注滨河时联想起他们三人之事迹，应在情理之中。"④ 参考朱谋㙔的意见，联系耿恭故事，是可以的。不过，应当澄清的是，"王尊、王霸、耿恭三人所祷"的说法不确。其中只有耿恭"向井再拜，为吏士祷"，王尊"使巫策祝"，王霸只说"神灵之祐"。而所谓"索劢祷词"也不符合《水经注》的记录。真实情节是"劢

---

① 《汉书》，第3236—3238页。
② 《后汉书》，第735页。
③ 原注：参看杨守敬、熊会贞，《水经注疏》（扬州：江苏古籍出版社1989年版）册上，第97页。
④ 李宝通：《敦煌索劢楼兰屯田时限探赜》，《敦煌研究》2002年第1期；《索劢楼兰屯田时限试考》，《简牍学研究汇刊》第1辑"第一届简帛学术讨论会论文集"。

厉声曰：'王尊建节，河堤不溢。王霸精诚，呼沱不流。水德神明，古今一也'"之后，才有"躬祷祀"的行为。"厉声曰"者，显然并非"祷词"。

（四）《论衡》"射水不能却水"说

王充在批评有关尧射日的传说时，曾论"射水不能却水"，可以作为我们分析索劢射水故事时的参考。

《淮南子·本经》写道："尧之时，十日并出，焦禾稼，杀草木，而民无所食。""尧乃使羿……上射十日。"① 《太平御览》卷八〇引《淮南子》曰："尧之时，十日并出，焦禾穗，杀草木，而民无所食。""尧……上射十日。"② 《论衡·感虚》就"儒者传书言""尧上射十日，九日去"发表论说，其意见持否定态度。王充表达了这样的见解：

> 儒者传书言："尧之时，十日并出，万物燋枯。尧上射十日，九日去，一日常出。"③ 此言虚也。夫人之射也，不过百步，矢力尽矣。日之行也，行天星度。天之去人，以万里数。尧上射之，安能得日？使尧之时，天地相近，不过百步，则尧射日，矢能及之；过百步，不能得也。假使尧时天地相近，尧射得之，犹不能伤日，日何肯去？何则？日，火也。使在地之火，附一把炬，人从旁射之，虽中，安能灭之？地火不为见射而灭，天火何为见射而去？此欲言尧以精诚射之，精诚所加，金石为亏，盖诚无坚，则亦无远矣。夫水与火，各一性也，能射火而灭之，则当射水而除之。洪水之时，泛滥中国，为民大害，尧何不推精诚射而除之？尧能射日，使火不为害，不能射河，使水不为害。夫射水不能却水，则知射日之语，虚非实也。④

王充是为了论证"尧上射十日"传说之"虚"，说到"射水"、"射河"

---

① 何宁：《淮南子集释》，中华书局1998年版，第574页。
② 又《淮南子·俶真》："烛十日。"（第129页）《淮南子·墬形》："若木在建木西，末有十日，其华照下地。"（第329页）《淮南子·兵略》："当战之时，十日乱于上。"（第1065页）
③ 又《论衡·说日》："儒者说日及工伎之家，皆以日为一。《禹贡》、《山海经》言：'日有十，在海外东方有汤谷，上有扶桑。十日浴沐水中，有大木。九日居下枝，一日居上枝。'《淮南书》又言：'烛十日，尧时十日并出，万物焦枯。尧上射十日，以故不并一日见也。'"（黄晖：《论衡校释》，中华书局1990年版，第507—509页）
④ 《论衡校释》，第227—228页。

情形的。他以"洪水之时，泛滥中国，为民大害，尧何不推精诚射而除之？"推论"尧能射日，使火不为害，不能射河，使水不为害"。于是，以"射水不能却水"，论定"射日之语，虚非实也"。

王充以"尧"这样的先古圣王尚且"不能射河，使水不为害"，否定以"射水"、"射河"抗御"泛滥中国，为民大害"的"洪水"的可能性。然而我们看到，史籍中最早的"射水"、"射河"记录，见于晚于《论衡》的《水经注》所记录的索劢的行为。

不过，王充所谓"不能射河，使水不为害"，"夫射水不能却水"，似可反映当时相信"射河"可以"使水不为害"，以及"射水"可以"却水"的观念，在民间或许有存在的可能。

（五）钱塘江"射涛"

虽然在王充的时代曾经有"不能射河，使水不为害"，"射水不能却水"的认识，但是历史文献中仍然可以看到与"射水"、"射河"类同的故事。

最典型的是钱塘江"射涛"。

文渊阁《四库全书》本宋钱俨《吴越备史》卷二《武肃王下》："（开平四年）八月，始筑捍海塘。王因江涛冲激，命强弩以射涛头，遂定其基。复建候潮、通江等城门。"又写道："初定其基，而江涛昼夜冲激沙岸，板筑不能。就王命强弩五百，以射涛头。"①《宋史》卷九七《河渠志七》正是这样记述的："浙江通大海，日受两潮。梁开平中，钱武肃王始筑捍海塘，在候潮门外。潮水昼夜冲激，版筑不就。因命强弩数

---

① （宋）潜说友《咸淳临安志》卷三一《山川十·江·浙江》"捍海塘"条："江挟海潮，为杭人患，其来已久。白乐天刺郡日，尝为文祷于江神，然人力未及施也。至梁开平四年八月，钱武肃始筑捍海塘，在候潮、通江门之外。潮水昼夜冲激。版筑不就。因命强弩数百。以射涛头、据《吴越备史》。"雍正《浙江通志》卷二七九《杂记上》引《吴越备史》又说到传说"射涛"细节："传语龙王并水府钱塘借与筑钱城，因采山阳之竹，令矢人造为箭三千。只羽以鸿鹭之羽，饰以丹朱，炼刚火之铁为镞。既成，用苇敷地，分箭六处，币用东方青九十丈，南方赤三十丈，西方白七十丈，北方黑五十丈，中央黄二十丈。鹿脯、煎饼、时果、清酒、枣脯、茅香、净水各六分，香炉布置，以丙夜三更子时属于日上酒三行。祷云：六丁神君，玉女阴神，从官兵六千万人，镠以此丹羽之矢，射蛟灭怪，渴海枯渊，千精百鬼，勿使妄干。唯愿神君佐我，助我，令我功行早就。祷讫，明日募强弩五百人以射涛头。人用六矢，每潮一至射以一矢，射止五矢，潮乃退。"清人翟均廉《海塘录》卷二六《杂志》引《吴越备史》作"射至五矢，潮乃退"。又引《钱塘县志》："钱王命强弩五百人以射涛头，潮乃退，东趋南陵。余箭埋于候潮、通江门浦滨，镇以铁幢。誓云：铁坏此箭出。"《白孔六帖》卷六引《吴武肃备史》"堰埭"条："筑捍海堰，江涛夜冲击沙岸，板筑不能。就因命强弩数百，以射涛头。""强弩"的人数作"数百"，与前引"五百人"不同，而与《咸淳临安志》说法一致。

百，以射潮头。"①

苏轼《八月十五日看潮五绝》其五说到"潮"与"射潮"："江神河伯两醯鸡，海若东来气吐霓。安得夫差水犀手，三千强弩射潮低。"② 他的《表忠观碑》也可见"仰天誓江，月星晦蒙；强弩射潮，江海为东"的说法。③ 刘克庄《永嘉曹君赠诗次韵一首》也有"清于学士茶烹雪，壮似将军弩射涛"句④，都说钱镠故事。宋人葛澧《钱塘赋》也写道："捍海塘则强弩射涛，以弭冲决。"⑤ 宋人周紫芝《次韵庭藻观潮》诗写道："八月既望秋风高，群飞海水催江涛。⑥ 水来中州八万里，至吴乃折微伤豪。⑦ 当日潮来如箭激，万弩迎潮射鸣镝。风吹海立犹至今，雪卷千堆溅青壁。"所谓"当日潮来如箭激，万弩迎潮射鸣镝"，似乎是说"万弩迎潮"，是因为"潮来如箭"。⑧ 诗人的《次韵庭藻再赋观潮》诗："海门白浪如山高，还从巨海驱洪涛。何人戏出此伟观，撩公杰句争雄豪。诗成飞电欲争激，战胜何尝费锋镝。更复尽出武库兵，不念长卿家四壁。"⑨ "锋镝"一句也说"万弩迎潮射鸣镝"事。

元人刘一清《钱塘遗事》卷一有"射潮箭"条："五代钱王射潮箭，在临安府候潮门左手数步。昔江潮每冲激城下，钱氏以壮士数百人候，潮之至，以强弩射之。由此潮头退避。后遂以铁铸成箭样，其大如秤，作亭泥路之傍，埋箭亭中，出土外犹七尺许，以示镇压之义。"金人诗作也有"日出戈挥景，江翻弩射涛"句。⑩

清人田雯《古欢堂集》卷二一有"射水"条，说《水经注》索劢楼兰屯田水利工程"且刺且射"使得水势"回减"事，又与钱镠事相联系，

---

① 《宋史》，中华书局1985年版，第2396页。
② 《东坡全集》卷五。注："吴越王尝以弓弩射潮头，与海神战。自尔水不近城。"
③ 《东坡全集》卷八六。
④ （宋）刘克庄：《后村集》卷一一《诗》。
⑤ 《历代赋汇》卷三七。
⑥ 原注："海水群飞"，扬子云语。
⑦ 原注：语在卢肇《海潮赋》。
⑧ 类似"潮来如箭激"的说法，又有因洪水势头猛烈称之为"射洪"者。如明人陆容《菽园杂记》卷五说，初不知"洪"字义，"后考之，石阻河流为'洪'，方言也。又蜀人谓水口为'洪'。梓潼水与涪江合流如箭，故有'射洪县'"。
⑨ （宋）周紫芝：《太仓稊米集》卷二六。
⑩ （金）麻革：《上云内帅贾君》，（元）房祺编《河汾诸老诗集》卷一。

以为"后世钱塘射潮,亦本此意":

> 敦煌索劢,字彦义,有才略。刺史毛奕表行贰师将军。酒泉、敦煌兵千人至楼兰屯田,起白屋,召鄯善、焉耆、龟兹兵各千,横断注滨河。河断之日,水奋势激,波凌冒堤。劢厉声曰:"王尊建节,洒堤不溢。王霸精诚,呼沱不流。水德神明,古今一也。"劢躬祷祀,水犹未减。乃列阵被仗,鼓噪讙叫,且刺且射。大战三日,水乃回减,灌浸沃衍,土人称神。后世钱塘射潮,亦本此意。黔中多瘴,晨暮毒雾五色弥漫,予命将士以雷炮击之,其害永绝。①

"钱塘射潮",被田雯解释为与索劢射水有同样的观念背景。他在"黔中"炮击瘴雾的行为,自以为也是相类同的方式。

(六)"伏波射潮"

后世文献又可见东汉马援的类似行为,即"伏波射潮"故事。

清屈大均《广东新语》卷四《水语》"海水"条写道:"廉州海中,常有浪三口连珠而起,声若雷轰,名'三口浪'。相传旧有九口,马伏波射减其六。予有《伏波射潮歌》云:'后羿射日落其九,伏波射潮减六口。海水至今不敢骄,三口连珠若雷吼。'"

梁绍壬《两般秋雨盫随笔》卷六"射潮"条也说:"廉州海中,常有浪三口连珠而起,声若雷轰,名'三口浪'。相传旧有九口,马伏波射减其六。屈翁山先生有《射潮歌》云:'后羿射日落其九,伏波射潮减六口。海水至今不敢骄,三口连珠若雷吼。'人知钱王射潮,而伏波射潮,罕有知者。"

有关东汉名将马援"射潮"的传说,年代最接近索劢故事,然而其说形成和传播过于晚近,不能找到确切的汉代史料的支撑,只能作为讨论时的参考。

(七)铁镞的神异力量

索劢的时代,已经通行铁制兵器。他指挥兵士以"且刺且射"的方

---

① (清)田雯:《古欢堂集》卷二一《杂著》,景印文渊阁《四库全书》本。

式战胜"水奋势激,波陵冒堤"情形的观念背景,或许与兴水蛟龙惧怕铁的意识有关。有学者称之为"蛟龙畏铁"。① 索劢"列阵被杖","且刺且射"厌水事迹的相关记载和传说"伏波射潮"故事都发生在铁制兵器普及之后,而与尧"不能射河,使水不为害","射水不能却水"情形形成鲜明对照,应当不是偶然的。铁具有厌胜作用的心理现象,在许多民族的礼俗传统中有所表现。

铁镞可能具有神异的力量。据弗雷泽《金枝》说,作为北美印第安人的一个部族,"波尼人在一般情况下已不再使用石制的箭头,但是在宰杀祭祀的牺牲——无论是俘获的人或水牛和鹿时,还仍旧使用"。铁箭头不能用于祭祀牺牲的宰杀,这种禁忌的原因,应当与冒犯神灵的可能有关。

在不同民族对于死者的风习中也有这样的禁忌,"人们认为死者的灵魂还没有离去的时候,就不可使用锋利的器械,以免伤了死者的幽灵。白令海峡爱斯基摩人的'村子里如果死了人,那一天全村的人都不许工作,而死者的亲属三天内都不许工作。在此期间特别不许使用任何带刃的器具如小刀、斧头;任何带尖的器具如针和束髻针,也在禁用之列。其所以这样,据说是为了避免伤害这期间随时可能出现的鬼魂。如果上述那些器械不巧伤了鬼魂,它便会勃然大怒,给生者造成疾病或死亡。……'"对于水中生物的相关禁忌特别值得注意,"我们还看到爱斯基摩人在捕杀一条鲸鱼之后四天以内也同样地不用切割和带尖的器具,以免无意中砍伤或刺伤了鲸鱼的鬼魂"。②

在古人的意识中,对于龙这样的水中神灵,铁矛铁镞的神异力量也一定会造成严重的伤害。在"河断之日,水奋势激,波陵冒堤"的情况下,"(索)劢躬祷祀",然而"水犹未减",于是才"列阵被杖,鼓噪讙叫,且刺且射",对于没有显现出"水德神明"的大水采取抗争态度,"大战三日,水乃回减"的。后世"(钱)镠以此丹羽之矢,射蛟灭怪,渴海枯渊,千精百鬼,勿使妄干",确实"亦本此意"。

---

① 曾磊:《蛟龙畏铁考原》,《中国史研究》(待刊)。
② [英]詹·乔·弗雷泽:《金枝》,徐育新等译,大众文艺出版社1998年版,第334、337页。

（八）关于"胡人称神"

按照《水经注》的记述，楼兰屯田长官索劢统领的部众，有"酒泉、敦煌兵千人"以及"鄯善、焉耆、龟兹三国兵各千"。而"横断注滨河"工程，从《水经注》记载文意看，极大可能是西域兵众承担主要的劳作。所谓"列阵被杖，鼓噪谨叫，且刺且射"的厌水形式，有浓重的巫术色彩，尚未可断定是索劢带来的"敦煌"习俗，还是西域"鄯善、焉耆、龟兹"原有的文化传统。但是从"水乃回减，灌浸沃衍"之后"胡人称神"的情节，可以得知"鄯善、焉耆、龟兹三国兵各千"对于这一水利工程成功的突出作用。

所谓"胡人称神"，前引清人田雯"射水"条说作"土人称神"。现在看来，两种说法指代的应是同一人群。而"胡人称神"之说更强调了西域民族构成复杂的特色。

讨论具有巫术色彩的射水方式的形成条件，应考虑"射"的技术渊源的民族文化基因。应当注意到，除了没有确切汉代史料证明的马援"射潮"传说外，索劢"射水"事早于其他"射潮"、"射涛"故事。

《史记》卷一一〇《匈奴列传》写道："儿能骑羊引弓射鸟鼠，少长则射狐兔用为食。士力能弯弓，尽为甲骑。""其长兵则弓矢。"①《史记》卷一二三《大宛列传》记载："堂邑父，故胡人，善射。穷急，射禽兽给食。"②《后汉书》卷四二《光武十王列传·中山简王焉》说："胡骑便兵善射，弓不空发，中必决眦。"③冒顿在致汉文帝书中自豪地声称："以天之福，吏卒良，马强力，以夷灭月氏，尽斩杀降下之。定楼兰、乌孙、呼揭及其旁二十六国，皆以为匈奴。诸引弓之民，并为一家。"④《盐铁论·伐功》出自"文学"之口，也有同样的话："……其后匈奴稍强，蚕食诸侯，故破走月氏，因兵威徙小国，引弓之民，并为一家……"⑤这里的"引弓之民"，显然是包括西域诸"小国"的。《史记》卷二七《天官书》明确说："中国于四海内则在东南"，"其西

---

① 《史记》，第2879页。
② 同上书，第3159页。
③ 《后汉书》，第1449页。
④ 《史记》卷一一〇《匈奴列传》，第2896页。
⑤ 《盐铁论校注》卷八，第495页。

北则胡、貉、月氏诸衣旃裘引弓之民"。① 西域地方居民应当也归入"引弓之民"。

看来，所谓"胡人善射"，是我们应当注意的草原民族的生存本能和基本技艺。索励属下"鄯善、焉耆、龟兹三国兵各千"与面对"水奋势激，波陵冒堤"形势"且刺且射"的动作，以及下文"胡人称神"等情节，或许可以由民族礼俗文化考察的视角认识其历史意义。

---

① 《史记》，第1347页。

附 论 三

龟兹孔雀考

史籍可见龟兹"土多孔雀"的记载。西域其他地方也有较早关于孔雀分布的历史记录。分析这些记载获得的认识，可以深化我们对于中国历史时期孔雀地理分布及其变迁的理解。龟兹人对于野生孔雀"人取养而食之，孳乳如鸡鹜"的情形如果确实，可以充实古代养禽史的知识。说明有关龟兹孔雀的信息流入中土的传播途径和文化影响，又是交通史研究者应当予以充分关注的学术任务。[①]

关于龟兹孔雀的历史记忆，保留相当长久。不过，以往讨论中国历史时期孔雀的地理分布及其变迁的论著，就此似乎有所忽略。西域史、生态史、交通史学者，应当共同关注这一问题。自然，相关考察的深入，或许还有待于民族文献研究以及动物考古研究的进步。

（一）《魏书》：龟兹国"土多孔雀"

有关西域龟兹国"多孔雀"的明确的记载，见于北朝史籍。《魏书》卷一〇二《西域传》记录龟兹地方风土民俗，说到这种值得注意的现象：

> 土多孔雀，群飞山谷间。人取养而食之，孳乳如鸡鹜。其王家恒

[①] 严耕望的交通史名著《唐代交通图考》的《序言》中写道："古人云'读万卷书，行万里路'。少年时代，深契斯言，初中毕业，尝欲投考安徽二中，以就黄山，而未果，意甚憾之。民国三十四五年，在李庄本所，听李霖灿先生讲玉龙雪山，峻拔雄丽，异花积雪，令人神往，平生聆讲，感受之深，至今不忘，未有逾于此者，亦好奇探胜之心情也！"（《唐代交通图考》，"中研院"历史语言研究所专刊之八十三，1985年，第8页）其中"异花积雪"诸语，曲折表述了生态现象与交通史研究的关系。

有千余只云。①

《太平御览》卷九二四引《后魏书》曰:"龟兹国地多孔雀,群飞山谷。人取养而食之,字乳如鸡鹜。"② 同样的历史事实,在《北史》卷九七《西域传》中可以看到近似的记载:

> (龟兹国)土多孔雀,群飞山谷间。人取而食之,孳乳如鸡鹜。其王家恒有千余只云。③

《北史》与《魏书》记述字句略异,"人取养而食之"作"人取而食之",删略一"养"字。然而所谓"孳乳如鸡鹜",依然体现了"养"的情形。而"其王家恒有千余只云"的说法,则提示了饲养的规模。

(二) 汉代西域"罽宾""孔爵"与"条支""孔雀"

其实,有关汉代西域史地的文献记录中已经可以看到有关孔雀的若干信息。《汉书》卷九六上《西域传上》有罽宾出"孔爵"的记载:

> 罽宾地平,温和,有目宿,杂草奇木,檀、櫄、梓、竹、漆。种五谷、蒲陶诸果,粪治园田。地下湿,生稻,冬食生菜。其民巧,雕文刻镂,治宫室,织罽,刺文绣,好治食。有金银铜锡,以为器。市列。以金银为钱,文为骑马,幕为人面。出封牛、水牛、象、大狗、沐猴、孔爵、珠玑、珊瑚、虎魄、璧流离。它畜与诸国同。④

"孔爵"就是孔雀。《急就篇》:"锦绣缦氍离云爵。"颜师古解释说:"'锦',织彩为文也。'绣',刺彩为文也。'缦',无文之帛也。'氍',谓刺也。'离云',言为云气离合之状也。'爵',孔爵也。言织刺此象以

---

① 《魏书》,第 2267 页。
② 景印文渊阁《四库全书》本。中华书局用上海涵芬楼影印宋本复制重印本《太平御览》作:"《后魏书》曰:'龟兹国地多孔雀,群飞山谷。人取养及食,字乳如鸡鹜。'"(1960 年版,第 4104 页)
③ 《北史》,第 3218 页。
④ 《汉书》,第 3885 页。

成锦绣缯帛之文也。自'离云爵'以下至'凫翁濯',其义皆同。今时锦绣绫罗及氍毹毾𣰛之属,摹写诸物无不毕备,其来久矣。一曰:'离',谓长离也。'云',谓云气也。'长离',灵鸟名也。作长离云气孔爵之状也。"① 庄履丰、庄鼎铉《古音骈字续编》卷五《仄韵》:"孔爵,孔雀。《西域传》。"

同样关于"西域"地方的记录,《后汉书》卷八八《西域传》又说到条支国出"孔雀":

> 条支国城在山上,周回四十余里。临西海,海水曲环其南及东北,三面路绝,唯西北隅通陆道。土地暑湿,出师子、犀牛、封牛、孔雀、大雀。大雀其卵如瓮。②

亦是有关西域孔雀的记载。《太平御览》卷九二四引张璠《汉记》也说:"条支国临西海,出师子,孔雀。"

"条支国"远在"西海"。《史记》卷一二三《大宛列传》:"初,天子发书《易》,云'神马当从西北来'。得乌孙马好,名曰'天马'。及得大宛汗血马,益壮,更名乌孙马曰'西极',名大宛马曰'天马'云。而汉始筑令居以西,初置酒泉郡以通西北国。因益发使抵安息、奄蔡、黎轩、条枝、身毒国。"③《汉书》卷六一《张骞传》有大致相同的记录。颜师古注:"抵,至也。自安息以下五国皆西域胡也。"此"条支国"所出"孔雀"的信息,自然与"罽宾""孔爵"的意义有所不同。④

汉代以前有关"孔雀"西来的历史记录,有《艺文类聚》卷九一引《周书》曰:"成王时,西方人献孔雀。"不过,所谓"西方"指代的空间方位并不明确。我们只能在讨论西域"孔雀"的历史存在时引为参考。

---

① (汉)史游撰,(唐)颜师古注:《急就篇》,《四部丛刊》本。
② 《后汉书》,第2918页。
③ 《史记》,第3170页。
④ 《史记》卷一二三《大宛列传》:条枝"有大鸟卵如瓮"。张守节《正义》:"《汉书》云:条支出师子、犀牛、孔雀。大雀,其卵如瓮。和帝永元十三年,安息王满屈献师子、大鸟,世谓之安息雀。《广志》云:鸟,鹞鹰身,蹄骆,色苍,举头八九尺,张翅丈余,食大麦,卵大如瓮。"(第3163—3164页)

（三） 魏晋西域"孔雀"之献

魏晋时西域"孔雀"进入中原的情形亦见诸史籍。如《艺文类聚》卷九一引《魏文帝与朝臣诏》有如下文字：

> 前于阗王山习所上孔雀尾万枚，文彩五色，以为金根车盖，遥望曜人眼。

明说"孔雀尾万枚"来自"于阗"。但是"所上孔雀尾"，如果与"罽宾"所"出""孔爵"进行信息价值的比较，还是有所不同的。"孔雀尾"之献，不能排除来自异地又转"上"中原王朝的可能。

我们又看到《晋书》卷五六《张寔传》有这样的记载：

> 西域诸国献汗血马、火浣布、犛牛、孔雀、巨象及诸珍异二百余品。①

如果此说"西域"是指"条支国"地方，则与我们讨论的主题存在距离。但是所谓"汗血马、火浣布、犛牛"以及"巨象"与"孔雀"并说，正与前引《汉书》卷九六上《西域传上》言罽宾"出封牛、水牛、象、大狗、沐猴、孔爵"的说法接近。而"汗血马"，《史记》卷一二三《大宛列传》和《汉书》卷六一《张骞传》称"大宛汗血马"或"宛汗血马"，均出自狭义的"西域"即大致相当于今新疆地方。司马迁还写道："骞身所至者大宛、大月氏、大夏、康居，而传闻其旁大国五六，具为天子言之。曰：'大宛在匈奴西南，在汉正西，去汉可万里。其俗土著，耕田，田稻麦。有蒲陶酒。多善马，马汗血，其先天马子也。'"②《史记》卷二四《乐书》："又尝得神马渥洼水中，复次以为《太一之歌》。歌曲曰：'太一贡兮天马下，沾赤汗兮沫流赭。骋容与兮跇万里，今安匹兮龙为

---

① 《晋书》，第2235页。
② 司马贞《索隐》："案：《外国传》云：'外国称天下有三众：中国人众，大秦宝众，月氏马众。'"裴骃《集解》："《汉书音义》曰：'大宛国有高山，其上有马，不可得，因取五色母马置其下，与交，生驹汗血，因号曰天马子。'"（第3160页）

友。'后伐大宛得千里马，马名蒲梢，次作以为歌。歌诗曰：'天马来兮从西极，经万里兮归有德。承灵威兮降外国，涉流沙兮四夷服。'"裴骃《集解》引应劭曰："大宛马汗血沾濡也，流沫如赭。""大宛旧有天马种，蹋石汗血，汗从前肩膊出如血，号'一日千里'。"①

与《魏文帝与朝臣诏》和《晋书》卷五六《张寔传》年代相近的文献记录，又有《艺文类聚》卷九一引《晋公卿赞》曰：

> 世祖时，西域献孔雀。解人语，驯指，应节起舞。

"驯指"，文渊阁《四库全书》本作"驯相"。《太平御览》卷九二四作"弹指应节起儛"。这种可以表演的"孔雀"，驯化的程度相当高。

（四）关于龟兹"孔雀"的历史记忆

对于自《汉书》以来有关西域"孔雀"的记载，特别是龟兹国"土多孔雀"的说法，此后形成了相当深刻的历史记忆，后世多有论著分别予以转述。

如《太平寰宇记》卷一八一《龟兹国》写道："多孔雀，群飞山谷间。人取养而食之②，孳乳如鸡鹜。其王家恒有千余只云。"全取《魏书》说。马端临《文献通考》卷三三六《四裔考·西域·龟兹》同。明人陈耀文《天中记》卷五八《孔雀》"家乳"条引《后魏书》："龟兹国，孔雀群飞山谷间，人取养而食之，家乳如鸡鹜。其王家恒千余只。"

又乾隆《钦定皇舆西域图志》卷四三《土产·回部·羽毛鳞介之属》写道："多孔雀，群飞山谷间。人取而食之，孳乳如鸡鹜。其王家恒有千余只云。"承袭《北史》的说法。

纪昀《河源纪略》卷三三《杂录二·北山库车河境》也引《北史》卷七九《西域传》此说。

清代学者陈元龙撰《格致镜原》卷七七《鸟类一·孔雀》以及马端临《文献通考》卷三三六《四裔考十三·西域·龟兹》也都引录《北史》卷七九《西域传》。

---

① 《史记》，第1178—1179页。
② 原注：食音嗣。

看来，不同时代的诸多学者是大致相信自北朝史籍有关龟兹"孔雀"的记载的。

（五）中国历史时期孔雀的地理分布及其变迁

文焕然、何业恒曾经发表《中国历史时期孔雀的地理分布及其变迁》，指出："目前中国孔雀的分布仅限于云南省南部，但在历史时期远远超出这个范围。"[1]

河南淅川下王岗遗址年代大致为距今五六千年的第九文化层中，发现有孔雀属（Pavo sp.）的骨骼遗存。[2] 文焕然、何业恒认为，可以证明当时"秦岭东南端天然森林与开阔草地灌木的接触地带有野生孔雀分布"。[3] 谢成侠据此也说，"孔雀早已存在，不限于在南方"。[4] 人们熟知的汉乐府《孔雀东南飞》中言"汉末建安中，庐江府小吏焦仲卿妻刘氏为仲卿母所遣，自誓不嫁，其家逼之，乃没水而死，仲卿闻之，亦自缢于庭树"故事，开篇说："孔雀东南飞，五里一徘徊。"又有"两家求合葬，合葬华山傍"句[5]，也可以从一个侧面反映北方人对于孔雀的熟悉。

文焕然、何业恒《中国历史时期孔雀的地理分布及其变迁》讨论历史时期孔雀分布，分为三个区：长江流域、岭南[6]、滇西南。论者又写道："历史时期中国的孔雀主要分布在长江流域及其以南地区。西北塔里木盆地也有孔雀的记载，但还待验证，因此只附记在这里，暂不作为一个分布区来论述。"所"附记"的"记载"，即："《太平御览》卷924载：'（三国）魏文帝与群臣诏曰：前于阗（今新疆和田）王所上孔雀尾万枚……'《北史》卷97《西域传·龟兹国》：北魏时龟兹（今新疆库车）'土多孔雀，群飞山谷间，人取而食之，孳乳如鸡鹜，其王家恒有千余

---

[1] 文焕然、何业恒：《中国历史时期孔雀的地理分布及其变迁》，《历史地理》创刊号，上海人民出版社1981年版；收入文焕然等著，文榕生选编整理《中国历史时期植物与动物变迁研究》，重庆出版社2006年版，第166页。
[2] 贾兰坡、张振标：《河南淅川县下王岗遗址中的动物群》，《文物》1977年第6期。
[3] 文焕然、何业恒：《中国历史时期孔雀的地理分布及其变迁》，第167页。
[4] 谢成侠：《中国养禽史》，中国农业出版社1995年版，第108页。
[5] （南朝陈）徐陵编：《玉台新咏》卷一，题《古诗无名人为焦仲卿妻作》。
[6] 又分为以下六个地区：1. 粤东地区；2. 粤中地区；3. 云开大山及其附近地区；4. 桂北地区；5. 桂西南地区；6. 桂东南地区。

只云。'"①

《太平御览》卷九二四引《山海经》曰："南方多孔雀。"宋罗愿《尔雅翼》卷一三《释鸟·孔雀》："孔雀生南海。"②宋祝穆《古今事文类聚》后集卷四二《羽虫部》："孔雀生南州。"阅读有关西域"孔雀"的文献记录，可以知道以往通常以为"孔雀"生存区域在"南方"、"南海"、"南州"的成见③，或许应当有所修正。

（六）讨论龟兹"孔雀"是否曾经存在的旁证

《太平御览》卷七六五引《西域志》曰："佛帚在月支国，长三丈许，似孔雀尾也。"以"孔雀尾"喻物，似乎也可以作为"西域""月氏"人们熟悉孔雀的旁证之一。

贾兰坡等分析河南淅川下王岗遗址出土动物骨骼，指出："下王岗的动物，除了孔雀（现有两种，分别产于印度、斯里兰卡、马来西亚、印尼的苏门答腊和爪哇、泰国、缅甸和印度支那等地，有绿孔雀一个亚种产于我国云南省南部和西南部）外，有如下几种哺乳动物是值得叙述的，因为它们在当地已不见或很少见到，有的甚至在我国境内已经绝了迹。"这几种哺乳动物是大熊猫、苏门犀、亚洲象、轴鹿等。苏门犀即亚洲双角犀，"现在产于孟加拉湾以东，如缅甸、马来西亚、泰国（？）、印尼的苏门答腊和加里曼丹等地，而今日已逐渐稀少"。亚洲象骨骼原来在安阳殷墟发现过，有人认为是南方引进来的④，也有人认为"是原生于当地的"⑤，竺可桢根据甲骨文资料判定"必定是土产的"。⑥"轴鹿现分布于孟加拉、印度支那、缅甸和泰国等地。"⑦

共生野生动物的种属，对于说明当时环境是有意义的。前引《汉书》卷九六上《西域传上》言罽宾"出封牛、水牛、象、大狗、沐猴、孔

---

① 文焕然、何业恒：《中国历史时期孔雀的地理分布及其变迁》，第167页。
② 又（明）徐应秋《玉芝堂谈荟》卷三二《淮北多兽》："孔雀生南海。"
③ 又（明）杨慎《升庵集》卷三《赠张愈光诗三首》之一："孔雀生南涪，裴回紫蔚林。文采既彪炳，与世亦殊音。"
④ 德日进、杨钟健：《安阳殷墟之哺乳动物群》，《中国古生物志》，1936年，丙种第12号，第1册，第44—45页。
⑤ 计宏祥：《从动物化石看古气候》，《化石》1974年第2期。
⑥ 竺可桢：《中国近五千年来气候变迁的初步研究》，《考古学报》1972年第1期。
⑦ 贾兰坡、张振标：《河南淅川县下王岗遗址中的动物群》，《文物》1977年第6期。

爵",《晋书》卷五六《张寔传》言"西域诸国献汗血马、火浣布、犛牛、孔雀、巨象",共有的伴出动物是"封牛"、"犛牛"以及"象"、"巨象"。

《魏书》卷一〇二《西域传》说龟兹国出"犛牛"。又说"康国者康居之后也",其地出"犛牛"。①《北史》卷九七《西域传》除龟兹国和康国外,又说:"漕国在葱岭之北……饶象、马、犛牛。"② 可知"犛牛"是西域之产。而"葱岭之北"地方曾经"饶象",是令我们惊异的信息。由此可知《汉书》卷九六上《西域传上》所谓罽宾"出封牛、水牛、象、大狗、沐猴、孔爵"并非孤立之说。

关于《晋书》所见与孔雀同出的"火浣布",历史文献一说西来,一说南致。

来自西方说:《孔丛子》卷五:"秦王得西戎利刀,以之割玉,如割木焉。以示东方诸国。魏王问子顺曰:'古亦有之乎?'对曰:'周穆王大征西戎,西戎献锟铻之剑、火浣之布。'"③《太平御览》卷八二〇引《列子》曰:"周穆王大征西戎,西戎献昆吾剑、火浣布。"《太平御览》卷三四五引《博物志》:"《周书》云:'西域献火浣布。'"《后汉书》卷八八《西域传》:"(大秦国)作黄金涂、火浣布。"④《晋书》卷九七《四夷列传·西戎》也说"在西海之西"的大秦国出"火浣布"。⑤《宋书》卷九五《索虏列传》:"粟特大明中遣使献生师子、火浣布、汗血马,道中遇寇,失之。"⑥《诸蕃志》卷上《志国》"勿斯离国"条说勿斯离国"产火浣布"。⑦ 勿斯离国据说即今伊拉克北境之摩苏尔(Mosul)。⑧《太平御览》卷八九六引《凉州记》曰:"吕光麟嘉五年,疏勒王献火浣布。"

来自南方说:《水经注》卷一三《漯水》:"东方朔《神异传》云,南方有火山焉,长四十里,广四五里。其中皆生不烬之木,昼夜火燃,得

---

① 《魏书》,第 2266、2281 页。
② 《北史》,第 3239 页。
③ 傅亚庶:《孔丛子校释》,中华书局 2011 年版,第 329 页。
④ 《后汉书》,第 2919 页。
⑤ 《晋书》,第 2544 页。
⑥ 《宋书》,第 2357—2358 页。
⑦ (宋)赵汝适撰,杨博文校释:《诸蕃志》,中华书局 2000 年版,第 114 页。
⑧ 陈佳荣、谢方、陆峻岭:《古代南海地名汇释》,中华书局 1986 年版,第 1001 页。

雨猛风不灭。火中有鼠，重百斤，毛长二尺余，细如丝，色白。时时出外，以水逐而沃之则死。取其毛，绩以为布，谓之火浣布。"① 《艺文类聚》卷八〇引《玄中记》曰，"南方有炎山焉，在扶南国之东，加营国之北，诸薄国之西"，出"火浣布"。《太平御览》卷一七八引《拾遗记》曰："燕昭二年，海人乘霞舟以雕壶盛数斗膏献王。王坐通云堂，亦曰通霞之台，以龙膏为灯，光耀百里，烟色丹紫。国人望之，咸言瑞光也，遥拜之。灯以火浣布为缠。"此"火浣布"来自海路。《太平御览》卷七一六引《广志》曰："炎州以火浣布为手巾。"《太平御览》卷八六八引《十洲记》曰："炎洲在南海中"，出"火浣布"。

《三国志》卷四《魏书·三少帝纪·齐王芳》："（景初三年）二月，西域重译献火浣布。诏大将军太尉临试以示百寮。"裴松之注引《异物志》曰："斯调国有火州，在南海中。其上有野火，春夏自生，秋冬自死。有木生于其中而不消也，枝皮更活，秋冬火死则皆枯瘁。其俗常冬采其皮以为布，色小青黑；若尘垢污之，便投火中，则更鲜明也。"②《三国志》言"西域重译献火浣布"，按照裴松之的理解则来自"南海"。此"重译"则有转致的意义。《晋书》卷一一三《苻坚载记上》又记载："天竺献火浣布。"③"天竺"的"火浣布"则可能南来，也可能西来。

如果西域的"孔雀"是来自"天竺"等地，则龟兹在中外交通史上的地位又有了新的证明。其实，现在尚不能完全排除当时龟兹地方原生"孔雀"的可能。因为史书最有力的记载："土多孔雀，群飞山谷间，人取养而食之，孳乳如鸡鹜。"尚未可轻易否定。尽管现今这一地区已经看不到"孔雀"的踪迹，但是有可能今后的考古工作可以证明上古时代龟兹"孔雀"的实际存在，如同淅川的发现那样。我们从更早的历史迹象中也可以发现支持这一意见的信息。《逸周书·王会》说成周之会，四方朝于内者，"方人以孔鸟"。晋孔晁注："亦戎别名。"是当时已有西方部族进献"孔鸟"的情形。

---

① 《水经注校证》，第 315 页。
② 《三国志》，第 117 页。
③ 《晋书》，第 2904 页。

（七）"人取养而食之，孳乳如鸡鹜"：养禽史的重要一页

《魏书》有关龟兹"孔雀"的记述，"土多孔雀，群飞山谷间。人取养而食之，孳乳如鸡鹜。其王家恒有千余只云。"体现野生"孔雀""群飞"的情景，也反映了以"食"用为明确目的的"孔雀"养殖经营。这一珍贵史料，提供了增进中国古代养禽史之认识的重要信息。

宋代学者周去非《岭外代答》卷九《禽兽门》"孔雀"条说："孔雀，世所常见者。中州人得一，则贮之金屋。南方乃腊而食之。物之贱于所产者如此。"① 这是典型的食用"孔雀"的一例。有学者指出，"由此可见，在古代孔雀不限于产在滇南，而是八百年来在两广曾因捕杀供肉食以致灭绝。"②

关于畜养"孔雀"的情形，《太平广记》卷四六一《禽鸟二·孔雀》"交趾"条中可以看到这样的记载：

> 交趾郡人多养孔雀。或遗人以充口腹。或杀之以为脯腊。人又养其雏为媒，旁施网罝，捕野孔雀。伺其飞下则牵网横掩之，采其金翠毛，装为扇拂，或全株生截其尾，以为方物。云生取则金翠之色不减耳。出《岭表录异》

"多养孔雀"，一则食用，二则用以为"媒"，"捕野孔雀"。

又清代学者何焯《义门读书记》卷五七《李义山诗集》解释《和孙朴韦蟾孔雀歌》中"都护矜罗幕"句："宋黄休复《茅亭客话》云：蛇与孔雀交偶。有得其卵者。使鸡抱伏，即成。其名曰'都护'。初年生绿毛，二年生尾，小火眼，三年大火眼，其尾乃成。"《和孙朴韦蟾孔雀歌》通作《和孙朴韦蟾孔雀咏》，载《李义山诗集》卷上。有人解释"都护"，谓"杜氏《通典》：汉置西域都护。唐永徽中始于边方置安东、安西、安南、安北四大都护府"。③ 孔雀别名"孔都护"④，与"汉置西域都

---

① 《岭外代答校注》，中华书局1999年版，第367页。
② 谢成侠：《中国养禽史》，第108页。
③ （清）朱鹤龄：《李义山诗集注》卷一上。
④ （清）陈元龙《格致镜原》卷七七《鸟类一·孔雀》："《潜确类书》：李昉名孔雀曰'南客'，一名'孔都护'，一名'文禽'。"

护"情形的对应关系，也是发人深思的。或说称"孔都护"者，是因为其鸣叫声似呼"都护"。①

《宋稗类钞》卷八有关于孔雀的一段文字："或生擒获者，饷馈如京洛间鹅雁，以充口腹，其味亦如之。解百毒，人食其肉，饮药无验。其首与血解大毒。蛇与孔雀偶，得其卵者，使鸡伏即成，其名曰'都护'。初年生绿毛，三年生小尾，生小火眼，五年生大火眼，大尾乃成。始春而生，三四月后复雕，与花萼相荣衰。每至晴明，轩翥其尾，自回顾视之，谓之'朝尾'。须以一间房，前开窗牖，面向明方，东西照映，向里横以木架，令栖息。其性爱向明，饲之以米谷豆麦，勿令阙水，与养鸡无异。每至秋夏，于田野中拾螽斯蟋蟀活虫喂饲之。凡欲喂饲，引于厅事上，令惯见宾客。又盛夏或患眼痛，可以鹅翎筒子灌少生油以新汲水洗之。如眼不开，则擘口餤以小鱼鰕，不尔饿损。及切蒳少许餤之，贵其凉冷，如食有余，则愈。切不可与咸酸物食。食则减精神，昏暗毛色。驯养颇久，见妇女童竖彩衣绶带，必逐而啄之。或芳时媚景，闻丝竹歌吹之声，必舒张翅尾，眹睐而舞，若有意焉。"② 据《义门读书记》，可知文出黄休复《茅亭客话》。其中细致地写述了"擒获""食其肉"以及"驯养"孔雀的经验。李时珍《本草纲目》卷四九《禽部·孔雀》引《纪闻》说："山谷夷人多食之，或以为脯腊，味如鸡、鹜，能解百毒。人食其肉者，自后服药必不效，为其解毒也。"又引《南方异物志》说到饲养的方法："山人养其雏为媒。或探其卵，鸡伏出之，饲以猪肠、生菜之属。"③

我们看到，对于"孔雀"来说，食味的体会渐次细腻，饲养的经验也逐步成熟。然而这种体现人和稀见禽鸟之关系的生活方式和生产方式，都可以在龟兹"人取养而食之，孳乳如鸡鹜"的现象中发现最初的渊源。

（八）乾隆《孔雀开屏》诗：18 世纪西域"孔雀"信息

新疆大学西北少数民族研究中心周轩教授的论文《乾隆帝西域诗文研究》说到乾隆帝的《孔雀开屏》诗，其中透露了 18 世纪新疆地方进贡

---

① （明）李时珍《本草纲目》卷四九《禽部·孔雀》引《南方异物志》："晨则鸣声相和，其声曰'都护'。"（清）陈元龙《格致镜原》卷七七《鸟类一·孔雀》引《纪闻》："其鸣若曰'都护'。"
② （清）潘永因：《宋稗类钞》，书目文献出版社 1985 年版，第 773 页。
③ 陈贵廷主编：《本草纲目通释》下册，学苑出版社 1992 年版，第 2082 页。

孔雀的信息:"乾隆二十三年(1758年)六月,乾隆帝就哈密进贡的孔雀,在颐和园赋诗《孔雀开屏》:'三年小尾五年大,花下开屏金翠簁。綷羽映日焕辉辉,圆眼凌风张个个。于禽亦识土产好,菁莪棫朴风人藻。盈廷济济固未能①,离文揭览惭怀抱。'② 他认为禽鸟还是当地所产的为好,就像《诗经》中的吟咏。可惜美丽的西域孔雀未能充满庭院,他看着群臣的咏赞诗文不由得颇感惭愧。"论文附故宫博物院藏《孔雀开屏图》,上书"乾隆戊寅御题"诗。③ 全文140字。

乾隆诗开篇即言"西域职贡昭威宾,畜笼常是非奇珍",又有"招之即来拍之舞,那虑翻翱葱岭尖"句,明言孔雀来自"西域"。《孔雀开屏图》上孔雀的形象,亦排除了"西域""孔雀"是其他禽鸟的可能。

乾隆笔下记录的来自哈密的"西域""孔雀",可以说提供了18世纪新疆地方仍然生存这种禽鸟中之"奇珍"的重要信息。诗句"鸡伏翼之领哺啁","三年小尾五年大"等,都与堪称"罕闻"的孵化驯养孔雀的技术有关。乾隆诗句距《魏书》时代遥远,告知我们"西域"可能长期具有适宜"孔雀"生存的环境条件。乾隆赋"孔雀"诗时距今不过250余年,却提供了与现今人们对于"孔雀"分布知识形成强烈反差的信息。参考这一资料,我们应当认识到考察和理解"西域""孔雀"的生存史和驯养史,进而深化对环境史和交通史的认识,是有学术意义的,也是有学术条件的。当然,最重要的,可能是动物考古工作的进步。

---

① 今按:"固"原文作"故"。
② 原注:《乾隆御制诗》二集卷七十九。
③ 周轩:《乾隆帝西域诗文研究》,"中国人民大学国学院成立五周年庆典暨冯其庸先生从教六十年国际学术研讨会"论文,北京,2010年10月。

代 结 语

新疆汉烽燧——西域英雄时代的纪念碑

盛唐边塞诗人的杰出代表岑参曾经写道："热海亘铁门，火山赫金方。白草磨天涯，胡沙莽茫茫。"①诗句于今天新疆地区"热海"、"火山"、"白草"、"胡沙"诸自然地理景观之外，又写叙了人文历史风景："浑驱大宛马，系取楼兰王。曾到交河城，风土断人肠。寒驿远如点，边烽互相望。赤亭多飘风，鼓怒不可当。"其中有关"城"、"驿"、"烽"、"亭"的文字，都是对汉代中原人西域活动的追忆。季羡林曾经说，"世界上唯独一个汇聚了古代四大文明的地区就是西域"。②

汉代可以说是西域的英雄时代。汉文化的影响向西扩展，促成了这一地区不同文化的冲激、碰撞、融合与进步。西域文明冲突激烈、历史进步鲜明的英雄时代的创造者，是各民族群众。西域史漫长进程多数时段的主流表现，是和平条件下的经济开发和文化交流。

（一）烽台屹屹百丈起

李白《发白马》诗言战士出塞远征，"萧条万里外"经历，描述了"边烽列嵯峨"的景况。③烽燧，是边疆古代军事设施最常见的遗存，在历代边塞诗文中，也成为纪念战争生活的特殊的文化符号。新疆大地挺拔屹立的汉代烽燧，又有特别的见证民族交往和文化融合的意义。今天，烽

---

① （唐）岑参：《武威送刘单判官赴安西行营便呈高开府》，《唐百家诗选》卷三。
② 季羡林还说："这是西域研究之所以如此吸引人的地方，也是西域研究之所以如此困扰人的缘由。"荣新江：《季羡林先生主持的"西域研究读书班"侧记》，《人格的魅力——名人学者谈季羡林》，第241—245页。
③ 《李太白文集》卷四。

燧的实用价值早已丧失，如古人诗句所谓"烽静"①、"烽灭"②、"烽息"③、"烽熄"④、"烽戍断无烟"⑤，然而当我们仰望似乎被朝晖或者夕照重新点燃的高矗的烽燧顶端时，总是会想到这些用汗水和黄土凝积而成的古老的夯土建筑所见证的边疆开发史、民族交往史和文化交流史。

宋代诗人苏舜钦有"烽台屹屹百丈起"的诗句⑥，可借以表抒我们在新疆面对汉代烽燧遗存时的观感。

新疆汉代烽燧中最著名的是库车克孜尔尕哈烽燧。这座高大雄伟的烽燧夯土遗存位于库车县伊西哈拉镇道来提巴格村西北3千米盐水沟台地上。在淡淡远山和飘飘白云的衬托下，矗立的土墩直指天空。高处残存的木质梁架一如烽燧建造者和使用者们不朽的精神，面对千顷沙碛，应和万里长风，似乎诵唱着无言的歌。这座矗起"百丈"的古代建筑好像一座高大的纪念碑，让瞻仰者体会到古来边疆开拓者的雄心、勇气和辛劳。这烽燧也像一件标尺，可以比量不同政治力量西域政策的成败得失。

新疆汉代烽燧遗存数量相当多。除了著名的克孜尔尕哈烽燧之外，已经列入文物保护单位的还有位于巴音郭楞蒙古自治州和硕县乌什塔拉乡硝井子村南荒漠之中的四十里大墩遗址。和硕县的塔哈其烽燧，也值得注意。巴音郭楞蒙古自治州轮台县群巴克镇群巴克牧业村西二三千米的拉依苏西烽燧遗址，建筑和使用年代在汉晋之际。若羌县的两处烽燧遗存与克孜尔尕哈烽燧同样，也是全国重点文物保护单位。位于巴音郭楞蒙古自治州若羌县铁干里克乡果勒吾斯塘村，米兰镇（36团）安乐村东偏北4.1公里的米兰东北烽燧遗址，修造年代也在汉晋。若羌县的米兰西南烽燧遗

---

① （宋）韩琦《初伏柳溪》："棠阴讼阕边烽静，谁信榆关作地仙。"（《安阳集》卷七《律诗四十五首》）

② （唐）王棨《耀德不观兵赋》："……今则朔野烽灭，辽阳戍闲。"（《麟角集》）又（唐）翁绶《关山月》："笳吹远戍孤烽灭，雁下平沙万里秋。"（《乐府诗集》卷二三）

③ （宋）阮阅《诗话总龟》卷一三《警句门中》："高泉州云：东南地迥宵烽息，西北楼高晚望迷。"

④ （元）徐明善《千户王恭甫咏史并百将诗》："圣神抚运，天予太平，烽熄尘消，六合清晏。"（《芳谷集》卷下《说》）

⑤ （唐）王维《陇西行》："关山正飞雪，烽戍断无烟。"（《乐府诗集》卷三七）

⑥ 《瓦亭联句》，《苏学士集》卷五。

址，也是汉晋遗存。① 同样作为全国重点文物保护单位的汉晋烽燧遗址在尉犁县多至7处，即兴平乡的亚克仑烽燧、孙基烽燧，阿克苏甫乡的沙鲁瓦克烽燧，古勒巴格乡的脱西克西烽燧、脱西克烽燧、克亚克库都克，阿克苏甫乡的萨其该烽燧。② 且末县的汉晋烽燧有坚达铁日木烽燧、下塔提让烽燧、苏伯斯坎烽燧、布滚鲁克烽燧等。

这些高大的夯土遗存就像站立在岗位上的倔强刚强的武士，迎逆千年烈风暴雪，守望着这片各民族共同开发的土地。

（二）白日登山望烽火

烽燧是重要的军事设施，主要用以传递敌情警报。《墨子·号令》曾经说到烽燧这种军事情报信息传递的特殊方式："出候无过十里，居高便所树表，表三人守之，比至城者三表，与城上烽燧相望，昼则举烽，夜则举火。"《墨子·杂守》又写道："寇烽、惊烽、乱烽，传火以次应之，至主国止，其事急者引而上下之。烽火以举，辄五鼓传，又以火属之，言寇所从来者少多，旦弇还，去来属次烽勿罢。"烽的数量依敌情的变化各有等级差别。例如，"望见寇，举一烽；入境，举二烽；……"③ 战国时期使用烽燧备边的史例，有《史记》卷八一《廉颇蔺相如列传》记载的"赵之北边良将"李牧"备匈奴"的故事："习射骑，谨烽火……匈奴每入，烽火谨，辄入收保。"④ 秦国调兵所用虎符铭文中，可以看到"燔燧"字样。

《说文·人部》写道："候，伺望也。"银雀山汉简《孙膑兵法·陈忌问垒》说："去守五里置候。"居延汉简有《塞上烽火品约》，明确规定了烽燧报警的制度。⑤《后汉书》卷一下《光武帝纪下》记载，骠骑大将军杜茂率领部众"屯北边，筑亭候，修烽燧"。李贤注："亭候，伺候望敌之所。"又引《前书音义》说明了烽燧报警方式："边方备警急，作高土

---

① 若羌县的汉晋烽燧还有卡拉乌里干烽燧、库如克托海烽燧、墩里克烽燧、吾塔木烽燧等。

② 尉犁县的汉晋烽燧还有苏盖提烽燧、阿克吾尔地克烽燧、库木什烽燧等。

③ （清）孙诒让：《墨子间诂》，第613、624—625页。

④ 《史记》，第2449页。

⑤ 参看薛英群《居延汉简通论》，甘肃教育出版社1991年版，第464—484页；李均明、刘军《简牍文书学》，广西教育出版社1999年版，第195页。

台，台上作桔皋，桔皋头有兜零，以薪草置其中，常低之，有寇即燃火举之，以相告，曰烽。又多积薪，寇至即燔之，望其烟，曰燧。昼则燔燧，夜乃举烽。"①《后汉书》卷八九《南匈奴列传》写道："增缘边兵郡数千人，大筑亭候，修烽火。"② 都说"亭候"作为"伺候望敌之所"，使用"烽燧"、"烽火"传递信息。

汉代西域烽燧，也有承担警戒任务，服务于屯田和邮驿的作用。《汉书》卷九六下《西域传下》记载，汉武帝征和年间，桑弘羊等建议在轮台建立屯田基地，"益垦溉田，稍筑列亭，连城而西，以威西国，辅乌孙"。③ 这一建议虽然被汉武帝否决，却说明了屯田往往是以"列亭""连城"等防卫体系的构筑为保障的。作为长城防务重要结构之一的烽燧建设，也应当在西域屯田事业开发的同时在新疆兴起。而"列亭""连城"往往循交通道路修建，也有保障邮驿往来安全的意义。

李颀的《古从军》开篇第一句就说到"烽火"："白日登山望烽火，昏黄饮马傍交河。行人刁斗风沙暗，公主琵琶幽怨多。野营万里无城郭，雨雪纷纷连大漠。胡雁哀鸣夜夜飞，胡儿眼泪双双落。闻道玉门犹被遮，应将性命逐轻车。年年战骨埋荒外，空见蒲桃入汉家。"④ 所谓"饮马傍交河"，"玉门犹被遮"，"蒲桃入汉家"，都指示了诗意是以西域为背景的。《宋诗纪事》卷一二收录了鲁交的《经战地》诗。诗人写道："西边用兵地，黯惨无人耕。战士报国死，塞草迎春生。沙飞贼风起，昼黑阵云横。夜半烽台望，旄头星尚明。"也说到于"西边用兵地""夜半烽台望"的情景。

（三）羌女轻烽燧，胡儿掣骆驼

明人唐之淳《野营曲》有言及"烽堆"的诗句："野营无城复无栅，掘水为濠倚沙碛。乌旗焰焰起中军，毡帐重重插戈戟。""幕府深沉昼刻迟，烽堆寂静羽书稀。""东飞金乌西走兔，九州四海皆王土。"⑤ 最后一句，体现出儒学正统的天下观。其实，西域地方因民族构成的复杂和文化

---

① 《后汉书》，第60页。
② 同上书，第2940页。
③ 《汉书》，第3912页。
④ 《唐百家诗选》卷五，辽宁教育出版社2000年版，第67页。
⑤ 《唐愚士诗》卷一。

渊源的别异，走向儒家"九州四海皆王土"的路途，较其他区域要曲折得多。

在汉文化的影响介入之前，西域曾经为匈奴所控制。《史记》卷一二三《大宛列传》有"匈奴西域"的说法。《汉书》卷九六上《西域传上》："西域以孝武时始通，本三十六国，其后稍分至五十余，皆在匈奴之西……"① 所谓"皆在匈奴之西"，也反映了"匈奴西域"语源的政治地理和民族地理背景。据《史记》卷一一〇《匈奴列传》记载"单于遗汉书曰"，匈奴在"夷灭月氏"之后，曾经控制了西域地方："定楼兰、乌孙、呼揭及其旁二十六国，皆以为匈奴。诸引弓之民，并为一家。"②《汉书》卷九六上《西域传上》写道："西域诸国大率土著，有城郭田畜，与匈奴、乌孙异俗，故皆役属匈奴。匈奴西边日逐王置僮仆都尉，使领西域，常居焉耆、危须、尉黎间，赋税诸国，取富给焉。"③ 匈奴对西域以"赋税"形式进行经济剥夺。《汉书》卷九六下《西域传下》又说："西域诸国，各有君长，兵众分弱，无所统一，虽属匈奴，不相亲附。匈奴能得其马畜旃罽，而不能统率与之进退。"④ 说匈奴虽然可以得到西域的物资，却不能全面统治西域。但是班固又说到匈奴"兼从西国"情形，可知"不能统率，与之进退"的说法，可能并不符合汉武帝时代之前的情形。而此后匈奴贵族征发西域军人发起战事，历史记载也并不罕见。

霍去病在河西击破匈奴之后，汉武帝"乃表河西，列四郡，开玉门，通西域，以断匈奴右臂，隔绝南羌、月氏"，汉与匈奴开始了对西域的争夺。出使、和亲、留质、贸易，甚至屯田，都是汉王朝和匈奴军事集团领袖共同采取的竞争策略。张德芳等编撰《敦煌悬泉汉简释粹》，举列了敦煌悬泉置遗址出土的接待"鄯善王副使者"、"大宛车骑将军长史"、"大月氏使者"、"山王副使"、"乌孙、莎车王副使"、"于阗王以下千七十四人"、"精绝王诸国客凡四百七十人"等记录，又有《康居王使者册》，都反映了汉与西域使团往来的频繁。⑤ 当然，直接的军事攻夺也是经常发生的。唐人钱起有记述"登高愁望"的诗句："黄云压城阙，斜照移烽垒。

---

① 《汉书》，第3871页。
② 《史记》，第2896页。
③ 《汉书》，第3872页。
④ 同上书，第3930页。
⑤ 张德芳、胡平生编撰：《敦煌悬泉汉简释粹》，第103—119页。

汉帜远成霞，胡马来如蚁。"① 形象地描绘了当时"汉""胡"战争情境。高高的"烽垒"，曾经直接目击了汉民族、匈奴民族和西域各民族英雄们精彩的历史表演。

《汉书》卷七〇《常惠传》记载："乌孙公主上书言：'匈奴发骑田车师，车师与匈奴为一，共侵乌孙，唯天子救之！'"② 匈奴屯田车师，是体现出高明的战略眼光的举措。《汉书》卷九四上《匈奴传上》的记载涉及汉王朝与匈奴双方在车师以"屯田"为形式的竞争，"汉益遣屯士分田车师地以实之。其明年，匈奴怨诸国共击车师，遣左右大将各万余骑屯田右地，欲以侵迫乌孙西域"。③ 宋超著《汉匈战争三百年》分析了这一历史过程。④ 张德芳等编撰《敦煌悬泉汉简释粹》也可见记录"将田车师戊己校尉"、"将田渠犁军候千人"、"将田渠犁校尉史"、"伊循田臣"出入塞或者文书往来的简文。⑤ 总的说来，汉人因农耕经验的丰富，屯田的经济收益和军事作用，大概都要超过匈奴人。新疆的汉烽燧，很多都是屯田事业取得成功的见证。

杜甫《寓目》诗写道："一县蒲萄熟，秋山苜蓿多。关云常带雨，塞水不成河。羌女轻烽燧，胡儿掣骆驼。自伤迟暮眼，丧乱饱经过。"赵彦材注："'关云'、'塞水'、'羌女'、'胡儿'，皆所寓目之事。"⑥ 既然诗题"寓目"，赵注所说可能是正确的。但是杜甫似乎并没有亲身行历唐代以前规模最宏伟的最典型的长城即汉代"关""塞"的体验。所谓"关云"、"塞水"者，或许与他可能在鄜州曾经"寓目"的战国秦魏长城有关。也许将"羌女轻烽燧，胡儿掣骆驼"理解为历史记忆也是适宜的。如果将"羌女"、"胡儿"句读作汉代西域风景的写绘，笔法堪称真切生动。西域当时正是多民族活跃演出的舞台。

战事毕竟短暂，和平生产与和平贸易是社会历史的常态。所谓"羌女轻烽燧"，体现了烽燧设置的直接的军事意义在承平之世很快就已经不再为人重视。我们今天在这里寻访古烽燧遗迹，凭吊各民族英雄，想象这

---

① （唐）钱起：《广德初銮驾出关后登高愁望》，《钱仲文集》卷二。
② 《汉书》，第3003页。
③ 同上书，第3788页。
④ 宋超：《汉匈战争三百年》，第115—117页。
⑤ 胡平生、张德芳：《敦煌悬泉汉简释粹》，第115、124页。
⑥ 《九家集注杜诗》卷二〇。

百丈高台俯瞰着平沙荒草，千百年来看到了怎样的沧桑演变呢？元代诗人袁桷有诗句曰"烽台阅废兴"。[①] 古老烽台览阅的历史，主体内容并不是唐人释贯休"单于烽火动，都护去天涯"诗句[②]形容的战争场面，而是在各民族和谐交融背景下的平静从容的经济进步和文化发展。

---

① （元）袁桷：《鲁子翚御史分按辽阳作长律五十韵爱其精密予今岁亦扈跸开平因次其韵》，《元诗选》卷一九。
② （唐）释贯休：《古塞曲三首》之一，《禅月集》卷一一。

主要参考资料

安作璋：《两汉与西域关系史》，齐鲁书社1979年版。

岑仲勉：《汉书西域传地里校释》，中华书局1981年版。

陈序经：《匈奴史稿》，天津古籍出版社1989年版、中国人民大学出版社2007年版。

崔明德：《中国和亲史》，人民出版社2007年版。

达力扎布主编：《中国民族史研究60年》，中央民族大学出版社2010年版。

冯承钧原编，陆峻岭增订：《西域地名》（增订本），中华书局1980年版。

甘肃省文物考古研究所编：《敦煌汉简》，中华书局1991年版。

韩建业：《新疆的青铜时代和早期铁器时代文化》，文物出版社2007年版。

郝树声、张德芳：《悬泉汉简研究》，甘肃文化出版社2009年版。

侯丕勋、刘再聪主编：《西北边疆历史地理概论》，甘肃人民出版社2008年版。

胡平生、张德芳：《敦煌悬泉汉简释粹》，上海古籍出版社2001年版。

纪宗安：《9世纪前的中亚北部与中西交通》，中华书局2008年版。

黎虎：《汉唐外交制度史》，兰州大学出版社1998年版。

李怀顺、马军霞编著：《西北边疆考古教程》，甘肃人民出版社2011年版。

林幹：《匈奴历史年表》，中华书局1984年版。

林幹：《匈奴史》，内蒙古人民出版社1977年版。

林幹：《匈奴史》（修订本），内蒙古人民出版社1979年版。

林幹：《匈奴通史》，人民出版社1986年版。

林幹编：《匈奴史料汇编》，中华书局1988年版。

林幹编：《匈奴史论文选集（1919—1979）》，中华书局1983年版。
刘光华：《汉代西北屯田研究》，兰州大学出版社1988年版。
刘光华：《秦汉西北史地丛稿》，甘肃文化出版社2007年版。
刘维新主编：《新疆民族辞典》，新疆人民出版社1995年版。
陆庆夫：《丝绸之路史地研究》，兰州大学出版社1999年版。
罗振玉、王国维：《流沙坠简》，中华书局1993年版。
马长寿：《北狄与匈奴》，生活·读书·新知三联书店1962年版。
马利清：《原匈奴、匈奴历史与文化的考古学探索》，内蒙古大学出版社2005年版。
潘玲：《伊沃尔加城址和墓地及相关匈奴考古问题研究》，科学出版社2007年版。
齐涛：《丝绸之路探源》，齐鲁书社1992年版。
邵台新：《汉代对西域的经营》，辅仁大学出版社1995年版。
石云涛：《三至六世纪丝绸之路的变迁》，文化艺术出版社2007年版。
宋超：《汉匈战争三百年》，华夏出版社1996年版。
宋超：《和亲史话》，社会科学文献出版社2012年版。
宋超：《秦汉史论丛》，中国社会科学出版社2012年版。
苏北海：《西域历史地理》，新疆大学出版社1988年版。
谭其骧主编：《中国历史地图集》，地图出版社1982年版。
田继周：《中国历代民族史·秦汉民族史》，社会科学文献出版社2007年版。
田澍、陈尚敏主编：《西北史籍要目提要》，天津古籍出版社2010年版。
王柏灵：《匈奴史话》，陕西人民出版社2004年版。
王炳华：《西域考古历史论集》，中国人民大学出版社2008年版。
王红谊、惠富平、王思明：《中国西部农业开发史研究》，中国农业科学技术出版社2003年版。
王云度：《秦汉史编年》，凤凰出版社2011年版。
吴礽骧、李永良、马建华释校：《敦煌汉简释文》，甘肃人民出版社1991年版。
姚大中：《古代北西中国》，三民书局1981年版。
《西域史论丛》编辑组：《西域史论丛》第1辑，新疆人民出版社1985年版。

殷晴：《丝绸之路与西域经济——十二世纪前新疆开发史稿》，中华书局 2007 年版。

余太山：《两汉魏晋南北朝与西域关系史研究》，中国社会科学出版社 1995 年版。

余太山：《两汉魏晋南北朝正史西域传研究》，中华书局 2003 年版。

余太山：《两汉魏晋南北朝正史西域传要注》，中华书局 2005 年版。

余太山主编：《西域通史》，中州古籍出版社 1996 年版。

张安福：《汉唐屯垦与吐鲁番绿洲社会变迁研究》，中国农业出版社 2013 年版。

张志尧主编：《草原丝绸之路与中亚文明》，新疆美术摄影出版社 1994 年版。

中国社会科学院边疆考古研究中心编：《新疆石器时代与青铜时代》，文物出版社 2008 年版。

中国社会科学院考古研究所编著：《中国考古学·秦汉卷》，中国社会科学出版社 2010 年版。

周锡山：《汉匈四千年之战》，上海画报出版社 2004 年版。

[法] L. 布尔努瓦：《丝绸之路》，耿昇译，新疆人民出版社 1982 年版。

[法] 鲁保罗：《西域的历史与文明》，耿昇译，新疆人民出版社 2006 年版。

[美] 狄宇宙（Nicola Di Cosmo）：《古代中国与其强邻：东亚历史上游牧力量的兴起》，贺严、高书文译，中国社会科学出版社 2010 年版。

[日] 长泽和俊：《丝绸之路史研究》，钟美珠译，天津古籍出版社 1990 年版。

[日] 籾山明：《漢帝国の辺境社会》，中央公論新社 1999 年版。

[日] 内田吟风等：《北方民族史与蒙古史论文集》，余大钧译，云南人民出版社 2003 年版。

[苏联] С.И. 鲁金科：《匈奴文化与诺彦乌拉巨冢》，孙危译，马健校注，中华书局 2012 年版。

[英] 崔瑞德、[英] 鲁惟一主编：《剑桥中国秦汉史：公元前 221 年至公元 220 年》，杨品泉等译，中国社会科学出版社 2006 年版。

Denis Twitchett, Michael Loewe 编：《剑桥中国史》第 1 册《秦汉篇　前 221—220》，韩复智主译，南天书局有限公司 1996 年版。

作者相关研究论著目录

学术专著

1. 《秦汉交通史稿》，中共中央党校出版社 1994 年版；《秦汉交通史稿》（增订版），中国人民大学出版社 2013 年版。
2. 《秦汉区域文化研究》，四川人民出版社 1998 年版。
3. 《秦汉边疆与民族问题》，中国人民大学出版社 2011 年版。
4. 《秦汉交通史新识》，中国社会科学出版社 2015 年版。
5. 《战国秦汉交通格局与区域行政》，中国社会科学出版社 2015 年版。

学术论文

1. 《西汉长安的"胡巫"》，《民族研究》1997 年第 5 期。
2. 《"镔铁"和张骞西行的动机》，《博览群书》2005 年第 4 期。
3. 《两汉军队中的"胡骑"》，《中国史研究》2007 年第 3 期。
4. 《汉代北边的"关市"》（与李禹阶合署），《中国边疆史地研究》2007 年第 3 期。
5. 《北辺交通と漢帝国の文化の拡大》，《シルクロードを拓く 漢とユーラシア世界》（〔财〕なら・シルクロード博記念国際交流財団/シルクロード学研究センター，平成 19 年 1 月）；Transportation in the Northern Territories and the Dissemination of the Han Culture, Opining up the Silk Road The Han and the Eurasian World (The Nara International Foudation Commemorating the Silk Road Exposition/Research Center for Silk Roabology)。
6. 《汉代北边"亡人"：民族立场与文化表现》，《南都学坛》2008 年第

2 期。

7. 《"女儿国"的传说与史实》，《河北学刊》2008 年第 3 期。
8. 《汉代西北边境关于"亡人"的行政文书》，［韩］《中国古中世史研究》第 20 辑（2008 年 8 月）。
9. 《汉代北边"亡人"与民族文化交融》，《河套文化论文集》（三），内蒙古人民出版社 2008 年版。
10. 《阴山岩画古车图像与早期草原交通》，《文博》2008 年第 6 期；《河套文化论文集》（四），内蒙古人民出版社 2009 年版。
11. 《两汉时期的北边军屯论议》，《"1—6 世纪中国北方边疆·民族·社会国际学术研讨会"论文集》，科学出版社 2008 年版。
12. 《"汉朝"的发生：国家制度史个案考察的观念史背景》，［日］《中国史学》第 18 卷，朋友书店 2008 年版。
13. 《"远田轮台"之议与汉匈对"西国"的争夺》，《西域历史语言研究集刊》第 2 辑，科学出版社 2009 年版。
14. 《西汉时期匈奴南下的季节性进退》，《秦汉史论丛》第 10 辑，内蒙古大学出版社 2009 年版。
15. 《汉匈西域战争中的"诅军"巫术》，《西域研究》2009 年第 4 期。
16. 《"匈奴西边日逐王"事迹考论》，《新疆文物》2009 年第 3—4 期。
17. 《论贾谊〈新书〉"备月氏、浑窳之变"》，《社会科学》2010 年第 3 期。
18. 《"西域"名义考》，《清华大学学报》2010 年第 3 期。
19. 《汉代"西域"史料的发现和理解》，《第一届中日学者中国古代史论坛文集》，中国社会科学出版社 2010 年版。
20. 《"重译"：汉代民族史与外交史中的一种文化现象》，《河北学刊》2010 年第 4 期。
21. 《汉世"胡奴"考》，《四川文物》2010 年第 3 期。
22. 《汉代的"商胡""贾胡""酒家胡"》，《晋阳学刊》2011 年第 1 期。
23. 《两汉时期关于军事屯田的论争》（与吕宗力合署），《中国军事科学》2011 年第 2 期。
24. 《说居延汉简购赏文书所见"渠率"身份》（与吕宗力合署），《出土文献研究》第 10 辑，中华书局 2011 年版。
25. 《汉匈西域争夺背景下的龟兹外交》，《龟兹学研究》第 5 辑，新疆大学出版社 2012 年版。

26. 《论匈奴僮仆都尉"领西域""赋税诸国"》，《石家庄学院学报》2012 年第 4 期。
27. 《匈奴"僮仆都尉"考》，《南都学坛》2012 年第 4 期。
28. 《匈奴西域"和亲"史事》，《咸阳师范学院学报》2012 年第 5 期。
29. 《"译人"与汉代西域民族关系》（与乔松林合署），《西域研究》2013 年第 1 期。
30. 《匈奴控制背景下的西域贸易》，《社会科学》2013 年第 2 期。
31. 《李斯〈谏逐客书〉"騕褭"考论——秦与北方民族交通史个案研究》，《人文杂志》2013 年第 2 期。
32. 《汉武帝与汉武帝时代》，《部级领导干部历史文化讲座·2012》，国家图书馆出版社 2013 年版。
33. 《龟兹"孔雀"考》，《南开学报》（哲学社会科学版）2013 年第 4 期。
34. 《说唐诗"苏武"咏唱》，《湖湘论坛》2013 年第 5 期；《人格·气节·民族魂——论苏武精神》（第二届苏武国际学术研讨会论文集），人民出版社 2014 年版。
35. 《北边"群鹤"与秦时"光景"——汉武帝后元元年故事》，《江苏师范大学学报》（哲学社会科学版）2013 年第 5 期。
36. 《新疆汉烽燧——西域英雄时代的纪念碑》，《文化学刊》2013 年第 6 期。
37. 《索劢楼兰屯田射水事浅论》，《甘肃社会科学》2013 年第 6 期。
38. 《骡驴駞驼，衔尾入塞——汉代动物考古和丝路史研究的一个课题》，《国学学刊》2013 年第 4 期。
39. 《汉代西北边塞军事生活中的未成年人》，《南都学坛》2014 年第 1 期。
40. 《关于王昭君北行路线的推定》，《西北大学学报》（哲学社会科学版）2014 年第 3 期。
41. 《赵充国时代"河湟之间"的生态与交通》，《青海民族研究》2014 年第 3 期。
42. 《河西汉简所见"马禖祝"礼俗与"马医""马下卒"职任》，《秦汉研究》第 8 辑，陕西人民出版社 2014 年版。

43. 《肩水金关简"马禖祝"祭品用"乳"考》,《金塔居延遗址与丝绸之路历史文化研究》,甘肃教育出版社 2014 年版。
44. 《论汉昭帝平陵从葬驴的发现》,《南都学坛》2015 年第 1 期。
45. 《前张骞的丝绸之路与西域史的匈奴时代》,《甘肃社会科学》2015 年第 2 期。
46. 《秦汉人世界意识中的"北海"与"西海"》,《史学月刊》2015 年第 3 期。
47. 《早期丝绸之路跨民族情爱与婚姻》,《陕西师范大学学报》(哲学社会科学版)2016 年第 1 期。
48. 《草原民族对丝绸之路交通的贡献》,《山西大学学报》(哲学社会科学版)2016 年第 1 期。
49. 《直道与丝绸之路交通》,《历史教学》2016 年第 4 期。

学术述评与其他学术文章

1. 《应当重视秦人与西方北方部族文化交往的研究》,《秦陵秦俑研究动态》1991 年第 3 期。
2. 《穆天子神话和早期中西交通》,《学习时报》2001 年 6 月 11 日。
3. 《〈长罗侯费用簿〉应为〈过长罗侯费用簿〉》,《文物》2001 年第 6 期。
4. 《武威雷台铜马"紫燕骝"说商榷》,《光明日报》2001 年 8 月 14 日。
5. 《张骞事迹与天马象征》,《学习时报》2001 年 9 月 17 日。
6. 《昆仑神话与西王母崇拜》,《学习时报》2002 年 5 月 6 日。
7. 《登高明望四海》,《光明日报》2002 年 8 月 6 日。
8. 《中国古代文化交流史研究的力作——读罗丰著〈胡汉之间——"丝绸之路"与西北历史考古〉》,《中国文物报》2005 年 11 月 2 日。
9. 《评李大龙著〈汉唐藩属体制研究〉》,《中国史研究动态》2008 年第 1 期。
10. 《早期草原丝路的文化地图——读纪宗安著〈9 世纪前的中亚北部与中西交通〉》,《中国史研究》2009 年第 1 期。
11. 《简牍学基础教育的新进步》,《中国文物报》2011 年 10 月 19 日。
12. 《〈行役戍备:河西汉塞吏卒的屯戍生活〉序》,《行役戍备:河西汉塞吏卒的屯戍生活》,科学出版社 2012 年版;《中国文物报》2013 年

1月25日。
13. 《陇右风华：甘肃历史文化的魅力》，《中国社会科学报》2013年6月24日。
14. 《卫青》，《中国古代著名军事家评传》，齐鲁书社2013年版。
15. 《〈始皇帝的遗产：秦汉帝国〉推荐序》，[日]鹤间和幸《始皇帝的遗产：秦汉帝国》，广西师范大学出版社2014年版。
16. 《简牍学新裁——评张德芳著〈敦煌马圈湾汉简集释〉》，《光明日报》2014年4月15日。
17. 《〈秦汉马政研究〉序》，陈宁《秦汉马政研究》，中国社会科学出版社2015年版。
18. 《〈秦汉军制演变史稿〉序》，《秦汉研究》第9辑，陕西人民出版社2015年版；孙闻博《秦汉军制演变史稿》，中国社会科学出版社2016年版。

译文

1. [日]江上波夫：《匈奴的住所》（与于可可、殷稼合译），《西北史地》1991年第3期。

秦汉西域史大事年表[①]

(吕方编制)

公元前209年 秦二世元年，匈奴冒顿单于元年
冒顿射杀头曼，自立为单于。

公元前206年 汉高祖元年，匈奴冒顿单于四年
冒顿袭击东胡，大破灭东胡王。既归，西击走月氏，南并楼烦、白羊河南王，北服浑庾、屈射、丁灵、鬲昆、薪犁诸族，侵燕、代。

公元前174年 汉文帝六年，匈奴冒顿单于三十六年，老上单于元年
匈奴灭月氏，定楼兰、乌孙及其旁二十六国。
月氏西击塞王，塞王南有远徙，月氏居其地。

公元前161年 汉文帝后三年，匈奴老上单于十四年，军臣单于元年
乌孙王昆莫得匈奴老上单于助兵西攻破月氏，杀其王，以其头为饮器。月氏西走，徙于大夏之地。昆莫略其众，留居其地。稍强，会老上单于死，遂不肯复事匈奴。匈奴击之，不胜。

公元前138年 汉武帝建元三年，匈奴军臣单于二十四年
汉遣张骞使月氏，欲与月氏共击匈奴。张骞途中为匈奴拘留。

[①] 本表编制，参考了《资治通鉴》(中华书局1956年版)、方诗铭《中国历史纪年表》(上海辞书出版社1980年版)、林幹《匈奴历史年表》(中华书局1984年版)、王云度《秦汉史编年》(凤凰出版社2011年版)。

公元前 129 年　汉武帝元光六年，匈奴军臣单于三十三年

张骞自匈奴出逃，至月氏。月氏以居地肥饶，志安乐，无兴军报胡之心。张骞竟不能得月氏要领。

公元前 126 年　汉武帝元朔三年，匈奴军臣单于三十六年，伊稚斜单于元年

张骞自匈奴逃归汉。

公元前 121 年　汉武帝元狩二年，匈奴伊稚斜单于六年

春三月，霍去病出陇西击匈奴，过焉支山千余里，收休屠王祭天金人。

夏，霍去病深入匈奴境二千余里，逾居延，过小月氏，至祁连山。

秋，浑邪王降汉。是时金城河西，西傍南山至盐泽，空无匈奴。

公元前 119 年　汉武帝元狩四年，匈奴伊稚斜单于八年

夏，卫青出塞千余里，匈奴单于遁走。卫青追至阗颜山赵信城而还。霍去病出塞二千余里，绝大漠，封狼居胥山。此后匈奴远遁，漠南无王庭。

公元前 115 年　汉武帝元鼎二年，匈奴伊稚斜单于十二年

汉遣张骞出使乌孙，欲共击匈奴，招使东居浑邪王故地。乌孙不愿移徙，遣使随张骞报谢。

汉于河西置酒泉郡、武威郡。

公元前 113 年　汉武帝元鼎四年，匈奴乌维单于二年

西域始通于汉。

公元前 111 年　汉武帝元鼎六年，匈奴乌维单于四年

匈奴时遮击汉赴西域使团。又汉使者争言西域皆有城邑，兵弱易击。秋，汉遣浮沮将军公孙贺、匈河将军赵破奴出军斥逐匈奴，使不得遮汉使。公孙贺出九原二千余里至浮沮井，赵破奴出令居数千里至匈河水，皆不见匈奴一人而还。

汉分武威、酒泉地置张掖郡、敦煌郡，徙民以实之。又于河西实行军屯。

公元前 108 年　汉武帝元封三年，匈奴乌维单于七年

楼兰、车师数为匈奴耳目，以其兵遮汉使。冬十二月，汉遣赵破奴将兵击之，虏楼兰王，破车师，因举兵威以困乌孙、大宛之属。春正月，封赵破奴为浞野侯。王恢佐赵破奴击楼兰，封浩侯。于是酒泉列亭障至玉门。

公元前 105 年　汉武帝元封六年，匈奴乌维单于十年，乌师庐单于元年

乌孙使者见汉广大，归报其国。其国乃益重汉。匈奴闻乌孙与汉通，怒，欲击之。又其旁大宛、月氏之属皆事汉，乌孙于是恐，使使愿得尚汉公主，为昆弟。天子与群臣议，许之。乌孙以千匹马往聘汉女。汉以江都王建女细君为公主，往妻乌孙，赠送甚盛。乌孙王昆莫以为右夫人。匈奴亦遣女妻昆莫，以为左夫人。公主自治宫室居，岁时一再与昆莫会，置酒饮食。昆莫年老，言语不通，公主悲愁思归。天子闻而怜之，间岁遣使者以帷帐锦绣给遗焉。

时汉使西逾葱岭，抵安息。安息发使以大鸟卵及黎轩善眩人献于汉。

大宛左右多蒲萄，可以为酒。多苜蓿，天马嗜之。汉使采其实以来，天子种之于离宫别观旁，极望。然西域以近匈奴，常畏匈奴使，待之过于汉使焉。

是岁，匈奴乌维单于死，子乌师庐立。年少，号儿单于。自此之后，单于益西北徙。左方兵直云中，右方兵直酒泉、敦煌郡。

公元前 104 年　汉武帝太初元年，匈奴乌师庐单于二年

秋，汉使入西域者言宛有善马，在贰师城匿不肯与汉使。天子使壮士车令等持千金及金马以请之。宛王与其群臣谋曰："汉去我远，而盐水中数败。出其北有胡寇，出其南乏水草，又且往往而绝邑，乏食者多。汉使数百人为辈来，而常乏食，死者过半，是安能致大军乎？无奈我何。贰师马，宛宝马也。"遂不肯予汉使。汉使怒，妄言，椎金马而去。宛贵人怒曰："汉使至轻我！"遣汉使去，令其东边郁成王遮攻杀汉使，取其财物。

于是天子大怒。诸尝使宛姚定汉等言："宛兵弱，诚以汉兵不过三千人，强弩射之，可尽虏矣。"汉武帝曾经使浞野侯以七百骑虏楼兰王，以定汉等言为然。乃拜李广利为贰师将军，发属国六千骑及郡国恶少年数万人以往伐宛。

冬，匈奴地大雨雪，牲畜多饥寒死。

公元前103年　汉武帝太初二年，匈奴乌师庐单于三年

贰师将军西进，既过盐水，当道小国各城守不肯给食，攻之不能下。下者得食，不下者数日则去。比至郁成，士至者不过数千，皆饥疲。攻郁成，郁成大破之，所杀伤甚众。

李广利引兵而还。至敦煌，士不过什一二。使使上书言："道远多乏食，且士卒不患战，患饥，人少，不足以拔宛，愿且罢兵，益发而复往。"汉武帝闻之大怒，使使遮玉门曰："军有敢入者辄斩之！"贰师恐，因留敦煌。

公元前102年　汉武帝太初三年，匈奴乌师庐单于四年，呴犁湖单于元年

匈奴儿单于死，子年少，匈奴立其季父右贤王呴犁湖为单于。

汉击匈奴受挫，公卿议者皆愿罢宛军，专力攻胡。汉武帝因已出兵诛宛，宛小国而不能下，则大夏之属渐轻汉，而宛善马绝不来，乌孙、轮台易苦汉使，为外国笑，于是惩治言伐宛尤不便者邓光等，赦囚徒，发恶少年及边骑，岁余而出敦煌者六万人，负私从者不与，牛十万，马三万余匹，驴橐驼以万数，赍粮，兵弩甚设。天下骚动，转相奉伐宛五十余校尉。宛城中无井，汲城外流水，于是遣水工徙其城下水，空以穴其城。益发戍甲卒十八万酒泉、张掖北，置居延、休屠屯兵以卫酒泉，而发天下七科適为兵，及载糒给贰师，转车人徒相连属。于是李广利再次伐宛。兵多，所至小国莫不迎，出食给军。至轮台，轮台不下，攻数日，屠之。自此而西，平行至宛城，兵到者三万。宛兵迎击汉兵，汉兵射败之。宛兵走，入保其城。李广利军困围其城，攻之四十余日。宛贵人杀王约降。宛乃出其马，令汉自择之，而多出食，食汉军。汉军取其善马数十匹，中马以下牝牡三千余匹，而立宛贵人之故时遇汉善者名昧蔡为宛王，与盟而罢兵。

公元前101年 汉武帝太初四年，匈奴呴犁湖单于二年，且鞮侯单于元年

春，李广利回到长安。李广利军所过小国闻宛破，皆使其子弟从入贡献见天子，因为质焉。军还入，马千余匹。后行，军非乏食，战死不甚多，而将吏贪不爱卒，侵牟之，以此物故者众。汉武帝为万里而伐，不录其过，乃下诏封李广利为海西侯。

匈奴闻贰师征大宛，欲遮之，贰师兵盛，不敢当，即遣骑因楼兰候汉使后过者，欲绝勿通。时汉军正任文将兵屯玉门关，捕得生口，知状以闻。汉武帝诏任文便道引兵捕楼兰王，将诣阙簿责。王对曰："小国在大国间，不两属无以自安，愿徙国入居汉地。"汉武帝直其言，遣归国。亦因使候司匈奴。匈奴自是不甚亲信楼兰。

自大宛破后，西域震惧，汉使入西域者益得职。于是自敦煌西至盐泽，往往起亭。而轮台、渠犁皆有田卒数百人，置使者校尉领护，以供应出使西域使团沿途消费。

匈奴呴犁湖单于死，匈奴立其弟左大都尉且鞮侯为单于。

公元前100年 汉武帝天汉元年，匈奴且鞮侯单于二年

宛贵人以为昧蔡善谀，使大宛遇屠，乃相与杀昧蔡，立毋寡昆弟蝉封为宛王，而遣其子入侍于汉。汉因使使赂赐，以镇抚之。蝉封与汉约，岁献天马二匹。

公元前96年 汉武帝太始元年，匈奴且鞮侯单于六年，狐鹿姑单于元年

匈奴且鞮侯单于死。有两子，长为左贤王，次为左大将。左贤王未至，贵人以为有病，更立左大将为单于。左贤王闻之，不敢进。左大将使人召左贤王而让位焉。左贤王辞以病，左大将不听，谓曰："即不幸死，传之于我。"左贤王许之，遂立，为狐鹿姑单于。以左大将为左贤王。数年，病死。其子先贤掸不得代，更以为日逐王。单于自以其子为左贤王。

公元前92年 汉武帝征和元年，匈奴狐鹿姑单于五年

匈奴西边日逐王置僮仆都尉，使领西域，常居焉耆、危须、尉犁间，

赋税诸国，取富给焉。

楼兰王遣子安归质于匈奴。①

公元前 90 年　汉武帝征和三年，匈奴狐鹿姑单于七年

春正月，匈奴入五原、酒泉，杀两都尉。

三月，遣李广利将七万人出五原，商丘成将二万人出西河，马通将四万骑出酒泉，击匈奴。马通军至天山，匈奴使大将偃渠将二万余骑要汉兵。见汉兵强，引去。通无所得失。

是时，汉恐车师遮马通军，遣开陵侯成娩将楼兰、尉犁、危须等六国兵共围车师，尽得其王民众而还。

公元前 89 年　汉武帝征和四年，匈奴狐鹿姑单于八年

夏六月，汉武帝针对桑弘羊等此前提出的"遣屯田卒，置校尉三人分护，益种五谷，张掖、酒泉遣骑假司马为斥候，募民壮健敢徙者诣田所，益垦溉田，稍筑列亭连城而西，以威西国，辅乌孙"的轮台军屯计划，下诏予以否决，深陈既往之悔。曰："前有司奏欲益民赋三十，助边用，是重困老弱孤独也。而今又请遣卒田轮台。轮台西于车师千余里。前开陵侯击车师时，虽胜，降其王，以辽远乏食，道死者尚数千人，况益西乎！曩者，朕之不明，以军候弘上书言'匈奴缚马前后足置城下，驰言：秦人，我匄若马'，又，汉使者久留不还，故兴遣贰师将军，欲以为使者威重也。古者卿、大夫与谋，参以蓍、龟，不吉不行。乃者以缚马书遍视丞相、御史、二千石、诸大夫、郎、为文学者，乃至郡、属国都尉等，皆以'虏自缚其马，不祥甚哉！'或以为'欲以见强，夫不足者视人有余'。公车方士、太史、治星、望气及太卜龟蓍皆以为'吉，匈奴必破，时不可再得也'。又曰：'北伐行将，于鬴山必克。卦，诸将贰师最吉。'故朕亲发贰师下鬴山，诏之必毋深入。今计谋、卦兆皆反缪。重合侯得虏候者，乃言'缚马者匈奴诅军事也'。匈奴常言'汉极大，然不耐饥渴，失一狼，走千羊'。乃者贰师败，军士死略离散，悲痛常在朕心。今又请远田轮台，欲起亭隧，是扰劳天下，非所以优民也，朕不忍闻！大鸿胪等又议欲募囚徒送匈奴使者，明封侯之赏以报忿，此五伯所弗为也。且匈奴得

---

①　据林幹《匈奴历史年表》，第 38 页。

汉降者常提掖搜索，问以所闻，岂得行其计乎！当今务在禁苛暴，止擅赋，力本农，修马复令，以补缺、毋乏武备而已。郡国二千石各上进畜马方略补边状，与计对。"由是不复出军，而封田千秋为富民侯，以明休息，思富养民也。

公元前 86 年　汉昭帝始元元年，匈奴狐鹿姑单于十一年

乌禅幕，本乌孙、康居间小族，因数被侵暴，遂率其众数千人降匈奴。狐鹿姑单于以其弟子日逐王姊妻之，使长其众，居右地。①

公元前 85 年　汉昭帝始元二年，匈奴狐鹿姑单于十二年，壶衍鞮单于元年

初，武帝征伐匈奴，深入穷追二十余年，匈奴马畜孕重堕殰，罢极，苦之，常有欲和亲意，未能得。狐鹿姑单于有异母弟为左大都尉，贤，国人乡之。母阏氏恐单于不立子而立左大都尉也，乃私使杀之。左大都尉同母兄怨，遂不肯复会单于庭。是岁，单于病且死，谓诸贵人："我子少，不能治国，立弟右谷蠡王。"及单于死，卫律等与颛渠阏氏谋，匿其丧，矫单于令，更立子左谷蠡王为壶衍鞮单于。左贤王、右谷蠡王怨望，率其众欲南归汉，恐不能自致，即胁卢屠王，欲与西降乌孙。卢屠王告之单于，使人验问，右谷蠡王不服，反以其罪罪卢屠王，国人皆冤之。于是二王去居其所，不复肯会龙城，匈奴始衰。

公元前 77 年　汉昭帝元凤四年，匈奴壶衍鞮单于九年

初，杆罙遣太子赖丹为质于龟兹。贰师击大宛还，将赖丹入至京师。霍光用桑弘羊前议，以赖丹为校尉，将军田轮台。龟兹贵人姑翼谓其王曰："赖丹本臣属吾国，今佩汉印绶来，迫吾国而田，必为害。"王即杀赖丹而上书谢汉。楼兰王死，匈奴先闻之，遣其质子安归归，得立为王。汉遣使诏新王令入朝，王辞不至。楼兰国最在东垂，近汉，当白龙堆，乏水草，常主发导，负水担粮，送迎汉使，又数为吏卒所寇惩艾，不便与汉通。后复为匈奴反间，数遮杀汉使。其弟尉屠耆降汉，具言状。骏马监北地傅介子使大宛，诏因令责楼兰、龟兹。介子至楼兰、龟兹，责其王，皆

---

① 据林幹《匈奴历史年表》，第 41 页。

谢服。介子从大宛还，到龟兹，会匈奴使从乌孙还，在龟兹，介子因率其吏士共诛斩匈奴使者。还，奏事，诏拜介子为中郎，迁平乐监。介子谓大将军霍光曰："楼兰、龟兹数反复，而不诛，无所惩艾。介子过龟兹时，其王近就人，易得也，愿往刺之以威示诸国！"大将军曰："龟兹道远，且验之于楼兰。"于是白遣之。介子与士卒俱赍金币，扬言以赐外国为名，至楼兰。楼兰王意不亲介子，介子阳引去，至其西界，使译谓曰："汉使者持黄金、锦绣行赐诸国。王不来受，我去之西国矣。"即出金币以示译。译还报王，王贪汉物，来见使者。介子与坐饮，陈物示之，饮酒皆醉。介子谓王曰："天子使我私报王。"王起，随介子入帐中屏语，壮士二人从后刺之，刃交匈，立死。其贵臣左右皆散走。介子告谕以王负汉罪，"天子遣我诛王，当更立王弟尉屠耆在汉者。汉兵方至，毋敢动，自令灭国矣！"介子遂斩王安归首，驰传诣阙，县首北阙下。乃立尉屠耆为王，更名其国为鄯善，为刻印章，赐以宫女为夫人，备车骑、辎重。丞相率百官送至横门外，祖而遣之。王自请昭帝曰："身在汉久，今归单弱，而前王有子在，恐为所杀。国中有伊循城，其地肥美，愿汉遣一将屯田积谷，令臣得依其威重。"于是汉遣司马一人，吏士四十人，田伊循以填抚之。秋七月，封傅介子为义阳侯。

公元前74年　　汉昭帝元平元年，匈奴壶衍鞮单于十二年

匈奴发骑兵田于车师，车师与匈奴联合，共侵乌孙。乌孙上书求救于汉。①

公元前73年　　汉宣帝本始元年，匈奴壶衍鞮单于十三年

是岁，匈奴复连发大兵侵乌孙，取车延、恶师地，收人民去；遣至乌孙索取汉公主，欲隔绝汉。乌孙昆弥复上书求救，愿发族中精兵人马五万，与汉合击匈奴。时诏令公卿选可使匈奴者，路温舒上书愿往。②

公元前72年　　汉宣帝本始二年，匈奴壶衍鞮单于十四年

先是匈奴数侵汉边，汉亦欲讨之。秋，大发兵，遣御史大夫田广明为

---

① 据林幹《匈奴历史年表》，第44页。

② 同上。

祁连将军，四万余骑，出西河；度辽将军范明友三万余骑，出张掖；前将军韩增三万余骑，出云中；后将军赵充国为蒲类将军，三万余骑，出酒泉；云中太守田顺为虎牙将军，三万余骑，出五原；期以出塞各二千余里。

以常惠为校尉，持节护乌孙兵共击匈奴。

公元前71年　汉宣帝本始三年，匈奴壶衍鞮单于十五年

春正月，五将军发长安。匈奴闻汉兵大出，老弱奔走，驱畜产远遁逃，是以五将少所得。夏五月，军罢。度辽将军出塞千二百余里，至蒲离候水，斩首、捕虏七百余级。前将军出塞千二百余里，至乌员，斩首、捕虏百余级。蒲类将军出塞千八百余里，西至候山，斩首、捕虏，得单于使者蒲阴王以下三百余级。闻虏已引去，皆不至期还。汉宣帝薄其过，宽而不罪。祁连将军出塞千六百里，至鸡秩山，斩首、捕虏十九级。逢汉使匈奴还者冉弘等，言鸡秩山西有虏众，祁连即戒弘，使言无虏，欲还兵。御史属公孙益寿谏，以为不可。祁连不听，遂引兵还。虎牙将军出塞八百余里，至丹余吾水上，即止兵不进，斩首、捕虏千九百余级，引兵还。

乌孙昆弥自将五万骑与校尉常惠从西方入，至右谷蠡王庭，获单于父行及嫂、居次、名王、犁汙都尉、千长、骑将以下四万级，马、牛、羊、驴、橐佗七十余万头。乌孙皆自取所虏获。汉宣帝以五将皆无功，独惠奉使克获，封惠为长罗侯。然匈奴民众伤而去者及畜产远移死亡，不可胜数。于是匈奴遂衰耗，怨乌孙。

汉宣帝复遣常惠持金币还赐乌孙贵人有功者。惠因奏请龟兹国尝杀校尉赖丹，未伏诛，请便道击之。汉宣帝不许。大将军霍光风惠以便宜从事。惠与吏士五百人俱至乌孙，还，过，发西国兵二万人，令副使发龟兹东国二万人，乌孙兵七千人，从三面攻龟兹。兵未合，先遣人责其王以前杀汉使状。王谢曰："乃我先王时为贵人姑翼所误耳，我无罪。"惠曰："即如此，缚姑翼来，吾置王。"王执姑翼诣惠，惠斩之而还。

冬，匈奴单于自将数万骑击乌孙，颇得老弱。欲还，会天大雨雪，一日深丈余，人民、畜产冻死，还者不能什一。于是丁令乘弱攻其北，乌桓入其东，乌孙击其西，凡三国所杀数万级，马数万匹，牛羊甚众；又重以饿死，人民死者什三，畜产什五。匈奴大虚弱，诸国羁属者皆瓦解，攻盗不能理。

其后汉出三千余骑为三道，并入匈奴，捕虏得数千人还；匈奴终不敢取当，兹欲乡和亲，而边境少事矣。

公元前 68 年　汉宣帝地节二年，匈奴虚闾权渠单于元年

匈奴壶衍鞮单于死，弟左贤王立为虚闾权渠单于，以右大将女为大阏氏，而黜前单于所幸颛渠阏氏。颛渠阏氏父左大且渠怨望。

是时汉以匈奴不能为边寇，罢塞外诸城以休百姓。单于闻之，喜，召贵人谋，欲与汉和亲。左大且渠心害其事，曰："前汉使来，兵随其后。今亦效汉发兵，先使使者入。"乃自请与呼卢訾王各将万骑，南旁塞猎，相逢俱入。行未到，会三骑亡降汉，言匈奴欲为寇。于是天子诏发边骑屯要害处，使大将军军监治众等四人将五千骑，分三队，出塞各数百里，捕得虏各数十人而还。时匈奴亡其三骑，不敢入，即引去。

是岁，匈奴饥，人民、畜产死者什六七，又发两屯各万骑以备汉。

其秋，匈奴前所得西嗕居左地者，其君长以下数千人皆驱畜产行，与瓯脱战，所杀伤甚众，遂南降汉。

公元前 67 年　汉宣帝地节三年，匈奴虚闾权渠单于二年

昭帝时，匈奴使四千骑田车师。及五将军击匈奴，车师田者惊去，车师复通于汉；匈奴怒，召其太子军宿，欲以为质。军宿，焉耆外孙，不欲质匈奴，亡走焉耆，车师王更立子乌贵为太子。及乌贵立为王，与匈奴结婚姻，教匈奴遮汉道通乌孙者。

是岁，侍郎会稽郑吉与校尉司马熹，将免刑罪人田渠犁，积谷，发城郭诸国兵万余人与所将田士千五百人共击车师，破之；车师王请降。匈奴发兵攻车师；吉、熹引兵北逢之，匈奴不敢前。吉、熹即留一候与卒二十人留守王，吉等引兵归渠犁。

车师王恐匈奴兵复至而见杀也，乃轻骑奔乌孙。吉即迎其妻子，传送长安。匈奴更以车师王昆弟兜莫为车师王，收其余民东徙，不敢居故地；而郑吉始使吏卒三百人往田车师地以实之。

公元前 65 年　汉宣帝元康元年，匈奴虚闾权渠单于四年

初，乌孙公主少子万年有宠于莎车王。莎车王死而无子，时万年在汉，莎车国人计，欲自托于汉，又欲得乌孙心，上书请万年为莎车王。汉

许之,遣使者奚充国送万年。万年初立,暴恶,国人不说。汉宣帝令群臣举可使西域者,前将军韩增举上党冯奉世以卫候使持节送大宛诸国客至伊循城。会故莎车王弟呼屠征与旁国共杀其王万年及汉使者奚充国,自立为王。时匈奴又发兵攻车师城,不能下而去。莎车遣使扬言"北道诸国已属匈奴矣",于是攻劫南道,与歃盟畔汉,从鄯善以西皆绝不通。都护郑吉、校尉司马憙皆在北道诸国间,奉世与其副严昌计,以为不亟击之,则莎车日强,其势难制,必危西域,遂以节谕告诸国王,因发其兵,南北道合万五千人,进击莎车,攻拔其城。莎车王自杀,传其首诣长安,更立它昆弟子为莎车王。诸国悉平,威振西域,奉世乃罢兵以闻。

公元前 64 年　　汉宣帝元康二年,匈奴虚闾权渠单于五年

匈奴大臣皆以为"车师地肥美,近匈奴,使汉得之,多田积谷,必害人国,不可不争",由是数遣兵击车师田者。郑吉将渠犁田卒七千余人救之,为匈奴所围。汉宣帝与后将军赵充国等议,欲因匈奴衰弱,出兵击其右地,使不得复扰西域。魏相上书谏。汉宣帝从相言,止遣长罗侯常惠将张掖、酒泉骑往车师,迎郑吉及其吏士还渠犁。召故车师太子军宿在焉耆者,立以为王;尽徙车师国民令居渠犁,遂以车师故地与匈奴。以郑吉为卫司马,使护鄯善以西南道。

公元前 62 年　　汉宣帝元康四年,匈奴虚闾权渠单于七年

羌侯狼何遣使至匈奴借兵,欲击鄯善、敦煌以绝汉道。两府复白遣义渠安国行视诸羌,分别善恶。

公元前 61 年　　汉宣帝神爵元年,匈奴虚闾权渠单于八年

春三月,西羌反汉,汉发胡、越骑等兵至金城。

夏四月,遣赵充国等击西羌。充国子赵卬将胡、越骑等为支兵,至令居。六月,赵充国等上言,恐匈奴与羌有谋,且欲大入;幸能要杜张掖、酒泉以绝西域,其郡兵尤不可发。①

丁令比三岁入盗匈奴,杀略数千人。匈奴遣万余骑往击之,无所得。

---

① 据林幹《匈奴历史年表》,第48页。

公元前60年　汉宣帝神爵二年，匈奴虚闾权渠单于九年，握衍朐鞮单于元年

秋，羌若零、离留、且种、儿库共斩先零大豪犹非、杨玉首，及诸豪弟泽、阳雕、良儿、靡忘皆帅煎巩、黄羝之属四千余人降。汉封若零、弟泽二人为帅众王，余皆为侯、为君。辛武贤小弟汤举为护羌校尉，数醉酗羌人，羌人反畔。

匈奴虚闾权渠单于将十余万骑旁塞猎，欲入边为寇。未至，会其民题除渠堂亡降汉言状，汉以为言兵鹿奚鹿卢侯，而遣后将军赵充国将兵四万余骑屯缘边九郡备虏。月余，单于病欧血，因不敢入，还去，即罢兵。乃使题王都犁胡次等入汉请和亲，未报。会单于死。虚闾权渠单于始立，而黜颛渠阏氏。单于死，用事贵人郝宿王刑未央使人号诸王，未至，颛渠阏氏与其弟左大将且渠都隆奇谋，立右贤王为握衍朐鞮单于。握衍朐鞮单于者，乌维单于耳孙也。握衍朐鞮单于立，凶恶，杀刑未央等而任用都隆奇，又尽免虚闾权渠子弟近亲而自以其子弟代之。虚闾权渠单于子稽侯狦既不得立，亡归妻父乌禅幕。匈奴日逐王素与握衍朐鞮单于有隙，率其众降汉，郑吉发兵迎之。汉封日逐王为归德侯。吉既破车师，降日逐，威震西域，遂并护车师以西北道，故号都护。都护之置，自吉始焉。匈奴益弱，不敢争西域。汉之号令班西域矣。握衍朐鞮单于更立其从兄薄胥堂为日逐王。

乌孙昆弥翁归靡因长罗侯常惠上书，为元贵靡请婚，愿绝匈奴。汉乃以乌孙主解忧弟相夫为公主，盛为资送而遣之，使常惠送之至敦煌。未出塞，翁归靡死，乌孙背约。汉征还少主。

公元前59年　汉宣帝神爵三年，匈奴握衍朐鞮单于二年

匈奴单于又杀先贤掸两弟；乌禅幕请之，不听，心恚。其后左奥鞬王死，单于自立其小子为奥鞬王，留庭。奥鞬贵人共立故奥鞬王子为王，与俱东徙。单于右丞相将万骑往击之，失亡数千人，不胜。

公元前58年　汉宣帝神爵四年，匈奴握衍朐鞮单于三年，呼韩邪单于元年

五月，匈奴单于遣弟呼留若王胜之来朝。匈奴握衍朐鞮单于暴虐，好杀伐，国中不附。及太子、左贤王数谮左地贵人，左地贵人皆怨。会乌桓

击匈奴东边姑夕王，颇得人民，单于怒。姑夕王恐，即与乌禅幕及左地贵人共立稽侯狦为呼韩邪单于，发左地兵四五万人，西击握衍朐鞮单于。握衍朐鞮单于兵败，自杀。其民尽降呼韩邪单于。呼韩邪单于归庭；数月，罢兵，使各归故地，乃收其兄呼屠吾斯在民间者，立为左谷蠡王，使人告右贤贵人，欲令杀右贤王。冬，左大且渠都隆奇与右贤王共立日逐王薄胥堂为屠耆单于，发兵数万人东袭呼韩邪单于，呼韩邪单于兵败走。屠耆单于还，以其长子都涂吾西为左谷蠡王，少子姑瞀楼头为右谷蠡王，留居单于庭。

公元前57年 汉宣帝五凤元年，匈奴呼韩邪单于二年

秋，匈奴五单于争立，呼揭王自立为呼揭单于。右奥鞬王自立为车犁单于。乌藉都尉自立为乌藉单于。屠耆单于皆击破之。乌藉、呼揭皆去单于号，车犁单于西北走。屠耆单于即引兵西南留闟敦地。汉议者多主乘匈奴内乱，举兵灭之。萧望之以为宜遣使者吊问，辅其微弱，救其灾患。以仁恩臣服之，并使四夷闻之贵中国之仁义。汉宣帝从其议。

公元前56年 汉宣帝五凤二年，匈奴呼韩邪单于三年，郅支骨都侯单于元年

匈奴呼韩邪单于遣其弟右谷蠡王等西袭屠耆单于屯兵，杀略万余人。屠耆单于兵败，自杀。都隆奇乃与屠耆少子右谷蠡王姑瞀楼头亡归汉。车犁单于东降呼韩邪单于。

冬十一月，呼韩邪单于左大将乌厉屈与父呼遨累乌厉温敦皆见匈奴乱，率其众数万人降汉；封乌厉屈为新城侯，乌厉温敦为义阳侯。是时李陵子复立乌藉都尉为单于，呼韩邪单于捕斩之；遂复都单于庭，然众裁数万人。屠耆单于从弟休旬王自立为闰振单于，在西边；呼韩邪单于兄左贤王呼屠吾斯亦自立为郅支骨都侯单于，在东边。

公元前55年 汉宣帝五凤三年，匈奴呼韩邪单于四年，郅支骨都侯单于二年

六月，辛酉，以西河太守杜延年为御史大夫。置西河、北地属国以处匈奴降者。

公元前54年 汉宣帝五凤四年，匈奴呼韩邪单于五年，郅支骨都侯单于三年

春，匈奴单于称臣①，遣弟右谷蠡王入侍。以边塞亡寇，减戍卒什二。

夏，匈奴闰振单于率其众东击郅支单于。郅支与战，杀之，并其兵；遂进攻呼韩邪。呼韩邪兵败走，郅支都单于庭。

公元前53年 汉宣帝甘露元年，匈奴呼韩邪单于六年，郅支骨都侯单于四年

匈奴呼韩邪单于既败也，从左伊秩訾王计，称臣入朝事汉，从汉求助。遣子右贤王铢娄渠堂入侍。郅支单于亦遣子右大将驹于利受入侍。

冬，呼韩邪单于遣弟左贤王朝汉。②

乌孙狂王复尚楚主解忧，生一男鸱靡，不与主和，又暴恶失众。公主与汉使卫司马魏和意、副候任昌置酒谋诛狂王，狂王伤，上马驰去。肥王翁归靡胡妇子乌就屠，扬言母家匈奴兵来，故众归之。后遂袭杀狂王，自立为昆弥。汉遣破羌将军辛武贤将兵万五千人至敦煌，通渠积谷，欲以讨之。都护郑吉使冯夫人（楚主侍者冯嫽）说乌就屠，以汉兵方出，必见灭，不如降。乌就屠恐，愿得小号以自处。汉宣帝征冯夫人，自问状。遣谒者竺次、期门甘延寿为副，送冯夫人。冯夫人锦车持节，诏乌就屠诣长罗侯赤谷城，立元贵靡为大昆弥，乌就屠为小昆弥，皆赐印绶。破羌将军不出塞，还。后乌就屠不尽归诸翎侯人众，汉复遣长罗侯将三校屯赤谷，因为分别其人民地界，大昆弥户六万余，小昆弥户四万余。然众心皆附小昆弥。

公元前52年 汉宣帝甘露二年，匈奴呼韩邪单于七年，郅支骨都侯单于五年

冬十二月，匈奴呼韩邪单于款五原塞，原奉国珍，朝三年正月。汉宣帝采太子太傅萧望之议，以客礼待之，令单于位在诸侯王上，赞谒称臣而

---

① 林幹注："其时匈奴有三单于，即呼韩邪、郅支与闰振，此单于不知是谁。"（林幹：《匈奴历史年表》，第53页）

② 据林幹《匈奴历史年表》，第53页。

不名。诏遣车骑都尉韩昌迎单于，发所过七郡二千骑为陈道上。

公元前 51 年　汉宣帝甘露三年，匈奴呼韩邪单于八年，郅支骨都侯单于六年

春正月，匈奴呼韩邪单于来朝。赐以冠带、衣裳、黄金玺、盭绶，玉具剑、佩刀，弓一张，矢四发，棨戟十，安车一乘，鞍勒一具，马十五匹，黄金二十斤，钱二十万，衣被七十七袭，锦绣、绮縠、杂帛八千匹，絮六千斤。礼毕，使使者道单于先行宿长平。上自甘泉宿池阳宫。上登长平阪，诏单于毋谒，其左右当户群臣皆得列观，及诸蛮夷君长、王、侯数万，咸迎于渭桥下，夹道陈。上登渭桥，咸称万岁。单于就邸长安。置酒建章宫，飨赐单于，观以珍宝。

二月，遣单于归国。单于自请"愿留居幕南光禄塞下；有急，保汉受降城"。汉遣长乐卫尉、高昌侯董忠、车骑都尉韩昌将骑万六千，又发边郡士马以千数，送单于出朔方鸡鹿塞。诏忠等留卫单于，助诛不服，又转边谷米糒，前后三万四千斛，给赡其食。先是，自乌孙以西至安息诸国近匈奴者，皆畏匈奴而轻汉，及呼韩邪单于朝汉后，咸尊汉矣。

乌孙大昆弥元贵靡及鸱靡皆病死。公主上书愿归骸骨，葬汉地。汉宣帝闵而迎之。冬，至京师，待之一如公主之制。后二岁卒。元贵靡子星靡代为大昆弥，弱。冯夫人上书愿使乌孙，镇抚星靡。汉遣之。都护奏乌孙大吏、大禄、大监皆可赐以金印紫绶，以尊辅大昆弥。汉许之。其后段会宗为都护，乃招还亡叛，安定之。星靡死，子雌栗靡代立。

公元前 50 年　汉宣帝甘露四年，匈奴呼韩邪单于九年，郅支骨都侯单于七年

匈奴呼韩邪、郅支两单于俱遣使朝献，汉待呼韩邪使有加焉。

公元前 49 年　汉宣帝黄龙元年，匈奴呼韩邪单于十年，郅支骨都侯单于八年

匈奴呼韩邪单于来朝；二月，归国。始，郅支单于以为呼韩邪兵弱，降汉，不能复自还，即引其众西，欲攻定右地。又屠耆单于小弟本侍呼韩邪，亦亡之右地，收两兄余兵，得数千人，自立为伊利目单于；道逢郅支，合战，郅支杀之，并其兵五万余人。郅支闻汉出兵谷助呼韩邪，即遂

留居右地；自度力不能定匈奴，乃益西，近乌孙，欲与其并力，遣使见小昆弥乌就屠。乌就屠杀其使，发八千骑迎郅支。郅支觉其谋，勒兵逢击乌孙，破之；因北击乌揭、坚昆、丁令，并三国。数遣兵击乌孙，常胜之。坚昆东去单于庭七千里，南去车师五千里，郅支留都之。

是岁，西河属国胡伊酋若王将众数千人叛汉，冯奉世持节将兵追击之。①

公元前48年　汉元帝初元元年，匈奴呼韩邪单于十一年，郅支骨都侯单于九年

匈奴呼韩邪单于复上书，言民众困乏。诏云中、五原郡转谷二万斛以给之。

是岁，初置戊己校尉，使屯田车师故地。

公元前44年　汉元帝初元五年，匈奴呼韩邪单于十五年，郅支骨都侯单于十三年

匈奴郅支单于自以道远，又怨汉拥护呼韩邪而不助己，困辱汉使者江乃始等；遣使奉献，因求侍子。汉议遣卫司马谷吉送之，御史大夫贡禹、博士东海匡衡以为郅支单于乡化未醇，所在绝远，宜令使者送其子，至塞而还。吉上书愿送到庭。汉元帝许焉。既至，郅支单于怒，竟杀吉等；自知负汉，又闻呼韩邪益强，恐见袭击，欲远去。会康居王数为乌孙所困，愿迎置郅支东边，合兵取乌孙而立之。即使使到坚昆，通语郅支。郅支素恐，又怨乌孙，闻康居计，大说，遂与相结，引兵而西。郅支人众中寒道死，余财三千人。到康居，康居王以女妻郅支，郅支亦以女予康居王，康居甚尊敬郅支，欲倚其威以胁诸国。郅支数借兵击乌孙，深入至赤谷城，杀略民人，驱畜产去。乌孙不敢追。西边空虚不居者五千里。

公元前43年　汉元帝永光元年，匈奴呼韩邪单于十六年，郅支骨都侯单于十四年

匈奴呼韩邪单于民众益盛，塞下禽兽尽，单于足以自卫，不畏郅支，其大臣多劝单于北归者。久之，单于竟北归庭，民众稍稍归之，其国

---

① 据林幹《匈奴历史年表》，第55页。

遂定。

公元前 36 年　汉元帝建昭三年，匈奴呼韩邪单于二十三年，郅支骨都侯单于二十一年

始，郅支单于自以大国，威名尊重，又乘胜骄，不为康居王礼，怒杀康居王女及贵人、人民数百，或支解投都赖水中。发民作城，日作五百人，二岁乃已。又遣使责阖苏、大宛诸国岁遗，不敢不予。汉遣使三辈至康居，求谷吉等死，郅支困辱使者，不肯奉诏；而因都护上书愿归计强汉，遣子入侍。其骄嫚如此。

冬，使西域都护、骑都尉北地甘延寿、副校尉山阳陈汤共诛斩郅支单于于康居。得汉使节二及谷吉等所赍帛书。诸卤获以畀得者。凡斩阏氏、太子、名王以下千五百一十八级；生房百四十五人，降房千余人，赋予城郭诸国所发十五王。

公元前 35 年　汉元帝建昭四年，匈奴呼韩邪单于二十四年

春，正月，郅支首至京师。诏县十日，乃埋之。仍告祠郊庙，赦天下。群臣上寿，置酒。

公元前 34 年　汉元帝建昭五年，匈奴呼韩邪单于二十五年

匈奴呼韩邪单于闻郅支既诛，且喜且惧；上书，愿入朝见。

公元前 33 年　汉元帝竟宁元年，匈奴呼韩邪单于二十六年

春，正月，匈奴呼韩邪单于来朝，自言愿婿汉氏以自亲。帝以后宫良家子王嫱字昭君赐单于。单于欢喜，上书愿保塞上谷以西至敦煌，请罢边备塞吏卒，以休天子人民。汉元帝从郎中侯应不罢之议，使车骑将军嘉口谕单于。单于号王昭君为宁胡阏氏；生一男伊屠智牙师，为右日逐王。

初，左伊秩訾将其众千余人降汉，汉以为关内侯，食邑三百户，令佩其王印绶。及呼韩邪来朝，与伊秩訾相见，单于固请复归匈奴庭，不能得而归。

张骞孙张猛、萧望之孙萧育、萧咸，俱于元帝时使匈奴。①

---

①　据林幹《匈奴历史年表》，第 58 页。

公元前 31 年　汉成帝建始二年，匈奴呼韩邪单于二十八年

匈奴呼韩邪单于病且死，从颛渠阏氏计，立雕陶莫皋，约令传国与弟。

呼韩邪死，雕陶莫皋立，为复株累若鞮单于。复株累若鞮单于以且糜胥为左贤王，且莫车为左谷蠡王，囊知牙斯为右贤王。复株累单于复妻王昭君，生二女，长女云为须卜居次，小女为当于居次。

公元前 28 年　汉成帝河平元年，匈奴复株累若鞮单于四年

匈奴单于遣右皋林王伊邪莫演等奉献，朝正月。

公元前 27 年　汉成帝河平二年，匈奴复株累若鞮单于五年

春，伊邪莫演罢归，自言欲降。汉成帝从光禄大夫谷永、议郎杜钦议，不受。

公元前 25 年　汉成帝河平四年，匈奴复株累若鞮单于七年

春，正月，匈奴单于来朝。

初，武帝通西域，罽宾自以绝远，汉兵不能至，独不服，数剽杀汉使。久之，汉使者文忠与容屈王子阴末赴合谋攻杀其王；立阴末赴为罽宾王。后军候赵德使罽宾，与阴末赴相失；阴末赴锁琅当德，杀副已下七十余人，遣使者上书谢。孝元帝以其绝域，不录，放其使者于县度，绝而不通。汉成帝即位，复遣使献谢罪。汉欲遣使者报送其使。钦言以为劳吏士之众，涉危难之路，罢敝所恃以事无用，非久长计也。使者可至皮山而还。汉从钦言。罽宾实利赏赐贾市，其使数年而壹至云。

公元前 21 年　汉成帝阳朔四年，匈奴复株累若鞮单于十一年

乌孙小昆弥乌就屠死，子拊离代立；为弟日贰所杀。汉遣使者立拊离子安日为小昆弥。日贰亡阻康居；安日使贵人姑莫匿等三人诈亡从日贰，刺杀之。于是西域诸国上书，愿复得前都护段会宗；汉成帝从之。城郭诸国闻之，皆翕然亲附。

公元前 20 年　汉成帝鸿嘉元年，匈奴复株累若鞮单于十二年，搜谐

若鞮单于元年

是岁，匈奴复株累单于死，弟且糜胥立，为搜谐若鞮单于；遣子左祝都韩王呴留斯侯入侍，以且莫车为左贤王。

公元前 12 年 汉成帝元延元年，匈奴搜谐若鞮单于九年，车牙若鞮单于元年

匈奴搜谐单于将入朝；未入塞，病死。弟且莫车立，为车牙若鞮单于；以囊知牙斯为左贤王。

是岁，左将军辛庆忌卒。庆忌为国虎臣，遭世承平，匈奴、西域亲附，敬其威信。

公元前 11 年 汉成帝元延二年，匈奴车牙若鞮单于二年

初，乌孙小昆弥安日为降民所杀，诸翎侯大乱。诏征故金城太守段会宗为左曹、中郎将、光禄大夫，使安辑乌孙；立安日弟末振将为小昆弥，定其国而还。时大昆弥雌栗靡勇健，末振将恐为所并，使贵人乌日领诈降，刺杀雌栗靡。汉欲以兵讨之而未能，遣中郎将段会宗立公主孙伊秩靡为大昆弥。久之，大昆弥、翕侯难栖杀末振将，安日子安犁靡代为小昆弥。汉恨不自诛末振将，复遣段会宗发戊已校尉诸国兵，即诛末振将太子番丘。会宗还，奏事，汉成帝赐会宗爵关内侯、黄金百斤。会宗以难栖杀末振将，奏以为坚守都尉。责大禄、大监以雌栗靡见杀状，夺金印、紫绶，更与铜、墨云。末振将弟卑爰疐本共谋杀大昆弥，将众八万余口北附康居，谋欲借兵兼并两昆弥；汉复遣会宗与都护孙建并力以备之。

自乌孙分立两昆弥，汉用忧劳，且无宁岁。时康居复遣子侍汉，贡献，都护郭舜以为康居不拜，宜归其侍子，绝勿复使。汉为其新通，重致远人，终羁縻不绝。

公元前 8 年 汉成帝绥和元年，匈奴车牙若鞮单于五年，乌珠留若鞮单于元年

秋八月，匈奴车牙单于死；弟囊知牙斯立，为乌珠留若鞮单于。乌珠留单于立，以弟乐为左贤王，舆为右贤王，汉遣中郎将夏侯藩、副校尉韩容使匈奴。

汉成帝欲从单于求地，为有不得，伤命损威。王根以成帝指晓藩，令

从藩所说而求之。藩至匈奴，以语次说单于割地，后复使匈奴，至则求地。单于不应。藩还，迁为太原太守。单于遣使上书，以藩求地状闻。诏报单于曰："藩擅称诏，从单于求地，法当死；更大赦二，令徙藩为济南太守，不令当匈奴。"

公元前5年　汉哀帝建平二年，匈奴乌珠留若鞮单于四年

乌孙卑爰疐侵盗匈奴西界，单于遣兵击之，杀数百人，略千余人，驱牛畜去。卑爰疐恐，遣子趋逯为质匈奴，单于受，以状闻。汉遣使者责让单于，告令还归卑爰疐质子。单于受诏遣归。

公元前3年　汉哀帝建平四年，匈奴乌珠留若鞮单于六年

匈奴单于上书愿朝五年。时汉哀帝被疾，或言单于朝中国，辄有大故。公卿亦以为虚费府帑，可且勿许。单于使辞去，未发，黄门郎扬雄上书谏。天子寤焉，召还匈奴使者，更报单于书而许之。单于未发，会病，复遣使愿朝明年；哀帝许之。

公元前1年　汉哀帝元寿二年，匈奴乌珠留若鞮单于八年

春正月，匈奴单于及乌孙大昆弥伊秩靡皆来朝，汉以为荣。是时西域凡五十国，自译长至将、相、侯、王皆佩汉印绶，凡三百七十六人；而康居、大月氏、安息、罽宾、乌弋之属，皆以绝远，不在数中，其来贡献，则相与报，不督录总领也。自黄龙以来，单于每入朝，其赏赐锦绣、缯絮，辄加厚于前，以慰接之。是时上以太岁厌胜所在，舍单于上林苑蒲陶宫，告之以加敬于单于；单于知之，不悦。

公元2年　汉平帝元始二年，匈奴乌珠留若鞮单于十年

王莽欲悦太后以威德至盛，异于前，乃风单于令遣王昭君女须卜居次云入侍太后，所以赏赐之甚厚。

车师后王国有新道通玉门关，往来差近，戊己校尉徐普欲开之。车师后王姑句以当道供给使者，心不便也。普欲分明其界，然后奏之，召姑句使证之；不肯，系之。姑句即驰突出高昌壁，入匈奴。又去胡来王唐兜与赤水羌数相寇，不胜，告急都护，都护但钦不以时救助。唐兜困急，怨钦，东守玉门关；玉门关不内，即将妻子、人民千余人亡降匈奴。单于

受，置左谷蠡地，遣使上书言状，曰："臣谨已受。"诏遣中郎将韩隆等使匈奴，责让单于；单于叩头谢罪，执二虏还付使者。诏使中郎将王萌待于西域恶都奴界上。单于遣使送，因请其罪；使者以闻。莽不听，诏会西域诸国王，陈军斩姑句、唐兜以示之。乃造设四条，中国人亡入匈奴者，乌孙亡降匈奴者，西域诸国佩中国印绶降匈奴者，乌桓降匈奴者，皆不得受。遣中郎将王骏、王昌、副校尉甄阜、王寻使匈奴，班四条与单于，杂函封，付单于，令奉行；因收故宣帝所为约束封函还。时莽奏令中国不得有二名，因使使者以风单于，宜上书慕化，为一名，汉必加厚赏。单于从之，更名曰知。莽大说，白太后，遣使者答谕，厚赏赐焉。

公元 4 年 汉平帝元始四年，匈奴乌珠留若鞮单于十二年

王莽遣中郎将平宪等多持金币诱塞外羌，使献地愿内属。宪等奏羌豪良愿等种可万二千人，愿为内臣，献鲜水海、允谷、盐池、平地美草，皆予汉民；宜以时处业，置属国领护。事下王莽，莽复奏："今已有东海、南海、北海郡，请受良愿等所献地为西海郡。分天下为十二州，应古制。"奏可。

冬，置西海郡。又增法五十条，犯者徙之西海。徙者以千万数，民始怨矣。

公元 6 年 王莽居摄元年，匈奴乌珠留若鞮单于十四年

是岁，西羌庞恬、傅幡等怨莽夺其地，反攻西海太守程永；永奔走。莽诛永，遣护羌校尉窦况击之。

公元 9 年 新莽始建国元年，匈奴乌珠留若鞮单于十七年

王莽诏令四夷僭号称王者皆更为侯。五威将奉符命，赍印绶，王侯以下及吏官名更者，外及匈奴、西域、徼外蛮夷，皆即授新室印绶，因收故汉印绶。西出者至西域，尽改其王为侯；北出者至匈奴庭，授单于印，改汉印文，去玺言章。

公元 10 年 新莽始建国二年，匈奴乌珠留若鞮单于十八年

初，莽既班四条于匈奴，后护乌桓使者告乌桓民，毋得复与匈奴皮布税。匈奴遣使者责税，收乌桓酋豪，缚，倒悬之。酋豪兄弟怒，共杀匈奴

使。单于闻之，发左贤王兵入乌桓，攻击之，颇杀人民，驱妇女弱小且千人去，置左地，告乌桓曰："持马畜皮布来赎之！"乌桓持财畜往赎，匈奴受，留不遣。

秋，王莽遣五威将帅王骏等六人至匈奴，重遗单于金帛，谕晓以受命代汉状，因易单于故印。故印文曰"匈奴单于玺"，莽更曰"新匈奴单于章"。单于遣弟右贤王舆奉马牛随将帅入谢，因上书求故印。单于始用夏侯藩求地，有拒汉语，后以求税乌桓不得，因寇略其人民，衅由是生，重以印文改易，故怨恨；乃遣右大且渠蒲呼卢訾等十余人将兵众万骑，以护送乌桓为名，勒兵朔方塞下，朔方太守以闻。

王莽以广新公甄丰为右伯，当出西域。车师后王须置离闻之，惮于供给烦费，谋亡入匈奴；都护但钦召置离，斩之。置离兄辅国侯狐兰支将置离众二千余人，亡降匈奴。单于受之，遣兵与狐兰支共入寇，击车师，杀后城长，伤都护司马，及狐兰兵复还入匈奴。时戊己校尉刁护病，史陈良、终带等因西域诸国颇背叛，匈奴欲大侵，遂杀护及其子男、昆弟，尽胁略戊己校尉吏士男女二千余人入匈奴。单于号良、带曰乌贲都尉。

王莽欲立威匈奴，乃更名匈奴单于曰"降奴服于"，下诏遣立国将军孙建等率十二将分道并出，穷追匈奴，内之丁令。分其国土人民以为十五，立呼韩邪子孙十五人皆为单于。

公元 11 年　新莽始建国三年，匈奴乌珠留若鞮单于十九年

王莽遣中郎将蔺苞、副校尉戴级将兵万骑至云中塞下，招诱呼韩邪诸子，欲以次拜为十五单于。苞、级使译出塞，诱呼左犁汙王咸、咸子登、助三人至。至则胁拜咸为孝单于，助为顺单于，皆厚加赏赐；传送助、登长安。单于怒，遣左骨都侯、右伊秩訾王呼卢訾及左贤王乐将兵入云中益寿塞，大杀吏民。是后，单于历告左右部都尉、诸边王入塞寇盗，大辈万余，中辈数千，少者数百，杀雁门、朔方太守、都尉，略吏民畜产，不可胜数，缘边虚耗。是时诸将在边，以大众未集，未敢出击匈奴。讨濊将军严尤谏止，莽不听尤言，转兵谷如故，天下骚动。

咸既受莽孝单于之号，驰出塞归庭，具以见胁状白单于；单于更以为于粟置支侯，匈奴贱官也。后助病死，莽以登代助为顺单于。

北边自宣帝以来，数世不见烟火之警，人民炽盛，牛马布野；及莽挠乱匈奴，与之构难，边民死亡系获，数年之间，北边虚空，野有暴骨矣。

公元 13 年　新莽始建国五年，匈奴乌珠留若鞮单于二十一年，乌累若鞮单于元年

乌孙大、小昆弥遣使贡献。莽以乌孙国人多亲附小昆弥，见匈奴诸边并侵，意欲得乌孙心，乃遣使者引小昆弥使，坐大昆弥使上。

西域诸国以莽积失恩信，焉耆先叛，杀都护但钦；西域遂瓦解。

匈奴乌珠留单于死，用事大臣右骨都侯须卜当，即王昭君女伊墨居次云之婿也。云常欲与中国和亲，又素与伊粟置支侯咸厚善，见咸前后为莽所拜，故遂立咸为乌累若鞮单于。乌累单于咸立，以弟舆为右谷蠡王。乌珠留单于子苏屠胡本为左贤王，后更谓之护于，欲传以国。咸怨乌珠留单于贬己号，乃贬护于为左屠耆王。

公元 14 年　新莽天凤元年，匈奴乌累若鞮单于二年

匈奴右骨都侯须卜当等劝单于和亲，遣人之西河虎猛制房塞下，告塞吏欲见和亲侯。和亲侯者，王昭君兄子歙也。中部都尉以闻，莽遣歙、歙弟骑都尉、展德侯飒使匈奴，贺单于初立，赐黄金、衣被、缯帛；给言侍子登在，因购求陈良、终带等。单于尽收陈良等二十七人，皆械槛付使者。莽作焚如之刑，烧杀陈良等。

缘边大饥，人相食。谏大夫如普行边兵还，言："军士久屯寒苦，边郡无以相赡。今单于新和，宜因是罢兵。"莽采普言，征还诸将在边者，免陈钦等十八人，又罢四关镇都尉诸屯兵。匈奴使还，单于知子登前死，怨恨，寇虏从左地入不绝。莽复发军屯。

公元 15 年　新莽天凤二年，匈奴乌累若鞮单于三年

单于咸既和亲，求其子登尸。王莽欲遣使送致，恐咸怨恨，害使者，乃收前言当诛侍子者故将军陈钦，以他罪杀之。莽选辩士济南王咸为大使。夏，五月，莽复遣和亲侯歙与咸等送右厨唯姑夕王，因奉归前所斩侍子登及诸贵人从者丧。咸到单于庭，陈莽威德，莽亦多遗单于金珍，因谕说改其号，号匈奴曰"恭奴"，单于曰"善于"，赐印绶，封骨都侯当为后安公，当子男奢为后安侯。单于贪莽金币，故曲听之，然寇盗如故。

公元 16 年　新莽天凤三年，匈奴乌累若鞮单于四年

长平馆西岸崩，壅泾水不流，毁而北行。群臣以为匈奴灭亡之祥也。王莽乃遣并州牧宋弘、游击都尉任萌等将兵击匈奴，至边上屯。

是岁，遣大使五威将王骏、西域都护李崇、戊己校尉郭钦出西域。诸国皆郊迎，送兵谷。骏欲袭击之，焉耆诈降而聚兵自备，骏等将莎车、龟兹兵七千余人分为数部，命郭钦及佐帅何封别将居后。骏等入焉耆，焉耆伏兵要遮骏，及姑墨、封犁、危须国兵为反间，还共袭骏等，皆杀之。钦后至焉耆，焉耆兵未还，钦袭击，杀其老弱，从车师还入塞。莽拜钦为填外将军，封剿胡子；何封为集胡男。李崇收余士，还保龟兹。

公元 18 年　新莽天凤五年，匈奴乌累若鞮单于六年，呼都而尸道皋若鞮单于元年

乌累单于死，弟左贤王舆立，为呼都而尸道皋若鞮单于。舆既立，贪利赏赐，遣大且渠奢与伊墨居次云女弟之子醯椟王，俱奉献至长安。莽遣和亲侯歙与奢等俱至制房塞下，与云及须卜当会；因以兵迫胁云、当，将至长安。云、当小男从塞下得脱，归匈奴。当至长安，莽拜为须卜单于，欲出大兵以辅立之，兵调度亦不合。而匈奴愈怒，并入北边为寇。

公元 19 年　新莽天凤六年，匈奴呼都而尸道皋若鞮单于二年

匈奴寇边甚，莽乃大募天下丁男及死罪囚、吏民奴，名曰猪突、豨勇，以为锐卒。又博募有奇技术可以攻匈奴者，将待以不次之位。

莽既得须卜当，欲遣严尤与廉丹击匈奴，皆赐姓征氏，号二征将军，令诛单于舆而立当代之。出车城西横厩，未发。

公元 23 年　淮阳王更始元年，匈奴呼都而尸道皋若鞮单于六年

王莽败，西域都护李崇没于龟兹，西域遂绝。

公元 25 年　东汉光武帝建武元年，匈奴呼都而尸道皋若鞮单于八年

三水豪桀共立卢芳为上将军、西平王，使使与西羌、匈奴结和亲。单于以为："汉氏中绝，刘氏来归，我亦当如呼韩邪立之，令尊事我。"乃使句林王将数千骑迎芳兄弟入匈奴，立芳为汉帝，以芳弟程为中郎将，将胡骑还入安定。

平陵窦融累世仕宦河西，知其土俗。融为张掖属国都尉，抚结雄桀，

怀辑羌虏，甚得其欢心。酒泉太守安定梁统、金城太守库钧、张掖都尉茂陵史苞、酒泉都尉竺曾、敦煌都尉辛肜，并州郡英俊，融皆与厚善。及更始败，融与梁统等计议天下扰乱，未知所归。河西斗绝在羌、胡中，当推一人为大将军，共全五部，观时变动。乃推融行河西五郡大将军事，以梁统为武威太守，史苞为张掖太守，竺曾为酒泉太守，辛肜为敦煌太守。融居属国，领都尉职如故；置从事，监察五郡。河西民俗质朴，而融等政亦宽和，上下相亲，晏然富殖。修兵马，习战射，明烽燧，羌、胡犯塞，融辄自将与诸郡相救，皆如符要，每辄破之。其后羌、胡皆震服亲附，内郡流民避凶饥者归之不绝。

公元 29 年　东汉光武帝建武五年，匈奴呼都而尸道皋若鞮单于十二年

莎车王延尝为侍子京师，慕乐中国。及王莽之乱，匈奴略有西域，唯延不肯附属，常敕诸子："当世奉汉家，不可负也。"延卒，子康立。康率傍国拒匈奴，拥卫故都护吏士、妻子千余口。檄书河西，问中国动静。窦融乃承制立康为汉莎车建功怀德王、西域大都尉，五十五国皆属焉。

公元 32 年　东汉光武帝建武八年，匈奴呼都而尸道皋若鞮单于十五年

夏闰四月，汉光武帝自将征隗嚣。窦融率五郡太守及羌虏小月氏等步骑数万，辎重五千余两，与大军会。融先遣从事问会见仪适。帝闻而善之，待融等以殊礼。遂共进军，数道上陇。

公元 33 年　东汉光武帝建武九年，匈奴呼都而尸道皋若鞮单于十六年

莎车王康卒，弟贤立，攻杀拘弥、西夜王，而使康两子王之。

公元 34 年　东汉光武帝建武十年，匈奴呼都而尸道皋若鞮单于十七年

先零羌与诸种寇金城、陇西，来歙率盖延等进击，大破之，斩首虏数千人。于是开仓廪以赈饥乏，陇右遂安，而凉州流通焉。

公元 35 年　东汉光武帝建武十一年，匈奴呼都而尸道皋若鞮单于十八年

夏，先零羌寇临洮。来歙荐马援为陇西太守，击先零羌，大破之。

公孙述以王元为将军，使与领军环安拒河池。六月，来歙与盖延等进攻元、安，大破之，遂克下辨，乘胜遂进。马成等破河池，遂平武都。先零诸种羌数万人，屯聚寇钞，拒浩亹隘。成与马援深入讨击，大破之，徙降羌置天水、陇西、扶风。

是时，朝臣以金城破羌之西，涂远多寇，议欲弃之。马援以为破羌以西，城多完牢，易可依固。其田土肥壤，灌溉流通。如令羌在湟中，则为害不休，不可弃也。汉光武帝从其议。民归者三千余口，援为置长吏，缮城郭，起坞候，开沟洫，劝以耕牧，郡中乐业。又招抚塞外氐、羌，皆来降附，援奏复其侯王君长，汉光武帝悉从之。乃罢马成军。

公元 36 年　东汉光武帝建武十二年，匈奴呼都而尸道皋若鞮单于十九年

是岁，参狼羌与诸种寇武都，陇西太守马援击破之，降者万余人，于是陇右清静。

卢芳与匈奴、乌桓连兵，数寇边。帝遣骠骑大将军杜茂等将兵镇守北边，治飞狐道，筑亭障，修烽燧，凡与匈奴、乌桓大小数十百战，终不能克。

汉光武帝诏窦融与五郡太守入朝。寻拜融冀州牧。又以梁统为太中大夫，姑臧长孔奋为武都郡丞。姑臧在河西最为富饶。

公元 38 年　东汉光武帝建武十四年，匈奴呼都而尸道皋若鞮单于二十一年

莎车王贤、鄯善王安皆遣使奉献。西域苦匈奴重敛，皆愿属汉，复置都护；汉光武帝以中国新定，不许。

公元 41 年　东汉光武帝建武十七年，匈奴呼都而尸道皋若鞮单于二十四年

莎车王贤复遣使奉献，请都护；帝赐贤西域都护印绶及车旗、黄金、锦绣。敦煌太守裴遵上言夷狄不可假以大权。诏书收还都护印绶，更赐贤

以汉大将军印绶；其使不肯易，遵迫夺之。贤由是始恨，而犹诈称大都护，移书诸国，诸国悉服属焉。

公元 45 年　东汉光武帝建武二十一年，匈奴呼都而尸道皋若鞮单于二十八年

莎车王贤浸以骄横，欲兼并西域，数攻诸国，重求赋税，诸国愁惧。车师前王、鄯善、焉耆等十八国俱遣子入侍，愿得都护。汉光武帝以中国初定，北边未服，皆还其侍子，厚赏赐之。诸国大忧恐，乃与敦煌太守檄愿留侍子以示莎车，言侍子见留，都护寻出，冀且息其兵。光武帝许之。

公元 46 年　东汉光武帝建武二十二年，匈奴呼都而尸道皋若鞮单于二十九年，蒲奴单于元年

匈奴单于舆死，子左贤王乌达鞮侯立；复死，弟左贤王蒲奴立。匈奴中连年旱蝗，赤地数千里，人畜饥疫，死耗太半。单于畏汉乘其敝，乃遣使诣渔阳求和亲；帝遣中郎将李茂报命。

乌桓乘匈奴之弱，击破之，匈奴北徙数千里，幕南地空。诏罢诸边郡亭候、吏卒，以币帛招降乌桓。

西域诸国侍子久留敦煌，皆愁思亡归。莎车王贤知都护不至，击破鄯善，攻杀龟兹王。鄯善王安上书："愿复遣子入侍，更请都护；都护不出，诚迫于匈奴。"帝报曰："今使者大兵未能得出，如诸国力不从心，东西南北自在也。"于是鄯善、车师复附匈奴。

公元 47 年　东汉光武帝建武二十三年，匈奴蒲奴单于二年

初，匈奴单于舆弟右谷蠡王知牙师以次当为左贤王，左贤王次即当为单于。单于欲传其子，遂杀知牙师。乌珠留单于有子曰比，为右薁鞮日逐王，领南边八部。比有怨言曰我当立。遂内怀猜惧，庭会稀阔。单于疑之，乃遣两骨都侯监领比所部兵。及单于蒲奴立，比益恨望，密遣汉人郭衡奉匈奴地图，诣西河太守求内附。两骨都侯颇觉其意，会五月龙祠，劝单于诛比。比弟渐将王在单于帐下，闻之，驰以报比。比遂聚八部兵四五万人，待两骨都侯还，欲杀之。骨都侯且到，知其谋，亡去。单于遣万骑击之，见比众盛，不敢进而还。

公元 48 年　东汉光武帝建武二十四年，北匈奴蒲奴单于三年，南匈奴呼韩邪单于元年

匈奴八部大人共议立日逐王比为呼韩邪单于，款五原塞，愿永为藩蔽，扞御北虏。五官中郎将耿国以为宜如孝宣故事，受之。令东扞鲜卑，北拒匈奴，率厉四夷，完复边郡。汉光武帝从之。冬十月，匈奴日逐王比自立为南单于，遣使诣阙奉藩称臣。

公元 51 年　东汉光武帝建武二十七年，北匈奴蒲奴单于六年，南匈奴呼韩邪单于四年

北匈奴遣使诣武威求和亲，汉光武帝召公卿廷议，不决。皇太子言曰："南单于新附，北虏惧于见伐，故倾耳而听，争欲归义耳。今未能出兵而反交通北虏，臣恐南单于将有二心，北虏降者且不复来矣。"帝然之，告武威太守勿受其使。朗陵侯臧宫、扬虚侯马武上书劝光武帝喻告高句骊、乌桓、鲜卑、河西四郡、天水、陇西羌、胡出兵共击灭北匈奴。光武帝不许。自是诸将莫敢复言兵事者。

公元 52 年　东汉光武帝建武二十八年，北匈奴蒲奴单于七年，南匈奴呼韩邪单于五年

北匈奴遣使贡马及裘，更乞和亲，并请音乐，又求率西域诸国胡客俱献见。光武帝纳司徒掾班彪之议，颇加赏赐，不绝羁縻之义。答辞明示往者匈奴呼韩邪、郅支故事。

公元 60 年　东汉明帝永平三年，北匈奴蒲奴单于十五年，南匈奴醢僮尸逐侯鞮单于二年

莎车王贤以兵威逼夺于寘、大宛、妫塞王国，使其将守之。于寘人杀其将君得，立大人休莫霸为王。贤率诸国兵数万击之，大为休莫霸所败，脱身走还。休莫霸进围莎车，中流矢死，于寘人复立其兄子广德为王，广德使其弟仁攻贤。广德父先拘在莎车，贤乃归其父，以女妻之，与之和亲。

公元 61 年　东汉明帝永平四年，北匈奴蒲奴单于十六年，南匈奴醢僮尸逐侯鞮单于三年

于寘王广德将诸国兵三万人攻莎车，诱莎车王贤，杀之，并其国。匈奴发诸国兵围于寘，广德请降。匈奴立贤质子不居征为莎车王，广德又攻杀之，更立其弟齐黎为莎车王。

公元 65 年　东汉明帝永平八年，北匈奴蒲奴单于二十年，南匈奴湖邪尸逐侯鞮单于三年

越骑司马郑众使北匈奴，单于欲令众拜，众不为屈。单于围守，闭之不与水火；众拔刀自誓，单于恐而止，乃更发使，随众还京师。南匈奴须卜骨都侯等知汉与北虏交使，内怀嫌怨，欲畔，密使人诣北虏，令遣兵迎之。郑众出塞，疑有异；得须卜使人。乃上言："宜更置大将，以防二虏交通。"由是始置度辽营，以中郎将吴棠行度辽将军事，将黎阳虎牙营士屯五原曼柏。北匈奴虽遣使入贡，而寇钞不息，边城昼闭。帝议遣使报其使者，郑众上疏谏。

公元 73 年　东汉明帝永平十六年，北匈奴蒲奴单于二十八年，南匈奴湖邪尸逐侯鞮单于十一年

春二月，遣祭肜与度辽将军吴棠将河东、西河羌、胡及南单于兵万一千骑出高阙塞，窦固、耿忠率酒泉、敦煌、张掖甲卒及卢水羌、胡万二千骑出酒泉塞，耿秉、秦彭率武威、陇西、天水募士及羌、胡万骑出张掖居延塞，骑都尉来苗、护乌桓校尉文穆将太原、雁门、代郡、上谷、渔阳、右北平、定襄郡兵及乌桓、鲜卑万一千骑出平城塞，伐北匈奴。窦固、耿忠至天山，击呼衍王，斩首千余级；追至蒲类海，取伊吾卢地，置宜禾都尉，留吏士屯田伊吾卢城。耿秉、秦彭击匈林王，绝幕六百余里，至三木楼山而还。来苗、文穆至匈河水上，虏皆奔走，无所获。祭肜与南匈奴左贤王信不相得，出高阙塞九百余里，得小山，信妄言以为涿邪山，不见虏而还。

假司马班超与从事郭恂俱使西域，诛灭北匈奴使，以使首示之鄯善王广，一国震怖。遂纳子为质。是时于寘王广德雄张南道，而匈奴遣使监护其国。超既至于寘，广德素闻超在鄯善诛灭虏使，大惶恐，即杀匈奴使者而降。超重赐其王以下，因镇抚焉。于是诸国皆遣子入侍，西域与汉绝六十五载，至是乃复通焉。

公元 74 年　东汉明帝永平十七年，北匈奴蒲奴单于二十九年，南匈奴湖邪尸逐侯鞮单于十二年

初，龟兹王建为匈奴所立，倚恃虏威，据有北道，攻杀疏勒王，立其臣兜题为疏勒王。班超从间道至疏勒，逆遣吏田虑劫缚兜题，因立其故王兄子忠为王，国人大悦。

冬十一月，汉遣奉车都尉窦固、驸马都尉耿秉、骑都尉刘张出敦煌昆仑塞，击西域，击破白山虏于蒲类海上，遂进击车师，遂定车师而还。于是固奏复置西域都护及戊、己校尉。以陈睦为都护；司马耿恭为戊校尉，屯后王部金蒲城；谒者关宠为己校尉，屯前王部柳中城，屯各置数百人。

公元 75 年　东汉明帝永平十八年，北匈奴蒲奴单于三十年，南匈奴湖邪尸逐侯鞮单于十三年

北单于遣左鹿蠡王率二万骑击车师，耿恭遣司马将兵三百人救之，皆为所没，匈奴遂破杀车师后王安得而攻金蒲城。恭以毒药傅矢射匈奴，杀伤甚众；匈奴震怖，遂解去。秋七月，匈奴复来攻，拥绝涧水；恭于城中穿井得水，匈奴以为神明，遂引去。

十一月，焉耆、龟兹攻没都护陈睦，北匈奴围关宠于柳中城。会中国有大丧，救兵不至，车师复叛，与匈奴共攻耿恭。恭食尽穷困，乃煮铠弩，食其筋革。士卒余数十人。单于遣使招降，恭诱其使上城，手击杀之，炙诸城上。单于大怒，更益兵围恭，不能下。关宠上书求救。汉遣征西将军耿秉屯酒泉，行太守事，遣酒泉太守段彭等发张掖、酒泉、敦煌三郡及鄯善兵合七千余人以救之。

公元 76 年　东汉章帝建初元年，北匈奴蒲奴单于三十一年，南匈奴湖邪尸逐侯鞮单于十四年

酒泉太守段彭等兵会柳中，击车师，攻交河城，斩首三千八百级，获生口三千余人。北匈奴惊走，车师复降。汉章帝诏悉罢戊、己校尉及都护官，征还班超。超将发还，疏勒举国忧恐；超更还疏勒。疏勒两城已降龟兹，而与尉头连兵。超捕斩反者，击破尉头，杀六百余人，疏勒复安。

北匈奴皋林温禺犊王将众还居涿邪山，南单于与边郡及乌桓共击破之。是岁，南部大饥，诏禀给之。

公元 77 年　东汉章帝建初二年，北匈奴蒲奴单于三十二年，南匈奴湖邪尸逐侯鞮单于十五年

春三月，罢伊吾卢屯兵，匈奴复遣兵守其地。

烧当羌豪滇吾之子迷吾率诸种俱反，败金城太守郝崇。诏以武威太守北地傅育为护羌校尉，自安夷徙居临羌。迷吾又与封养种豪布桥等五万余人共寇陇西、汉阳。秋，八月，遣行车骑将军马防、长水校尉耿恭将北军五校兵及诸郡射士三万人击之。破之，斩首虏四千余人，其众皆降，唯布桥等二万余人屯望曲谷不下。

公元 78 年　东汉章帝建初三年，北匈奴蒲奴单于三十三年，南匈奴湖邪尸逐侯鞮单于十六年

马防击布桥，大破之，布桥将种人万余降，诏征防还。留耿恭击诸未服者，斩首虏千余人，勒姐、烧何等十三种数万人，皆诣恭降。

西域假司马班超率疏勒、康居、于寘、拘弥兵一万人攻姑墨石城，破之，斩首七百级。

公元 80 年　东汉章帝建初五年，北匈奴蒲奴单于三十五年，南匈奴湖邪尸逐侯鞮单于十八年

班超欲遂平西域，上疏请兵平定西域。汉章帝以徐幹为假司马，将驰刑及义从千人就超。先是莎车以为汉兵不出，遂降于龟兹，而疏勒都尉番辰亦叛。会徐幹适至，超遂与幹击番辰，大破之，斩首千余级。欲进攻龟兹，以乌孙兵强，宜因其力，乃上言："乌孙大国，控弦十万。故武帝妻以公主，至孝宣帝卒得其用。今可遣使招慰，与共合力。"汉章帝纳之。

公元 83 年　东汉章帝建初八年，北匈奴蒲奴单于三十八年，南匈奴湖邪尸逐侯鞮单于二十一年

夏，六月，北匈奴三木楼訾大人稽留斯等率三万余人款五原塞降。

汉章帝拜班超为将兵长史，以徐幹为军司马，别遣卫侯李邑护送乌孙使者。超即遣邑将乌孙侍子还京师。

公元 84 年　东汉章帝元和元年，北匈奴蒲奴单于三十九年，南匈奴湖邪尸逐侯鞮单于二十二年

武威太守孟云上言："北匈奴复愿与吏民合市。"诏许之。北匈奴大且渠伊莫訾王等驱牛马万余头来与汉交易，南单于遣轻骑出上郡钞之，大获而还。

汉章帝复遣假司马和恭等将兵八百人诣班超，超因发疏勒、于寘兵击莎车。莎车以赂诱疏勒王忠，忠遂反，从之，西保乌即城。超乃更立其府丞成大为疏勒王，悉发其不反者以攻忠。使人说康居王执忠以归其国，乌即城遂降。

公元 85 年　东汉章帝元和二年，北匈奴蒲奴单于四十年，南匈奴湖邪尸逐侯鞮单于二十三年，伊屠於闾鞮单于元年

北匈奴大人车利、涿兵等亡来入塞，凡七十三辈。时北虏衰耗，党众离畔，南部攻其前，丁零寇其后，鲜卑击其左，西域侵其右，不复自立，乃远引而去。

南单于长死，单于汗之子宣立，为伊屠於闾鞮单于。

冬，南单于遣兵与北虏温禺犊王战于涿邪山，斩获而还。汉以北虏以前既和亲，而南部复往抄掠，虑其犯塞，敕度辽及领中郎将庞奋，倍雇南部所得生口以还北虏，以慰安其意。其南部斩首获生，计功受赏如常科。

公元 86 年　东汉章帝元和三年，北匈奴蒲奴单于四十一年，南匈奴伊屠於闾鞮单于二年

烧当羌迷吾复与弟号吾及诸种反。号吾先轻入，寇陇西界，督烽掾李章追之，生得号吾，将诣郡。号吾曰："独杀我，无损于羌；诚得生归，必悉罢兵，不复犯塞。"陇西太守张纡放遣之，羌即为解散，各归故地。迷吾退居河北归义城。

疏勒王忠从康居王借兵，还据损中，遣使诈降于班超，超知其奸而伪许之。忠从轻骑诣超，超斩之，因击破其众，南道遂通。

公元 87 年　东汉章帝章和元年，北匈奴优留单于？年①，南匈奴伊屠於闾鞮单于三年

北匈奴大乱，屈兰储等五十八部、口二十八万诣云中、五原、朔方、

---

①　蒲奴单于死年和优留单于立年，史俱无载。

北地降。

是岁，班超发于寘诸国兵共二万五千人击莎车，龟兹王发温宿、姑墨、尉头兵合五万人救之。超召将校及于寘王共击莎车营，胡大惊乱，奔走，追斩五千余级；莎车遂降，龟兹等因各退散。自是威震西域。

公元88年　东汉章帝章和二年，北单于元年，南匈奴伊屠於闾鞮单于四年，休兰尸逐侯鞮单于元年

南单于宣死，单于长之弟屯屠何立，为休兰尸逐侯鞮单于。

北匈奴饥乱，降南部者岁数千人。秋七月，南单于上书，请乘北虏分争，出兵讨伐，破北成南，并为一国，令汉家长无北念。冬十月，汉以窦宪为车骑将军，伐北匈奴，以执金吾耿秉为副；发北军五校、黎阳、雍营、缘边十二郡骑士及羌、胡兵出塞。

张掖太守邓训代张纡为护羌校尉。迷唐率兵万骑来至塞下，未敢攻训，先欲胁小月氏胡。训拥卫小月氏胡，令不得战，遂令开城及所居园门，悉驱群胡妻子内之，严兵守卫。羌掠无所得，又不敢逼诸胡，因即解去。训遂抚养教谕，赏赂诸羌种，使相招诱，迷唐叔父号吾将其种人八百户来降。训因发湟中秦、胡、羌兵四千人出塞，掩击迷唐于写谷，破之，迷唐乃去大、小榆，居颇岩谷，众悉离散。

公元90年　东汉和帝永元二年，北单于三年，南匈奴休兰尸逐侯鞮单于三年

窦宪遣副校尉阎槃将二千余骑掩击北匈奴之守伊吾者，复取其地。车师震慑，前、后王各遣子入侍。

月氏求尚公主，班超拒还其使，由是怨恨，遣其副王谢将兵七万攻超。谢遂前攻超，不下。超度其粮将尽，超伏兵遮击，尽杀之，持其使首以示谢。谢大惊，即遣使请罪，愿得生归，超纵遣之。月氏由是大震，岁奉贡献。

北单于以汉还其侍弟，九月，复遣使款塞称臣，欲入朝见。冬十月，窦宪遣班固、梁讽迎之。会南单于复上书求灭北庭，于是遣左谷蠡王师子等将左右部八千骑出鸡鹿塞，袭击北单于。北单于被创，仅而得免，获阏氏及男女五人，斩首八千级，生虏数千口。班固至私渠海而还。是时，南部党众益盛，邻户三万四千，胜兵五万。

公元 91 年　东汉和帝永元三年，北单于四年，北匈奴於除鞬单于元年，南匈奴休兰尸逐侯鞮单于四年

窦宪以北匈奴微弱，欲遂灭之，二月，遣左校尉耿夔、司马任尚出居延塞，围北单于于金微山，大破之，获其母阏氏、名王以下五千余级，北单于逃走，不知所在，出塞五千余里而还，自汉出师所未尝至也。封夔为粟邑侯。北单于既亡，其弟右谷蠡王於除鞬自立为单于，将众数千人止蒲类海，遣使款塞。窦宪请遣使立於除鞬为单于，置中郎将领护，如南单于故事。汉和帝从宪策。

龟兹、姑墨、温宿诸国皆降。十二月，复置西域都护、骑都尉、戊己校尉官。以班超为都护，徐幹为长史。拜龟兹侍子白霸为龟兹王，遣司马姚光送之。超与光共胁龟兹，废其王尤利多而立白霸，使光将尤利多还诣京师。超居龟兹它乾城，徐幹屯疏勒，惟焉耆、危须、尉犁以前没都护，犹怀二心，其余悉定。

公元 94 年　东汉和帝永元六年，北匈奴逢侯单于元年，南匈奴安国单于二年，亭独尸逐侯鞮单于元年

西域都护班超发龟兹、鄯善等八国兵合七万余人讨焉耆，斩焉耆王广，更立焉耆左侯元孟为焉耆王。超留焉耆半岁，慰抚之。于是西域五十余国悉纳质内属，至于海滨，四万里外，皆重译贡献。

公元 97 年　东汉和帝永元九年，北匈奴逢侯单于四年，南匈奴亭独尸逐侯鞮单于四年

西域长史王林击车师后王，斩之。

西域都护定远侯班超遣掾甘英使大秦、条支，穷西海，皆前世所不至，莫不备其风土，传其珍怪焉。及安息西界，临大海，欲度，船人谓英曰："海水广大，往来者逢善风，三月乃得度，若遇迟风，亦有二岁者。故入海，人皆赍三岁粮。海中善使人思土恋慕，数有死亡者。"英乃止。

公元 106 年　东汉殇帝延平元年，北匈奴逢侯单于十三年，南匈奴万氏尸逐鞮单于九年

诏以北地梁慬为西域副校尉。西域诸国反。攻都护任尚于疏勒；尚上

书求救，诏懂将河西四郡羌、胡五千骑驰赴之。懂未至而尚已得解，诏征尚还，以骑都尉段禧为都护，西域长史赵博为骑都尉。禧、博守它乾城，城小，梁懂以为不可固，乃谲说龟兹王白霸，欲入共保其城；白霸许之，吏民固谏，白霸不听。懂既入，遣将急迎段禧、赵博，合军八九千人。龟兹吏民并叛其王，而与温宿、姑墨数万兵反，共围城，懂等出战，大破之。连兵数月，胡众败走，乘胜追击，凡斩首万余级，获生口数千人，龟兹乃定。

公元 107 年　东汉安帝永初元年，北匈奴逢侯单于十四年，南匈奴万氏尸逐鞮单于十年

西域都护段禧等虽保龟兹，而道路隔塞，檄书不通。汉以为西域阻远，数有背叛，吏士屯田，其费无已。六月，罢西域都护，迎禧及梁懂、赵博、伊吾卢、柳中屯田吏士而还。西域复绝。北虏遂复收属诸国，遣责诸国，备其逋租，高其价直，严以期会。鄯善、车师皆怀愤怨，思乐事汉，其路无从。

公元 115 年　东汉安帝元初二年，北匈奴逢侯单于二十二年，南匈奴万氏尸逐鞮单于十八年

春，护羌校尉庞参以恩信招诱诸羌，号多等帅众降；参遣诣阙，赐号多侯印，遣之。参始还治令居，通河西道。

公元 116 年　东汉安帝元初三年，北匈奴逢侯单于二十三年，南匈奴万氏尸逐鞮单于十九年

五月，度辽将军邓遵率南单于击零昌于灵州，斩首八百余级。六月，中郎将任尚遣兵击破先零羌于丁奚城。十二月，任尚遣兵击零昌于北地，杀其妻子，烧其庐落，斩首七百余级。

公元 119 年　东汉安帝元初六年，南匈奴万氏尸逐鞮单于二十二年

初，西域诸国既绝于汉，北匈奴复以兵威役属之，与共为边寇。敦煌太守曹宗患之，乃上遣行长史索班将千余人屯伊吾以招抚之。于是车师前王及鄯善王复来降。

初，疏勒王安国死，无子，国人立其舅子遗腹为王，遗腹叔父臣磐在

月氏，月氏纳而立之。后莎车畔于寘，属疏勒，疏勒遂强，与龟兹、于寘为敌国焉。

公元 120 年　东汉安帝永宁元年，南匈奴万氏尸逐鞮单于二十三年

北匈奴率车师后王军就共杀后部司马及敦煌长史索班等，遂击走其前王，略有北道。鄯善逼急，求救于曹宗，宗因此请出兵五千人击匈奴。汉从司马班勇之议，复置西域副校尉居敦煌，虽复羁縻西域，然亦未能出屯。其后匈奴果数与车师共入寇钞，河西大被其害。沈氐羌寇张掖。

公元 123 年　东汉安帝延光二年，南匈奴万氏尸逐鞮单于二十六年

北匈奴连与车师入寇河西，议者欲复闭玉门、阳关以绝其患。汉安帝纳敦煌太守张珰之策，复以班勇为西域长史，将兵五百人出屯柳中。

公元 124 年　东汉安帝延光三年，南匈奴万氏尸逐鞮单于二十七年，乌稽侯尸逐鞮单于元年

春正月，班勇至楼兰，以鄯善归附，特加三绶，而龟兹王白英犹自疑未下。勇开以恩信，白英乃率姑墨、温宿，自缚诣勇，因发其兵步骑万余人到车师前王庭，击走匈奴伊蠡王于伊和谷，收得前部五千余人，于是前部始复开通。还，屯田柳中。

南单于檀死，弟拔立，为乌稽侯尸逐鞮单于。时鲜卑数寇边，度辽将军耿夔与温禺犊王呼尤徽将新降者连年出塞击之，还使屯列冲要。耿夔征发烦剧，新降者皆怨恨，大人阿族等遂反，胁呼尤徽欲与俱去。呼尤徽不肯。阿族等遂将其众亡去。中郎将马翼与胡骑追击，破之，斩获殆尽。

公元 125 年　东汉安帝延光四年，南匈奴乌稽侯尸逐鞮单于二年

秋七月，西域长史班勇发敦煌、张掖、酒泉六千骑及鄯善、疏勒、车师前部兵击后部王军就，大破之，获首虏八千余人，生得军就及匈奴持节使者，将至索班没处斩之，传首京师。

公元 126 年　东汉顺帝永建元年，南匈奴乌稽侯尸逐鞮单于三年

班勇更立车师后部故王子加特奴为王。勇又使别校诛斩东且弥王，亦更立其种人为王；于是车师六国悉平。勇遂发诸国兵击匈奴，呼衍王亡

走，其众二万余人皆降。生得单于人兄，勇使加特奴手斩之，以结车师、匈奴之隙。北单于自将万余骑入后部，至金且谷；勇使假司马曹俊救之，单于引去，俊追斩其贵人骨都侯。于是呼衍王遂徙居枯梧河上，是后车师无复虏迹。

公元 127 年　东汉顺帝永建二年，南匈奴乌稽侯尸逐鞬单于四年

西域城郭诸国皆服于汉，唯焉耆王元孟未降。班勇复击焉耆，于是龟兹、疏勒、于阗、莎车等十七国皆附汉。①

公元 129 年　东汉顺帝永建四年，南匈奴去特若尸逐就单于二年

是岁，于寘王放前杀拘弥王兴，自立其子为拘弥王，而遣使者贡献，敦煌太守徐由上求讨之。汉顺帝赦于寘罪，令归拘弥国；放前不肯。

公元 131 年　东汉顺帝永建六年，南匈奴去特若尸逐就单于四年

汉顺帝以伊吾膏腴之地，傍近西域，匈奴资之以为钞暴；三月，复令开设屯田，如永元时事，置伊吾司马一人。

公元 134 年　东汉顺帝阳嘉三年，南匈奴去特若尸逐就单于七年

夏四月，汉车师后部司马率后王加特奴等，掩击北匈奴于阊吾陆谷，大破之；获单于母。

公元 135 年　东汉顺帝阳嘉四年，南匈奴去特若尸逐就单于八年

春，北匈奴呼衍王侵车师后部。帝令敦煌太守发兵救之，不利。

公元 137 年　东汉顺帝永和二年，南匈奴去特若尸逐就单于十年

秋八月，汉敦煌太守裴岑将郡兵诛杀北匈奴呼衍王于巴里坤。②

公元 140 年　东汉顺帝永和五年，南匈奴去特若尸逐就单于十三年

南匈奴句龙王吾斯、车纽等反，寇西河；招诱右贤王合兵围美稷，杀

---

① 据林幹《匈奴历史年表》，第 110 页。
② 同上书，第 112 页。

朔方、代郡长吏。夏五月，度辽将军马续击破之。吾斯等复更屯聚，攻没城邑。汉顺帝遣使责让单于；单于本不预谋，乃脱帽避帐，诣并谢罪。五原太守陈龟代为中郎将。龟以单于不能制下，逼迫单于及其弟左贤王皆令自杀。龟又欲徙单于近亲于内郡，而降者遂更狐疑。汉从大将军商之议，诏马续招降畔虏以恩信招降，宣示购赏，明为期约。于是右贤王部抑鞮等万三千口皆诣续降。匈奴句龙王吾斯等立车纽为单于，东引乌桓，西收羌、胡等数万人攻破京兆虎牙营，杀上郡都尉及军司马，遂寇掠并、凉、幽、冀四州。乃徙西河治离石，上郡治夏阳，朔方治五原。汉遣使匈奴中郎将张耽将幽州、乌桓诸郡营兵击车纽等，战于马邑，斩首三千级，获生口甚众。车纽乞降，而吾斯犹率其部曲与乌桓寇钞。

公元 144 年　东汉顺帝建康元年，南匈奴呼兰若尸逐就单于二年

夏四月，使匈奴中郎将马寔击南匈奴左部，破之。于是胡、羌、乌桓悉诣寔降。

公元 147 年　东汉桓帝建和元年，南匈奴呼兰若尸逐就单于五年，伊陵尸逐就单于元年

是岁，南单于兜楼储死，伊陵尸逐就单于居车儿立。

公元 151 年　东汉桓帝元嘉元年，南匈奴伊陵尸逐就单于五年

北匈奴呼衍王寇伊吾，败伊吾司马毛恺，攻伊吾屯城。汉遣敦煌太守马达将兵救之；至蒲类海，呼衍王引去。

公元 152 年　东汉桓帝元嘉二年，南匈奴伊陵尸逐就单于六年

春正月，西域长史王敬为于寘所杀。输㡌自立为王；国人杀之，而立建子安国。汉桓帝以宋亮代为敦煌太守。亮到，开募于寘，令自斩输㡌；时输㡌死已经月，乃断死人头送敦煌而不言其状，亮后知其诈，而竟不能讨也。

公元 153 年　东汉桓帝永兴元年，南匈奴伊陵尸逐就单于七年

车师后部王阿罗多与戊部候严皓不相得，忿戾而反，攻围屯田，杀伤吏士。后部侯炭遮领民畔阿罗多，诣汉吏降。阿罗多迫急，亡入北匈奴。

敦煌太守宋亮上立后部故王军就质子卑君为王。后阿罗多复从匈奴中还，与卑君争国。戊校尉阎详虑其招引北虏，将乱西域，乃开信告示，许复为王；阿罗多乃诣详降。于是更立阿罗多为王，将卑君还敦煌，以后部人三百帐与之。

公元 155 年　东汉桓帝永寿元年，南匈奴伊陵尸逐就单于九年

秋，南匈奴左薁鞬台耆、且渠伯德等反，寇美稷；东羌复举种应之。安定属国都尉敦煌张奂，遣将王卫招诱东羌，因据龟兹县，使南匈奴不得交通。东羌诸豪遂相率与奂共击薁鞬等，破之。伯德惶恐，将其众降，郡界以宁。

公元 156 年　东汉桓帝永寿二年，南匈奴伊陵尸逐就单于十年

初，鲜卑檀石槐，勇健有智略，部落畏服，乃施法禁，平曲直，无敢犯者，遂推以为大人。檀石槐立庭于弹汗山、歠仇水上，去高柳北三百余里，兵马甚盛；东、西部大人皆归焉。因南抄缘边，北拒丁零，东却夫余，西击乌孙，尽据匈奴故地，东西万四千余里。秋七月，檀石槐寇云中。汉以故乌桓校尉李膺为度辽将军。膺到边，羌、胡皆望风畏服，先所掠男女，悉诣塞下送还之。

公元 158 年　东汉桓帝延熹元年，南匈奴伊陵尸逐就单于十二年

十二月，南匈奴诸部并叛，与乌桓、鲜卑寇缘边九郡。汉桓帝以陈龟为度辽将军。诏拜安定属国都尉张奂为北中郎将，以讨匈奴、乌桓等。奂乃潜诱乌桓，阴与和通，遂使斩匈奴、屠各渠帅，袭破其众，诸胡悉降。奂以南单于居车儿不能统理国事，乃拘之，奏立左谷蠡王为单于。诏不许，命遣居车儿还庭。

汉以种暠为度辽将军。种暠到营所，先宣恩信，诱降诸胡，其有不服，然后加讨；诚心怀抚，信赏分明，由是羌、胡皆来顺服。暠乃去烽燧，除候望，边方晏然无警。

公元 166 年　东汉桓帝延熹九年，南匈奴伊陵尸逐就单于二十年

六月，南匈奴、乌桓、鲜卑数道入塞，寇掠缘边九郡。秋七月，鲜卑复入塞，诱引东羌与共盟诅。于是上郡沈氏、安定先零诸种共寇武威、张

掖，缘边大被其毒。汉复以张奂为护匈奴中郎将伐之。匈奴乌桓闻张奂至，皆相率还降，凡二十万口；奂但诛其首恶，余皆慰纳之。唯鲜卑出塞去。朝廷患檀石槐不能制，遣使持印绶封为王，欲与和亲。檀石槐不肯受，而寇抄滋甚。自分其地为三部：从右北平以东至辽东，接夫馀、濊貊二十余邑，为东部；从右北平以西，至上谷十余邑，为中部；从上谷以西至敦煌、乌孙二十余邑，为西部。各置大人领之。

公元 168 年　东汉灵帝建宁元年，南匈奴伊陵尸逐就单于二十二年
是岁，疏勒王季父和得杀其王自立。

公元 170 年　东汉灵帝建宁三年，南匈奴伊陵尸逐就单于二十四年
凉州刺史孟佗遣从事任涉将敦煌兵五百人，与戊己司马曹宽、西域长史张宴将焉耆、龟兹、车师前、后部，合三万余人讨疏勒，攻桢中城，四十余日不能下，引去。其后疏勒王连相杀害，朝廷亦不能复治。

公元 175 年　东汉灵帝熹平四年，南匈奴屠特若尸逐就单于四年
于寘王安国攻拘弥，大破之，杀其王。戊己校尉、西域长史各发兵辅立拘弥侍子定兴为王，人众裁千口。

西域族名国名地名索引

A

安息 10，39，40，43，58，63，77，84，105，106，110，116—118，123，140，145，147，155，184，194，211，218，221，225，238，239，251，253，257，275，302，314，319，333

B

巴里坤 15，22，48，66，85，87—90，336

卑陆 224

北道 53，93，97，148，164，172，236，310，311，329，335

C

察吾乎沟口 52，85，86

D

大宛 4，5，7，9，13，14，23，28，34，38，40，42，43，51，58，62，63，72，74—77，83，84，93，103，105—107，114，116—119，122，123，128，131—133，140，145，152，155，158，167—174，176—182，184，188，190，194，195，201—203，211，221，222，225，230，234，237—239，244，245，251—255，257，261—263，271，275—277，285，289，302，304，306，307，310，316，327

大夏 5，23，43，69，72，75，76，116，119，132，155，158，169，171，177，211，219，221，222，256，276，300，303

丁零 32，156，176，213，247，331，338

东黑沟　22，88，90

敦煌　6，10，11，15—20，24，28，37，57，71，78，89，96—99，106，109，121，132，135，155，165，171—173，178，181，182，191，193，196，227—232，234，235，239，249，250，260—262，264，265，269—271，289，290，292，293，299，302—304，310，311，313，316，324—326，328，329，334—339

G

姑墨　59，62，144，189，197，223，228，231，235，236，323，330，332—335

H

呼揭　4，31，35—38，40，156，243，246，248—250，252，271，289，312

J

罽宾　58，61，106，107，113，114，140，142，145，184，225，274—276，279，280，317，319

精绝　60，223，224，230，235，289

K

康居　2，38，72—75，80，105—107，116，128，130—132，140，142，145，152，155，158，164，169，172，176，178—180，211，217，218，221，222，225，230—232，236，251，254，276，280，289，306，315—319，330，331

L

柳中　95—98，192，329，334，335

楼兰　4，8，31，35—38，40，59，83，84，98，99，118—120，122—124，141，156，167—170，174，177，185，191—195，225，226，237—239，243，246，248—252，261—265，268—271，285，289，297，300，302—307，335

轮台　52，58，174，176—191，194，197，198，200，234，239，286，288，296，303—306

罗布泊　37，168，193，250

N

南道　50，53，120，164，198，310，328，331
南湾　85，87，88
诺彦乌拉　143，146—149，294

P

蒲类　16，17，57，59，65—69，89，96，120，134，175，224，308，328，329，333，337

Q

且末　38，59—61，140，223，224，235，250，263，287
龟兹　8，18，19，59，61，62，71，74，97—99，109，113，122，123，128，129，133，144，157，177，180，188，189，196，197，223，228，230，232—242，259，261，263，269，271—274，277—283，296，297，306—308，323，326，329，330，332—336，338，339
渠犁　8，20，69，95，177，181—183，188—191，196，197，234，290，304，309，310

R

日逐王　45，51—55，62，64—66，80，86，95，131，149，162—167，197，198，233，234，242，257，289，296，304，306，311，312，316，326，327
婼羌（若羌）　37，58，59，144，190，197，250，286

S

莎车　50，57，59，62，68，71，74，120，128，129，133，144，189，190，197，223，228，230，235，236，240，289，309，310，323—328，330—332，335，336
山国　59，62，99，144，197，223，224，230，262
鄯善　37，53，57—60，62，68，71，74，84，96—99，105，109，118—121，140，144，164，165，191，197，222，228—230，235，236，249，250，259，261，263，269，271，272，289，307，310，325，326，328，329，333—335
疏勒　17，18，57，106，107，145，223，229，230，236，265，329—331，333—336，339

W

危须　45，52，53，62，86，108，121，140，162，163，185，198，224，231，233，235，236，257，259，289，304，305，323，333

尉黎（尉犁、尉梨）　45，52，53，58，74，86，108，121，162，163，185，198，223，228，233，235，236，257，259，287，289，304，305，333

温宿　62，105，223，236，332—335

乌禅幕　80，131，132，164，306，311，312

乌桓　11，63，79—81，104，110，121，131，145，176，179，227，258，308，311，320，321，325—329，337—339

乌孙　2，4—6，8，23，24，31，35—43，45，56，57，68，69，72—77，80，81，92，93，95，106，109，116—119，122，127，128，130—135，140，148，149，152，156，158，162—164，167—169，171—177，180，183，193，195，196，198，221，222，225，228—233，236—240，243，246，248—257，260，271，275，288—290，300—303，305—309，311，313—315，317—320，322，330，338，339

乌弋　39，58，61，106，107，140，145，184，225，251，319

X

西夜　61，223，324

匈奴　2—11，15—17，19，22—25，29—46，48—57，59，61—109，115—171，173—177，179，181，182，185，186，189，192—207，217，218，220—222，225—228，232—240，242—244，246—261，263，265，271，276，287—290，292—294，296—339，344，345

悬泉　20，165，191，196，230—232，239，289，290，292

Y

焉耆　10，18，19，45，52，53，62，69，74，86，98，99，108，109，140，162，163，190，192，198，218，224，228，229，233，235，236，257，259，261，263，

271，272，289，304，309，310，322，323，326，329，333，336，339

盐泽　5，121，157，169，170，182，234，252，301，304

阳关　2，3，5—7，96，99，110，121，222，233，262，335

伊吾　16，17，89，90，95—98，120，181，190，192，236，263，332，334，336，337

伊吾卢　83，89，96，97，192，235，328，330，334

伊循　98，189—191，261，290，307，310

义渠　121，122，126，127，153，310

于阗（于寘）　17，29，50，61，62，71，74，96，97，106，107，116，120，128，129，169，192，221，223，230，235，236，245，263，276，278，289，327，328，330—332，335—337，339

玉门　2，3，5—8，16，70，72，82，96，110，169，171，174，185，186，195，197，233，262，288，289，302—304，319，335

月氏（大月氏）　2，8，31—34，36—40，42，43，46，64，69—72，75，77，89，90，106，107，116—119，121，132，133，140，145，150—152，154—156，158，161，169，186，194，197，211，221，222，225，228，230，231，236，243，244，246—257，271，276，279，289，296，300—302，319，324，332，334，335

Z

注滨河　98，99，261—263，265，269，271

人名索引

A

安作璋 41，53，65，67，69，70，212，254，292

B

班超 7，10，49，50，57，96，97，109，110，118—120，124，167，218，228，235—237，259，260，328—333

班固 71，72，74，93，102，121，125，127，142，161，186，197，289，332

班勇 6，16，28，62，73，97，335，336

C

常惠 8，92，93，95，134，175，196，234，238，239，290，308，310，311

陈汤 6，38，39，59，72—74，77，78，130，180，251，316

陈序经 32，33，37，38，56，57，67，91，162，193，200，246，248，249，251，292

D

丁夫人 201—203

窦固 6，89，96，120，192，328，329

窦融 323—325

F

冯嫽 313

傅介子 8，84，98，119—124，194，195，221，225，226，234，237，238，261，306，307

傅斯年 26

G

耿恭　96，192，236，265，329，330

姑翼　188，238，239，306，308

谷吉　78，130，131，180，315，316

H

汉光武帝刘秀　56，71，74，128，181，323—327

汉景帝刘启　100，101，169

汉明帝刘庄　89，192，235，236，327—329

汉文帝刘恒　35—39，100，102，155，161，248—251，271，300

汉武帝刘彻　1，2，4—7，14，34，36，39，42，47，51，53，55，68，71，72，75，76，102，103，116，119，133，137，151，152，157—159，161，166，167，169，170，173，174，176—178，180，182，183，185—188，190，191，193，195，196，198—203，206，211，221，233，234，248，251，255，288，289，297，300—305

汉宣帝刘询　3，53，80，81，92，95，135，137，139，140，167，191，227，234，238，307—314

汉元帝刘奭　39，81，94，251，315，316

汉昭帝刘弗陵　84，93，95，103，123，124，138，139，177，188，190，226，238，298，306，307

郝树声　165，232，292

呼韩邪单于　56，78，81，94，118，131，132，137，220，227，311—317，327

狐鹿姑单于　53，80，131，164，166，304—306

胡平生　230—232，239，289，290，292

壶衍鞮单于　84，95，306—309

霍光　14，77，98，123，161，237，238，261，306—308

霍去病　4，14，138，168，169，193，201，289，301

J

贾谊　100—103，150—156，158—161，211，296

解忧公主　133

L

赖丹　188，189，196，234，238，

239, 306, 308

李炳泉　20, 191

李大龙　79, 117, 298

李广利　89, 91, 138, 153, 167, 169, 170, 172—174, 176, 177, 179—182, 188, 190, 198, 239, 263, 303—305

猎骄靡　43, 133, 228, 256

林幹　35, 37, 45, 53, 56, 57, 64—66, 72, 73, 80, 84, 92, 94, 95, 100, 101, 104, 139, 141, 144, 148, 164, 181, 200, 203, 249, 250, 258, 292, 293, 300, 305—307, 310, 313, 315, 316, 336

林沄　164

刘光华　93, 97, 293

M

马长寿　32, 41, 52, 59, 108, 167, 168, 173, 174, 176, 197, 247, 253, 258, 293

马利清　31, 57, 61, 85—88, 139, 141, 148, 164, 243, 293, 345

马援　110, 111, 260, 269, 271, 325

冒顿　3, 4, 31—41, 43, 46, 56, 125, 143, 152, 153, 155, 156, 243, 246—254, 256, 271, 300

N

难兜靡　42, 43, 255, 256

P

潘玲　136, 141, 293

S

桑弘羊　8, 14, 174, 182, 183, 185, 186, 188, 189, 194, 239, 288, 305, 306

邵台新　36, 164, 248, 293

司马迁　2, 4, 14, 15, 32, 35, 39, 127, 244, 246, 252, 276

斯坦因　28

宋超　72, 100, 101, 125, 128, 134, 167, 174, 197, 290, 293, 344

索劢　98, 99, 193, 261—272, 297

T

堂邑父　271

田余庆　188, 198

W

王炳华　58，60，98，293，345

王国维　21，23，26—30，293

王恢　8，83，103，118，168，169，195，302

王利器　24，107，208—210

王莽　11，12，18，41，55，56，68，74，82，129，157，180，181，213，219—221，227，235，253，319—324

王先谦　9，11，13，68，212，229，235，241

卫青　14，119，137，157，169，193，299，301

乌孙公主　68，93，134，232，240，290，309

X

细君公主　128，133

萧望之　14，78，135，219，312，313，316

虚闾权渠单于　53，95，309—311

徐松　9，11—13，166

Y

严文明　42，44，245，246，255

伊陵尸逐就单于　337—339

余太山　4，7，23，38，43，44，49，57—59，105—107，177，240，244，245，251，256，257，294

虞初　201—203

Z

张安福　68，140，294

张德芳　20，165，191，196，230—232，239，289，290，292，299

张俊民　191

张骞　3，5，7，14，23，41，42，75—77，83，105，110，116，117，119，120，124，132，158，167，168，170，180，181，189，194，198，211，221，222，234，243，245，254，255，260，275，276，295，298，300，301，316

赵充国　6，14，94，95，121，134，175，297，308，310，311

赵破奴　153，168，177，199，206，301，302

郅支单于　38，39，59，72，73，78，128，130，131，180，251，313—316

后 记

承中国社会科学院边疆史地研究中心的鼓励和支持,"匈奴经营西域研究"得以立项。前后相临近,我申请的教育部人文社会科学重点研究基地山东师范大学齐鲁文化研究中心基地基金重点项目"秦汉时期齐人的海洋开发"也得到批准。这两项研究主题,是国家社会科学基金资助课题"秦汉区域文化研究"完成之后的延伸性思考。该课题的最终成果《秦汉区域文化研究》由四川人民出版社于1998年10月出版,2002年10月获第二届郭沫若中国历史学奖三等奖。此后,还有一些可以归置在"区域文化"主题下的论文相继发表,曾经准备集纳于"战国秦汉区域文化与区域行政"的主题之下,后来计划有所调整,循中国古代交通史研究的思路,完成《战国秦汉交通格局与区域行政》书稿,作为中国人民大学科学研究基金(中央高校基本科研业务费专项资金资助)项目"中国古代交通史研究"(10XNL001)成果之一提交,中国社会科学出版社已经发排。

当时承担"匈奴经营西域研究"和"秦汉时期齐人的海洋开发"两个项目的考虑,是试图在秦汉基本文化区域最西端和最东端两个侧重点分别进行更深入的考论。当然,"匈奴经营西域研究"还因近年对"秦汉边疆与民族问题"的关注,有更集中的思考。不料因家中亲人重病以及后来的变故,这两个课题都不得不延期结项。在这里,对中国社会科学院边疆史地研究中心和山东师范大学齐鲁文化研究中心的朋友们的理解和宽容表示深心的感谢。

这部书稿的完成,得到中国社会科学院边疆史地研究中心厉声研究员、李方研究员,新疆文物考古研究所于志勇研究员,中国社会科学院《历史研究》编辑部宋超编审,中国社会科学院历史研究所吴玉贵研究员、中国人民大学历史学院孙家洲教授、马利清副教授、中国人民大学国学院王炳华教授、沈卫荣教授、乌云毕力格教授，新疆社会科学院苗普生教授、刘国防教授，新疆师范大学史晓明教授的帮助。又承厉声研究员赐序。我的学生武汉大学历史学院博士后曾磊、北京大学历史系博士研究生董涛、山西大学历史文化学院讲师乔松林、陕西理工学院历史文化学院讲师吕方、中国人民大学国学院博士研究生李兰芳等亦有所协助。谨此深致谢忱。

王子今
2013 年 10 月 3 日
北京大有北里

补记：《后记》中提到的教育部人文社会科学重点研究基地山东师范大学齐鲁文化研究中心基地基金重点项目"秦汉时期齐人的海洋开发"的最终成果《东方海王：秦汉时期齐人的海洋开发》已于 2015 年 9 月由中国社会科学出版社出版。然而这部《匈奴经营西域研究》2013 年 10 月即已通过结项，由 2006 年度国家社科基金特别项目"新疆历史与现状综合研究项目"提供出版资助，交社会科学文献出版社待出版，却时近三年迟迟不能付梓。承中国人民大学国学院再次提供出版资助，列入"大国学"学术主题之下，由中国社会科学出版社出版，作者深心感谢。

2016 年端午节附记